Das Buch

Neue Archivfunde der beiden Zeithistoriker Dirks und Janßen beweisen: Der Marsch in den Zweiten Weltkrieg begann nicht mit Hitlers Machtergreifung 1933, sondern zehn Jahre zuvor. Seit 1923 verfolgte die Reichswehr konspirativ einen Nachrüstungsplan, der ein Heer von 2,8 Millionen Mann unter dem Kommando von 252 Generälen vorsah. Mit genau dieser Mannschaftsstärke zog die Wehrmacht 1939 in den Krieg. Alles hatte die Generalität vorbereitet: Mobilmachung, Anforderungen an die Rüstungsindustrie, Planspiele für den Ostfeldzug. Hitler war lediglich ihr williger Vollstrecker.

Die Autoren

Carl Dirks, geb. 1920 in Hamburg, geriet 1945 in amerikanische Gefangenschaft, wo er als Militär- und Gerichtsdolmetscher Zugang zu streng geheimen Dokumenten der Aufrüstungszeit hatte.

Karl-Heinz Janßen, geb. 1930 in Carolinensiel, ist seit 1950 Journalist u. a. für die *dpa* und *Die Zeit,* wo er das Ressort »Zeitläufte« leitete. Erst ist außerdem Autor zahlreicher Buchveröffentlichungen.

Carl Dirks
Karl-Heinz Janßen

DER KRIEG DER GENERÄLE

Hitler als Werkzeug der
Wehrmacht

Ullstein

Der Ullstein Taschenbuchverlag ist ein Unternehmen der Econ Ullstein
List Verlag GmbH & Co. KG, München
1. Auflage 2001
© 2001 by Econ Ullstein List Verlag GmbH & Co. KG, München
© 1999 by Ullstein Buchverlage GmbH & Co. KG, Berlin / Propyläen Verlag
Umschlagkonzept: Lohmüller Werbeagentur GmbH & Co. KG, Berlin
Umschlaggestaltung: Morian & Bayer-Eynck, Coesfeld
Titelabbildung: Ullstein Bilderdienst, Berlin
Satz: Utesch GmbH, Hamburg
Druck und Bindearbeiten: Ebner Ulm
Printed in Germany
ISBN 3-548-36277-X

Inhalt

Vorwort 7

1. Der Große Plan 11
2. Hinter dem Rücken des Parlaments 34
3. Hitler schenkt Rüstungsfreiheit 49
4. Vom Risikoheer zum Angriffsheer 58
5. Wer die meisten Panzer hat,
   gewinnt diesen Krieg (Stalin) 73
6. Der Bruch des Flottenabkommens 83
7. Dönitz' Traum vom Maulwurf und der Krähe 106
8. Der Krieg der Finanzen 114
9. Plan »Otto« 127
10. »Wintersport« ohne Winterbekleidung 146
11. Von »Blau« bis »Blücher« 161
12. Warum »Walküre III« scheitern mußte 170

Epilog 180

Dokumentation 193

Anmerkungen 282

Verzeichnis der Abkürzungen 297

Personenregister 300

Vorwort

Als die Hamburger Wochenzeitung *Die Zeit* im Frühjahr 1995, angeregt durch die bevorstehende Wehrmachtausstellung, ein Sonderheft »Gehorsam bis zum Mord? Der verschwiegene Krieg der deutschen Wehrmacht« herausgebracht hatte, wandte sich der Hamburger Schiffahrtskaufmann Carl Dirks an die Redaktion mit dem Angebot, gemeinsam mit ihm seine in Jahrzehnten gesammelten Dokumente über die Nachrüstpläne der Reichswehr und Wehrmacht von 1923 bis 1938 zu veröffentlichen. Daraus ergab sich eine fruchtbare Zusammenarbeit der besonderen Art: auf der einen Seite der ehemalige Schiffbauplaner und Panzeroffizier, der militärische Bedarfsrechnungen wie eine Bilanz liest und ausrechnen kann, wieviel Panzer die Generäle Fritsch und Beck für das Kriegsheer wirklich eingeplant hatten, auf der anderen Seite der Journalist und Zeithistoriker, dem sich eine ihm bis dahin unbekannte Welt der militärischen Organisation und der Finanzen öffnete, aber der auch eigene Erfahrungen und Erkenntnisse einbringen konnte. Der Kriegsveteran des Jahrgangs 1920, den man vorzeitig zu den Fahnen rief, weil der Generalstab zwanzig neue Divisionen für den Rußlandfeldzug brauchte, traf auf den Hitlerjungen des Jahrgangs 1930, den Heinrich Himmler, der Chef des Ersatzheeres, für den Wehrwolf oder für die Panzerfaustkommandos auserschen hatte – Vierzehnjährige als allerletztes Aufgebot.

Ein erstes Ergebnis der gemeinsamen Untersuchungen wurde im Frühjahr 1997 in der *Zeit* vorgelegt. Mit der Wiederentdeckung des von General von Seeckt inspirierten geheimen Dreistufenplans für den Aufbau eines großen Heeres mit 102 Divisionen und 2,8 Millionen Mann zerbrach eines der letzten Tabus deutscher Militärgeschichte: Fortan wird niemand mehr behaupten können, die Reichswehr habe nichts weiter als die Verteidigung des Reiches im Sinn gehabt. Die dokumentarischen Belege in diesem Buch sprechen für sich. Sie erscheinen zu einer Zeit, da in den emotionsgeladenen Auseinandersetzungen um die Ausstellung »Vernichtungskrieg« immer noch versucht wird, den unisono behaupteten »guten« Ruf der Wehrmacht soweit wie möglich aufrechtzuerhalten.

Bis in die Gegenwart wirken die verharmlosenden Denkschriften und Memoiren ehemaliger Generäle und Admiräle nach, die in den fünfziger Jahren mit der klaren Absicht verfaßt wurden, alle Schuld an der Entfesselung des Zweiten Weltkrieges, an den verheerenden Niederlagen der Wehrmacht und den ungeheuerlichen Kriegsverbrechen und Verbrechen gegen die Menschheit auf den Obersten Befehlshaber Hitler und seine SS abzuwälzen. Unterstützt wurden sie durch die Ehrenerklärungen, die General Eisenhower und Bundeskanzler Adenauer wider besseres Wissen abgaben, um der Wiederbewaffnung der deutschen Bundesrepublik die Bahn zu ebnen. Und Hitler selber hat das Seine dazugetan, als er in den Tischgesprächen sich einredete, er habe Heer und Marine beständig zur Rüstung antreiben müssen – der Diktator brachte es nicht über sich, den wahren Schöpfern der neuen Wehrmacht, Blomberg, Fritsch und Raeder, ihren Ruhm zu lassen. Nur zu oft aber war Hitler, wie hier nachgewiesen wird, lediglich der Durch-Führer dessen, was lange vor 1933 bereits bis ins kleinste geplant war.

Seit 1970 etwa haben jüngere Historiker eine Bresche in die Front der Verschweiger schlagen können. Ihre Forschungsergebnisse, die das Militärgeschichtliche Forschungsamt (MGFA) in der Reihe *Das Deutsche Reich und der Zweite Weltkrieg* in dicken Bänden vorgelegt hat, haben jedoch einen viel zu kleinen Kreis der Bevölkerung erreicht. Sie konnten nicht verhindern, daß von Zeit zu Zeit längst widerlegte Legenden wie die vom »Präventivkrieg« gegen die Sowjetunion wieder aufgewärmt werden. Das Ziel der Autoren dieses Buches war es, einen Teil jener Lücken in der Geschichtsschreibung zu füllen, die angesichts der ungeheuren Fülle von Dokumenten unvermeidlich entstehen. Oft erschließt sich die ganze Wahrheit erst aus den Nebenakten, die leicht übersehen werden. Fragen über Fragen: Wie war es möglich, bis 1939 für die deutsche Aufrüstung bis zu 92 Milliarden Reichsmark auszugeben, von denen wohl eher 70 Milliarden ungedeckt blieben? Wer war an der Verschleuderung des

Volksvermögens beteiligt? Wer sind die Verantwortlichen für die Winterkatastrophe im Osten 1941/42? Entlarvt werden die üblen Finanztricks der Marine, die, unbekümmert um das Flottenabkommen mit England, einen Vertragsbruch nach dem anderen beging. Vorgeführt werden die Staatssekretäre, die ein Komplott gegen das eigene Volk schmiedeten. Geschildert wird der zweimalige – vergebliche – Griff nach dem Kaukasusöl, das Generaloberst Halder, nicht Hitler, schließlich in Stalingrad gewinnen wollte. Und erstmals wird dargestellt, warum »Walküre III«, der Aufstand am 20. Juli 1944, ein Putsch ohne Panzer war und schon deswegen nicht gelingen konnte.

Nicht nur die Überlebenden des Zweiten Weltkrieges können aus diesen Kapiteln erfahren, mit welchem Übermut, mit welcher Geringschätzung anderer Völker und mit welcher Mißachtung der Menschenwürde sich allzu viele Militärs der NS-Zeit über Recht und Gesetz, über Ehre und Anstand hinweggesetzt haben. Auch die nachgewachsenen Generationen mögen begreifen, warum sie noch zu Beginn des 21. Jahrhunderts für Verbrechen aufkommen und büßen müssen, die einst von deutschen Eliten – Banken, Versicherungen, Industrieunternehmen – nur zu oft unter den Fittichen der Wehrmacht verübt wurden.

1.

DER GROSSE PLAN

Zu den dunkelsten Tagen in der deutschen Geschichte des 20. Jahrhunderts zählt der 11. Januar 1923: Fünf französische Divisionen und eine belgische marschierten in das Ruhrgebiet ein. Am selben Tage bemächtigten sich litauische Truppen des von Franzosen besetzten Memellandes. Welch ein Schock für das Volk! Nach der »Schande« des 1918 verlorenen Krieges und der »Schmach« des 1919 in Versailles diktierten Friedens folgte nun die Demütigung. Noch nie hatten die Deutschen so schmerzlich ihre Wehrlosigkeit gespürt. Ihre Reichswehr wagte nicht einzugreifen. Deren sieben Divisionen hätten im Kampf nur für eine Stunde Munition gehabt![1]

Somit wurde die Ruhrinvasion gleichsam zur Geburtsstunde des Großen Plans für ein Großes Heer, größer noch als das kaiserliche Feldheer von 1914, einzig zu dem Zwecke ersonnen, die deutsche Weltmacht wiederherzustellen. Zehn Jahre vor der Machtübernahme der Nationalsozialisten begann die zielgerichtete geheime Aufrüstung der Wehrmacht. Im Truppenamt – unter diesem Tarnnamen verbarg sich der von den Siegermächten verbotene (Große) Generalstab des Bismarck-Reiches – machten sich im Februar 1924 vierzehn jüngere Offiziere, sechs Majore und acht Hauptleute, ans Planwerk. Auf zwei Arbeitsgemeinschaften[2] verteilt, setzten sie sich von Zeit zu Zeit zusammen, vorgeblich um über Probleme des modernen Krieges zu diskutieren. Oft wußten nicht einmal ihre unmittelbaren Vorgesetzten, was sie da trieben. Die meisten der Planer gehörten zu T 2, der Organisationsabteilung des Heeres (und wirkten offensichtlich weiter mit, wenn sie versetzt worden waren); ein paar saßen im Heereswaffenamt.

Jeder der Bearbeiter trug, wie sonst nur in Geheimdiensten üblich, einen Decknamen. So findet man in den Akten Mitteilungen von »Weser« an »Elbe«, von »Neckar« an »Harz«, von »Brieg« an »Neckar«.

Anscheinend wurden die Namen von Zeit zu Zeit geändert. Die Phantasie kannte da keine Grenzen: »Pfennig«, »Bremen«, »Elefant«, »Brunhilde«, »Kreuzotter«, »Märchen«, »Leinwand«, »Milchflasche«, »Arsenik«, »Herodes«, »Andreas«. Auf diese Geheimnisträger traf also das Wort Hans von Seeckts, daß Generalstabsoffiziere keinen Namen haben, doppelt zu. Auch nach außen wahrte man die »allergrößten Vorsichtsmaßnahmen«. Diese Geheimnistuerei war nur zu berechtigt, wimmelte es doch in Deutschland von Spionen. Zudem reiste eine Interalliierte Militärkontrollkommission (IMKK) durch die Lande. Sie hatte darüber zu wachen, daß die Reichswehr und die Rüstungsindustrie nicht gegen die Bestimmungen des Versailler Friedensvertrages verstießen.

Unter Eingeweihten ging in jenen Tagen das Gerücht um, »auf Befehl von Maria« (man darf raten, ob damit nur der Chef der Organisationsabteilung, Oberst Erich Freiherr von dem Bussche-Ippenburg, oder der Chef des Truppenamts, also eigentlich der Generalstabschef, General Otto Hasse, oder gar der Chef der Heeresleitung, General von Seeckt, persönlich gemeint war) werde bei »Fernrohr« ein Rüstungsplan ausgearbeitet.[3] Ebendieser »Fernrohr« fuhr 35 Jahre später nach Koblenz. Im dortigen Bundesarchiv waren Ende der fünfziger Jahre Ladungen von Akten angekommen, die, 1945 von den Amerikanern in den deutschen Archiven erbeutet und über den Atlantik entführt, jetzt der vom westlichen Bündnis aufgenommenen Bundesrepublik zurückgegeben wurden.

»Fernrohr« hoffte, eine Arbeit wiederzufinden, die er im Jahre 1925 mit Hilfe seiner Kameraden im Truppenamt vollendet hatte und die er wohl als eine Art Lebenswerk betrachten durfte. Und wahrhaftig, da stand er, ein schlichter Leitzordner mit der unverfänglichen Aufschrift »Stärke- und Ausrüstgs. Nachweisg. WH 808«. Er enthielt vier gedruckte Haupthefte, gespickt mit Zahlen und Tabellen, und das ein paar hundert Seiten starke Hauptwerk mit dem Titel »Übersicht der Gesamtstärken und -Ausrüstung der Kommandobehörden und Truppeneinheiten des Feldheeres«.[4]

Hat es »Fernrohr« bei diesem Anblick gedrängt, seine jahrzehntelange Rumpelstilziade aufzugeben und sich vor der Nachwelt als einer der Mittäter an der geheimen Aufrüstung in der Weimarer Republik zu bekennen? »Diese Arbeit war damals *das Geheimste vom*

Geheimen«, beginnt ein Handschreiben, das er dem Schlüsseldokument beigelegt hat. Unterschrift: »Behschnitt – Gen(eral)l(eu)tn(ant). a.D. – 10/7.60«.[5] Das Geheimnis Walter Behschnitts blieb gewahrt, bis im März 1997 die Wochenzeitung *Die Zeit* ein paar Faksimiles veröffentlichte.[6] Zwar hatten einige Zeitgeschichtsforscher in der Zwischenzeit allerhand Material zur geheimen Aufrüstung der Wehrmacht (wie sich die Reichswehr intern nannte) zusammengetragen, dieses Dokument jedoch nicht entdeckt. Das lag unter Aktenbeständen versteckt, wo es niemand vermuten konnte, so daß Freiburger Studenten erst nach zweimonatiger Suche im Militärarchiv fündig wurden.

General Hans von Seeckt, Chef der Heeresleitung und Schöpfer des 100 000-Mann-Heeres, hatte im Jahre 1923 dem Truppenamt folgende Planungsaufgabe gestellt: ein Kriegsheer mit einer Stärke von 2,8 bis 3 Millionen Mann aufzustellen. Vorgesehen waren 102 Divisionen, aufgeteilt in 39 bodenständige Grenzschutzdivisionen und 63 bewegliche Felddivisionen, hinzu kamen noch fünf Kavalleriedivisionen, die aber in den Gesamtrechnungen zumeist unterschlagen werden.[7] Aus vielerlei Gründen, die wir noch aufzeigen werden, konnte das Projekt damals nicht realisiert werden, doch es blieb als Vorlage für spätere Nachrüstpläne im Tresor.

Das Verblüffende an dieser Geheimstudie: Am 1. September 1939, als der Zweite Weltkrieg beginnt, steht das deutsche Heer tatsächlich mit 102 Divisionen bereit![8] Die Reichswehr hatte 42 Generäle, für das Große Heer waren 252 vorgesehen – genauso viele Etatstellen für Generäle weist das Feldheer 1939 auf. Acht Armeen hatte man 1925 projektiert (soviel wie 1914 zu Kaiser Wilhelms Zeiten), und 1939 sind die Deutschen stolz auf ihre vollwertigen acht Armeen. Mindestens diese Einzelheit scheint schon früh in die Öffentlichkeit durchgesickert zu sein: Am 11. April 1925 schrieb der Pazifist Berthold Jacob in einem offenen Brief an Reichswehrminister Geßler: »Sie *sollten* wissen, daß der Herr von Seeckt alle Vorbereitungen innerhalb der Reichswehr hat treffen lassen, die ermöglichen sollen, in einem ihm angezeigt erscheinenden Moment die deutsche Reichswehr in die acht mobilen Armeen des ersten Mobilmachungstages von 1914 zu verwandeln.«[9]

Neben den acht Armee-Oberkommandos waren 25 Korpsbefehlshaber eingeplant, und es werden 59 Divisionskommandeure erwähnt, die durch 21 sogenannte Artillerieführer und 21 Infanterieführer ergänzt wurden. (Die einzelnen Entwürfe variieren zwischen 101 und 104 Divisionen.) Nicht erkennbar wird, daß man für den Anfang wohl einen jährlichen Gerätezuwachs zur Ausstattung von vier Divisionen anvisierte, dann jedoch, nicht zuletzt wegen des erhöhten Rüstungstempos, zu jährlich acht Geräteausstattungen übergehen wollte oder mußte. Aus den Stärke- und Ausrüstungsnachweisen sollten die erforderlichen finanziellen Mittel errechnet werden.

Während jenes einzigartige Planwerk – ein Musterbeispiel für die Präzisionsarbeit des deutschen Generalstabs – gedruckt wurde, saß der Weltkriegsgefreite Adolf Hitler wegen Hochverrats in der bayerischen Festung Landsberg und diktierte *Mein Kampf*. Noch ahnte er nicht, daß er zehn Jahre später der Durch-Führer dessen sein würde, was sich monarchistisch-konservative Militärs zum Ruhme eines mächtigen Großdeutschlands ausgedacht hatten. Ohne die minuziöse Vorarbeit der Abteilungen des geheimen Generalstabs der Reichswehr und anderer Heeresämter hätte das »Dritte Reich« niemals binnen sechs Jahren die stärkste und modernste Land- und Luftmacht des Kontinents auf die Beine stellen können, die dann fast ganz Europa von Dünkirchen bis Stalingrad, von Narvik bis Kreta im Sturm überrannte.

Mit jenen Siegen der ersten Kriegsjahre war, so empfanden es jubelnde Deutsche, die Schmach von Versailles ausgelöscht. Die alliierten Siegermächte Amerika, England, Frankreich und Italien hatten 1919 dem unterlegenen Kriegsgegner Deutschland den Frieden quasi diktiert.[10] Obwohl der sozialdemokratische Ministerpräsident Philipp Scheidemann unter dem stürmischen Beifall der Weimarer Nationalversammlung gedroht hatte, die Hand, »die sich und uns in diese Fesseln legt«, müsse verdorren, blieb am Ende nur die Wahl zwischen Annahme der harten Bedingungen oder Untergang. Viel zu spät hatte sich die republikanische Regierung dazu aufgerafft, den Alliierten ein Angebot zu unterbreiten, über das zu verhandeln sich gelohnt hätte.[11] Die Finanzberater in der sieben Mann starken deutschen Delegation, der Hamburger Bankier Max Warburg und sein Teilhaber Carl Melchior, hatten den Hauptpunkt entworfen: Wiedergutmachungszahlungen bis zu 100 Milliarden Goldmark, die großenteils in unverzinslichen Jahresraten geleistet werden sollten. Außerdem bot Deutschland an, allen Völkern mit der Entwaffnung voranzugehen und sein Heer auf 100 000 Mann zu reduzieren, die Wehrpflicht abzuschaffen und sogar auf die zwei Schlachtschiffe zu verzichten, die man den Deutschen lassen wollte. (Der große Teil der deutschen Hochseeflotte war nach dem Waffenstillstand von 1918 im britischen Hafen Scapa Flow interniert worden. Unmittelbar vor dem Friedensschluß hatten die eigenen Mannschaften sie versenkt.) Als Lohn für ihr Entgegenkommen erwartete die deutsche Regierung die sofortige Aufnahme des Landes als gleichberechtigtes Mitglied in den Völkerbund. Die Alliierten blieben hart. Hätten die Deutschen am 28. Juni 1919 in Versailles nicht unterschrieben, wären die Alliierten einmarschiert, und das Deutsche Reich wäre wahrscheinlich auseinandergefallen.

Die große Mehrheit der Deutschen hat den Versailler Frieden nie anders als ein himmelschreiendes Unrecht empfunden. Wohlweislich hatten die Alliierten die endgültige Höhe der Reparationen, mit denen Deutschland vor allem für die Verwüstungen in Belgien und Nordfrankreich büßen sollte, nicht in den Vertrag hineingeschrieben, so daß sie ganz nach Belieben ausfallen konnte. Jedenfalls mußte sich die Bevölkerung auf jahrzehntelang dauernde schwere Lasten gefaßt machen. Bitter schmerzten die territorialen Verluste: Westpreußen, Danzig, Memel, Ostoberschlesien, Nordschleswig, Eupen-Malmedy, Elsaß-Lothringen. Und nicht enden wollte von links bis rechts die Empörung über das Verdikt, Deutschland sei der Alleinschuldige am Weltkrieg. Nur in pazifistischen Zeitungen las man gelegentlich von den Massenmorden in Belgien, von der verbrannten Erde, welche die deutschen Soldaten hinterlassen hatten, und vom Diktatfrieden von Brest-Litowsk, der 1918 den Russen zugemutet wurde.

Schwer zu ertragen für den nationalen Stolz der Deutschen war die einseitige Abrüstung. Aufgrund der militärischen Bestimmungen des Friedensvertrages[12] wurde die Stärke des Heeres auf 100 000, ein Achtel, die der Kriegsmarine auf 15 000 Mann, ein Fünftel, verkleinert. Verboten blieben fortan die Produktion und der Besitz von Kampfgas, Panzern, Flugzeugen und Unterseebooten. Die allgemeine Wehrpflicht wurde abgeschafft, der Generalstab ein für allemal aufgelöst, das Rheinland entmilitarisiert. Eigentlich hatte man das Heer zur Polizeitruppe degradiert, denn nach Artikel 160 sollte es »ausschließlich zur Aufrechterhaltung der Ordnung innerhalb des Gebietes und als Grenzschutz verwandt werden« – ein Alptraum für Berufsoffiziere und auch für die Soldaten, die sich für zwölf Jahre verpflichten mußten.

Der württembergische General Wilhelm Groener, letzter Generalquartiermeister des kaiserlichen Heeres an der Seite des Generalfeldmarschalls von Hindenburg, versammelte am 18. August 1919, vor der Auflösung seiner Dienststelle in Kolberg, ein letztes Mal seine Offiziere um sich und gab ihnen eine Losung mit auf den Weg, die sie verbreiten sollten: »Wir müssen den Kampf auf Revision des Friedensvertrages aufnehmen, müssen alles vorbereiten, um, sobald er ratifiziert ist, gegen den Frieden zu kämpfen.«[13] Das war eine unmißverständliche Aufforderung zum Verfassungsbruch, denn einen Monat zuvor hatte der Friedensvertrag mit einem Beschluß der Weimarer Nationalversammlung Gesetzeskraft erlangt.[14] Daran änderte auch die Tatsache nichts, daß Groener versicherte, man wolle nicht mit der Waffe gegen Versailles kämpfen, sondern mit politischen Mitteln.

Angeblich teilten Reichspräsident Friedrich Ebert und Reichswehrminister Gustav Noske – beide Sozialdemokraten – die Ansichten des Generals. Jedenfalls schickte Groener am 17. September 1919 dem Reichspräsidenten eine *Denkschrift*[15] über den *Aufbau* der neuen Wehrmacht. Er wollte Wege zeigen, »auf denen wir wieder zu der uns unbedingt notwendigen Wehrmacht kommen können«. Auch nach der Abrüstung, die ja noch im Gange war, solle man sie so organisieren, daß sie gegen einen Angriff von außen und bei einem notwendigen Eingreifen in einen Konflikt anderer Mächte schnell ein Heer aufstellen könne.

Groener, der in der Literatur immer noch als ein eher liberaler, vernünftiger Mann dargestellt wird, hielt es wegen der Massenbewegung »Nie wieder Krieg« für angebracht, dem sozialdemokratischen Politiker ins Gewissen zu reden: »Wir dürfen niemals der Selbsttäuschung pazifistischer Ideologen unterliegen, als ob durch Unterdrückung jeglichen nationalen und kriegerischen Geistes in einer Nation der ewige Friede und die menschliche Glückseligkeit erreichbar wären.« Gewiß, so versicherte er abermals, wolle er weder einem ungesunden Imperialismus das Wort reden noch alsbald aus Revanche einen neuen Krieg vorbereiten. Gleichwohl ermahnte er den Reichspräsidenten, während des Friedens sei es »unsere Pflicht, uns stark zu machen, psychisch und physisch, als großes Volk, das nicht niedergehen will, das den Willen zum Leben im Kampf um's Dasein festhält«. Was eigentlich unterscheidet die Meinung dieses Generals noch von dem Sozialdarwinismus eines Adolf Hitler (»Wer leben will, der kämpfe also ...«)?

Ähnlich wie Groener dachte zu jener Zeit auch der Generalmajor Hans von Seeckt, einer der bedeutendsten Generalstäbler im Ersten Weltkrieg. Er hatte sich zuletzt als türkischer Generalstabschef im Frühjahr 1918 bei einem Besuch im Kaukasus schon vorgestellt, daß bei längerer Kriegsdauer »doch noch an die Tore Indiens gepocht werden« solle. Er hoffte auf einen Friedensschluß mit der neu gegründeten Transkaukasischen Republik, »der uns das Tor nach Asien weit offen hält«.[16] Seit 1920 Chef der Heeresleitung der Reichswehr, brachte Seeckt im Januar 1921 »Grundlegende Gedanken für den Wiederaufbau unserer Wehrmacht« zu Papier. Überliefert wurden sie uns zuerst durch General Friedrich von Rabenau,[17] den Chef der Heeresarchive (er wurde nach dem 20. Juli 1944 hingerichtet). Auch Seeckt hatte nichts Besseres im Sinn als eine Revision oder Aufhebung des Versailler Friedens. In Stichworten notierte er Möglichkeiten der Aufrüstung: »I. a) unter Milderung des Vers. Friedens: Freiheit in der Organisation. Flieger, schwere Artillerie, Tanks; b) unter Aufhebung des Vers. Friedens: Einführung der allgemeinen Wehrpflicht, Verbindung von stehendem Berufs-Heer und Miliz als Übergang. II. Volksaufgebot, wenn der Vers. Frieden durch plötzlichen äußeren Anlaß als aufgehoben anzusehen ist oder von uns bewußt gebrochen. Daß wir einen Verzweiflungskampf allein auf uns nehmen, ist nicht als völlig aussichtslos abzulehnen.«

Am 15. Januar 1921 hat Seeckt mit einigen Offizieren aufgrund seiner Stichworte erörtert, wie man das Heer vermehren und eine Mobilmachung vorbereiten könne. Bei dieser Dienstbesprechung waren auch jene zugegen, die in den nächsten Jahren seine Gedanken umsetzten und erweiterten: Hasse (Truppenamtschef), Stülpnagel (Heeresabteilung), Bussche (Organisationsabteilung).[18]

Aber noch war es nicht soweit, die Reichswehr erst mitten im Aufbau. Außenpolitisch jedoch öffnete sich unversehens ein Tor: Deutschland und die Sowjetunion, die beiden Parias in Europa, einigten sich im April 1922 in Rapallo, ihre Beziehungen wiederaufzunehmen und gegenseitig auf Kriegsentschädigungen zu verzichten.[19] Daraufhin verstärkte Seeckt, gedeckt vom Reichskanzler Joseph Wirth, seine Kontakte zur Roten Armee. Sein Ziel war es, jene im Versailler Vertrag verbotenen Waffen in der Sowjetunion zu testen. Als Gegenleistung erwarteten die Sowjets Hilfe der deutschen Industrie beim Aufbau eigener Rüstungskapazitäten. Seeckt betrachtete die Russen als die natürlichen Verbündeten gegen das von beiden Seiten angefeindete neue Polen in den Grenzen von 1921.

Seeckt wollte die alte deutsch-russische Grenze von 1914 wiederherstellen. »Mit Polen fällt eine der stärksten Säulen des Versailler Friedens, die Vormachtstellung Frankreichs.«[20] In diesem Sinne war sich der Heereschef ganz mit Reichskanzler Wirth einig, der unumwunden erklärte: »Polen muß erledigt werden. Auf dieses Ziel ist meine Politik eingestellt.«[21] Schon 1919 hatte sich General Groener über den »unersättlichen Expansionsdrang dieses größenwahnsinnigen Volkes« empört.[22] Auch Wirths Nachfolger, der parteilose Wilhelm Cuno[23], war mit Seeckts Militärpolitik im Osten einverstanden. Die Westmächte, allen voran Frankreich, mißbilligten den deutschen Sonderweg. Rapallo war schließlich einer der Gründe, warum die Regierung Poincaré im Januar 1923 die junge Weimarer Republik mit militärischer Gewalt in ihre bislang schwerste Krise stürzte.

Offiziell begründete Frankreich den Einmarsch in das Ruhrgebiet mit deutschen Verfehlungen in der Reparationsfrage: Die Weimarer Republik hatte ihr Ablieferungssoll an Telegrafenstangen und Kohle nicht voll erfüllt. Lloyd George, einer der Friedensväter Versailles', sprach von einer »kostspieligen Dummheit«[24], und ein britischer Diplomat[25] spottete, seit dem Trojanischen Pferd sei kein ähnlicher Mißbrauch des Holzes vorgekommen. Tatsächlich aber ließen sich die Franzosen von ihren Sicherheits- und Großmachtinteressen leiten. Poincaré wollte nachholen, was Clemenceau in Versailles nicht hatte durchsetzen können: die Abspaltung des Rheinlandes vom Deutschen Reich. Auch die französische Schwerindustrie wollte ihre Hand auf das Kohlenrevier legen, so wie im Krieg die deutsche Industrie bis in den Herbst 1918 hinein die Erzlager von Briey im französischen Teil Lothringens für das Reich beansprucht hatte, damit Kohle und Eisen nicht länger durch eine Grenze voneinander getrennt wären.[26] Diese Idee wurde erst im Jahre 1950 mit der Schaffung der westeuropäischen Montanunion verwirklicht.

Die Truppen drangen über die entmilitarisierte Zone hinaus bis ins westliche Westfalen vor; die französischen Brückenköpfe auf dem rechten Rheinufer (Mainz, Koblenz, Köln) wurden erweitert und zusammengeschlossen; in Baden besetzten die Franzosen Offenburg und Appenweier, um die Bahnlinie durch das Rheintal beaufsichtigen zu können. Die Reichswehr ließ sich auf keine Scharmützel mit den Franzosen ein.

So blieb der Reichsregierung nichts als der Aufruf zum passiven Widerstand der Ruhrbevölkerung, zum nationalen Generalstreik. Für den Fall, daß die französischen Truppen aus den besetzten Gebieten noch weiter nach Deutschland hinein vorstießen, hatte General von Seeckt im Einvernehmen mit der Reichsregierung vorgesorgt.[27] Im Ausland wurden Flugzeuge und anderes Rüstungsmaterial gekauft. Außerdem begann die Heeresleitung, auf kurz ausgebildete (aus rechtslastigen Verbänden rekrutierte) sogenannte Zeitfreiwillige zurückzugreifen, welche die aktiven Divisionen verstärken sollten.

Alle diese Vorkehrungen verstießen gegen den Versailler Vertrag. Nicht nur das Völkerrecht wurde verletzt, sondern auch die Reichsverfassung, der die Soldaten Treue gelobt hatten. Doch weder die Militärs noch die Zeitfreiwilligen oder die Rüstungskäufer fühlten sich bei diesem heimlichen Tun im Unrecht. Sie waren gewiß, eine patriotische Pflicht zu erfüllen. Und wie sie dachten damals die meisten Deutschen: Verstöße gegen alliierte Verbote waren eine Art Kavaliersdelikt. War nicht das Volk, im Vertrauen auf die 14 Punkte des amerikanischen Präsidenten Wilson, den falschen Versprechungen der 27 alliierten und assoziierten Unterzeichner des Friedensvertrages auf den Leim gegangen? Laut Präambel des V. Teils im Vertrag (»Bestimmungen über die Land-, See- und Luftstreitkräfte«) hatte sich Deutschland zur Entwaffnung verpflichtet, »um den Anfang einer allgemeinen Beschränkung der Rüstungen aller Nationen zu ermöglichen«. Frankreich hielt immer noch 800 000 Mann unter

Waffen, von denen 80 000 bis 100 000 ins Ruhrgebiet vorrückten, und selbst seine kleinen Verbündeten im Osten – Polen und die Tschechoslowakei – waren besser bewaffnet und stärker als die Reichswehr.[28]

General von Seeckt scheute sich nicht, mit rabulistischen Kommentaren die von ihm im Sommer 1923 angeordneten Mobilmachungsvorbereitungen zu rechtfertigen, obwohl der Artikel 178 des Friedensvertrages ein klares Verbot enthielt.[29] Zwei Aufstellungspläne ließ er vom Truppenamt durchspielen: einen für ein Notheer (Tarnname »Winterarbeit«) von 18 Infanteriedivisionen, die aus geheimen Lagerbeständen bewaffnet werden sollten, und einen zweiten für ein vollständig ausgerüstetes 35 Divisionen starkes Heer (»Sommerarbeit«) von 500 000 Mann.[30]

Doch solch improvisierte Heere wurden gar nicht erst aufgestellt, weil sich die Lage in Deutschland von Tag zu Tag verschlechterte. Reichskanzler Cuno, ehedem Regierungsrat im preußischen Finanzministerium, den sich Hapag-Chef Albert Ballin in den Firmenvorstand geholt hatte, damit er den Wiederaufbau der Handelsflotte nach dem Krieg finanzierte, hatte keine glückliche Hand. Weder ließen sich die Franzosen im Ruhrgebiet durch den von ihm verordneten passiven Widerstand in die Knie zwingen, noch bekam er die Inflation in den Griff, die vielmehr durch die staatlichen Subventionen an die im Generalstreik ausharrenden Ruhrkumpel weiter angeheizt wurde.[31] Ende September 1923 mußte die neu gebildete Große Koalition unter Reichskanzler Gustav Stresemann den passiven Widerstand an Rhein und Ruhr abblasen.[32] Wegen der galoppierenden Inflation – zuletzt kostete ein Dollar 4,2 Billionen Mark! – konnte das Reich die Löhne und Gehälter der streikenden Bevölkerung und die Lebensmittellieferungen ins besetzte Gebiet nicht länger bezahlen. Alle Opfer waren vergebens gewesen: Bei Demonstrationen und Sabotageaktionen wurden mehr als hundert Deutsche getötet; Hunderte saßen im Gefängnis; über 180 000 Einwohner waren von Haus und Hof vertrieben worden. In ihrer Proklamation an das deutsche Volk vom 26. September 1923 versicherten Reichspräsident Ebert und die Regierung Stresemann »feierlichst«, sie fänden sich zu keiner Abmachung bereit, »die auch nur das kleinste Stück deutscher Erde vom Deutschen Reiche loslöst«.

Jetzt drohte das Reich im Chaos zu zerfallen: In Küstrin versuchte Major Buchrucker mit seiner »Schwarzen Reichswehr« zu putschen. Im Rheinland und in der Pfalz riefen Separatisten autonome Republiken aus. In Sachsen und Thüringen bildeten Sozialdemokraten und Kommunisten Koalitionsregierungen und stellten proletarische Hundertschaften auf, so daß die Reichswehr aufgrund einer von Gustav Stresemann angeordneten Reichsexekution in Mitteldeutschland einmarschierte und auf bewaffnete Arbeiter schießen mußte. In Hamburg probierten die Kommunisten den Aufstand. In Bayern, einer Hochburg rechtsradikaler Wehrverbände, meuterte die 7. Infanteriedivision der Reichswehr.

Als dann am 8. November 1923 auch noch der Weltkriegsfeldherr Erich Ludendorff und der »Trommler« Adolf Hitler in München putschten und die Regierung in Berlin für abgesetzt erklärten, wußte Reichspräsident Ebert keinen anderen Ausweg mehr, als General von Seeckt gemäß dem Notstandsparagraphen 48 der Reichsverfassung die vollziehende Gewalt im ganzen Reich zu übertragen. Einige hohe Offiziere und konservative Politiker waren enttäuscht, als Seeckt nach ein paar Monaten – inzwischen war Ruhe im Reich eingekehrt und eine stabile Rentenmark eingeführt worden – seine diktatorischen Vollmachten (früher als nötig) an Ebert zurückgab. Zwar hatte er selber mit dem Gedanken gespielt, sich von den Konservativen zum Diktator erheben zu lassen, doch war er zu vorsichtig und zu anständig, sich zum Staate illoyal zu verhalten. Der Reichswehr werde, so Seeckt nach der Rückgabe, »die ausschließliche Beschäftigung mit militärischen Aufgaben« in nächster Zeit besonders guttun.[33]

Hinter diesen harmlos klingenden Worten verbarg sich nichts weniger als die von ihm eingeleitete Arbeit am Plan für ein Großes Heer von 2,8 Millionen Mann.[34] Neben den 63 Felddivisionen und den 39 Grenzschutzdivisionen sowie fünf Kavalleriedivisionen waren Ersatztruppen (450 000), Heerestruppen, also Ergänzungstruppen (395 000), und Luftstreitkräfte (154 000) vorgesehen. Die ersten Entwürfe wurden noch im Dezember 1923 gedruckt und konnten von den interessierten Stellen des Reichswehrministeriums und der sieben Divisionen angefordert werden. Oberst von dem Bussche, der Chef der Organisationsabteilung (T 2), empfahl sie als Hilfe bei den

Bedarfsrechnungen für Waffen, Munition und Kriegsgerät. Er wollte genau wissen, ob die vorgesehene Ausrüstung der einzelnen Einheiten für den Kriegsfall ausreiche oder ob »mit Rücksicht auf unsere Lage« noch Abstriche gemacht werden könnten. »Welche besonders kostspieligen oder besonders schwer zu beschaffenden Waffen oder Geräte können ohne wesentliche Herabminderung der Kriegsverwendungsfähigkeit durch andere, billigere bzw. leichter zu beschaffende Waffen und Geräte ersetzt werden?« Man habe zum Beispiel schon geprüft, ob sich die Feldküchen durch Kochapparate und Kochkisten ersetzen ließen. Das ganze Jahr 1924 hindurch wurden die Entwürfe von den Rechercheuren des Truppenamts überarbeitet. Am 20. Januar 1925 gab »Z(entrale)«, so die interne Bezeichnung für T 2, die letzten Nachträge heraus – in nur 16 Exemplaren. Der fertige Heeresplan sagte freilich nichts über den erhofften Zeithorizont aus und ließ die Ermittlung der erforderlichen Finanzen außen vor. In regelmäßigen Planjahrarbeiten mußte er an die jeweilige Gesamtlage der Rüstung angepaßt werden.

Wer sich in die Tabellen und Schemata des Plans vertieft, beginnt zu begreifen, warum der deutsche Generalstab wegen seiner Gründlichkeit so bewundert wie gefürchtet war. Ermittelt wurde buchstäblich bis zum letzten Meldehund und zur letzten Brieftaube. Das Große Heer war untergliedert nach Kommandobehörden, Infanterie, Kavallerie, Artillerie, Luftstreitkräften, Pionier- und Eisenbahntruppen, Nachrichtentruppen, Fahrtruppen, Kraftfahrtruppen (die Keimzelle der Panzerwaffe), Sanitätsverbänden, Veterinärformationen, Sonderverbänden (wie Baukolonnen, Panzerzug). Bemerkenswert ist auch die Erwähnung von 14 Kampfwagenbataillonen, für die 16 Stabsoffiziere vorgesehen waren.

Selbst heute noch wirkt sich die Geheimhaltung des Planes in der Forschung aus.[35] Man will gerade in jenen Jahren eine Fronde gegen Seeckt ausgemacht haben, Zwistigkeiten zwischen reformerischen jüngeren und stocksteifen alten Offizieren, die im Geiste des Kaiserreiches verharrten. Gewiß hat der Endfünfziger Seeckt, ohnehin ein schwieriger Charakter (Spitzname: »Die einsame Pappel«), eingedenk seiner Erfahrungen die jungen Obristen mit ihren hochfliegenden Ideen öfter abblitzen lassen, und gewiß waren die Urteile der »Reformer« über Seeckt manchmal ungerecht.

Der wiederentdeckte Große Plan widerlegt die Vermutungen über jene Fronde, basiert er doch auf den grundlegenden Gedanken Seeckts aus dem Jahr 1921. Somit war es selbstverständlich, daß jene Leitgedanken zu den Begriffen Volkserhebung, Grenzschutz, Volkskrieg, Einsatz improvisierter Feldtruppen, worüber man damals im Truppenamt diskutierte, zuvor »vom Herrn Chef der Heeresleitung genehmigt« wurden. Allein deswegen verbietet sich die Annahme, der Generalstabschef oder einige Abteilungschefs hätten die hierarchische Ordnung mißachtet. Es genügte vollauf, wenn der Chef der Heeresleitung einen Auftrag erteilte. Selbst ein eher als schwacher Oberbefehlshaber des Heeres geltender Mann wie der Generaloberst Walther von Brauchitsch hat in einer Verfügung vom 20. Mai 1938 den Generalstabschef Ludwig Beck daran erinnert, was seines Amtes sei: »Der Chef des Gen(eral) St(abes) d(es) H(eeres) stellt nach meinen Weisungen die führungsmäßigen Forderungen für die Rüstung des Heeres, für die er mir verantwortlich ist.«[36] Seeckt pflegte ohnehin nur bei grundsätzlichen Fragen einzugreifen. Wie im preußischen Heere üblich, herrschte auch im Generalstab von einem bestimmten Punkt an Auftragsfreiheit.[37]

Wahrscheinlich hat Seeckt die Arbeiten noch vorangetrieben, solange er die vollziehende Gewalt hatte, zumal er jetzt nicht einmal mehr Reichswehrminister Otto Geßler verständigen mußte. In seiner Ichbezogenheit hatte Seeckt auch vorher schon dem Minister manches verschwiegen, und Geßler selber wollte wohl gar nicht soviel über die geheime Aufrüstung wissen.

Mit dem Großen Plan allein war es nicht getan. Gleichzeitig wurden im Truppenamt noch andere Übersichten[38] zusammengestellt, so für die Kommandobehörden in der Heimat und die Ersatztruppen (ein Dokument, von dem sich einer der beteiligten Offiziere sogar ein Prachtexemplar herstellen ließ). Im Heft 5 sind die Gesamtstärken und -ausrüstung der sogenannten Heerestruppen (Ergänzungsverbände) zusammengestellt, die mit 36 Divisionen beziffert werden. Diese Ergänzungsverbände waren ein wunder Punkt bei der Heeresvermehrung, der noch im April 1926 den Offizier »Weser« dazu trieb, auf zwanzig Seiten die ungelösten Rüstungsfragen zu erörtern:[39] Wie kann man den Luftschutz und den Grenzschutz erweitern, wenn es dafür gar keine aktiven Stämme (Bataillone, Regimenter etc.) gibt, von denen man etwas abzweigen könnte? Und wie steht es mit jenen Waffengattungen, die Deutschland im Frieden laut Versailler Vertrag gar nicht haben darf? Als da sind: die Luftstreitkräfte, die schwere Artillerie, die Panzer, die chemischen Formationen? Und wie und wo kauft man ausländisches Gerät (während der Ruhrbesetzung hatte die Reichswehr zum Beispiel 100 Flugzeuge der holländischen Firma Fokker gekauft)?

Die Planer im Truppenamt entwarfen vorausschauend die Spitzengliederung der künftigen Wehrmacht.[40] (An der Diskussion beteiligten sich von Mai bis September 1925 die Offiziere »Jena«, »Warthe« und »Melone«.) Dem Chef der Wehrmacht unterstellt sein sollten die Wehrmachtteile Heer, Marine und Luftwaffe und gleichberechtigt ein Kriegswirtschaftsamt, dem das ganze Beschaffungswesen unterstand. Letzteres sollte sich untergliedern in Ersatzamt (für Soldaten und Arbeiter), eine Rohstoffabteilung, eine Fabrikationsabteilung mit mehreren Referaten, dazu Ämter für Preisprüfung, gesetzliche Fragen, Propaganda sowie für Landwirtschaft und Ernährung.

Nun lag freilich die Kriegswirtschaftszentrale noch in weiter Ferne. Doch es gab schon ein Heereswaffenamt, das sich im Jahre 1924 herauszufinden bemüht hatte, wie rasch die Industrie bei drohender Kriegsgefahr auf die Rüstungsfertigung umstellen könne. Es hätte viele Monate gedauert, aber soviel Zeit glaubten Seeckt und seine Mitarbeiter im Truppenamt nicht zu haben. Ebenso wie es kaum möglich war, die genaue Zahl der verborgenen Waffen zu ermitteln, brachte man es nicht fertig, die vielen Informationen über den Stand der Beschaffungen zu bündeln. Deshalb wurde der Chef des Heereswaffenamts, General Ludwig Wurtzbacher, angewiesen, eine Wehrwirtschaftsorganisation aufzubauen.

In einer Sitzung mit Vertretern des Reichswehrministeriums und der Marineleitung am 24. November 1924 – das Protokoll lag 1945/46 im Nürnberger Hauptkriegsverbrecherprozeß[41] vor – wurde der Nachschubstab des Waffenamtes als die einzige Zentrale vorgestellt, die fortan allein für die gesamte wirtschaftliche Mobilmachung zuständig sei. Der Nachschubstab sollte in der Friedenszeit die Ausstattung des 102-Divisionen-Heeres (samt den Heeres- und Ersatztruppen) mit Waffen, Munition, Gerät und Kleidung vorbereiten.

Im Falle einer Mobilmachung würden die Aufgaben einem noch zu schaffenden Rüstungsamt übertragen werden, das wiederum dem Kriegsamt unterstellt sein sollte. Hier wurde der Grundstein für die Aufrüstung im »Dritten Reich« gelegt. Einen Monat vor dem Beginn des Rußlandfeldzuges, am 26. Mai 1941, hat ein Major Wurmsiedler im Deutschlandsender diesen Tatbestand historisch gerechtfertigt: »Als Hitler 1933 an die Macht kam, fand er dank der Reichswehr alle technischen Voraussetzungen für die Wiederaufrüstung vor.«[42]

Noch Ende 1924 begann ein Sonderreferat des Nachschubstabs den Rohstoffbedarf und die Rohstoffdecke für das Große Heer und eine entsprechende Luft- und Seemacht zu berechnen.[43] Der Rohstoffmangel hatte schon im Ersten Weltkrieg den Militärs Kopfzerbrechen bereitet und machte sich mit dem Frieden von Versailles noch sehr viel stärker bemerkbar, fehlten doch jetzt die Erzminen in Lothringen und das Kohlenrevier in Ostoberschlesien. Da inzwischen Rheinland und Ruhrgebiet von Franzosen besetzt waren und die Ostprovinzen jederzeit von polnischen Kommandos heimgesucht werden konnten, blieb der Reichswehr als eigene Rohstoff- und Produktionsbasis lediglich das Rumpfdeutschland zwischen Weser und Oder sowie zwischen Meer und Alpen, das feindlichem Zugriff nicht sofort offenstand.

Das Sonderreferat lieferte anschauliches Material »für die Grenzen unserer Möglichkeiten«, wie es gleich in der Präambel der Denkschrift warnend heißt. Zuweilen, wenn die ungedeckten Anforderungen allzu hoch waren, machte der Verfasser den Militärs Hoffnung auf Vorräte im polnisch besetzten Teil Ostoberschlesiens oder im besetzten Rheinland – aber wie hinkommen? Oder er verwies auf die zumeist noch nicht erfolgreichen Verfahren zur Gewinnung von synthetischem Kautschuk und von Benzin und Schmierölen aus Kohle. Bei Wolle und Baumwolle werde man auf Kunstfasern umstellen müssen. Hier und da wurde der Vorbehalt gemacht, auf Wirtschaftlichkeit dürfe man keine Rücksicht nehmen, oder man müsse sich noch zehn Jahre gedulden. »Ganz ungeheuer« war der Bedarf an Kupfer: 950 000 Tonnen, mehr als die Weltjahresproduktion (900 000 Tonnen) …

Am schnellsten gelang den Aufrüstern, die (verbotene) Mobilmachung zu organisieren, wobei sie endlich auch – nach dem Ruhrschock – mit staatlicher Unterstützung rechnen durften. Seit dem 1. November 1925 konnte das Aufgebot der Wehrmacht im Reich jederzeit über den sogenannten Landesschutz zentral gelenkt werden.[44] Hierfür standen in den Wehrkreisen ehemalige Frontoffiziere bereit, die Kreisräte, in der Regel Leute von rechts. General Groener hatte dieses Konzept bereits 1919 dem Reichspräsidenten Ebert vorgeschlagen und die hierarchische Ordnung gleich mitgeliefert: vom Hauptmann a.D. bei den Städten und Landkreisen bis zum Oberst a.D. beim Innenminister oder beim Staatssekretär.

Kaum lag der Große Plan in seiner Endfassung vor – von den ursprünglich zwei Exemplaren wurde später eines verbrannt! –, da bat Oberst von dem Bussche, Leiter der Organisationsabteilung (T 2), die beiden Arbeitsgemeinschaften »dringlich« zu einem Vortrag des Hauptmanns Behschnitt am 4. April 1925.[45] Schon das Thema »Die organisatorische Lage für eine personelle Heeresverstärkung vom Jahre 1931 ab« deutete auf eine entscheidende Änderung hin. General von Seeckt und die Rüstungsenthusiasten im Truppenamt hatten sich inzwischen eingestehen müssen, daß der Aufbau einer großen Wehrmacht etwa acht bis zehn Jahre dauerte. Allein die drückenden Reparationslasten, im Jahr 1924 mit amerikanischer Hilfe durch den Dawesplan in eine gewisse Ordnung gebracht, ließen es gar nicht zu, die anfänglich nötigen drei- bis vierfach höheren Finanzmittel zu bewilligen. Vielmehr mußte die Reichswehr die nächsten drei Jahre um ihre finanzielle Existenz kämpfen.

Dazu trat eine andere Sorge, die Hauptmann Behschnitt in seiner nüchternen Bilanz nicht verhehlte: Vom Jahre 1931 an werde die Reichswehr nicht mehr auf die ausgebildeten Männer des Weltkriegsheeres zurückgreifen können. Die jüngsten Frontkämpfer wären dann dreißig Jahre alt und hätten seit zwölf Jahren kein Gewehr mehr in der Hand gehalten. Ins Gefecht könnte man sie nicht schicken. Allerdings wären viele der Älteren für den Grenzschutz, den Luftschutz, in den Behörden und vor allem in der Kriegswirtschaft noch lange zu gebrauchen. Um 2,8 Millionen ungediente Heranwachsende auszubilden, mangelte es der Reichswehr erheblich an Führern, Spezialisten und Lehrpersonal. Es sei denn, daß »dem Beginn des Krieges eine hinreichend lange Rüstungszeit vorangeht, innerhalb derer ohne Rücksicht auf die Bindungen des Versailler Diktats das erforderliche Personal vor Beginn der allgemeinen Ausbildung herangebildet werden kann«.

Behschnitt und seine Kameraden hatten bereits ein Ersatzmodell zur Hand. Das Deckblatt des Planes zur Aufstellung von 102 Divisionen wurde mit der Tarnbezeichnung »Das 21-Divisionen-Heer« geschmückt.[46] Handschriftlich hatte jemand für dieses verkleinerte Heer samt Luftschutz (Fliegerabwehr) und Heeres-Luftwaffe immerhin noch 1,067 Millionen Mann errechnet. Dieses »Notheer« geisterte nun fast zehn Jahre lang wie ein Schiff unter falscher Flagge durch die Rüstungsplanungen (und geistert heute noch durch die Literatur). Und niemand wunderte sich, wieso eigentlich 21 Divisionen zu je 12 000 Mann eine bis 1,3 Millionen Soldaten ergeben! Es handelte sich also, wie wir noch sehen werden, um eine Mogelpackung.

Zugrunde gelegt wurde diesem Übergangs- oder Ausweichmodell ein simples Rüstungsschema mit der Primzahl 7, das Seeckt bereits 1921 erfunden hatte.[47] Ihm schwebte ein behutsamer, organischer Aufbau in drei Stufen vor: Phase I: von 21 Regimentern auf 21 Divisionen, Phase II: von 21 auf 42, Phase III: von 42 auf 63 (wobei, falls erforderlich, jede Phase nochmals unterteilt werden konnte). Seeckt-Biograph Friedrich von Rabenau erläutert das Schema: »Bis zu 21 Divisionen konnte es sich nur um unzulängliche Zwischenstufen handeln. Denn als erste Stufe, das Wehrinstrument in das politische Kalkül aktiv einzusetzen, sah Seeckt allerdings ein Heer von 63 Divisionen, also rund eine Verneunfachung, an. Vorausgesetzt, daß man es mit allem Notwendigen während des Krieges versorgen konnte.«

Wozu das Große Heer dienen sollte, hat Seeckt eben in jenem Jahre 1925 in einem unbedachten Moment ausgesprochen: »Wir müssen Macht bekommen, und sobald wir diese Macht haben, holen wir uns selbstverständlich alles wieder, was wir verloren haben.«[48] Gemünzt waren diese Worte auf die Politik von Außenminister Stresemann, der im Februar den Westmächten einen Sicherheitspakt angeboten hatte. Diese deutsche Friedensoffensive führte noch im selben Jahr zum Vertrag von Locarno und 1926 zum Eintritt Deutschlands in den Völkerbund, so daß der Große Plan, von dem weder Reichswehrminister Geßler noch Außenminister Stresemann etwas ahnten, politisch nicht mehr opportun war und deswegen erst einmal hintangestellt werden konnte.

Je nach politischer Wetterlage konnte die Heeresleitung das Modell auf Mini oder Maxi schalten. Man hatte für jeden Bedarf und für jeden Etat ein Programm in der Schublade, das man durchziehen konnte, sobald das Kabinett oder der Wehrminister grünes Licht gab oder soweit der Finanzminister und der Reichsbankpräsident ein veritables Wechsel-Kredit-Programm für die Beschaffung von Waffen, Munition und Gerät spendierten, wie 1933 geschehen.[49]

Bei all dieser Tüftelei hat die Generalität, was Historiker gelegentlich übersehen, nie das Fernziel des Großen Heeres aus den Augen verloren. Der Rahmen dafür war 1923 bis 1925 gezimmert worden. Man brauchte ihn nur noch auszufüllen. Nach der Wiederentdeckung des Großen Plans wurde bezweifelt, ob er wirklich über Jahrzehnte wirksam sein konnte. Nun darf man einen Organisationsplan nicht mit einem Aufmarschplan verwechseln, der vor jedem Krieg neu geschrieben werden muß. Dem Freiburger Archivrat Georg Tessin fiel noch in den siebziger Jahren auf, daß dem Aufbau-Gesetz der nationalsozialistischen Regierung vom 16. März 1935 ein umfassender Aufstellungsplan zugrunde gelegen haben müsse – er sei nur noch nicht bekanntgeworden.[50]

Wie beständig die Kontinuität im Generalstab sein konnte, erhellt eine Begebenheit, die General Max von Viebahn nach dem Zweiten Weltkrieg erzählte. Er bekam während der Sudetenkrise im September 1938 von dem neuen Generalstabschef Franz Halder den Befehl, aus dem Archiv die Vorschriften für den Angriffskrieg zu holen, die dort seit 1923 (!) verstaubten.[51]

Wie man auch nach der Reduzierung des virtuellen Großen Heeres den Lauf der Dinge wieder beschleunigen konnte, hat Hauptmann Behschnitt im April 1925 in seinem Vortrag erwähnt: »Nur wenn es der *Politik* gelingt, Zeit und Handlungsfreiheit für den Übergang vom 100 000-Mann-Söldnerheer eines nicht wehrhaften Volkes in das 3-Millionen-Heer einer bewaffneten Nation zu schaffen«, sei ein Erfolg möglich.[52] Das Wort »Politik« ist nicht von ungefähr im Manuskript hervorgehoben worden. Die Reichswehr war im Begriff, den Staat in die Verantwortung für die geheime Aufrüstung einzubeziehen, mehr noch: sie wollte sich dem Staat und der Gesellschaft öffnen. Doch darüber mußten wohl die Abteilungsleiter im Truppenamt selber nachdenken.

Anderthalb Monate später, am 18. Mai 1925, machte im Generalstab eine Denkschrift die Runde, deren Vorschläge laut Behschnitt als »ein sensationeller Fortschritt sondergleichen« empfunden wurden. Sie trug die verschlüsselte Überschrift »Vorschlag zu Alexander 872Ui pers.«[53] und stammte »von einer damals schon maßgebenden und entscheidenden Persönlichkeit«, deren Namen der Generalleutnant a.D. selbst 1960 nicht nennen mochte, vielleicht weil der Autor damals noch unter den Lebenden weilte. Wir müssen also spekulieren. Zu den herausragenden Offizieren im Truppenamt zählte seinerzeit der Leiter der als Heeresabteilung getarnten Operationsabteilung (T 1), Oberstleutnant Joachim von Stülpnagel[54] (gestorben 1968), im Ersten Weltkrieg unter Ludendorff ebenfalls Chef der gleichen Abteilung, ein ideenreicher, glanzvoller und strebsamer Offizier. Kurz vor Kriegsbeginn 1939 wurde der General a.D. reaktiviert und zum Befehlshaber des Ersatzheeres ernannt. In letzter Stunde jedoch hat ihn Hitler entlassen und durch General Friedrich Fromm abgelöst. Der Diktator wollte auf dieser innenpolitisch wichtigen Dienststelle keinen Freund des deutschen Kronprinzen haben.[55] Außer Stülpnagel wäre als Verfasser der Denkschrift allenfalls noch dessen Freund und mehrjähriger Mitarbeiter in Frage gekommen: Oberstleutnant Kurt von Schleicher[56], sicherlich der politisch begabteste und einflußreichste Militär der Reichswehr, der 1932 der letzte Reichskanzler der Weimarer Republik wurde.

In der »Alexander«-Denkschrift ist bereits von dem 21-Divisionen-Heer die Rede. Der Generalstab hatte sich also binnen eines Monats vorerst von dem 63-Divisionen-Heer getrennt. Erleichtert hatte ihm dies der unerwartete politische Klimawechsel: Am 28. Februar 1925 war Reichspräsident Friedrich Ebert an den Folgen einer zu spät behandelten Blinddarmentzündung gestorben. Am 26. April wurde Paul von Hindenburg mit den Stimmen der Rechten vom Volk zum Nachfolger gewählt. Fortan war nicht mehr General von Seeckt der tonangebende Militär in der Republik, sondern der ranghöhere, populäre Hindenburg. Während Ebert immer großen Wert darauf gelegt hatte, Seeckts Meinung zu politischen Fragen zu hören, reduzierte der neue Reichspräsident die Beziehungen zum Heereschef auf das rein Militärische. Der resignierende General widmete sich zusehends dem inneren Aufbau seines 100 000-Mann-Eliteheeres.

Hatte Seeckt ein Jahr zuvor der Reichswehr noch politische Abstinenz verordnet, klingen in der »Alexander«-Denkschrift von 1925 ganz andere Töne an. Dieser Autor will die Regierung antreiben, »sich reale Machtmittel zu schaffen«. Zwei erste Schritte forderte er von der Politik: erstens einen Reichsverteidigungsrat, zweitens einen befristeten Rüstungsplan »und auf Grund dessen planmäßige Aufrüstung der körperlichen, geistigen, materiellen und militärischen Kräfte der Nation«. Das Ziel war klar: die Militarisierung der ganzen Gesellschaft – für einen totalen Krieg.

Auch der Termin stand ungefähr fest, zu dem das angeblich nur 21 Divisionen starke Reichsheer verwendungsfähig sein sollte: 1935. Er lag etwa in der Mitte zwischen zwei wichtigen Zeitpunkten: Von 1931 an wären Ausbilder in der Reichswehr Mangelware. Und Frankreich wäre wegen der schwachen Geburtsjahrgänge voraussichtlich zwischen 1935 und 1940 personell und finanziell am schwächsten. Hier wird die Aussage geradezu gespenstisch: 1931 legte die Reichswehr ein von der Regierung abgesegnetes zweites Rüstungsprogramm vor, das die illegale Aufrüstung absicherte. Erst 1935 verkündete Hitler die allgemeine Wehrpflicht. 1940 wurde Frankreich von der Wehrmacht im Sturm überrannt.

Das Militär, darauf besteht der anonyme Autor von 1925, müsse »die treibende Kraft bleiben«, solle also den Politikern Beine machen. Selbstbewußt setzte er über den Katalog zur ersten Rüstungsstufe den Titel: »Maßnahmen der Regierung *auf Betreiben* der Wehrmacht«. Punkt eins ist der Reichsverteidigungsrat, in dem alle für die Rüstung wichtigen Ministerien vertreten sind. Dieser Vorschlag beschäftigte in den kommenden Jahren wiederholt die Kabinette, doch umgesetzt wurde er erst am 4. April 1933.[57] Auf Initiative des Reichswehrministers Werner von Blomberg erließ das Kabinett Hitler einen entsprechenden geheimen Beschluß. Zu den vorrangigen Programmpunkten zählt die Forderung, daß Industrie, Landwirtschaft, Handel und Gewerbe sofort auf ihre Aufgaben während der Rüstungszeit und im Krieg vorbereitet werden.

Natürlich fehlt auch nicht die »Einstellung des Volkes auf den Wehrgedanken«, also das, wofür die Rüstungspropaganda das aus dem 18. Jahrhundert stammende häßliche Wort »Wehrhaftmachung« benutzte, eine »Aufrüstung der Köpfe und Körper«. Bei Behschnitt heißt es einfach und sachlich: »körperliche und sittliche Ertüchtigung des Volkes«.[58] Schon bald wurden an vielen Garnisonsorten Sporthallen und Sportarenen unter irreführenden Namen gebaut, denn die Reichswehr durfte keine Schulen unterhalten.[59] Neu waren diese Gedanken alle nicht. General Groener hatte dergleichen schon 1919 vorgebracht: Die Zukunftshoffnung hänge davon ab, »ob es gelingt, das deutsche Volk trotz des Friedensvertrages wehrhaft zu erhalten«.[60]

General von Seeckt hatte öfter gewarnt, die gefährlichste Zeit bei der geheimen Aufrüstung werde die Übergangsperiode sein, wenn die Reichswehr umbaue und neue Streitkräfte ausbilde. Zu leicht hätte Frankreich abermals seine Divisionen ins Reichsgebiet vorrücken lassen können. Für diesen Fall entwarf besagter Oberst von Stülpnagel eine neue Strategie: den »Krieg der Zukunft«[61], eine Kampfweise, »die auch dem Schwachen den Sieg ermöglicht«. Sie sollte Deutschland vom französischen Joch befreien.

Seine Gedanken, die er im Februar 1924 zum erstenmal einem größeren Kreis von Offizieren vortrug, wurden in den folgenden Jahren in vielen Kriegsspielen und Übungen geprobt, geprüft und den Verhältnissen angepaßt. Seeckt hatte die Leitgedanken genehmigt – dies gilt es festzuhalten, da gerade Stülpnagel in der Literatur als scharfer Kritiker des Heereschefs, ja als »Frondeur« figuriert. Der seit Waldersee und Schlieffen im deutschen Generalstab traditionell hochgehaltenen Vernichtungsstrategie setzte Stülpnagel eine Ermattungsstrategie voran, da sich das geschwächte Deutschland eines plötzlichen französisch-polnischen Präventivkrieges nicht anders erwehren könne. Gelänge in dieser ersten Kriegsphase die Aufstellung und Ausrüstung neuer Divisionen und träten andere Staaten an der Seite Deutschlands hinzu, wollte auch Stülpnagel in den Kampf um die Vernichtung des Feindes überwechseln und zur strategischen Offensive übergehen.

Aber zunächst einmal schwebte ihm der »kleine Krieg«[62] vor, also ein Guerillakrieg, ähnlich wie er Jahrzehnte später in Vietnam und in Afghanistan mit Erfolg praktiziert wurde. Zuweilen scheint es, als hätte der Oberst die Revanche herbeigesehnt, ja, den französischen

Einmarsch provozieren wollen. Der Feind »mit seiner ungeheuerlichen Masse von schweren Kanonen, Tanks und Fliegergeschwadern« sollte auf einen unsichtbaren Gegner stoßen. Kleine Stoßtrupps, Maschinengewehrnester und verdeckte Stützpunkte würden ihn zwingen, sich durch das ganze deutsche Gebiet durchzufressen, so lange, bis er moralisch und materiell geschwächt sei. In diesem Moment sollten größere deutsche Verbände, die sich im Hinterland gesammelt hatten, dem Feind in die Flanken fahren und ihn vernichtend schlagen. Unterstützt wissen wollte Stülpnagel seine Strategie des Zeitgewinns durch eine »Volkserhebung« in den französisch besetzten Gebieten.

Stülpnagels Plan bestach durch eine seltene Mischung von kriegsrevolutionärer Romantik à la 1813 (im preußischen Befreiungskrieg gegen Napoleon) und illusionslosem Realismus. Im nachhinein erschrickt man über den menschenverachtenden Fanatismus, mit dem er das Volk in den Freiheitskampf einspannen wollte, bei dem das ganze Reichsgebiet Kriegsschauplatz war und hohe Verluste der Zivilbevölkerung einkalkuliert wurden. Was er den »Flächenkrieg in tiefsten Räumen« nannte, wurde aber schon damals im Truppenamt kritisiert, zum Beispiel verwarf Oberst von dem Bussche (T 2) den »Flächenkrieg im eigenen Land«.[63] Selbst die Strategie der verbrannten Erde hat Stülpnagel nicht verschmäht, und sie wurde tatsächlich in das Defensivprogramm der Reichswehr aufgenommen.[64] Im Jahr 1930 legte sie für das ganze Reichsgebiet »Zerstörungskarten« an. Es wäre eine Untersuchung wert, ob sich die Wehrmacht 1944/45, als in Deutschland jede noch so kleine Brücke unterminiert wurde, jenes Materials bedient hat. Jedenfalls wählte sie die gleichen Rückhaltlinien wie seinerzeit die Reichswehr: das Heilsberger Dreieck in Ostpreußen, die Oder-Neiße-Linie und die Weser-Fulda-Linie.

Unbekümmert erhob Stülpnagel den Terror zum Kampfmittel und berief sich dabei, wie es deutsche Militärs in solchen Fällen gern taten, auf einen ungenannten englischen Offizier, der gesagt haben soll: »Hemmungen irgendwelcher Art darf es nicht geben ... Die Meinung der Welt gilt wenig, wenn die Befreiung winkt.« So gelangte Stülpnagel zu der erschreckenden Aussage: »Ein auf das Äußerste zu steigernder nationaler Haß darf vor keinem Mittel der Sabotage, des Mordes und der Verseuchung zurückschrecken.« Und komplettierte sie: »*Gas* und Rauch, *Bakterien*, mechanischer Zug, elektrische *Fernlenkung* und -zündung, Aviatik«. Mit Recht hat Michael Geyer geurteilt: »Die totale und terroristische Kriegführung des Militärs ohne Rücksicht auf die Bevölkerung ... gehörte nicht erst zu den Schreckensbildern eines von der SS inszenierten Vernichtungskrieges, sondern war das ›normale‹ Kriegsbild der Reichswehr.«[65]

Auffällig ist der Appell Stülpnagels an die moralischen Kräfte, mit denen er die materielle Überlegenheit des Feindes ausgleichen wollte. Die Parole »Moral gegen Technik« scheint dazumal verbreitet gewesen zu sein. Auch Hauptmann Behschnitt setzte auf die »Güte und Leistungsfähigkeit der Truppe«. Selbst in einem Reichswehr-Bilderbuch der Zigarettenindustrie findet man 1933 das Wort vom Sieg des stärkeren menschlichen Willens.[60]

Mit solchen Sprüchen hat man 1944/45 Kinder und Greise in die Volkssturmeinheiten und damit in den Tod getrieben ...

2.
HINTER DEM RÜCKEN DES PARLAMENTS

Nicht die Reichswehr war es, die Mitte der zwanziger Jahre den Weg zum Wiederaufstieg der deutschen Großmacht ebnete, sondern die von General von Seeckt und den Rechten bekämpfte Verständigungspolitik des Reichsaußenministers Gustav Stresemann.[1] Der Liberale, im Krieg noch ein Annexionist und Alldeutscher, hatte sich nach 1918 zum Vernunftrepublikaner gemausert. Er besaß die Gabe einer aufrichtigen Beredsamkeit und des wachen Sinns für das jeweils Mögliche in der Politik. Nach dem klassischen Prinzip des *do, ut des* (Ich gebe, damit du gibst) verhandelte er mit westeuropäischen Alliierten, denen er nicht als Nationalist, sondern als Europäer begegnete.

Im Vertrag von Locarno 1925 stimmte Stresemann einer internationalen Garantie der Westgrenzen von 1919 zu und verzichtete auf Elsaß-Lothringen. Damit brachte er die Franzosen dazu, das Ruhrgebiet und vorzeitig auch das Rheinland zu räumen. Ihrem Sicherheitsbedürfnis kam er mit der Zusage entgegen, daß auch künftig kein deutscher Soldat im Rheinland stationiert sein dürfe. Das war gewiß kein »deutscher Weg«, wie ihn General von Seeckt verstand. Er bekämpfte die Locarno-Politik, »weil sie uns bindet und nichts nutzt«.[2] Es brauchte seine Zeit, bis auch die Obristen im Truppenamt begriffen, daß auf einmal die stete Gefahr eines Zweifrontenkrieges gebannt war und sie künftig ihre Kriegsspiele auf Polen konzentrieren konnten.

Darüber hinaus hatte Stresemann die erste Voraussetzung für die von allen Seiten angestrebte Revision des Versailler Vertrages geschaffen: die Aufnahme Deutschlands in den Völkerbund, wo es sogar einen ständigen Sitz im Rat erhielt. Im Februar 1927, ein weiterer schöner Erfolg für den Reichsaußenminister, verließ die Interalliierte Militärkontrollkommission deutschen Boden. Nicht, daß die Offiziere sich hatten täuschen lassen: In ihrem Schlußbericht[3] haben sie eine Reihe von Verstößen der Reichswehr gegen den Friedensvertrag vermerkt: die Existenz von Zeitfreiwilligen, die Aufstellung von Reservekadern, das Weiterbestehen des Generalstabs, die militärische Organisation des Eisenbahnnetzes, die Verbindung zu paramilitärischen Verbänden, überhöhte Kosten im Reichswehrhaushalt. Die bewaffnete Macht sei personell, materiell und in der Ausbildung verstärkt worden. Die Kontrolleure mutmaßten zu Recht, daß es weitere, nur noch nicht entdeckte Verletzungen des Friedensvertrages gebe. Aber das zählte nun nicht mehr, der Völkerbund übernahm die Kontrolle im Vertrauen auf die Außenpolitik Stresemanns.

Indes arbeiteten die Hauptleute und Majore im geheimen Generalstab weiterhin im stillen an den Rüstungsplänen. Um so größer war ihr Mißfallen, als plötzlich die Reichswehr ins Gerede kam. Hans von Seeckt, »dieser bedeutende Soldat und merkwürdige Mensch«, wie ihn sein Untergebener Oberst von Blomberg nannte,[4] wurde am 8. Oktober 1926 von Reichswehrminister Otto Geßler aus dem Dienst entlassen. Der Anlaß für den Sturz[5] war eine Unvorsichtigkeit des Generalobersten. In seiner Gutmütigkeit hatte er zugelassen, daß der älteste Kaiserenkel, Prinz Wilhelm von Preußen (er fiel 1940 bei Sedan), als Gast des berühmten Potsdamer Infanterieregiments Nr. 9 an einem Herbstmanöver teilnehmen durfte. Das war mehr, als die Republik und der mißtrauische Nachbar im Westen ertragen konnten.

Das Ende der Laufbahn Seeckts hatte bereits mit dem Tod Eberts anderthalb Jahre zuvor seinen Anfang genommen.[6] Seine leise Hoffnung, die Parteien rechts der Mitte könnten ihn als Kandidaten für die Wahl des neuen Reichspräsidenten auf den Schild heben, zerrann noch vor dem ersten Wahlgang. Mochte sich sein bewährter Mitarbeiter Schleicher hinter den Kulissen auch noch so sehr für den General ins Zeug legen, es half alles nichts. Der selbstherrliche Heereschef war den Politikern nicht geheuer, und die Erzkonservativen in Bayern wollten ihn erst recht nicht.

Die Wahl des Feldmarschalls von Hindenburg hat Seeckt lange nicht verwinden können. Abgekühlt hatte sich auch sein Verhältnis zu den beiden wichtigsten Helfern aus der Frühzeit der geheimen Aufrüstung, den Obristen von Stülpnagel und von Schleicher.[7] Zu

Jahresbeginn 1926 gelang es Seeckt endlich, den »Zukunftskrieger« (Stülpnagel) nach Braunschweig »an die Front« (so der Kasinojargon) zu versetzen. Reichswehrminister Geßler hatte sich lange Zeit dagegen gesträubt. Erst nach dem eigenen Sturz kam Seeckt in den Sinn, er habe den falschen Obristen entfernt. Doch der intrigenreiche Schleicher hatte diesmal seine Hände nicht im Spiel. Er hatte nach seiner Übersiedlung ins Wehrministerium lediglich nichts mehr zugunsten Seeckts unternommen. Es war einzig Geßler, der nach einem Vorwand suchte, den Generalobersten loszuwerden. Zu deutlich hatte Seeckt seine Mißachtung für die Politiker gezeigt, den Minister oft überhaupt nicht informiert – etwa in der Prinzenaffäre – oder ihm gar etwas Falsches berichtet.

Den nächsten Skandal bescherte der SPD-Politiker Philipp Scheidemann dem Heer, als er in einer Rede vor dem Reichstag Ende Dezember 1926 pikante Einzelheiten über die Zusammenarbeit zwischen Reichswehr und Roter Armee enthüllte.[8] Dahinter steckte auch die Absicht, die bürgerliche Regierung und vor allem den Reichswehrminister Geßler zu stürzen. Der aber blieb im Amt, bis ihm dann 1927 ein neuer Skandal ins Haus stand, dessentwegen er den Hut nehmen mußte. Bei der Pleite der damals zweitgrößten deutschen Filmgesellschaft Phöbus war ruchbar geworden, daß der Leiter der Seetransportabteilung, Kapitän zur See Walter Lohmann[9], sich mit einigen Millionen Reichsmark an dem Unternehmen beteiligt hatte in der Hoffnung, er könne es für nachrichtendienstliche Zwecke und für die Marinepropaganda benutzen, aber auch kommerziell mehren.

Lohmann hatte zur Zeit des Ruhrkampfes 1923 aus dem sogenannten Ruhrfonds zehn Millionen Mark für die Marine bekommen, über die sie im Falle eines Krieges mit Frankreich hätte verfügen können. (Insgesamt gab die Regierung damals via Reichsbank 100 Millionen Goldmark zur militärischen Verteidigung an die Reichswehr.) Fortan stellte sich der Kapitän ganz in den Dienst geheimer Flottenaufrüstung. Zu diesem Zweck gründete er eine Reihe von Firmen, aus deren Gewinnen er neue Projekte für die Reichsmarine finanzieren wollte. Der Staat verhalf ihm zu Krediten oder vergab Haushaltsmittel zur Deckung laufender Kosten. Es ging im einzelnen um den Bau und die Erprobung von Unterseebooten, Schnellbooten, Seeflugzeugen zumeist im neutralen Ausland (Spanien, Schweden, Finnland, Holland, Schweiz, Türkei), auch um die militärische Benutzung von neuen Tankschiffen und Bäderdampfern.

Ganz abgesehen von den Verlusten der Reichskasse – die Zahlen bewegen sich zwischen 13 und 26 Millionen –, versuchte die Regierung auch wegen der politischen Brisanz, den Skandal unter der Decke zu halten. Den Vorfall und die Hintergründe mußte der Sparkommissar und Präsident des Rechnungshofes, Friedrich Saemisch, untersuchen. Das hatte Folgen für die weitere Finanzierung der Geheimrüstung. Regreßpflichtig wurde niemand gemacht: Mit Geßler mußte allerdings zugleich Admiral Hans Zenker, der Chef der Marineleitung, seinen Posten räumen. Bei Lohmann, der 1930 starb, war wegen Konkurses ohnehin nichts mehr zu holen.

Zuvor schon hatte der neue Chef der Heeresleitung, Generalleutnant (»Papa«) Wilhelm Heye, der Regierung reinen Wein eingeschenkt, um das Verhältnis zwischen Militär und Staat zu entspannen. In den ersten Jahren nach der Ruhrbesetzung war es der Reichswehr noch nicht möglich gewesen, die geheimen Waffenbestände der Wehrkreise und der vielen vaterländischen Verbände zu ermitteln. Nunmehr – die alliierten Kontrolleure waren längst fort – kam Heye mit einer großen Überraschung heraus. In versteckten Depots lagerten 350 000 Gewehre (!), 12 000 Maschinengewehre, 400 Minenwerfer und 675 Geschütze.[10] Allein mit den Gewehren hätte man die im Großen Plan vorgesehenen 39 Grenzschutzdivisionen ausrüsten können – bei je 9 000 Gewehrträgern (das heißt, plus 3 000 für die nicht frontnahen Verbände).

Die Regierung mußte sich nun entscheiden: Sollte sie die Waffen den Alliierten ausliefern oder in Verwahrung des Staates nehmen? Die Mitte-Rechts-Regierung unter Reichskanzler Wilhelm Marx hatte, ebensowenig wie Außenminister Stresemann, nichts gegen eine vorsichtige Nachrüstung einzuwenden. Das Reich übernahm die Verantwortung und machte sich somit zum Komplizen verfassungs- und rechtswidriger Unternehmungen. Der Reichswehr war es nur lieb, daß sie nicht länger von Spenden der Industrie oder der Großgrundbesitzer abhängig war.

Hatte bislang das Militär hinter dem Rücken der Regierung aufgerüstet, so förderte die Regierung jetzt das Militär hinter dem Rücken des Parlaments. Rechnungshofpräsident Friedrich Saemisch verlangte, daß ein geheimer Etat für die illegalen Ausgaben der Wehrmacht aufgestellt werde.[11] Um Mißwirtschaft zu verhüten, müsse ein Überwachungsausschuß gebildet werden. Ihm gehörten dann die Vertreter des Reichswehrministers (aus Heer und Marine), des Reichsfinanzministers und des Rechnungshofes an (Staatssekretärsausschuß). Künftig gab es für jedes Haushaltsjahr zwei Etatansätze für die Reichswehr. Die Parlamentarier bekamen als Mogelpackung einen weißen (normalen) Etatentwurf vorgelegt; zuvor hatte das Reichswehrministerium aus diesem Entwurf farbige (Geheim-)Etats herausschneiden lassen: blau (Heer), rot (Marine), gelb (Fliegertruppe).

Unter den Fittichen des nachsichtigen Generals Heye, der vor allem wegen seiner Jagdleidenschaft bekannt war, konnte nun als Generalstabschef (1927–1929) ein Mann seine Talente entfalten, der für die weitere Aufrüstung bedeutsam wird: der Pour-le-mérite-Träger Werner von Blomberg,[12] aufgeschlossen für neue Ideen und moderne Technik, entschlußfreudig, emphatisch und welterfahren, einer der vielversprechenden Offiziere aus dem Seecktschen Führer- und Eliteheer. Er ließ seine Abteilungen im Truppenamt in monatelanger Vorarbeit das erste Rüstungsprogramm auf die Hellinge legen, das Heye dann im September 1928 vom Stapel ließ. Dieser Fünfjahresplan sollte den Nachschub eines Heeres mit 16 Infanteriedivisionen für möglichst sechs Wochen sichern. Offensichtlich fing man klein an, um das Kabinett, das den Etat ausdrücklich genehmigen mußte, nicht gleich vor den Kopf zu stoßen. Man hielt sich nicht einmal an die Seecktsche Norm von jeweils sieben Großverbänden. Vielmehr steuerte man derweil den Übergang zur Norm acht an: Acht Divisionen verdoppelt, ergaben 16, die man später auf 24 bis 32 Infanterie- und Kavalleriedivisionen steigern konnte. Es wurde sogar aus dem südöstlichen Teil des Berliner Wehrkreises III ein neuer Wehrkreis VIII in Breslau gebildet. Die Regierenden wurden dennoch getäuscht: Denn wo blieben die Grenzschutzeinheiten, die Kavalleriedivisionen, die Heeres(ergänzungs)truppen?

Verwirrung stiften sollte auch der Gebrauch des Großbuchstaben »A«, was allerlei heißen konnte: *A*ufstellung, *A*usbildung, *A*ufbau, *A*usrüstung, *A*larm und so weiter. Gemeint war stets das Ausmaß der illegalen Mobilmachung von Zeitfreiwilligen und Reservisten. (Die Marine, die ebenfalls heimlich rüstete, sprach vom V-Fall, V = Verstärkung.)

In seinen handgeschriebenen Memoiren hat Blomberg ein wenig von »diesen bedrängten, im Dämmerlicht getanen Vorbereitungen«[13] ans Licht gebracht. Als Befehlshaber des Wehrkreises I (Ostpreußen) hatte Blomberg von 1929 bis 1933 Zeit genug, sich um die geheime Ausbildung zusätzlicher Soldaten zu kümmern. In Ostpreußen nahm man diese Aufgabe besonders ernst, da das Land wie eine Insel von Litauen und Polen umschlossen war. Blomberg erwähnt einige Gruppen, die zum sogenannten Landesschutz zählten: Zeitfreiwillige, die kürzer oder länger in der Reichswehr übten, um ihr Soldatentum aufzufrischen oder um überhaupt erst alles neu zu lernen, dann die Männer, die für den (von Stülpnagel erfundenen) »kleinen Krieg« bereitstanden, den sie nach einer feindlichen Invasion im Hinterland führen sollten, schließlich die vielen, welche die Waffen verbargen und pflegten. Die Zeitfreiwilligen wurden in Spezialkursen an Maschinenengewehren, Minenwerfern und Geschützen geschult. Nach drei Wochen Ausbildung wurde schon Scharfschießen mit Feldartillerie geübt: Nur die Geschützführer waren alte Soldaten, alle anderen freiwillige Bauernburschen. Selbst aus der damals Freien Stadt Danzig kamen regelmäßig Bürger als Urlauber getarnt zu den Übungen nach Ostpreußen.

Während der im Jahr 1928 einsetzenden planmäßigen geheimen Rüstungsarbeiten, die von den Reichsregierungen – auch von der Großen Koalition unter dem sozialdemokratischen Reichskanzler Hermann Müller – geduldet und überwacht wurden, konnte die Reichswehr keine großen Sprünge machen. Für das erste, bis 1932 dauernde geheime Rüstungsprogramm hat die Republik etwa 350 Millionen Reichsmark ausgegeben. Jährlich bekam das Heer jetzt runde 70 Millionen unter der Hand. Das war nicht eben viel, gemessen an dem offenen Gesamthaushalt der Reichswehr, also inklusive Marine, von 726,5 Millionen im Jahr 1928 (magere 8,6 Prozent des ganzen Reichshaushalts!). Die Reichswehr hatte mehr gefordert und erwartet, doch das Kabinett achtete auf Sparsamkeit.

Positiv wirkte sich die Entspannung zwischen Reichswehr und Regierung auch in den Beziehungen zur Sowjetunion aus. Nachdem der erste Anlauf nach dem Rapallovertrag nicht von langer Dauer gewesen war, weil sich die deutsche Industrie aus dem Rußlandgeschäft wieder zurückgezogen hatte, begann jetzt, unter dem Schirm des Berliner Freundschafts- und Neutralitätsvertrages von 1926, überhaupt erst die Hochblüte der gemeinsamen deutsch-russischen Rüstung.[14] Drei Jahre lang erprobten Rote Armee und Reichswehr an der Fliegerschule in Lipezk, der Panzerschule in Kasan und einem Kampfgas-Laboratorium in Tomka all jene Waffen, die den Deutschen seit Versailles verboten waren. Ohne diese Vorbereitungen hätte die Wehrmacht nach 1933 nicht so rasch Luft- und Panzerwaffe aufbauen können.

Aufwind bekamen die Rüstungsvorhaben von Heer und Marine, als General a. D. Wilhelm Groener im Januar 1928 neuer Reichswehrminister wurde.[15] Groener, der im November 1918 mit Friedrich Ebert das Bündnis zwischen Militär und Sozialismus geschlossen hatte, war der richtige Mann am richtigen Platz. Er brachte das Kunststück fertig, die bis dahin autonome, widerspenstige Reichswehr in die friedliche Revisionspolitik Stresemanns einzubinden. Organisatorisch begabt und erfahren in der Kriegswirtschaft, bewährt als Verkehrsminister (Eisenbahnminister) in mehreren Kabinetten der Weimarer Republik, kam Groener bei den Politikern gut an, weil er keine Berührungsangst vor Parlamentariern und Gewerkschaftlern hatte. Kurzum: Groener war scheinbar ein Politiker, dem es allein um die Sicherheit des Reiches ging, ein ehemaliger General, der nicht mehr wie Seeckt vom großen »Befreiungskrieg« träumte.

Nun, er war zu klug, als daß er sich mit Revanchisten und Nazis gemein gemacht hätte. Und wer wußte schon, daß er 1919 im Kameradenkreise sinniert hatte, falls man noch einmal um die Weltherrschaft kämpfen wolle, müsse man dies von langer Hand mit rücksichtsloser Konsequenz vorbereiten. Liest man seine Weisung von 1930 über »Die Aufgaben der Wehrmacht«, wird man über den Satz stolpern, daß die Reichswehr auch »aus freier eigener Entscheidung« eingesetzt werden könne, »wenn eine günstige internationale Konstellation uns das Risiko eines solchen Entschlusses gestattet«. Groener unterschied drei Kampfformen: erstens, das marschbereite Reichsheer – Hitler bezeichnete das später als Angriff aus den Kasernen –, über das die Reichsregierung *sofort* verfügen könne. Zweitens das verstärkte marschbereite Reichsheer, das hieß, kürzere Fristen zwischen Alarm und Marschbefehl, Ausstattung mit schwerer Artillerie und anderen modernen Waffen, bessere Ausbildung. Und drittens das Feldheer, ein verdreifachtes Reichsheer mit 21 oder 24 Divisionen, das nach kurzer Mobilmachungszeit (A-Zeit) an die Grenzen rücken konnte, wo bis zu 39 Grenzschutzverbände während der Aufstellungsperiode (gemeint ist: Mobilmachungsperiode) Rückenschutz gaben. Eingesetzt werden sollte es aber lediglich in dem Fall, daß Polen mit regulären Verbänden über Deutschland herfiel (»Fall Piłsudski«), und selbst dann nur unter den Bedingungen einer günstigen politischen Lage. Das entsprach ganz der Politik Stresemanns, wonach ein Krieg mit Polen »von Deutschland nie begonnen« werde. Dieses Kriegsheer hätte frühestens im Jahr 1938 marschieren können, also nach dem Ablauf des zweiten Rüstungsprogramms.

Was der Wehrminister Groener nicht hatte einkalkulieren können, war das unvorstellbare Ausmaß der Weltwirtschaftskrise, die freilich für die Auf- und Nachrüster der Reichswehr zur Morgenröte wurde. Ende 1929 betrug das Kassendefizit des Reiches 1,7 Milliarden Reichsmark. Dennoch vermochte der geschickte Groener seine Kabinettskollegen trotz der Geldnot auf das »Normaljahr« 1928 festzulegen. Unter seiner Ägide wurden vor allem Maschinengewehre, Minenwerfer und Artilleriemunition angeschafft.

Groener erlebte in Berlin hautnah den Niedergang der Weimarer Demokratie, dessen Opfer schließlich auch er werden sollte. Im Auftrag des Reichspräsidenten regierten nacheinander drei Präsidialkanzler (Brüning, von Papen und von Schleicher) mit Notverordnungen auf der Grundlage des Paragraphen 48 der Reichsverfassung (Ausnahmezustand), der aber von der Nationalversammlung nie bis in die letzte, schwerwiegende Konsequenz (präsidiale Diktatur) ausformuliert worden war. Den drei Kanzlern taten sich beim Kampf um die Revision des Versailler Friedens ungeahnte Möglichkeiten auf: Kaum hatte Deutschland 1929 den Youngplan unterzeichnet, der seine Reparationsschuld bis ins Jahr 1988 streckte und auf insgesamt 34,5 Milliarden Mark festsetzte, da mußten die Reparationen 1931/32 schon abgeschafft werden, weil die Weimarer Republik – wie schon einmal 1923/24 – zahlungsunfähig geworden war. Auf der

Genfer Abrüstungskonferenz am 11. Dezember 1932 erreichte Schleicher eine Teilrevision der militärischen Bestimmungen des Versailler Friedensvertrages: Die Gleichberechtigung des Deutschen Reiches in Rüstungsfragen wurde grundsätzlich anerkannt.

In der Zwischenzeit hatte Generalmajor Kurt Freiherr von Hammerstein-Equord, der 1930 General Heye als Chef der Heeresleitung ablöste, das zweite Rüstungsprogramm (1933–1938) im Truppenamt zusammenstellen lassen.[16] Diesmal wollten die Offiziere die Aufwendungen von 350 Millionen auf eine Milliarde aufstocken. Es hatte sich nämlich ergeben, daß allein die Hälfte des geheimen Etats für Waffenkäufe bei der deutschen Industrie gebraucht wurde. Offiziell, so hatten es die Alliierten vorgeschrieben, durften überhaupt nur 33 Fabriken Rüstungsgüter für Heer und Marine produzieren. Dank der geschickten und streng geheimen Werbung (nichts Schriftliches!) der Wirtschaftsoffiziere des Waffenamtes hatten sich aber bereits tausend Unternehmen, sei es im Kriegsfall oder bei Freigabe der Rüstung, zur Mitarbeit bereit erklärt. Einige Produzenten mußten wegen der Wirtschaftskrise um ihre Existenz bangen und setzten ihre Partner im Waffenamt unter Druck.[17] Diesmal sollte endlich die Erstausstattung für volle 21 Divisionen bereitgestellt werden, außerdem der Nachschubbedarf für vier bis sechs Monate vorhanden und danach von der Industrie garantiert sein. Darum hätte das Waffenamt am liebsten 1,4 Milliarden Reichsmark verlangt, doch konnten die Militärs ihr »Milliardenprogramm« politisch nicht durchsetzen. Mehr als 484 Millionen wollte ihnen das Kabinett nicht zubilligen.

Dem neuen Chef des Truppenamts, Generalmajor Wilhelm Adam, war natürlich klar, daß selbst mit einer Milliarde Reichsmark allenfalls ein Not- oder Mindestprogramm entstünde. Denn noch waren Panzer und Flugzeuge, obwohl bereits in Prototypen entwickelt, völkerrechtlich verboten; das gleiche galt für die motorisierte schwere Heeresartillerie, die man dringend gebraucht hätte. So mußte General Adam am 15. Januar 1932 zu Papier geben: »Nur die Rücksichten auf personelle und finanzielle Möglichkeiten zwingen – vorläufig – zum Festhalten an 21 (Inf.-) Divisionen und – entsprechend – der Luftwaffe und Grenzschutz.«[18]

Die Erwähnung des Grenzschutzes beweist aber, was sich hinter der »21-Divisionen-Armee« tatsächlich verbarg. Der Grenzschutz, den es seit 1919 in vielen Variationen gab, sollte im Ernstfall vorbereitete Feldbefestigungen so lange verteidigen, bis aus den sieben »aktiven« Reichswehrdivisionen 21 Felddivisionen aufgestellt werden konnten, denen eine zweite Mobilmachungswelle mit 14 Infanteriedivisionen und schließlich eine dritte Welle mit sieben Divisionen folgen sollten.[19] Damit hätte man bereits nach dem Prinzip der Seecktschen Zellteilung die zweite Rüstungsstufe erreicht, nämlich 42 Infanteriedivisionen (plus 8 Kavalleriedivisionen, die zum Teil in motorisierte »schnelle« Truppen umgewandelt werden konnten), will heißen 550 000 Mann! Dabei sollte man nicht übersehen, daß schon 1925 die Ausrüstung für 35 Divisionen Heeres(Ergänzungs)truppen eingeplant war.

Beide Rüstungsprogramme dienten nur vordergründig einzig der Landesverteidigung. Wenn es die internationale und die wirtschaftliche Lage erlaubten, konnte das Heer jederzeit vergrößert werden, und zwar auf der Grundlage des Großen Plans von 1923/25. Er war eben kein »Wunschtraum«, sondern eine Zielvorgabe, an der die Reichswehr und die Wehrmacht unverrückbar festhielten. Darum war es nichts Außergewöhnliches, als das Truppenamt unter General Adam im Mai 1931 anordnete, den Waffen-, Geräte- und Munitionsbedarf für den jährlich überarbeiteten A-Fall zu errechnen: Tarnbezeichnung: »Das 1,2-Millionen-Mann-Heer« (wobei 100 000 Mann in Ostpreußen hinzugerechnet werden müssen).[20] Die Ergebnisse dieser Bestandsaufnahme waren erschreckend: 14 Milliarden Reichsmark wären im Kriegsfall für das erste Jahr notwendig, um 1,3 Millionen Mann und 361 225 Pferde zu alimentieren! Für die Aufstellung des A-Heeres hatte man eine »einmalige« Summe von 1,8 Milliarden Reichsmark spezifiziert, zusätzlich einer Milliarde »laufende« Kosten pro Monat.

Der höchste Betrag entfiel auf die Munition. Für das, was auf Lager war oder in deutschen Fabriken hergestellt wurde, hatte das Wehramt für die ersten acht Kriegsmonate Kosten von grob gerechnet 900 Millionen Mark veranschlagt. Darüber hinaus hielt man es aber für notwendig, für 1,5 Milliarden Mark zusätzlich Munition aus dem Ausland einzukaufen. Allein das Heer wollte also, aufs ganze Jahr bezogen, sage und schreibe mindestens drei Milliarden Mark verpulvern! Der Verbrauch an Bomben der noch kleinen Heeresluftwaffe wurde auf fünf Millionen geschätzt. Fünfundzwanzig Prozent der Gesamtkosten für Munition – da wären wir bei den berühmten 25 Prozent Munitionskosten des Ersten Weltkrieges angelangt –, zwölf Milliarden fürs laufende. Waren die Herren Offiziere im Wehramt und im Truppenamt von allen guten Geistern verlassen?

Man vergleiche diese Berechnungen einmal mit den Zahlen, die uns Karl Helfferich, Reichsstaatssekretär des Innern und ehedem im Vorstand der Deutschen Bank, aus dem Krieg von 1914–18 hinterlassen hat.[21] Allein in den ersten sechs Monaten beliefen sich die Kriegskosten auf 8,65 Milliarden Reichsmark. Bei Kriegsende 1918 war man bei insgesamt 160 Milliarden angelangt (das Volkseinkommen des Kaiserreichs betrug 1914 etwa 42 bis 45 Milliarden!). Da ist es ein Stück aus dem Tollhaus, was sich der geheime Generalstab im Frühjahr 1931 ausgedacht hat: Mit angeblich nur zwei Dritteln der Kriegskosten im ersten Halbjahr des Ersten Weltkrieges, also rund sechs Milliarden Reichsmark, wollte er die nächste Runde im Befreiungskrieg einleiten, mit dem Deutschland die Fesseln des Versailler Friedensvertrages sprengen sollte. Eines war doch keinesfalls zu übersehen: Auf diese Weise würde noch einmal die gesamte Volkswirtschaft und Vermögenssubstanz des deutschen Volkes vernichtet werden.

In dem A-Plan von 1930 waren übrigens auch die Bahnaufmarschkosten für Mittelschlesien und Ostpommern erwähnt, wo sich 34 Infanterie- und fünf Kavalleriedivisionen versammeln sollten. Mindestens acht Divisionen in Ostpreußen müßte man noch dazuzählen, da ja offensichtlich der Kriegsgegner Polen hieß. Es wären also 47 Divisionen gewesen, und mit 47 ist die Wehrmacht am 1. September 1939 tatsächlich im Osten angetreten.[22] Entweder hat sich der Generalstab an dem A-Plan orientiert, oder der alte Plan von 1925 war so ausgereift, daß sich nur noch das Tempo durch die hinzugekommenen sieben schnellen Divisionen steigerte. Geschmiedet wurde jener A-Plan zu einer Zeit, da Heereschef von Hammerstein noch beim Kabinett für das »Notheer« von 21 Divisionen betteln ging.

Seit Locarno hatte die Reichswehr nur noch einen Hauptfeind – Polen. Die Generalität und auch die führenden Beamten im Auswärtigen Amt waren sich Anfang der dreißiger Jahre einig: Polen mußte noch einmal geteilt werden.[23] Man wollte nicht nur Danzig befreien und den Korridor in Westpreußen beseitigen, sondern sich mit den Russen an der Grenze von 1914 treffen, was, wie wir wissen, auch ein Seeckt, Wirth und Cuno schon angestrebt hatten. Darum war es nichts Ungewöhnliches, als der Chef des Truppenamts, General Adam (der sich ungeniert Generalstabschef nannte), am 10. Januar 1933 seinen Führerstabsoffizieren eine operative Aufgabe stellte[24], in der ein fiktiver polnischer Angriff gegen den deutschen Osten vorgegeben wurde.

Adam ließ die Polen (rot) mit 40 bis 46 Großverbänden gegen die Deutschen (blau) antreten. Das gerade in der Umrüstung begriffene Reichsheer mußte auf dem Papier mit 27 Felddivisionen, 34 schwachen Grenzdivisionen und drei Kavalleriedivisionen in den Kampf ziehen. Ostpreußen ging fast verloren, und zwei polnische Armeen standen 100 Kilometer vor Berlin, ehe die Deutschen nach 21 Tagen zurückschlugen. Man darf vermuten, daß dieses Kriegsspiel bei den Oberen Panik erzeugen sollte. Denn nur so konnte Adam die Unzulänglichkeit eines 64- oder 63-Divisionen-Heeres (mit geschwächtem Grenzschutz) aufzeigen und neue Bedarfsforderungen an den Chef der Heeresleitung richten.

In der Tat hat der Generalstabschef im Frühjahr 1933 in einer Denkschrift[25] für den neuen Wehrminister von Blomberg, der sich zeitweilig auch Reichsverteidigungsminister nannte, die militärische Lage im Osten als hoffnungslos beschrieben. Blomberg hatte von ihm eine Lagebeurteilung angefordert, nachdem der polnische »Diktator« Marschall Piłsudski im März Truppen auf der Westerplatte im Danziger Hafen stationiert hatte, wohl um die Regierung Hitler/Papen vor Übergriffen zu warnen oder zu Verhandlungen herauszufordern. Adam riet von militärischem Widerstand ab; die Reichswehr habe nur für 14 Tage Munition verfügbar. Eine schlechte, wahrscheinlich überzogene Meinung hatte der General von den Grenzschutzverbänden: das seien »verschiedene Haufen mehr oder weniger williger ortsgebundener Kämpfer«.

Allerdings befand sich die Reichswehr bereits in einem Umbruch, der durch die Internationale Abrüstungskonferenz in Genf hervorgerufen worden war. Bei den Verhandlungen über die militärische Gleichberechtigung Deutschlands kam man auf die Idee, das aktive 100 000-Mann-Heer durch eine Miliz zu ergänzen. Reichskanzler

Heinrich Brüning, der seine Regierung als »Kabinett der Frontsoldaten« vorgestellt hatte, war begeistert, als ihm sein Wehrminister Groener den Plan unterbreitete, binnen fünf Jahren ein Volksheer von einer militärischen Schlagkraft aufzustellen, wie sie Deutschland noch nie vor dem Weltkrieg besessen habe.[26] Neben den im ersten Rüstungsprogramm ursprünglich vorgesehenen 21 Divisionen und fünf Kavalleriedivisionen – Groener bezifferte dieses Heer auf 300 000 Mann – sollte ein 700 000 Mann starkes Milizheer stehen. Doch ehe Brüning darüber im Ausland hätte verhandeln können, war er bereits gestürzt[27]; zwei Wochen vor ihm war auch Groener von seinen Ministerämtern zurückgetreten, nachdem heftig gegen ihn intrigiert worden war. Sein ehrgeiziger »Ziehsohn« und Kamerad Kurt von Schleicher, dem er mehr oder weniger die politischen Geschäfte des Reichswehrministeriums überlassen hatte, verübelte es Groener, daß er als (gleichzeitiger) Reichsinnenminister die SA verboten hatte. Und der sittenstrenge Reichspräsident von Hindenburg mochte seinem einstigen Kriegskameraden nicht verzeihen, daß ein unehelich gezeugter Sohn nach der Hochzeit vorzeitig auf die Welt kam (Reichswehroffiziere tauften ihn »Nurmi«, nach dem damals schnellsten Langstreckenläufer der Welt).

Groener hatte sich schon 1919 in einer Denkschrift[28] für die Zweiteilung von stehendem Heer und Volksheer = Miliz entschieden. Eine kleine Armee – wie es dann das 100 000-Mann-Reichsheer wurde – sollte auf technischen Höchststand gerüstet werden, mit »einem vorzüglichen Lehrmaterial und einem Personal«, so daß man jeden Mann zum Führer ausbilden könnte. Dieses Eliteheer sollte den Rahmen für das Volksheer abgeben. Zwei Jahre später entwickelte General von Seeckt ähnliche Gedanken. Beim Wiederaufbau einer Wehrmacht stellte er sich als Übergang zu einem Wehrpflichtigenheer eine Verbindung aus stehendem Heer und Miliz vor und machte so aus der Not eine Tugend, solange die allgemeine Wehrpflicht verboten blieb. Groener hat bald erkannt, welch »phänomenale Aufgabe« sich Seeckt mit dem kleinen Heer, das er als erster zum »Führerheer« erhob, zugemutet hatte, da sie »eine fast unmenschliche Selbstentsagung« erfordere: »Eigentlich muß jeder Reichswehrleutnant gewissermaßen ein kleiner Feldherr werden und jeder Reichswehrsoldat ein Bataillon führen können.«[29] Zum Beispiel kam es bei einer Generalstabsreise oft vor, daß der Stabsoffizier eines Regiments eine Division kommandierte. Aber als ebenso wichtig galt die Erziehung zum Einzelkämpfer, damit das »Führerheer« als »Truppe« verwendbar blieb.

Nun aber, zu Anfang der dreißiger Jahre, hieß es umdenken. Die alte Reichswehr wurde allmählich zum Mythos, jetzt sollte sie umgebaut, langsam für Neuzugänger geöffnet werden. Der neue Wehrminister von Schleicher hielt am 26. Juni 1932 eine Rede über alle deutschen Sender,[30] in der er quasi in Vorwegnahme der Beschlüsse der Internationalen Abrüstungskonferenz den qualitativen Umbau der deutschen Wehrmacht ankündigte. Wenig später war eine Aufstockung des Heeres auf 145 000 Mann im Gespräch, auch eine Herabsetzung der Dienstzeit von zwölf auf drei Jahre, so daß die Reichswehr in absehbarer Zeit über Hunderttausende von Reservisten verfügte. Damit nicht genug, rührten Schleicher – seit Dezember 1932 zudem Reichskanzler – und seine Mitarbeiter mächtig die Propagandatrommel für den totalen Militärstaat. Am 28. Januar 1933 trat auch dieser Präsidialkanzler zurück, nachdem er das Vertrauen Hindenburgs verloren hatte.

Vor den Toren stand Hitler.[31] Zwar hatte seine Nationalsozialistische Deutsche Arbeiterpartei Anfang November bei der Reichstagswahl über zwei Millionen Stimmen verloren, doch war sie immer noch stärkste Partei im Reichstag. Reichspräsident von Hindenburg aber hatte weiterhin Hemmungen, das Schicksal des Reiches dem »böhmischen Gefreiten« anzuvertrauen. Und Schleicher versuchte noch, durch eine Spaltung der NSDAP – der Sprecher des sozialistischen Flügels der Partei, Gregor Strasser, war bereit, als Vizekanzler in sein Kabinett einzutreten – sowie mit Unterstützung der Gewerkschaften sich als »sozialer Kanzler« eine breitere Machtbasis zu verschaffen. Währenddessen müssen sich maßgebende Männer der Rechten, an ihrer Spitze der eben erst entthronte Reichskanzler von Papen, in die Idee verliebt haben, ein durch die Wahlschlappe und durch den Abfall Strassers geschwächter Hitler wäre nun billiger zu haben, so daß man sich ihn »engagieren« und seinem ungehemmten Machtdrang Fesseln anlegen könnte. Mitte November 1932 haben namhafte Industrielle, angestiftet von dem ehemaligen Reichsbankpräsidenten Hjalmar Schacht, in einer Bittschrift[32] an den Reichspräsidenten Hitler als nächsten Präsidialkanzler gefordert. Etliche, die noch nicht öffentlich genannt sein wollten, versicherten ihre Zustimmung brieflich, kurioserweise auch Paul Silverberg (Rheinisches Braunkohlensyndikat Köln), der seine Unterschrift zurückhielt, um als Jude bei den Nazis keinen Anstoß zu erregen. Frühzeitig emigrierte er in die Schweiz, wo er, wie viele daheimgebliebene jüdische Patrioten, vergeblich hoffte, der antisemitische Radikalismus der Nazipartei werde sich allmählich legen. Schacht hingegen wird zum »Zauberer« unter den Finanziers – er besorgt mit seinen Tricks die Milliarden, auf die Heer und Marine so sehnsüchtig warten.

3.
Hitler schenkt Rüstungsfreiheit

Am 3. Februar 1933 erscheint der neue Reichskanzler Adolf Hitler zum Antrittsbesuch bei der Generalität.[1] Eingeladen hat der neue, von Hindenburg berufene und noch vor Hitlers Kabinett vereidigte Reichswehrminister General Werner von Blomberg. Da er in Berlin noch keine Wohnung hat, spielt auf seine Bitte hin der Chef der Heeresleitung, General von Hammerstein, im Bendlerblock den Gastgeber. Hammerstein stellt den Zivilisten etwas herablassend vor, und Hitler macht linkische Verbeugungen vor den kommandierenden Generälen und den wenigen ebenfalls geladenen Offizieren der Marineleitung. Erst als er nach dem Essen eine längere Rede halten kann, ist er in seinem Element. Er weiß nicht, daß hinter einem Vorhang die Adjutanten General von Hammersteins und Admiral Raeders sitzen, um mitzuschreiben.

Der Reichskanzler verspricht den Offizieren all das, was sie sich wünschen: keine Duldung des Pazifismus, Todesstrafe für Landesverrat *(da dürften einige an Carl von Ossietzky gedacht haben, der erst ein paar Wochen zuvor amnestiert worden war)*, Ausrottung des Marxismus mit Stumpf und Stiel *(das ging gegen die sogenannten Novemberverbrecher, die angeblich durch einen Dolchstoß die Armee um ihren Sieg gebracht haben sollten)*, Beseitigung des »Krebsschadens der Demokratie« *(verächtlicher konnte man nicht über die Weimarer Republik sprechen)*, Wehrertüchtigung der Jugend *(darum kümmerte sich die Reichswehr schon seit 1925 intensiv)*, allgemeine Wehrpflicht *(die immer noch verboten war)*, vor allem aber »die Wiederherstellung der deutschen Macht«. Die Freiheit des Entschlusses habe man erst, wenn »im Geheimen wirtschaftlich und militärisch alle Vorbereitungen hundertprozentig« getroffen worden seien.

Hitler respektiert die Autonomie der Wehrmacht (Reichswehr), und er wird ihr die nächsten Jahre nicht ins Handwerk pfuschen. »Nehmen

Sie meine politische Hilfe entgegen!« Das Bündnis zwischen Reichswehr und Nationalsozialismus – man wird schon bald von den »zwei Säulen« des Staates sprechen – ist arbeitsteilig: Die Wehrmacht steht für die militärische, die Partei für die geistige Mobilmachung des Volkes ein. Nun brauchen die Militärs nicht länger die »Wehrhaftmachung des Volkes« zu propagieren und zu organisieren. Hitler bekräftigt, was General von Seeckt einst zum Prinzip erhoben, General von Schleicher aber, notgedrungen, hatte mißachten müssen: Die Wehrmacht solle »unpolitisch und überparteilich bleiben«.

Aufgemerkt haben dürften seine Zuhörer, als Hitler sich die Frage, wie politische Macht, wenn sie gewonnen ist, gebraucht werden solle, selbst beantwortete. Er streifte mehrere Möglichkeiten, doch dann folgte der entscheidende Satz: »Vielleicht – und wohl besser – Eroberung neuen Lebensraumes im Osten und dessen rücksichtslose Germanisierung!« Da die Offiziere, wie es ihnen die Disziplin gebot, mit scheinbar teilnahmsloser Miene seiner Rede lauschten, konnte sich Hitler noch nicht sicher gewesen sein, ob sie je bereit sein würden, ihm beim Germanenzug nach Ostland, den er bereits in seinem Buch *Mein Kampf* angekündigt hatte, auf Gedeih und Verderb zu folgen. Ein Augenzeuge[2] berichtete, man habe sich mit dem Schiller-Zitat getröstet: »Stets ist die Rede kecker als die Tat!« Anders gesagt, man will Hitler nicht ernst genommen haben. Der einstige Reichsbankpräsident Hjalmar Schacht hörte von jener Ankündigung Hitlers zum erstenmal 24 Jahre nach dem Krieg. Seine militärischen Freunde hätten ihm nie etwas davon gesagt: »Sonst hätte ich niemals die Aufrüstung finanziert!«[3]

Allerdings wird aus dem Zitat Hitlers nicht ganz klar, was er mit »Lebensraum« gemeint hat: Es konnte die Rückeroberung der an Polen abgetretenen deutschen Ostgebiete bedeuten, aus denen man dann die polnische Minderheit vertrieben hätte. Oder er wollte in die Fußstapfen General Ludendorffs treten, der sich 1915 im Land Oberost (Litauen und Weißrußland) sein eigenes »Königreich« geschaffen hatte, dessen Einwohner zu Heloten der Deutschen herabgewürdigt werden sollten. Vielleicht dachte er auch an die Getreidekammern und Rohstoffe der Ukraine, die sein deutschnationaler Koalitionspartner, der Wirtschaftsminister Alfred Hugenberg, schon bald öffentlich als deutschen Lebensraum beanspruchte. Oder er wollte, wie im Frieden von Brest-Litowsk 1918 vorgesehen, die russischen Randstaaten dem deutschen Imperium einverleiben und den Deutschen ihr Indien in Rußland schaffen. Wie auch immer: Die Generäle konnten sich durch Hitlers Formulierung entschuldigt fühlen: »Lebensraum im Osten« war nicht ihre Wortschöpfung, wenn auch ihr Bestreben. Im übrigen hat Hitler ein Jahr später, am 28. Februar 1934, vor der Generalität seine Absicht bekräftigt, für den Bevölkerungsüberschuß des Reiches Lebensraum zu schaffen, mit dem bezeichnenden Zusatz: »Diesen werden uns aber die Westmächte nicht gönnen. Daher könnten kurze entscheidende Schläge nach Westen und dann nach Osten notwendig werden.«[4]

Hitler vergaß nicht, den Militärs Vorsicht bei der geheimen Aufrüstung anzuraten: »Gefährlichste Zeit ist die des Aufbaus der Wehrmacht. Da wird sich zeigen, ob Frankreich Staatsmänner hat; wenn ja, wird es uns Zeit nicht lassen, sondern über uns herfallen (vermutlich mit Ost-Trabanten).«[5] Doch dieses Rates hätte es gar nicht bedurft, den hatte ihnen schon Seeckt mit auf den Weg gegeben. Ebenso war man sich im Auswärtigen Amt der ständig drohenden Gefahr eines Präventivkrieges bewußt. Gerade ein Jahr war es her, daß Brünings Presseerklärung, Deutschland werde keine Reparationen mehr bezahlen, in Frankreich eine Teilmobilmachung bewirkte! Auch war damals durchgesickert, daß Polen für den 1. Mai 1932 einen Handstreich gegen Danzig geplant hatte.[6]

Noch vor Hitlers Erscheinen im Bendlerblock hatte General von Blomberg vor den Gruppen- und Wehrkreisbefehlshabern gesprochen[7] und Zuversicht verbreitet. Freilich verhielt er sich in Sachen Wiederaufrüstung noch sehr vorsichtig. Seine Aufgabe sei der »Ausbau der Wehrmacht zu einem brauchbaren Instrument zur Wahrung der nationalen Sicherheit«. Das »Maß dessen, was wir zunächst aufbauen wollen und können, ist bescheiden. Braucht Zeit und Geld!«. Zum Schluß wurde er gar prophetisch: »Namentlich auch der hervorragende Finanzminister werde loyalster Wegbereiter sein.« Gemeint war der vormalige Regierungsrat Lutz Graf Schwerin von Krosigk, den Hindenburg Mitte 1932, als Papen sein »Kabinett der Barone« bildete, eigens zur »Sicherung« der Nachrüstung ins Amt gehievt hatte.

Erstes Ziel der neuen Regierung mußte es sein, sechs Millionen Arbeitslose wieder in Arbeit und Brot zu bringen. Nun existierten bereits ein Reichskommissariat für Arbeitsbeschaffung und der sogenannte Öffa-Plan (Sofortprogramm für Öffentliche Arbeitsvermittlung) zur Ankurbelung der Wirtschaft. General von Schleicher als Reichskanzler (2. Dez. 1932–28. Jan. 1933) hatte hier eine Gelegenheit erspäht, Bedürfnisse der Reichswehr zu erfüllen.

Blomberg griff diese Idee sofort auf und vereinbarte mit dem Finanzminister, der Reichswehr für ihre geheimen Sonderhaushalte einen Ergänzungstopf einzurichten, aus dem sie Mittel für Arbeitsbeschaffungsmaßnahmen schöpfen konnte.[8] Für Heer und Marine wurden erst einmal 550 Millionen Mark bereitgestellt; außerdem gingen 100 Millionen an das Luftfahrtministerium, das heimlich eine eigenständige Luftwaffe aufrüstete. Die Aufträge würden durch Wechselziehung via Öffa finanziert, und die Öffa ließ die Wechsel durch ein Bankenkonsortium diskontieren. Das Reichswehrministerium mußte über die ausgestellten Wechsel eine Liste führen. Allen Aufträgen hatte jedoch zuvor der Finanzminister zuzustimmen. Der Nachteil für das bis 1938 laufende Rüstungsprogramm der Reichswehr/Wehrmacht war jedoch, daß diese Wechsel schon 1935 fällig wurden.

Das war die Stunde des neuen Reichsbankpräsidenten Hjalmar Schacht. Er stellte auf vier Jahre zwölf Milliarden Mefo-Mittel[9] für einmalige Ausgaben bereit. Mefo war die Abkürzung für die Metallurgische Forschungsgesellschaft; unter diesem Tarnnamen hatten sich vier große Firmen mit einem Kapital von einer Million Reichsmark zusammengetan. Unternehmen, die für die Reichswehr/Wehrmacht arbeiteten, konnten – ähnlich wie zuvor bei der Öffa – auf die Mefo Wechsel ziehen, die der Staat garantierte und die Reichsbank diskontierte. Mit einem Teil der Wechsel deckte die Reichsbank den Druck neuer Banknoten. Treffend hat ein hoher Offizier den Schachtschen Trick als »ein auf den Kopf gestelltes Wechselrecht« bezeichnet.[10] Abgesehen von den einmaligen Ausgaben, zog der Reichsbankpräsident mit bis zu einem Gesamtbedarf der Wehrmacht von 35 Milliarden Reichsmark an einmaligen *und* laufenden Kosten. Der »direkte« Aufwand an diesen Kosten sah so aus:

1933	2 – 3 Mrd.
1934	4 – 5 Mrd.
1935	5 – 6 Mrd.
1936	10 – 11 Mrd.
1937	11 – 12 Mrd.
zus.	32 – 37 Mrd.

Hitler konnte somit den Öffa-Topf (5 Milliarden) seiner Vorgänger weit übertrumpfen.

Schon Ende Mai 1933 übernahm die Reichsbank den größten Teil der Rüstungsfinanzierung. Den führenden Militärs konnte es nur recht sein. Auf einmal war Geld in Hülle und Fülle da. Seit Mai 1933 wurden sie mit der Mittelfristzusage beglückt.[11] Fortan konnten die drei Wehrmachtteile mittelfristig Geld und Personal anfordern. Eine Traumkonstellation für den »souverän« gestellten Oberbefehlshaber der Wehrmacht, General von Blomberg, der ja nicht Hitler, sondern dem Reichspräsidenten und Generalfeldmarschall von Hindenburg unterstand. Welch gedeihlicher Zustand auch für die drei Oberbefehlshaber von Heer (Hammerstein), Marine (Raeder) und Luftwaffe (Göring). Jeweils zum Jahresbeginn ging Blomberg zu Schacht und Schwerin-Krosigk (der allein, allenfalls mit dem Rechnungshof im Rücken, die heimlichen Zahlungen kontrollierte), trug die Bedarfsforderungen vor und durfte dann die Zusagen verteilen. Dabei richtete er sich nach dem Kostenschlüssel des Mefo-Büros, der neu aufgeteilt werden mußte, nachdem Hermann Göring die Luftwaffe übernommen hatte, die bis dahin dem Heer unterstellt war. Der neue Schlüssel seit dem Etatjahr 1933/34 sah für »einmalige« (Kosten) vor: Heer 5, 7 Milliarden (10/21stel), Marine 2,3 Milliarden (4/21stel), Luftwaffe (7/21stel = 1/3). Sicherlich war es kein Zufall, daß man zwölf Milliarden verlangte, also fast soviel, wie das Truppen- und das Waffenamt unter Hammerstein schon 1931 als Jahresbedarf errechnet hatten. Wegen des unerwarteten Geldsegens kam die Heeresführung bald zu der Erkenntnis, daß man das eben erst angelaufene zweite Rüstungsprogramm gar nicht bis 1938 werde strecken müssen.

Doch zunächst hing alles von den Abrüstungsgesprächen in Genf ab. Die deutsche Delegation war darauf bedacht, sich nicht vorzeitig in Abmachungen einbinden zu lassen, die der Revisionspolitik hinderlich sein konnten. Hitler hingegen war noch sehr unsicher und bescheiden. Im Mai 1933 sagte er dem Saar-Industriellen Röchling, es werde etwa acht bis zehn Jahre dauern, bis Deutschland wirklich stark sei.[12] Da hatte er jedoch die Rechnung ohne die Generäle gemacht. Denn sie besannen sich wieder auf Seeckts Dreistufenplan. Zur Zeit befand man sich im Übergang von Stufe eins zu Stufe zwei (natürlich immer noch klammheimlich). Man plante 21 Divisionen, war aber in Gedanken schon bei 63. Da diese Vermehrung vorerst nur durch Zellteilung möglich war, würde die Kampf- und Einsatzbereitschaft des Heeres geschwächt, eine Versuchung mehr für Frankreich und seine Trabanten zu intervenieren. Mithin mußte man, um gegen eine feindliche Intervention gewappnet zu sein, möglichst schnell auf Stufe zwei – 42 aktive Divisionen – schalten. Aber das eigentliche Ziel, Deutschland stark zu machen, damit es seine verlorenen Provinzen zurückgewinnen konnte, ließ sich nur mit Stufe drei erreichen: Da war man dann wieder bei den 102 Divisionen des Großen Plans von 1923/25.

Doch bei dem zu jenem Zeitpunkt vorgelegten Tempo könnte der Aufbau von 63 Infanteriedivisionen acht bis neun Jahre dauern. Das Ganze war somit eine Kostenfrage. Ein Mann des Reichsheeres kostete 1933 pro Jahr grob 4700 Reichsmark. 63mal 12000 Mann = 756000 Mann und elf Kavalleriedivisionen = 55000 Mann plus 9000 Mann für die höheren Stäbe – das machte 820000 Mann. Am Ende beliefen sich die laufenden Kosten jährlich an die 3,85 Milliarden Reichsmark (820000 x 4700). Setzt man anfänglich einen bescheidenen Satz von 50 Millionen Reichsmark für die Erstausrüstung und Kasernierung neuer Divisionen an, so würde ein 102-Divisionen-Heer allein insoweit zusätzlich eine Forderung über 5,1 Milliarden Reichsmark geltend machen, das heißt bei 150 Millionen Ausrüstungskosten pro Division würden insoweit 15,3 Milliarden Reichsmark benötigt werden.

Deshalb drängten die höheren Militärs auf die kostensparende Wiedereinführung der Wehrpflicht. Daraufhin hat Reichsverteidigungsminister von Blomberg am 27. Januar 1934 eigenmächtig den Chef der Heeresleitung, General von Hammerstein, mit den vorbereitenden Arbeiten beauftragt.[13] Zur Tarnung gebrauchte er dabei das Wort »allgemeine Dienstpflicht«, denn die gab es bereits in der Verfassung.

Zuvor hatte sich die Lage in Europa dramatisch verändert: Deutschland verließ 1933 die Abrüstungskonferenz in Genf und trat gleichzeitig aus dem Völkerbund aus.[14] Aber nicht Hitler hatte diesen Entschluß gefällt, sondern die Militärs und der konservative Reichsaußenminister Freiherr von Neurath hatten ihn zu diesem Schritt gedrängt. Anlaß war der MacDonaldplan gewesen: Der britische Premierminister hatte vorgeschlagen, Deutschland, Frankreich und Polen je 200 000 Soldaten zuzubilligen. Freilich steckten in dem Entwurf einige Punkte, die den deutschen Militärs und Diplomaten gar nicht gefielen: Unterschiede in der Stärke der Luftwaffen, auch eine Kriegsverhütungsklausel, welche die deutschen Revisionspläne hätten blockieren können.

Aus diesem Grund hatte von Neurath schon am 12. Mai 1933 aus Genf abreisen, Blomberg aber noch bleiben wollen. In dieser verfahrenen Situation versuchte Hitler, mit einer »Friedensrede«[15] am 17. Mai vor dem Reichstag Deutschland in ein gutes Licht zu setzen. Er unterbreitete eine Reihe Abrüstungsvorschläge, von denen er wußte, daß man sie nicht annähme, hinterließ aber dank seiner schauspielerisch perfekten Demagogie einen so starken Eindruck, daß sogar die Sozialdemokraten ihm Beifall spendeten. Als dann im Herbst 1933 selbst die Engländer darauf bestanden, Deutschland dürfe erst nach einer Probezeit aufrüsten, taten die deutschen Politiker, was sie ohnedies wollten. Das Nazi-Reich stellte sich auf die eigenen Beine, und Hitler ließ sich diesen Schritt durch ein Plebiszit bestätigen – mit 95 Prozent. Die Abstimmungsfrage lautete:[16] »Geben Sie Ihre Stimme für die Gleichberechtigung, die Ehre und den wirklichen Frieden«, doch darauf folgte der Pferdefuß, der manchem nationalbewußten Bürger Kopfzerbrechen bereitete: »und geben Sie damit zugleich die Stimme ab für den neuen Reichstag, der der Garant dieser Politik sein wird?« Die »Volksgenossen und -genossinnen« lernten bald, daß dieser nationalsozialistisch gewordene »Deutsche Reichstag« nichts garantierte, einzig dem Diktator zu akklamieren und als, so der Volksmund, »Deutschlands größter Gesangverein« die Nationalhymnen zu singen hatte, nach glorreichen Schlachtensiegen wohl auch »Großer Gott, wir loben dich …«

Die Abrüstungskonferenz hatte jedoch Deutschland ein innenpolitisches Problem beschert. Als Schleicher 1932 den Umbau der Reichswehr einleitete, hatte er den auch in Genf erörterten Plan einer Miliz aufgegriffen. Er beabsichtigte, vom 1. April 1934 an jährlich 85 000 Mann einzuberufen[17], die lediglich eine dreimonatige Kurzausbildung absolvieren und danach, ähnlich wie die Zeitfreiwilligen, an Reserveübungen teilnehmen sollten. Es lag nahe, die neuen Rekruten in den rechtslastigen Wehrverbänden zu suchen. Obschon die Heeresleitung streng darauf achtete, daß mit einer Miliz nicht das Heer politisch unterwandert wurde, kannten Blomberg und sein Chef des Stabes, Oberst von Reichenau, während ihrer Zeit in Ostpreußen keine Berührungsangst vor der nationalsozialistischen SA. Diese »Sturm-Abteilungen«, ursprünglich für Saalschlachten und gewalttätige Propagandamärsche (»SA marschiert, Achtung, die Straße frei!«) vorgesehen, waren in den frühen zwanziger Jahren von ehemaligen Freikorpskämpfern und Frontoffizieren organisiert worden. Ein typischer SA-Führer wurde der Stoßtruppführer des Weltkrieges und spätere Hauptmann der sozialdemokratisch geführten preußischen Schutzpolizei, Walter Stennes. Als ihm Hitler 1927 den Oberbefehl über die SA in Berlin und im Bereich Ostdeutschland anbot, fragte er erst den liberalen Politiker Gustav Stresemann, ob er die Aufgabe übernehmen könne. Der Außenminister redete ihm zu: Diese idealistische Jugend habe es verdient, in die richtigen Hände zu kommen.[18]

Stabschef der SA wurde 1930 Hauptmann Ernst Röhm, der aus der inzwischen stark angewachsenen Truppe eine Art Ersatzheer der Reichswehr machen wollte. In der Folgezeit betrachtete er sie dann als die künftige Miliz. Zwar hatte Hitler am 3. Februar 1933 der Generalität versprochen, daß er keine Vermengung von Heer und SA zuließe. Erlaubt wurde jedoch nach seiner Machtübernahme die Wehrertüchtigung der SA mit Hilfe der Reichswehr. Im Sommer 1933 wurde sogar vereinbart, 250 000 SA-Leute so auszubilden, daß sie innerhalb eines Jahres für die Reichswehr verfügbar seien.[19] Mit dem Auszug der Deutschen aus dem Völkerbund verflüchtigte sich auch der Milizgedanke; deshalb beschloß Oberst von Reichenau, Blombergs rechte Hand im Wehrmachtamt des Reichswehrministeriums, von der Ausbildung der SA innerhalb des Heeres abzusehen.

Als die Rivalität zwischen Armee und SA gefährlich zu werden drohte, sich beide gegenseitig eines Putsches verdächtigten, griff Hitler am 30. Juni 1934 ein und ließ Röhm und andere hohe SA-Führer von SS-Kommandos erschießen.[20] Das Reichsheer leistete Beihilfe zum Mord, indem es der SS Fahrzeuge und Waffen überließ, ja, es hat sogar die Ermordung seiner Kameraden Schleicher und Bredow hingenommen und war stolz darauf, nun erst recht die zweite Säule des Staates neben der Nazi-Partei zu sein. Blomberg verhehlte nicht seine Begeisterung für die Ideen des Nationalsozialismus;[21] Reichenau verwahrte sich gegen Lästereien der Parteibonzen[22] mit den herausfordernden Worten: »Wir sind Nationalsozialisten auch ohne Parteibuch ... die besten, treuesten und ernstesten.« Generaloberst Freiherr von Fritsch, seit 1934 Chef der Heeresleitung, erließ 1935 sogar einen Tagesbefehl[23] an sein Offizierskorps mit der unmißverständlichen Drohung: »Wer schädigend gegen den NS-Staat handelt, ist ein Verbrecher!«

Ein Jahr zuvor hatte sich Blomberg bei Hitler bedankt, indem er die ganze Reichswehr im August 1934 nach dem Tod des Reichspräsidenten von Hindenburg auf dessen Nachfolger persönlich vereidigen ließ.[24] Sicherlich haben sich nicht alle ehemaligen königlich-preußischen Offiziere und ebensowenig alle einstigen bayerischen, württembergischen oder sächsischen Offiziere enthusiastisch über den Nationalsozialismus und seine Führer geäußert. Viele der jüngeren Offiziere, darunter auffallend viele, die am 20. Juli 1944 beim Putsch gegen Hitler für die Rettung Deutschlands vor dem Untergang ihr Leben einsetzten, waren vor dem Krieg begeisterte Anhänger Hitlers und seiner Partei. Blomberg hatte schon recht, als er im Nürnberger Prozeß aussagte, was manche Kameraden ihm verübelten: »Vor 1938 bis 1939 waren die deutschen Generäle nicht gegen Hitler eingestellt. Es war kein Grund vorhanden, Hitler zu opponieren, da er die Erfolge brachte, welche sie erwünschten.«[25]

4.
Vom Risikoheer zum Angriffsheer

Ludwig Beck, der neue Generalstabschef (zur Tarnung nannte er sich noch Truppenamtschef), meldete sich in einer Sitzung des Reichsverteidigungsausschusses am 23. Januar 1934 zu Wort. In seiner übergroßen Sorge fragte er nach, ob man für das geplante Mobilmachungsheer von 63 Divisionen auch genügend Haferreserven für die 340 000 Pferde bereithalte. Doch da kannte er seine Preußen schlecht. Oberregierungsrat Dietrich vom Landwirtschaftsministerium bestätigte, es lägen bereits 150 000 Tonnen parat, das waren 340 000 Futterrationen für 90 Tage.[1] Während man immer noch hier und da lesen kann, die Reichswehr sei damals bemüht gewesen, ein Heer von 21 Divisionen aufzubauen (natürlich streng geheim), waren die Militärs schon längst dabei, getreu dem Dreistufenplan des Generalobersten von Seeckt von Stufe zwei (42 Divisionen) rasch auf Stufe 3 (63–65 Divisionen) umzuschalten.

Seit Anfang 1933 lag der Schwerpunkt der Nachrüstungsplaner beim Nachschub für ebendieses 63-Divisionen-Heer. Zum Beispiel wurde ermittelt, wie hoch der Minimalbedarf an Munition für sechs Wochen oder der Maximalbedarf für vier Monate sein müsse. Bereits im Dezember 1933 war festgelegt, die seit 1924 geplanten sieben Panzerabteilungen (dazu eine Lehr- oder Übungsabteilung) anlaufen zu lassen. Am Ende sollten 63 Panzerkompanien für die 63 Felddivisionen verfügbar sein. Es war gerade der öfter als Panzerfeind mißverstandene Beck, der sich der neuen Waffe annahm.[2]

Ebenso energisch zu Werk ging der neue Chef der Heeresleitung, General Werner von Fritsch. Seit Anfang 1934 ließ er, von Hause aus Artillerist, die Artillerieregimenter mit den Nummern 1 bis 36 und 37 bis 72 in den Aufbau befehlen; außerdem verteilte er die Nummern 73 bis 76 an vier »schnelle« Abteilungen.[3] Allerdings gab es im Truppenamt damals zwei Denkschulen. Die eine berief sich auf

Seeckt, der angemahnt hatte, die Zwischenstufe (für Frieden und Krieg je 21 Divisionen) mit dem höchstmöglichen Tempo zu erreichen und zu überschreiten, damit Franzosen und Polen gar nicht erst auf die Idee verfielen, mit Truppen zu intervenieren. Einigen besorgten Offizieren schien eine Preisgabe dieses Zwischenziels nicht opportun, sie wollten die alte Praxis fortsetzen und, wenn man es denn außenpolitisch für ratsam hielt, 21 Divisionen zugeben – mit denen Deutschland gewiß keinen Krieg führen konnte –, heimlich aber weiterrüsten und die Kader für 42 plus 21 plus 39 (Grenz-)Divisionen bereitstellen, wie es 1933 tatsächlich im Truppenamt beschlossen war. Kam die Sache ans Licht – immerhin hatten französische Spione 1934 herausbekommen, daß die Reichswehr statt der erlaubten 100 000 mindestens 200 000 Mann unter Waffen hielt[4] –, würde man voll verteidigungsfähig sein.

General Beck hätte es am liebsten gesehen, wenn Deutschland beim spektakulären Austritt aus dem Völkerbund im Oktober 1933 die Courage aufgebracht hätte, »die Karte der Aufrüstung gleich mit auf den Tisch« zu legen[5] und die allgemeine Wehrpflicht zu verkünden. Die Militärs waren risikofreudiger als der Reichskanzler, der freilich noch nicht absehen konnte, wie er das Problem mit den Millionen SA-Männern lösen sollte, deren Stabschef Röhm nur zu gern Chef des Ersatzheeres oder Generalstabschef geworden wäre. Folglich hatten sich das Heer und der Reichswehrminister auf eine ganz vorläufige Lösung verständigt: Im Lauf der nächsten vier Jahre sollte ein Friedensheer von 300 000 Mann aufgestellt werden; vorerst – solange keine allgemeine Dienstpflicht eingeführt war – mit einjährigen Freiwilligen. Das dazu passende Kriegsheer hätte 33 Divisionen und bis zu 30 Landwehrdivisionen (anstelle des alten Grenzschutzes) stark sein sollen. Unter dem Schutzschild des 21-Divisionen-Heeres – es wurde allerdings strengstens untersagt, überhaupt von den 21 zu sprechen oder sie schriftlich zu erwähnen! – baute man sich nun ein sogenanntes »Risikoheer« zusammen, das notfalls »einen Verteidigungskrieg nach mehreren Fronten mit einiger Aussicht auf Erfolg aufnehmen kann« (Beck)[6].

Der Generalstabschef nannte das rasch aufgestellte 300 000-Mann-Heer »eine Frühgeburt mit allen Schwächen und Mängeln einer solchen«. Es spricht alles dafür, daß man von Anfang an die

Aufrüstung des Heeres in zwei Phasen – zu je vier Jahren – geplant hat, zumal Reichsbankpräsident Schacht Mefo-Wechsel-Kredite im Wert von zwölf Milliarden Reichsmark für vier Jahre reserviert hatte. Die wacklige Konstruktion des »Risikoheeres« wurde jedoch nach gut einem Jahr wieder aufgehoben, nachdem Hitler am 13. März 1935 Deutschland die Wehrfreiheit zurückgegeben hatte.[7]

Die deutsche Nachrüstung, die trotz aller Geheimhaltung dem ohnehin seit 1933 sehr skeptischen Ausland nicht verborgen bleiben konnte, hatte in Frankreich zu ersten Reaktionen geführt. Da dort inzwischen die (infolge des Weltkrieges) niedrigsten Geburtenjahrgänge ins wehrpflichtige Alter gekommen waren, hatte die Regierung die Verlängerung des Wehrdienstes auf zwei Jahre beschlossen. Hitler wollte noch die Abstimmung in der französischen Kammer abwarten: Wenn sie für die Regierungsvorlage ausfiele, risse er sofort die Initiative an sich.[8]

Da er bislang die Wehrmachtteile bei ihrem Aufrüstungswerk sich selbst überlassen hatte, brauchte er genaue Informationen. Deshalb ließ er seinen Wehrmachtadjutanten Oberstleutnant Friedrich Hoßbach am 14. März 1935 nach München kommen, wohin er sich von Zeit zu Zeit zurückzog. Der Führer wollte den künftigen Heeresrahmen gesetzlich festlegen. Hoßbach nannte als angestrebte, angeblich endgültige Heeresorganisation zwölf Korpskommandos und 36 Divisionen; er will vor Hitler den Defensivcharakter dieser Zahlen hervorgehoben haben. Das freilich scheint eher eine Nachkriegserfindung zu sein, war Hoßbach doch in seinen Memoiren bemüht, die Wehrmacht als Unschuldslamm hinzustellen. (Die Dotation, die er als General noch Ende 1944 von seinem Führer angenommen hatte, erwähnte er nicht.)[9]

Militärs übertrumpfen Hitlers Wehrgesetz von 1935

Im September 1935 sind per Oktober 1935 bereits die Nummern für XIII Armeekorps (AK) vergeben, ebenso die Artillerienummern 1-72 für 36 Inf. Div. + 3 Panz. Div. + 2 leichte und 1 Gebirgsbrigade = 42 Großverbände. Die Artillerie wurde in dieser Zeit von 7 Regimentern und 3 Kav. Artill. Abteilungen = 24 Art. Abt. insgesamt zunächst auf das 7,5fache erhöht, nämlich 53 Regimenter und 7 leichte Abt. (Ab Reg. Nummer 37 »schwere Art. Regimenter«).

Wkrs	ID (Soll)			Artillerie				Oktober 1935 (fehl)				
I	1	11	21	1	11	21		37	47	57		
II	2	12	22+	2	12	22	32	38	48	58	68	
III	3	13	23	3	13	23		39		59		
IV	4	14	24	4	14	24		40	50	60		
V	5	15	25	5	15	25	(35)	41	51			
VI	6	16	26	6	16	(26)		42	52			
VII	7	17	27	7	17	(27)		43	53			69 Geb.
VIII	8	18	28	8	18	28			54	64		
IX	9	19	29	9	19	29		45	55	65		
X		20	22+			(30)			56			
XI			30			(31)		später		(67)		
XII	ab Rhld Wiederbesetzg			(33 - 34 - 36)				später+	70 -	71 -	72	
XIII	10 aus Wkrs VII							später				

Für seine am 16. März 1935 gehaltene feierliche »Proklamation der Reichsregierung an das deutsche Volk« hatte sich Hitler, nach einer Aussprache mit der militärischen Führungsspitze am 15. März, von Hoßbach im Kriegsministerium Material besorgen lassen. Anscheinend legte der Adjutant ihm unter anderem die Geheime Denkschrift vor, die Reichswehrminister Groener im November 1928 für den Reichstag verfaßt hatte, denn in Hitlers Text finden sich Anklänge daran wieder.[10] Dem General von Fritsch war diese Inszenierung vom 16. März ein wenig zu dramatisch; die Generäle hätten es wohl lieber gesehen, wenn Hitler bei den 26 Divisionen geblieben wäre

(21 Infanterie- plus fünf Kavalleriedivisionen),[11] zu denen Lapo-(Länderpolizei-)Regimenter hinzukamen.

Aber in Gedanken waren sie schon weit über die verkündeten 36 Divisionen hinaus. Nicht mitgezählt wurden nämlich zwei Kavallerie- und drei Panzerdivisionen sowie eine Gebirgsjägerbrigade. Zu den insgesamt 42 Großverbänden muß man zehn sogenannte Heeresdienststellen hinzurechnen, die als Schrittmacher für weitere Divisionen dienten, außerdem muß man etwa sieben Ergänzungsdivisionen beachten, die aus den jeweils vierten Bataillonen der Regimenter geschaffen wurden. Das ergibt bereits einen Rahmen von 59 Divisionen! Bei der Zeremonie am 16. März 1935 gab es noch gelinden Ärger, weil Göring das unerledigte Thema der vom Reich unterhaltenen kasernierten Länderpolizeien anschnitt. Es ging um 56 000 von insgesamt 84 000 Polizisten (die genau 7 Divisionen zu 12 000 Mann ergaben), unter ihnen eine Reihe erfahrener Anwärter für die Offiziers- und Unteroffizierslaufbahn. Als preußischer Ministerpräsident bestand Göring darauf, daß das Laporegiment »Hermann Göring« ihm weiter unterstellt blieb – es trat in die Luftwaffe ein.[12] Im Grunde wurde also an jenem schönen Märztag nur öffentlich bekanntgegeben, was längst bestand. Die neue Rüstungs-Zwischenstufe von nominell 36 Divisionen (statt 21) brachte 550 000 aktive Soldaten, aus denen 45 Divisionen à 12 000 Mann gebildet und 10 000 aktive Offiziere für neue höhere Stäbe entnommen werden konnten.

Was weder die deutschen noch die ausländischen Leser erfuhren, stand in den Papieren des Allgemeinen Heeresamtes. Dort tauchte am 6. Mai 1935 nun indirekt die uns vertraute Zahl 102 wieder auf.[13] Unter dem Datum »Stand: 1. 11. 35« ist die Sollstärke des aktiven Heeres samt dem Ergänzungsheer einschließlich Polizei, Waffenträger und Hilfspersonal mit 436 800 Mann angegeben. Auf der Rückseite des Dokuments ist handschriftlich vermerkt:

AHA

(6.5.35)

Sollstärken aktives und Ergänzungsheer
(einschliesslich Polizei)
(Waffenträger und Hilfspersonal)

Stand: 1.11.35 (24 Div.)

	Offze[xxx] b	Untrfz. c	Gefreite d	Mann e	Ergänz.Heer f	Summe b–f g
aktives Heer	17700	97000	80000	193000	—	387700
8 % Zuschlag Rek.	600	4500	—	16000	—	33100
Erg.Heer			—	—	28000	436800
Rekruten für Inft	18300	101500	80000	209000	28000	
Gesamtzahl der Rekruten				223000		
Gesamtzahl der Erg.Mannsch.					140000	

[x] ausschliesslich
[xx] ""
[xxx] Abt., Luftr.Nachr.Kp.tsion

Rückseite des AHA-Papiers vom 6. Mai 1935

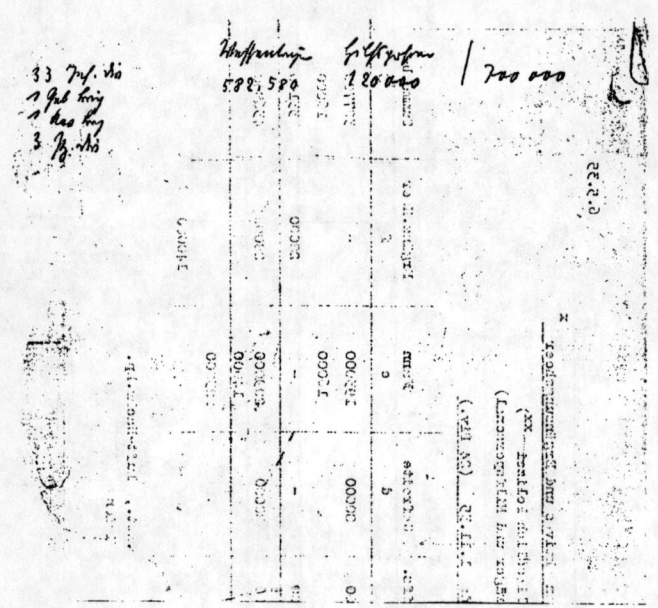

	Waffenträger	Hilfspersonal
33 Inf. Div.	582 580	120 000 / 700 000
1 Geb. Brig.		
1 Kav. Brig.		
3 Pz. Div.		

Die neuen Divisionsstärken, eingerechnet mehr als 200 000 Rekruten, können mithin wie folgt gesehen werden:

ID	33 x 20 000 = 660 000
	(oder 55 Divisionen à 12 000 Mann)
Pz.	3 x 10 000 = 30 000
2 Brig. à	5 000 = 10 000

38	60 Divisionen

Das alles steht unter dem Tarntitel »24 Divisionen«. Rechnet man aber für das Kriegsheer die doppelte Zahl an Divisionen (das heißt: 2 x 36, ohne Brigaden) und zählt die inzwischen auf 30 reduzierten Grenzschutzdivisionen (Landwehr) hinzu, sind wir genau bei 102 Divisionen!

Der nächste Coup Hitlers und der Wehrmacht folgte am 7. März 1936, der Einmarsch deutscher Bataillone in die entmilitarisierte Zone des Rheinlandes,[14] wo sie unter dem Jubel der Bevölkerung die alten Standorte des kaiserlichen Heeres wieder bezogen. Etwa neunzig Züge hatte die Wehrmacht für das Unternehmen aufgeboten. Die Militärs hatten den Einmarsch seit langem ersehnt. Ohne die Besetzung des Rheinlandes, ohne Militärmacht an der deutschen Westgrenze konnte das Reich nicht geschützt werden und die Wehrmacht nicht in Ruhe ihre gewaltige Aufrüstung vollenden. »Die Wiederherstellung der Souveränität im Rheinland« war kein kriegerischer Akt. Gleichwohl handelte es sich um einen schwerwiegenden Völkerrechtsbruch: Deutschland brach den Locarnovertrag, der die Sicherheit in Westeuropa garantieren sollte. Wegen der Ratifizierung des französisch-russischen Beistandspaktes im Mai 1935 hielt Hitler sein Vorgehen für gerechtfertigt. Das heißt, er brachte den Bolschewismus ins Spiel, so wie es zuvor schon der Oberst Heye getan hatte, als er am 9. November 1918 eine größere Anzahl Truppenführer befragen ließ, ob die Truppe nach einem Waffenstillstand noch gegen den Bolschewismus in der Heimat marschieren werde (sie wollte nicht). Hitler und Goebbels führten fortan eine jahrelange Propagandakampagne: Das nationalsozialistische Deutschland gebärdete sich als Hüter der abendländischen Kultur vor der roten Gefahr.[15]

Da sich die Westmächte nicht einig waren, unterblieb eine militärische Intervention Frankreichs. Wären die Franzosen marschiert, hätte sich das deutsche Heer ihnen gestellt. Das Glück verführte die deutschen Militärs dazu, nun erst recht mit größtem Aufwand und beschleunigtem Tempo hemmungslos aufzurüsten.

Schon 1935 hatte die Wehrmacht allerdings in ihren langfristigen Rüstungsplänen eine Kehrtwendung vollzogen. Künftig ging es ihr nicht mehr primär darum, die Abwehrkraft so zu stärken, daß sich die Feinde abgeschreckt fühlten, sondern vom Herbst 1936 an wollte man ein Kriegsheer »von größtmöglicher Operationsfähigkeit und Angriffskraft« auf die Beine stellen. Im »Endziel« sollte es »zu einem entscheidungsuchenden Angriffskrieg befähigt« sein.[16]

Im ersten Quartal 1938 sah das Aufrüstungsziel, wie es die Generäle Beck, Fritsch und Fromm gemeinsam geplant hatten, wie folgt aus:[17] 102 Heeresdivisionen, einsatzbereit vom Etatjahr 1940 an, ein Angriffsheer mit 72 000 Rohren, davon 10 000 in Panzern (!) und 12 000 bei der Luftwaffenflak. Für die Jahre 1937 bis 1940 hatte der Oberbefehlshaber des Heeres im Sommer 1936 insgesamt 31,5 Milliarden Reichsmark (8,9 plus 9,0 plus 8,9 plus 4,7 Milliarden RM) gefordert, einen Betrag, der nach heutigem Wert mehr als 650 Milliarden DM entspräche. Zugeteilt wurden in den ersten drei Jahren je neun Milliarden, 1940 fünf Milliarden Reichsmark. Infolge der Rohstoffknappheit war aber seit 1937 abzusehen, daß man diese Vorgaben nicht zeitgerecht werde erfüllen können und das Kriegsheer erst 1943 voll ausgerüstet und schlagbereit sein werde.[18]

Mit dem »Schlagen« hatte es jedoch seine besondere Bewandtnis: Generaloberst von Fritsch hatte im Sommer 1936 die Alternative gesetzt: Man werde den Rüstungsvorsprung verlieren, oder »Es muß geschlagen werden«. Neben Fritsch und seinem Generalstabschef Beck hatte wohl auch General Thomas vom Wehrwirtschaftsamt gewarnt, das Heer könne von 1940 an, also nach Abschluß der Rüstung,

Aufbau des Friedensheeres

Anl.1 zu Nr.507/37 A H A g.Kdos.

	erreichter Stand am				Bemerkungen
	1.10.39	1.4.39	1.4.40	1.4.41	1.4.42	
Höhere Kommandobehörden						
Gruppenkommandos	4	4	5	5	5	1) Darunter 1 Gen.Kdo.der mot.Div.u.1 Kdo.d.Panz.Tr.
Generalkommandos	15 1)	16 1)	16 1)	16 1)	16 1)	
Verbände						2) Darunter 1 Gen.Kdo.der mot.Div. 1 Gen.Kdo.der 1.Brig.. 1 Kdo.d.Panz.Tr.
Inf.Div.	32 3)	32 3)	32 3)	32	32	
mot.Inf.Div.	4 3)	4 3)	4 3)	4	4	3) Bei d.Div.fehlen z.T.die 9.Bataillone,die schw.Art. Abt.(mot),die Beob.Abt., die Inf.u.Art.Kdr,u.I.Art Rgts.St.
Geb.Div.	1	1	1	1	1	
Kav.Brig.	1	1	1	1	1	Sie werden bis 1.4.41 all auf ihre volle Stärke aufgefüllt.
Panz.Div.	3	3	3	3	3	
1.Brig.	2	3	3	3	3	44
Korps u. Heerestruppen						
M.G.Btl.	13	14	15	15	15	
Kav.Rgt.	12	13	13	13	13	
l.Art.Abt.(mot)	2	2	3	9	9	
schw.Art.Abt.(mot)	2	2	14	30	30	
Nebel.Abt.	6	5	7	13	13	
Kps.Pi.Btl.	16	16	16	16	16	
1.Heeres Pi.Btl.	-	-	-	4	4	
Pi.Btl.(f.Eisenb.u./ schw.Br.Bau)	3	3	6	9	9	) einschl.Lehr.u.Vers.Btl.
A.A.(mot)(Ostpreussen)	1	1	1	1	1	
Pz.Abt.	13	17	27	30	32	
Kps.Nachr.Abt.	13	15	16	16	16	
Horchkomp.	7	7	7	7	7	
H.Nachr.Abt.	3	3	4	4	4	
Kraftf.Abt.	8	8	11	13	13	
Fahrabt.	2	2	2	2	2	
D.Festungstruppen						
E.Lehr.u.Vers.Tr.						
F.Sonstiges						
G.Erg.Einheiten						

87

Aufbau des Kriegsheeres
erreichter Stand am   Anl.2 zu 367/37 A H A g.Kdos.

	1.10.39	1.4.40	1.4.41	1.4.42	Bemerkungen
I.Feldheer					
A.Höhere Kommandobehörden					
Heeresgruppenkommando	1	1	1	1	
Armee Oberkommandos(R) mit Armeetruppen	7	7	7	7	
Armee Oberkommandos(Opr.) mit Armeetruppen	1	1	1	1	
Korps Kommandos mit Korpstruppen	19¹	24¹	29¹	20¹	1) Darunter 1 Gen.Kdo.d.mot.Div.u. 1 Kdo.d.Pans.Tr.
Grenzschutz Abschnitts-Kos.mit Korpstruppen	16	16	16	16	2) Darunter 1 Gen.Kdo.d.mot.Div., 1 Gen.Kdo.d.1.Brig. 1 Kdo.d.Pans.Tr.
B.Verbände		6²			
Jnf.Div.	46	56	66	66	
mot.Jnf.Div.	4	4	4	4	
Geb.Div.	1	3	2	2	
Kav.Brig.	1	2	1	1	
Panz.Div.	5	5	5	5	
1.Brig.	2	5	5	5	
Landwehr Div.	21	21	21	21	
C)Heerestruppen ³)					3) einschl.d.den normalen Rahmen übersteigenden Armeetruppen in Ostpreussen.
.G.Btl.	14	19	24	30	
l.Art.Abt.(mot)	5	9	18	18	
schw.Art.Abt.(mot)	56	69	100	123	
schwerste Art.Abt.	3	5	6	7	
Landw.Art.Abt.	20	42	42	42	
Nebelabt.	5	7	13	13	
Panz.Abt.	15	27	30	32	
Pi.Btl.(mot)	19	22	26	26	
Pi.Btl.(f.Eisenb.u. schw.Br.Bau) ⁴	3⁴	6⁴	9⁴	9⁴	4) Davon 1 aus dem Lehr u.Vers.Btl.
H.Nachr.Abt.	3	5	5	5	
Kf.Trsp.Rgt.	3	4	4	4	
rückw.Dienste					
Bautruppen					

vor der Wahl stehen, entweder Krieg zu führen oder eine Wirtschaftskrise zu riskieren. Ein Jahr danach beschwor General Fromm vom Allgemeinen Heeresamt ebenfalls das Menetekel einer Konjunkturkrise in der Rüstungsindustrie und bei den Zuliefererfirmen. An deren schwerwiegenden wirtschaftlichen und sozialen Folgen konnte dem Nazi-Regime natürlich nicht gelegen sein. Deshalb fragte Fromm den Heereschef direkt, inwieweit eine feste Absicht bestehe, die Wehrmacht zu einem bestimmten, festgelegten Zeitpunkt einzusetzen. Eine Antwort auf diese Frage blieb aus,[19] statt dessen steckte man weiterhin unbekümmert neue Kreditgelder in die Aufrüstung. Die Militärs konnten sich auch den Standpunkt Hermann Görings zu eigen machen: Das Schicksal der Wirtschaft gehe die Wehrmachtteile nichts an. Dafür sei allein er – als Bevollmächtigter des Vierjahresplanes – verantwortlich. »Das Geld spielt keine so überragende Rolle in der jetzigen Lage.«[20] Solche Äußerungen hatte der Schatzsekretär Helfferich schon im Ersten Weltkrieg häufig zu hören bekommen.

Im Herbst 1937 waren die Kontingente an Eisen und Stahl angeblich so begrenzt worden, daß sich Reichskriegsminister von Blomberg deswegen bei Göring beschwerte: Die Wehrmachtteile könnten die vom Führer befohlenen Aufrüstungsziele nicht termingerecht erreichen. Doch war es gerade Blomberg, der die Unmenge von sechs Millionen Tonnen Eisen für die Wehrmacht eingefordert hatte.[21] Jeder Sinn für Maßhalten und das im gegebenen Rahmen Machbare war verlorengegangen. Fromm wie Fritsch hatten im Sommer 1936, als das Heer die 31,5 Milliarden Reichsmark beantragte, selber erkannt, daß man diesen Zustand auf die Dauer nicht werde durchhalten können. Etwa vom Jahr 1940 an werde man vorzeitig »schlagen« müssen.[22]

Ursprünglich hatten Fritsch und Generalstabschef Beck ihre Pläne so angelegt, daß man den zehnjährigen Nichtangriffspakt mit Polen, den Hitler 1934 – zum Entsetzen der Konservativen – mit Marschall Piłsudski geschlossen hatte, ausnutzte, um ungestört den Aufbau des Großen Heeres abzuschließen. Danach würde man das gewaltige Bluff- und Drohinstrument einsetzen können, um die deutsche Hegemonie in Europa wiederherzustellen.[23] Zu denken gibt freilich der Satz, den Fritsch 1937 in einer Denkschrift an Kriegsminister Blomberg niederschrieb, um im Streit um die Spitzengliederung der Wehrmacht die dominierende Rolle des Heeres zu unterstreichen: »Solange die Ziele eines deutschen Sieges nur in Ost-Eroberungen liegen können, wird auch nur das Heer, durch Eroberung im Osten, durch Halten im Westen, die letzte Entscheidung bringen.«[24] Es ging hintergründig um das von Beck beanspruchte Primat der Heeresspitze bei der Bildung des Großen Generalstabes wie zu Kaisers Zeiten.

Die Sudetenkrise brachte dann alles durcheinander. Ende Mai 1938 entschloß sich Hitler, die Tschechoslowakei, in der alle Militärs, auch Beck, eine unerträgliche Flankenbedrohung sahen, alsbald zu zerschlagen. Zu diesem Zweck befahl er das Heer auf 96 Divisionen zu verstärken. Auf dem Nürnberger Reichsparteitag am 12. September 1938 brüstete sich der Diktator, er habe befohlen, die angekündigten Verstärkungen des Heeres und der Luftwaffe sofort gehörig zu erweitern, und dies sei augenblicklich eingeleitet und ausgeführt worden. Aber – vielleicht wußte er es im einzelnen gar nicht – Generalstab und Heeresamt hatten das alles längst geplant. Die bereits vorhandenen 80 Divisionen sollten um die sechs österreichischen vermehrt werden; jetzt brauchte man nur noch die für solche Fälle vorgesehenen zehn Reservedivisionen »augenblicklich« dazuzutun. Doch nicht die Divisionen, sondern die Engpässe in der Rüstung bereiteten dem neuen Oberbefehlshaber des Heeres, dem Fritsch-Nachfolger Generaloberst von Brauchitsch, Sorgen. Vorgeblich reichte ihm die schwere Artillerie, die man wünschte und brauchte, um die tschechischen Grenzbefestigungen zu überwinden, nicht aus. Von den geplanten 496 Mörsern mit dem Kaliber von 21 Zentimetern waren bis dahin kaum 20 einsatzbereit. Darauf aufmerksam gemacht, fertigte Hitler Brauchitsch mit den Worten ab, wenn man die Tschechen an ihrer stärksten Front angriffe, müsse das zu einem neuen Verdun führen. (Tatsächlich wurden die Mörser nicht einmal bis zum Rußlandfeldzug 1941 fertig.)[25]

Ganz anders als Brauchitsch verhielt sich Generalstabschef Beck. Er hatte bereits 1937 davor gewarnt, das mitten in einem Umbruch und Neuaufbau befindliche Heer einzusetzen: »Materiell kann es zur Zeit und bis auf weiteres überhaupt keinen Krieg führen.«[26] Im Sommer 1938 sah er die Situation nicht anders und forderte deshalb, den

Fall »Grün« (Deckname für den Überfall auf die Tschechoslowakei) bis zum April 1940 zurückzustellen – dann erst sollte das Heer kriegsbereit sein. Beck hielt es für unverantwortlich, mit einer unfertigen Armee ins Feld zu ziehen. Auch war er, anders als Hitler, überzeugt, daß die Westmächte den Tschechen zu Hilfe eilten. Aus dem Ersten Weltkrieg hatte er die Erfahrung mitgenommen, Deutschland könne nie einen Krieg gewinnen, wenn die Seemacht England auf der anderen Seite stehe. Mit Denkschriften und Vorträgen versuchte der Generalstabschef, seinem Vorgesetzten von Brauchitsch und der übrigen Generalität die Augen zu öffnen. Wollte Hitler nicht auf ihre Einwände hören, sollten die Generäle ihm in einer Art Streik den Gehorsam verweigern.[27] Aber er blieb allein. Seine Generalskollegen fühlten sich nicht nur durch ihren Eid gebunden, sondern auch befangen, weil sie selber, Beck eingeschlossen, dem Diktator das Kriegsinstrument in die Hände gelegt hatten. An Becks Zeitplan aus dem Etatjahr 1937 läßt sich ablesen, wie weit man 1938 noch vom endgültigen Ziel der programmierten 102 Divisionen und der 10 000 Panzer entfernt war.[28]

Ludwig Beck resignierte und ließ sich von seinem Amt als Generalstabschef entbinden. Er war damit einverstanden, daß sein Rücktritt der Öffentlichkeit verheimlicht wurde, und bereit, im Kriegsfall die noch fiktive 1. Armee am Westwall zu übernehmen. Als die Sudetenkrise eine unblutige Lösung gefunden hatte, hoffte Beck auf ein noch höheres Heeres-Gruppenkommando, doch bald nach der Münchner Konferenz forderte Hitler ihn auf, seinen Abschied zu nehmen. Mit dem Titel eines Generalobersten ging Beck in den Ruhestand.[29]

Die Satire zum Drama folgte im Februar 1939. Brauchitsch konnte Hitler melden, bis Frühjahr 1943 würden die gepanzerten Fahrzeuge ausgeliefert, die Beck 1936/37 für die neun Panzerdivisionen und sechs Panzerbrigaden bestellt hatte.[30] Diese Zusage konnte aber nicht realisiert werden, weil sechs Monate später wirklich der Krieg über Europa hereinbrach. Vor dem Polenfeldzug regte sich in der Generalität kein Unmut, denn man glaubte, wie das ganze Volk und auch Hitler, daß die Westmächte wieder nicht eingriffen, zumal Hitler und Stalin einen Pakt geschlossen hatten. Am Abend des 23. August 1939 – die deutschen Angriffstruppen marschierten bereits zur polnischen Grenze – erfuhr Hitler, England habe das Bündnis mit Polen ratifiziert. Er befahl Brauchitsch, die Armee vor der Grenze anzuhalten. Ein nahezu unausführbarer Befehl! Aber der Oberbefehlshaber des Heeres war darüber keineswegs erschrocken. Er war im Gegenteil froh: Das Heer sei nicht voll einsatzbereit, und man hätte mit (zum Teil) viel zu schwachen Verbänden angreifen müssen. »Geben Sie mir 8 Tage Zeit, die Mobilmachung planmäßig durchzuführen und den Aufmarsch zu fahren, so stehen dann über 100 Divisionen zu meiner Verfügung.« So geschah es.[31]

Der Generaloberst von Seeckt, der einst das große 102-Divisionen-Heer konzipiert hatte, sollte den Tag, an dem es ins Feld zog, nicht mehr erleben. Ein und ein Vierteljahr vor seinem Tod, beim 125. Jubiläum der Kriegsakademie am 15. Oktober 1935, wünschte der ehemalige Heereschef den jungen Offiziersanwärtern, daß die Akademie »das höchste militärische Ziel vorbereiten möge: den Sieg«.[32]

5.

WER DIE MEISTEN PANZER HAT, GEWINNT DIESEN KRIEG (STALIN)

Nicht in Wünstorf oder im Munsterlager beginnt die Geschichte der deutschen Panzerwaffe, sondern auf sowjetrussischen Übungsplätzen tausend Kilometer hinter Moskau. Die beiden Verlierer des Ersten Weltkrieges, Rußland und Deutschland, die seit Versailles immer wieder gedemütigt wurden, hatten sich nach dem Abkommen von Rapallo 1922 zu einer militärischen Zusammenarbeit bei der Erprobung moderner Waffen gefunden. Vor allem wollten die Aufrüster der Reichswehr und der Roten Armee jene Wunderwaffe weiterentwickeln, mit der die Engländer im November 1917 in der Schlacht bei Cambrai Furore gemacht hatten, die »Tanks«. (»Tank« = »Behälter« war ein Tarnname gewesen. Erst in den dreißiger Jahren wurde er allmählich von der Bezeichnung »Panzerkampfwagen«, verkürzt »Panzer«, abgelöst.) Im Kriegsjahr 1917/18 war im westlichen Lager die Zielvorstellung aufgekommen, man müsse 10000 solcher Tanks anstreben, denn nur mit ihrer Hilfe könne man die im Stellungskrieg erstarrten Fronten wieder beweglich machen. Nachdem der deutsche Gegner dann überraschend schnell zusammengebrochen war, glaubte man – außer in den USA – zunächst einmal die Sache vernachlässigen zu können.

Den deutschen und russischen Militärs war klargeworden, daß Kampfwagen für die moderne, bewegliche Gefechtsführung von höchster Bedeutung waren, und das erst recht für ein teilweise improvisiertes Heer, wie es sich Seeckt und seine Nachfolger vorstellten. Am Kama bei Kasan begannen Mitte der zwanziger Jahre die ersten Versuche. Dann aber entschied man sich für das Unternehmen »Katorg«. Der Inspekteur der Verkehrstruppen, Otto von Stülpnagel, befand nach seiner Reise in die Sowjetunion im Herbst 1930:[1] »Katorg ist zur Zeit für uns der einzige Ort, wo wirklich positive Arbeit auf dem Kampfwagen-Gebiet geleistet werden kann. Klare

Erkenntnisse über den wirklichen Wert der Kampfwagen, ihre Waffenwirkung, die Möglichkeit für ihren Einsatz, die zu verfolgende Taktik etc. können nur dort mit dem tatsächlichen Material erworben werden.«

Nach Katorg schickten deutsche Rüstungsunternehmen ihre als »Großer« (oder Kleiner) Traktor getarnten neuen Modelle zu kraftfahrtechnischen Erprobungen. Deutsche und Russen waren sich einig, daß schwere Wagen manche Vorteile hatten. Stülpnagel hatte sich von den Fortschritten, die der Rheinmetall-Traktor als großer Kampfwagen schon aufwies, überzeugen können. Auch die Firmen Daimler und Krupp hatten schwere Wagen zu Probefahrten nach Katorg geschickt. (Später wurden daraus die Panzer III und IV.) Stülpnagel hielt es für möglich, daß man schon in zwei Jahren – also 1932 – »eine kriegsbrauchbare Notkonstruktion« besäße. »Not«, das wissen wir inzwischen, war bei der Reichswehr immer das Deckwort für neue Geldforderungen, die der Regierung ins Haus standen. Nächstes Ziel war es, die deutschen Kursanten als Schütze, Fahrer, Funker, Kommandant und in Zusammenarbeit im leichten Kampfwagen auszubilden.

Die Partner konnten sich über Art und Umfang der Ausbildung nicht einig werden. Die Deutschen wollten – ganz im Sinne der Seecktschen Zellenbildung – »langsam und planmäßig einen kleinen Stamm völlig ausgebildeter Lehrer heranziehen«. Die Russen hingegen erzogen eine größere Anzahl von Kursanten, aus der sie die Tüchtigsten auswählen und weiter fördern wollten. Einen starken Eindruck hinterließen bei Stülpnagel die Führer eines Tankregiments in Moskau und einer Tankschule in Leningrad: Sie waren genau im Bilde, kannten die ausländische Fachliteratur und verfügten über »einen ausgezeichneten Spionagedienst«. Solche Erkenntnisse scheint die deutsche Generalität zehn Jahre später, als sie den Rußlandfeldzug vorbereitete, vergessen zu haben.

Ein Jahr vor der Reise Stülpnagels nach Katorg, am 1. Oktober 1929, hatte Oberstleutnant Wilhelm Keitel, damals Chef der Organisationsabteilung (T 2) im Truppenamt, in einem Vorbefehl[2] den Wandel von der Nachschubtruppe zur Kampftruppe angekündigt: Sieben Abteilungen der Kraftfahrtruppe zu vier Kompanien sollten in eine Kraftfahrkampftruppe eingehen; neben einer PKW-Kompanie, einer

Kampfwagenabwehr- und einer Kraftradkompanie sollte auch eine Kampfwagenkompanie eingerichtet werden. Nur der Zeitpunkt stand noch nicht fest. Der war dann 1932 gegeben, als das Ende der Reparationen absehbar wurde und die Aufhebung der Rüstungsverbote im Wege der Genfer Abrüstungsgespräche in greifbare Nähe rückte.

Da man im Generalstab dem alten Nachrüstungsplan von 1923 über 63 Felddivisionen und 39 Grenzdivisionen anhing, war der Umfang der angestrebten Panzerkräfte nach französischem Vorbild klar: eine Panzerkompanie je Division als Begleitschutz und zu Späh- und Aufklärungsdiensten. 63 Kompanien, aufzubauen in drei Nachrüstungsstufen mit je etwa 21 Kompanien à 16–17 Panzern, das wären im Endziel 63 mal 16, also grob gerechnet 1 000 Panzer der Fünf- bis Zehn-Tonnen-Klasse gewesen. Es gab damals (besonders in England) Bestrebungen, Panzer über 16 Tonnen generell zu verbieten und sie als Angriffspanzer einzustufen. Tausend Panzer mit insgesamt vielleicht 7 500 Tonnen, das mochte 37,5 Millionen kosten und schien realisierbar.

Doch alle diese Zielsetzungen wurden augenblicklich Makulatur, als der neue Reichsbankpräsident den Mefo-Schuldentopf sprudeln ließ und dem Heer aus heiterem Himmel 5,7 Milliarden Reichsmark für Arbeitsbeschaffungsmaßnahmen zugeteilt wurden. Schnell uferten die Aufbaupläne aus, es war ja eine patriotische Aufgabe, die Arbeitslosigkeit beseitigen zu helfen. Jetzt sprach man davon, mit Blick auf die bessere Ausbildung die Panzerkompanien in Bataillonen zusammenzufassen. Von nun an ging der Aufbau im Expreßtempo voran: Zwischenziele bis 1939/40 = 42 Panzerabteilungen, bis 1942 dann 63–64 Abteilungen, zunächst in 21 Regimentern.

21 Panzerregimenter, das sollten letztlich rund 3 150 Panzer werden, und es überrascht nicht festzustellen, daß diese Zahl bis 1938/39 auch erreicht wurde. Bis zu der Regimentsnummer 8 lief alles chronologisch, danach verlor sich die Ordnung etwas, nur noch der Fachmann konnte die Weiterentwicklung durchschauen. Nach dem Anschluß Österreichs gab es einen neuen Sprung zu den Ersatzaufstellungen für die nach Österreich verlegten Regimenter 3 und 4. Jetzt also tauchten die Nummern 35 und 36 auf, das hieß, 72 Abtei-

lungen sollten es im Endeffekt werden. Dazu kamen noch einige »unabhängige« leichte Panzerabteilungen für 3 oder 4 »leichte« Panzerdivisionen. Die Nummern oberhalb von 64 sind für »Leichte« reserviert, also 65 – 66 – 67.

Eine Tabelle zeigt uns die Kontinuität des Aufbauplans:

	1933	1934	1935	1936	1937	1938	1939	1940	1941	1942
Pz.-Abt.	?	12	18	24	30	36	42	52	62	72

Folgerichtig stieg die Zahl der Angehörigen der Panzerwaffe, die zu dieser Zeit den Begriff Panzergrenadiere noch nicht kannte.

Zum Mobilmachungstag 1939 wurden für fünf Panzerdivisionen 58319 Panzerleute genannt, für vier »leichte« Panzerdivisionen 43642. Somit bestand die Panzerwaffe aus überschlägig 102000 Mann, umgerechnet 11330 Köpfen je Division. Dazu gab es bereits eine Anzahl spezieller »schneller« Korps mit den Nummern 14 – 15 – 16 – 19, in welche die motorisierten Divisionen eingegliedert wurden.

Im Polenfeldzug hatte General von Reichenau die erste Panzerarmee der Welt, da er über drei von den insgesamt vier »schnellen« Friedenskorps verfügen konnte. Damit konnten Reichenau und Rundstedt den modernen Bewegungskrieg erfolgreich demonstrieren. Jetzt fühlte sich die Wehrmacht stark genug für einen Waffengang mit Frankreich, wenn und solange es nur um Teilziele wie die Kanalküste ging. Für größere Ziele mußte der Ausbau erst noch vollendet werden. Doch Warten war teuer und lähmte. Es mußte so bald wie möglich angetreten werden, aus vier müßten fünf Panzerkorps und alsdann a tempo deren zehn werden. Mit zehn »schnellen« Korps würde man Frankreich siegreich schlagen können. So entstanden insgesamt zehn »umgebildete« Panzerdivisionen, denen aber nur 16 Regimenter zugeteilt werden konnten, die zum Teil auch noch nicht vollständig waren. 16 Regimenter, das waren 32 Panzerabteilungen, aber einige Regimenter erhielten drei Abteilungen von den existierenden. Für Norwegen hatte man noch eine Abteilung Nr. 40 gebildet, damit war 1940 das Maß aller Dinge erreicht.[3]

Der Bestand genügte, um im Frankreichfeldzug von der Wiederholung des 1914 gescheiterten Schlieffenplanes (»Macht mir den rechten Flügel stark!«) abzugehen, obwohl Generalstabschef Halder anfänglich in diese Richtung tendierte. Hitler und der General von Manstein hatten gleichzeitig die Idee, den Schwerpunkt der Offensive etwas südlicher zu legen.[4] Halder setzte diese Überlegungen bravourös und gekonnt um, mit einem nun gewaltigen langen linken statt einem kurzen rechten Haken. Ohne funktionierende und kampflustige Soldaten wäre die Sache sicherlich nur schwer gelungen, so lief alles wie am Schnürchen.

Damit begann das eigentliche Panzerzeitalter auf deutscher Seite: Nach den alten Plänen von 1936 sollten es 10 000 Panzer werden, nur knappe 4 000 waren bis September 1939 geliefert, 6 000 sollten bis 1942 nachfolgen. Aber Eisen war knapp, und es gab viele Rivalen im Verteilungskampf. Von den 10 000 Panzern sollten 1 850 zum leichten Typ I gehören, der später ausgemustert werden sollte. Ferner waren 1 200 sogenannte Selbstfahrlafetten vorgesehen und schließlich 7 000 Panzer der Typen II, III und IV.

Es war also nicht so, daß Hitler aus heiterem Himmel und urplötzlich nach dem Frankreichfeldzug eine Verdoppelung der Panzerwaffe befohlen hätte. Nach dem gemäßigten Aufbau 1939 und 1940 sollten vielmehr die aufgeschobenen Rüstungskontingente nachgeholt werden.

Nun schmückten sich andere mit fremden Federn und wollten selber die Väter der Panzerwaffe sein, die Generaloberst von Fritsch und General Beck in Auftrag gegeben hatten. Beck wollte aus Kostengründen zunächst 67 Panzerabteilungen aufbauen und primär in Panzerbrigaden – je eine pro Korps – zusammenfassen. Brigaden konnte man dann jederzeit leicht in Divisionen umbilden. Daß es drei Muster-Panzerdivisionen seit 1935 gab, war aber unstreitig das Verdienst des Generals Lutz und seines Stabschefs Guderian. Doch Guderian wußte ausweislich seiner Memoiren[5] von dem Aufbauziel für 67 Panzerabteilungen nichts; als Divisionskommandeur bekam er viele geheime Kommandosachen überhaupt nicht zu sehen.

Mit der Verdoppelung der Panzerdivisionen von fünf auf zehn im Jahr 1940 und auf 20 (die 21. ging als 5. leichte nach Afrika) im Jahre 1941 schienen Tür und Tor für einen noch größeren Feldzug als im Westen geöffnet. Halders langjähriger Adjutant Müller-Hillebrand[6] spricht für den Sommer 1941 nur noch von 10 Prozent des alten

Panzer-I-Bestandes im Feldheer, das heißt, von 180 plus 750 Panzern II plus 770 Tschechenpanzern, ferner von 965 Panzern III mit der nutzlosen kurzen Kanone und 670 Panzern IV sowie von 250 Sturmgeschützen. Das wären also 3 600 Panzer beim Feldheer plus die zum Teil erheblichen Bestände beim Ersatzheer, wo 14 bis 16 Abteilungen für Ausbildung und Personalersatz sorgten.

Die Gesamtfertigung für 1941 benennt Müller-Hillebrand mit 3 800 Panzerkampfwagen und Sturmgeschützen, das heißt, am Ende des Jahres näherte man sich dem alten Ziel von 10 000 Kampfwagen.[7] Fortan reichte die Neuproduktion gerade aus, um Abschüsse und Ausmusterungen zu ersetzen. Die Produktion hinkte also beständig hinterher. Es wurde unaufhörlich improvisiert. Neue Modelle[8] wurden ausprobiert. Da war der »Panther« (Panzer V), der unter Kinderkrankheiten litt. Er wirkte anfänglich wie ein Scheunentor, auf das Panzerjäger nur zu gern um die Wette schössen; man konnte an diesem Koloß überhaupt nicht vorbeischießen, wenn man Nerven hatte! Obwohl der Prototyp in Wünstorf in die Kältekammer kam, zeigte er im Winter seine Mucken. Nun mußte der Panzer VI her, der »Tiger« mit einer mittellangen 8,8-Zentimeter-Kanone, während der »Panther« auf die verbesserte L71 (71 x 7,5 Zentimeter = 5,33 Meter Rohrlänge) kam. Aber der Gegner im Osten behielt die Nase vorn. Schließlich wurde der »Josef Stalin« mit einer 12,2-Zentimeter-Kanone ausgestattet, bei der die richtig berechnete Granatwucht so gesteigert wurde, daß dem »Panther« der ganze Turm abgerissen werden konnte.

Unsere Tabelle gibt interessierten Lesern einen Überblick über die Produktionsentwicklungen bis zum April 1945: Knapp 700 »Tiger« 2 oder »Königstiger« wurden gebaut, aber ohne einen funktionierenden Luftschirm waren sie schlecht dran. Die Firma Henschel lieferte bis Ostersonntag, den 1. April 1945, an die 11. Armee, die den Harz verteidigte.[9]

Zu dieser Endphase des Krieges war längst der kleine 16-Tonnen-Tschechenpanzer zu einer ebenso nützlichen wie gefährlichen Panzerjägerwaffe geworden: Jene Panzersoldaten, die bis dahin fast gar keinen wirksamen Schutz hatten, kamen damit gut zurecht, umgeschulte Panzerleute fühlten sich, besonders wenn sie vom »Panther« oder »Königstiger« umsteigen mußten, degradiert. Aber der kleine mit der 7,5-Zentimeter-Kanone ausgerüstete »Hetzer« kam über jede Brücke und die meisten Waldwege. Rüstungsminister Albert Speer wollte von Dezember 1944 an monatlich 2000 »Hetzer« liefern,[10] doch mit dieser Idee war der Krieg nicht mehr zu gewinnen, ja nicht einmal mehr in Pattverhandlungen mit den Westmächten zu beenden, wie so viele Berufsoffiziere vergeblich hofften, auch Guderian als Chef des Generalstabes!

Die deutsche Panzerwaffe hatte seit Sommer 1941 als Gegner den Russen, der in den vorausgehenden Jahren 20000 Panzer gefertigt hatte, wenngleich diese weitgehend überaltert waren. Aber der mächtige T 34 war 1940 schon voll zur Produktion angelaufen. Seine Produktionszahlen stellten alles in den Schatten: 12500 im Jahre 1942, als der Wehrwirtschaftsgeneral Georg Thomas Generalstabschef Halder weiszumachen suchte, es würden nur 6000 produziert und davon die Hälfte in Stalingrad.[11] Zu diesem Zeitpunkt waren die Fertigungsmaschinen längst in den Ural verlegt worden, 1943 wurden bereits 16000 T 34 gefertigt, in Stalingrad aber schlug man auf einen leeren Sack. So konnte denn im Krieg allein das Werk Nr. 183 35000 T 34 liefern, wovon General Thomas sowenig gemerkt zu haben scheint wie die Abteilung Fremde Heere Ost.[12]

War es aus deutscher Sicht demnach ein Fehler, die gemeinsame Panzerproduktion und Ausbildung 1932 aufzukündigen und 1933 ganz abzusagen? Nun, als bei Boguslaw im Vorfeld von Uman im Sommer 1941[13] die ersten T 34 auftauchten und die 3,7- und 5-Zentimeter-Granaten abprallten, entdeckten die Landser auf den schließlich von Stukas erledigten Ungetümen eine 7,62-Zentimeter-Kanone mit dem Stempel Rh für Rheinmetall. In Wünstorf wurde 1943 dazu erklärt, es seien Mitte der dreißiger Jahre Kampf- und Spähwagen mit dieser Kanone ausgerüstet, aber vom Heereswaffenamt verworfen und sodann zum Export freigegeben worden. Dem deutschen Heer aber waren bis 1939 für die Panzerabwehr 11200 dieser 3,7-Zentimeter-Spritzen aus der Weltkriegszeit angedreht worden, und bis 1940/41 wurden es über 15000 der »Anklopfgeräte« bis 5 Zentimeter, die nicht einmal die Leistung der leicht gebauten russischen 4,7-Zentimeter-Abwehrkanone erreichten. Das Nachsehen hatten die ungezählten Pak-Kanoniere, die von T 34 überrollt oder elendiglich zu Tode gewalzt wurden.

15 200 Panzerabwehrgeschütze, das stand seit 1937 im Aufrüstplan der Generäle Beck und Fritsch,[14] ebenso wie die erwähnten 10 000 Panzer, die angefordert, aber nicht geliefert worden waren. Die bis heute offene Frage muß nun lauten: Was wollten Beck und von Fritsch mit 10 000 Panzerrohren und 15 000 Panzerabwehrrohren, was wollte die Wehrmacht mit insgesamt 75 000 Rohren, wenn man Flak und Granatwerfer einrechnet? Was wollten sie damit, soweit diese Rohre nicht für den Ostwall und ebensowenig für den Westwall bestimmt waren? Weil man zugunsten des Bewegungskrieges optierte, wie später auch Becks Nachfolger Halder predigte: Alles, was wir an Mitteln haben, soll in die Beweglichkeit gehen. Aber wozu?

Rechnet man die SS-Panzerdivisionen und die Panzerdivision »Hermann Göring« sowie »Großdeutschland« und die Namensdivisionen von 1945 ein, so kommt man auf 36 bis 40 Panzerdivisionen bis Kriegsende. Außerdem erhielten die Panzergrenadierdivisionen je eine Sturmgeschütz- oder Panzerabteilung, hilfsweise den 16-Tonnen-»Hetzer«. Den notwendigen Luftschirm gab es nur noch ausnahmsweise, Sturmgeschütze der überschweren Kaliber erfüllten die Erwartungen nicht mehr, weil das notwendige Umfeld nicht existierte. Am 31. Dezember 1944 meldete der Generalquartiermeister des Generalstabes des Heeres,[15] was im Osten bis dahin verlorengegangen war: 21 000 Panzer und Sturmgeschütze, knapp 3 000 Selbstfahrlafetten der Panzerjäger und gut 9 000 Schützenpanzer und Spähwagen, also insgesamt 33 000 solcher Fahrzeuge.

In einer sowjetischen Quelle[16] wird die deutsche Kriegsproduktion zutreffend mit 46 000 Panzern, Sturmgeschützen und Selbstfahrlafetten angegeben. Die Sowjetunion produzierte in derselben Zeit 102 000 Panzer.

Die wechselnden Zugehörigkeiten der 16 Panzerregimentsnummern bis 1939/1940

1939	Regiments-nummern	Pz. Brig.	Pz. Div. 1939	1940	leichte Div. PD Nummern	nach 1940
+	1	)		1.		
+	2	) 1.	1. =	16.		
+	3	)		2.		
+	4	) 2.	2. =	13.		
+	5	)		21.	5. lei.	(21. PD ab 1941)
+	6	) 3.	3. =	3.		
+	7	)		10.		
+	8	) 4.	10. =	15.		
	(9)	–				(später 25. PD)
+	10	–			3. lei. = 8. PD	
+	11	6.			1. lei. = 6. PD	
	(12)	–				Brandenburg
	(13)	–				
	(14)	–				
+	15	8.	5.	11.		
	(16)	–				(Pz. Abt. 116)
	17	–		17.		(aus Pz. Lehr 39)
	18	–		18.		
	(19)	–				(später 27. PD)
	(20)	–				
	21	–		20.		
	(22)	–				(21. PD)
+	23	–				zu Pz. Rgt 25/23. PD
	(24)	–				(24. PD)
+	25	6.			2. lei. = 7. PD	
	(26)	–				(26. PD)
	27	–		19.		
	(28)	–				(zu Pz. Rgt. 6)
	29	–		12.		
	(30)	–				
+	31	8.	5.			
	(32)	–				?
+	33	–			4. lei. = 9. PD	
	(34)	–				
+	35	)	) 4. =	4.		
+	36	) 5.	)	14.		14.
+	39	(10.)		17.		(1939 ex Lehr.)
	40					(Norwegen 1940)
	65	lei. Abt.			1. leichte	
	66	lei. Abt.			2. leichte	
	67	lei. Abt.			3. leichte	

Produktions- und Auslieferungszahlen im Bereich Panzer-Stgsch-Jagdpz. von 1937–1945 (Gefechtsgewichte)
Mutmaßliche Zahlen, gerundet, z. T. über-/unterschritten

p. Jahr	Jahr	I	II	III	(BW) IV	V	VI	VI-K	Stg.	Jagdp. (38 t)	SFL	Gesamt	1000 Tonnen	SPW
bestellt	vor 1937	1.800	360	15	35							2.210	15.000 bestellt	
bestellt	1937	-	536	156	(138) 77							907 = ca.	12.000 bestellt	
bestellt (?)	1938	-	364	117	2							483 = ca.	9.000 bestellt	
(Plan)			(38 ts)						(20)			Plan :	(4.800?)	
(SFL/Stg.)											(10)	Plan :	(1.200?)	
p. Monat geliefert	1939	-	1	15	4 + (Bwg)							300 ?	6.000 (?)	
Soll-Bestand	(9) 1939	1.800	1.260	288	? 252							3.600	36.000 ts Ziel	
p. Monat 146	1940	aus-	1 (23)	75	25	-	-	-	15	-	?	1.680	32.000 ts	m. lei.
315	1941	ge	20 (60)	150	40				45	-	?	3.780	72.000 ts	
485	1942	mu-	25 (15)	225	70	6			65	-	80	5.830	116.000 ts	
1.000	1943	stert	6	30	250	150	60		285	-	220	12.000	300.000 ts	
1.575	1944		-	-	280	330	52	31	480	300	100	18.880	540.000 ts	
(1.600)	1/1945				347	235		44	504	410	60			519
(1.500)	2/1945		ausgeliefert		485	177		39	393	406				386
(1.000)	3/1945				(210)	(150)		(35)	(300)	(300)	(5)			324
(500?)	4/1945													

2.100 = Produktionsziel 12/44 gem. Plan
5.300 = Produktionsziel 12/44 gem. Speer-Ansprache

	9/39	6/41	1942	1943	1944	Jan. '45	Feb. '45	März '45
	(11.200)	(15.500)	2.100	8.700	11.740	1.000	880	
				1.160	2.020	30	170	

3.200 Panzer   2.100 Stg. pp   (Ansprache vor Gauleitern 03. 08. 44)

Pak (Bestand) Fertigungen 7,5 cm Pak 8,8 cm Pak								
Pz-/Stg-/JP-Bestand Ostfront Westfront	(3.200)	(5.640)					(6.000) 4.000 2.000	l. v.

6.
Der Bruch des Flottenabkommens

Raeders Triumph –
der Anfang vom Ende

Kaiserwetter in Wilhelmshaven. Die Menschen strömen an diesem 1. April 1939 zum Stapellauf auf der Kriegsmarinewerft. Stolz flattert über der Taufkanzel die alte Reichskriegsflagge neben der Führerstandarte. Mitten unter lauter Uniformierten steht eine zierliche Frau, die Tochter des kaiserlichen Großadmirals Alfred von Tirpitz. Mit lauter Stimme tauft sie Deutschlands neuestes und größtes Schlachtschiff »auf Befehl des Führers und Obersten Befehlshabers der Wehrmacht« auf den Namen ihres Vaters. Einige Marineoffiziere atmen auf, als alles so glatt abläuft. Denn die Taufpatin ist die Frau des Botschafters von Hassell, den Hitler eben erst von seinem Posten in Rom abberufen hat. Doch der Diktator läßt seinen österreichischen Charme spielen; viermal küßt er Ilse von Hassell die Hand.[1]

Der Name *Tirpitz* ist eine Herausforderung an die Engländer. Denn dieser Mann war der Schöpfer der wilhelminischen Flotte, die England die Weltherrschaft streitig machen sollte. In seinem Geiste soll jetzt eine gigantische neue Flotte aufgebaut werden, wie sie die Welt noch nicht gesehen hat. Nicht zufällig beginnt am Tage des Stapellaufs das neue Etatjahr 1939/40, das Oberkommando der Kriegsmarine hat für die nächsten sechs Jahre insgesamt die ungeheure Summe von 12,5 Milliarden Reichsmark – in heutiger Währung 250–300 Milliarden Deutsche Mark – an Bauauftragsmitteln beantragt. Dafür können bis 1945 an die 2,27 Millionen Tonnen neue Kriegsschiffe gebaut und mehr als 200 000 Marinesoldaten einberufen werden.

Hitler hat sich aus diesem Anlaß eine schöne Geste einfallen lassen: Bei einem Empfang auf dem soeben in Dienst gestellten Schlachtschiff *Scharnhorst* befördert er den kleinen Dr. phil. h.c. Erich Raeder zum »Ersten Großadmiral des Großdeutschen Reiches« und überreicht ihm den diamantenbesetzten Admiralsstab. Der 63jährige Oberbefehlshaber der Kriegsmarine und Chef der Seekriegsleitung darf sich auf dem Gipfel seiner Karriere fühlen. Hitler belohnt die »blinde Treue« eines Admirals, der ihm 1933 die damals noch kleine und bescheidene Reichsmarine »geschlossen und reibungslos« ins nationalsozialistische Reich zugeführt hat.[2] Nunmehr dürfen die Deutschen wieder von Seegeltung und neuer Weltmacht träumen.

Doch fällt ein Wermutstropfen in den aufschäumenden Festtagswein. Während seiner Rede vor den Volksmassen auf dem Wilhelmshavener Rathausplatz legt Hitler plötzlich mit einer abrupten Handbewegung sein Vortragsmanuskript beiseite und fängt an, in Bierhausmanier gegen die Engländer zu pöbeln. Auf die vielen aus Berlin mitgereisten Journalisten wirkt seine Demagogie wie eine »Kriegserklärung«.[3] Hernach nähert sich ein verstörter Großadmiral dem Haßprediger: Ob vielleicht ein Krieg mit England ins Haus stehe? Hitler beruhigt ihn, davon könne keine Rede sein. Er hat lediglich seinen Ärger abgelassen,[4] nachdem der britische Premierminister Chamberlain am Vortage im Unterhaus eine Garantie für Polen ausgesprochen hatte für den Fall, daß die Unabhängigkeit des Landes bedroht werde.

Vier Tage später bekommt Raeder einen zweiten, sozusagen marinetechnischen Warnschuß vor den Bug: Der polnische Außenminister, Oberst József Beck, bietet seinen Gastgebern in London eine Allianz an. Deutschland muß, will es sich mit den Polen anlegen, eines Zweifrontenkrieges gewärtig sein. Doch unbeirrt setzt der Großadmiral die Aufrüstung seiner Zwei-Millionen-Tonnen-Flotte fort, deren Schiffe ja erst in einigen Jahren fertig sein können. Offensichtlich ist ihm nie der Gedanke gekommen, daß nicht zuletzt sein Handeln in den vergangenen acht Jahren die unerwartete politische Kehrtwendung Großbritanniens heraufbeschworen hat: durch dauernde Verstöße gegen völkerrechtlich bindende Verträge, durch Lügen, Täuschungen und falsches Spiel.

Alles fing schon 1928 an

Die geplante Riesenflotte war mitnichten ein Produkt Hitlerschen Größenwahns, sie war das Traumziel Erich Raeders. Der Lehrerssohn aus Wandsbek bei Hamburg war in der Denkschule des Großadmirals Tirpitz aufgewachsen. Ähnlich wie beim Reichsheer wollte auch die Offizierselite der Reichsmarine die Schmach des verlorenen Weltkrieges ausmerzen – durch eine verfassungs- und völkerrechtswidrige geheime Aufrüstung.

Es war weniger der Waffenstillstand 1918 – recht besehen eine verbrämende Bezeichnung für Kapitulation –, den Raeder und die anderen Admiräle der Weimarer Republik zeitlebens nicht verschmerzen konnten, sondern vielmehr die Schande der Matrosenmeuterei in Wilhelmshaven und Kiel, mit der die Revolution in Deutschland begonnen hatte. »Nie wieder ein November 1918« – ein Satz, den Hitler in seinen Kriegsreden kaum je ausließ –, dieses Gebot hatte Admiral Raeder schon zu Weimarer Zeiten den jungen Berufsoffizieren eingepaukt. Unter keinen Umständen wird seine Marine untreu werden, weder der demokratischen Republik noch dem diktatorischem Nazi-Regime. Und noch einen Grundsatz hämmerte er seiner Marine ein: Nie wieder darf ein deutsches Kriegsschiff kampflos dem Feind ausgeliefert werden, so wie es 1919 mit der deutschen Flotte in Scapa Flow geschah. Kampf bis zum letzten Mann und zur letzten Granate, lautete die Parole, und dann mit wehender Flagge in Ehren untergehen.

Mit 52 Jahren war Erich Raeder, der dienstälteste Offizier der Reichswehr, im Jahre 1928 von dem neuen Reichswehrminister Groener zum Chef der Marineleitung berufen worden. Er hatte sich jahrelang in der fachlichen Ausbildung und der moralischen Erziehung von Offizieren und Mannschaften hervorgetan. »Charakter geht vor Leistung«, hieß seine Losung, die er als gestrenger, pedantisch korrekter, arbeitsbesessener Chef verkörperte. Die ganze Nazi-Zeit hindurch blieb er bekennender Christ. Seine autoritäre Veranlagung duldete keinen zweiten Mann neben sich; deshalb war er in Personalunion Chef der Seekriegsleitung, die dem Generalstab des Heeres entsprach. Er besaß das Vortragsrecht beim Obersten Befehlshaber der Reichswehr (Hindenburg, Hitler) und beim Wehrminister (Kriegsminister) und war autonom in der Personalpolitik.

Seit 1930 war Raeder fest entschlossen, die Öffentlichkeit über seine Ambitionen, die Flotte auszubauen, ebenso zu täuschen wie das Parlament. Sein Nachrüstplan sah in Teil I 1930 bis 1937 vier Ersatzbauten der 10 000-Tonnen-Klasse vor, von denen laut Versailler Vertrag sechs mit insgesamt 60 000 Tonnen anstelle der aus der Kaiserzeit übriggebliebenen Linienschiffe erlaubt waren. Tatsächlich begehrte Raeder im Teil I vier Panzerschiffe zu je 12 000 Tonnen, und im Teil II hatte er weitere vier Schiffe mit 15 000 oder 20 000 Tonnen eingeplant, also mindestens 108 000 Tonnen, genausoviel, wie der Versailler Vertrag der Flotte insgesamt gestattete. Diesem Schiffsbau-Ersatzplan hatte er im November 1930 einen vertraulichen Vermerk[5] beigefügt, demzufolge ein Hinweis in der Öffentlichkeit nicht erwünscht sei. Das hatte seinen Sinn, da der Plan die Versailler Bestimmungen sowohl an Zahl als auch an Tonnage übertraf. Das Projekt für eine Panzerschiff-Serie »A« bis »H 1« stammt also aus dem Jahre 1930 oder ist von Raeder noch früher entworfen worden.

Die Neubauserie wurde mit dem berühmten Panzerkreuzer »A« eröffnet,[6] den Raeder mit kräftiger Beihilfe des Reichswehrministers Groener gegen die SPD durchgesetzt hatte, die von 1928 bis 1930 eine Große Koalition anführte. (Erfolgreiche Wahlparole der SPD 1928: »Für Kinderspeisung – gegen Panzerkreuzerbau«.) Zur Beruhigung der Öffentlichkeit und der Parteien behauptete die Marineführung, das Schiff diene lediglich zum Küstenschutz in der Ostsee. Nach vierjähriger Bauzeit lief der Panzerkreuzer 1931 in Kiel vom Stapel. Reichspräsident von Hindenburg taufte ihn auf den Namen *Deutschland,* und der Minister und General a. D. Groener feierte das neue Kriegsschiff als ein Symbol des künftigen Deutschlands. Der damals modernste kleine Panzerkreuzer der Welt war besonders für den Handelskrieg im Atlantik (angeblich nur gegen Frankreich) geeignet, da er an Bewaffnung, Schnelligkeit, Reichweite und Sinkschutz allen Kriegsschiffen der nächsthöheren Klasse überlegen war. Allerdings hatte Raeders Marine bei der Tonnage geschummelt – statt der erlaubten Höchstgrenze von 10 000 Tonnen erreichte die *Deutschland* 11 700. Darüber hätte sich wohl noch mit den Alliierten reden lassen, aber dieser schlechte Brauch wurde nun zur Gewohnheit – auch die nächsten Panzerschiffe, *Admiral Scheer* und *Admiral Graf Spee,* überschritten die Rüstungsgrenze.

Ein Jahr später fühlte sich Reichswehrminister von Schleicher aufgrund für Deutschland verheißungsvoller Zeichen der Genfer Abrüstungskonferenz ermuntert, einen »Umbau« (gemeint war natürlich ein Neuaufbau) der Marine zu planen. Analog zum zweiten Rüstungsprogramm des Heeres waren für die kommenden fünf Jahre neben den neuen Panzerschiffen der Bau eines Flugzeugträgers, die Aufstellung von Zerstörer- oder Torpedobootflottillen und sogar von drei U-Boot-Halbflottillen sowie einer Marineluftwaffe im Marineprogramm. Hitler hat es von Schleicher übernommen. Lediglich am Geld fehlte es noch.

Im Schlepptau des Heeres

Der neue Chef der Heeresleitung, General Kurt Freiherr von Hammerstein-Equord (seit 1930), und der neue Chef der Marineleitung, Admiral Erich Raeder, kamen Anfang 1930 überein, künftig jeden Disput um die ohnehin spärlichen Finanzmittel ein für allemal zu beseitigen. Fünf Siebtel aller für die Reichswehr vorgesehenen Etatmittel sollten jeweils an das Heer gehen, die restlichen zwei Siebtel an die Marine. Mit dieser Quotenregelung, die von Reichswehrminister Groener abgesegnet wurde, begab sich die Marine ins Schlepptau des Heeres, und sie hat prächtig davon profitiert.

Aus dem Vergleich der Ausgaben für die deutsche Flotte vor 1914 und vor 1939 folgert der Militärhistoriker Wilhelm Deist, daß die Steigerungsraten zu Raeders Zeiten den Tirpitzschen Flottenbau vor dem Ersten Weltkrieg weit in den Schatten stellten. Bei genauerer Betrachtung aber trügt der Vergleich von 1,4 Milliarden Schiffbaumitteln zwischen 1908 und 1914 gegenüber 2,7 Milliarden Reichsmark von 1932 bis 1939. Zu berücksichtigen ist die Verdoppelung des Volkseinkommens inklusive der Preissteigerungen. Auch sind die tatsächlichen Ausgaben für den Neubau im »Dritten Reich« nur im Zusammenhang mit weiteren Bindungsermächtigungen bis 1945/46 zu sehen. Raeder trachtete danach, sein Idol Tirpitz einzuholen. In den Schatten stellen wollte man ihn aber erst nach Juli 1940 mit den neuen Plänen für vier bis sechs Millionen Tonnen!

Das neue Verfahren läßt sich an einem frühen Beispiel zeigen: Forderte die Marine für ihre im Versailler Vertrag erlaubten 15 000 Mann pro Kopf 12 500 Reichsmark ein, so wurden insgesamt 187,5 Millionen benötigt, von denen 20 bis 30 Prozent in Schiffsneubauten fließen konnten. Damit ließen sich jährlich 6000 Verdrängungstonnen ordern. Die Reichsmarine wollte aber jährlich mindestens 10000 Tonnen bauen – Nachbauten in dieser Größe hatten die Siegermächte erlaubt –, das kostete dann pro Schiff 60 Millionen Reichsmark. Wollte man gar heimlich 12000-Tonner à 6000 Reichsmark rechnen, dann waren 72 Millionen vonnöten. Um das Ausland und auch die Sozialdemokraten nicht zu beunruhigen, mußte also – wie es das Heer schon seit einigen Jahren vorexerziert hatte – am Reichstag vorbei mit einem Sonderetat, den »schwarzen« Mitteln, zusätzlich geholfen werden.

Das Versprechen, das der neue Reichskanzler Hitler Anfang Februar 1933 vor den Spitzen der Heeres- und Marineführung abgab – die Wiederherstellung deutscher Macht –, ließ die Marine mit Recht Morgenluft wittern. Freilich war Admiral Raeder von Anfang an darauf bedacht, das Vertrauen des Kanzlers zu gewinnen. Hitler hatte sich nämlich in seinem Buch *Mein Kampf* und in vielen Reden als scharfer Kritiker der Tirpitzschen Flottenpolitik erwiesen,[7] träumte er doch von einem Bündnis der germanischen Großmächte England und Deutschland. Die See ist Hitler immer suspekt geblieben. An der Kriegsmarine interessierte ihn allein die Technik. Den Flottenkalender, der alle technischen Daten der Schiffstypen enthielt, kannte er auswendig. Noch Jahre nach dem Krieg berichtete ein ehemaliger Admiral verzückt, was Hitler bei einer Besichtigung des Maschinenraumes der *Gneisenau* geäußert habe: »Eine intelligente Nation!«[8]

Im Nürnberger Prozeß gegen die Hauptkriegsverbrecher wurde Raeder am 16. Mai 1946 von seinem Anwalt gefragt,[9] was ihn veranlaßt habe, 1933 im Amt zu bleiben, obwohl er keine Beziehungen zum Nationalsozialismus hatte. Das, so Raeder, sei sehr einfach gewesen. Reichspräsident und Feldmarschall von Hindenburg habe den Führer ja zum Reichskanzler ernannt (wobei ihn offensichtlich nicht gestört hatte, daß Hitler am Parlament vorbei und mit Hilfe des strapazierten Notstandsparagraphen 48 Regierungschef wurde). Es wäre eine Beleidigung des Feldmarschalls gewesen, meinte Raeder, um Entbindung von seinem Amt zu bitten, nur weil ihm die Berufung Hitlers eventuell nicht paßte.

Bis zum Februar 1933, als er Hitler bei dessen Ansprache an die Befehlshaber von Heer und Marine im Bendlerblock zum erstenmal erlebte, hatte Raeder keine Beziehungen zum Nationalsozialismus. Allerdings kannte er Hitlers Berater Admiral von Levetzow[10] aus dem Weltkrieg, als dieser im Stab des Admirals Scheer tätig war. Von ihm, der Anfang der dreißiger Jahre Polizeipräsident von Berlin war, habe er gehört, daß sich Hitler auch viel mit Marinedingen beschäftigte. In seinen Memoiren rühmt Raeder den Kameraden Levetzow als einen der klügsten und angesehensten Offiziere der kaiserlichen Flotte, der bei Hitler für ein besseres Verständnis der Marine gesorgt habe.

Kurz nach dem 3. Februar 1933 berichtete Raeder dem neuen Kanzler[11] über den Stand der Reichsmarine, deren »geringe« Stärke und den Schiffbau-Ersatzplan. Bei dem Gespräch, so sagte er in Nürnberg aus, sei er von der ungeheuren Willenskraft des sehr intelligenten Hitler, den er für einen Meister in der Behandlung von Menschen hielt, beeindruckt gewesen. Geschickt hatte er sich auf die Vorlieben des Kanzlers eingelassen. Er habe ihm klargemacht, daß der Aufbau einer neuen Flotte des Umfangs, wie er einer Großmacht gebühre, viele Jahre erfordere. Nie werde England aus deutscher Sicht als Gegner der Reichsmarine in Frage kommen. Der Admiral köderte den Kanzler mit dem Schlagwort von der »Bündnisfähigkeit«. Nun lernte auch der Flottengegner Hitler die Bedeutung der Marine als »Bündnis- und Machtfaktor« zu schätzen. Und es ist, wie noch zu zeigen sein wird, kein Zufall, daß nicht nur der Generalstab 1933/34 ein »Risikoheer«, sondern entsprechend die Marine eine »Risikoflotte« haben wollte.

Bereits in den ersten Monaten des »Dritten Reiches« wurde der geheime Etat der Marine mit Arbeitsbeschaffungsmitteln erheblich aufgestockt. Hitler ließ ihr Zusatzmittel überweisen. Vom Mai 1933 an wurde gleich für das ganze Jahr ein Betrag für »einmalige« investive Ausgaben, besonders im Schiffbau, bewilligt. Seither sprach man in der Marine nur noch von den Maiprogrammen.[12]

Dauernde Verstöße gegen das Wehrgesetz

Die militärischen Beschränkungen, die Deutschland im Versailler Friedensvertrag auferlegt wurden, waren Bestandteil des Wehrgesetzes von 1921 und hatten somit Verfassungsrang. Dagegen zu verstoßen bereitete weder Raeder noch seinen Vorgängern Zenker oder Behncke die geringste Pein. Sie hielten es eher für ihre patriotische Pflicht. Nachdem der Reichswehrminister von Blomberg am 27. Januar 1934 mit einem ganz geheimen Vorbefehl die allgemeine Wehrpflicht wieder eingeführt hatte,[13] ließ Raeder noch im selben Jahr ungeniert seinen Personalbestand von den in Versailles zugestandenen 15 000 Mann auf fast 24 000 und im folgenden Jahr auf 33 000 Köpfe ansteigen. Im Sommer 1933 begann die Marine, ihren Verstärkungsplan (V-Plan) auf einen Aufstellungsplan (A-Plan) für einen fiktiven Zweifrontenkrieg mit Frankreich und Polen umzustellen – die Neutralität Englands wurde also vorausgesetzt. Das Nahziel, das sich die Marineleitung bei der nach wie vor geheimen Aufrüstung setzte, war die Parität mit Frankreich. Die deutsche Flotte sollte imstande sein, auf dem Atlantik und im Mittelmeer die französische Handelsschiffahrt spürbar zu bekämpfen.[14]

Unter dem neuen Reichskanzler Adolf Hitler erhielt die Marine so gut wie freie Hand. Dem Bau von zwei über die im Versailler Vertrag festgesetzte Zahl hinausgehenden Panzerschiffen stand niemand mehr im Wege, weder die Regierung noch das Parlament. Von den auszumusternden alten Linienschiffen blieben zwei, getarnt als Schulschiffe, im Dienst: die *Schlesien* und die *Schleswig-Holstein*, die am 1. September 1939 mit den Schüssen auf die Westerplatte den Zweiten Weltkrieg eröffnen durfte. Der Bau der verbesserten Panzerschiffe *Scharnhorst* und *Gneisenau*, beide auf 18 000 Tonnen angelegt, wurde im Sommer 1934 gestoppt. Raeder hatte sich bei passender Gelegenheit von Hitler die Genehmigung geholt, diese Panzerschiffe »D« und »E« erneut auf Kiel zu legen, diesmal aber als Schlachtschiffe mit 31 000 Tonnen und drei Geschütztürmen. Im Vorjahr hatte die Marineleitung für Anfang Februar 1934 auch den Bau des Schiffes »F« beantragt – der späteren *Bismarck*, die erheblich größer (41 700 Tonnen) als »D« und »E« werden sollte, vorgeblich jedoch nur 35 000 Tonnen hatte.[15]

Doch wer störte sich jetzt noch am Versailler Friedensvertrag? Allenfalls der neue, von Hindenburg berufene und vom neugewählten Reichstag mit vierjähriger Ermächtigung ausgestattete Kanzler, der (vorerst) nichts weiter riskieren wollte. Die Frage war lediglich, wie er die schockierende Forderung aufnehmen werde, die da auf ihn zukam. Den Reichskanzler plagten in diesem Sommer andere Sorgen – er befürchtete einen Putsch der SA-Führung und durfte deshalb die Reichswehr, den Stützpfeiler seines Einparteienregimes, nicht verprellen. Mit dem Ende des Etatjahres 1933, also vom 1. April 1934 an, standen der Marineführung unversehens 2,3 Milliarden Reichsmark an Mefo-Wechsel-Krediten für einmalige Ausgaben ins Haus! Raeder nutzte seine Chance: Er legte seinen ersten mittelfristigen Finanzplan über 3,4 Milliarden Reichsmark offen auf den Tisch. Bau- und Geldplan[16] nannte sich das Dokument, das für 1934 rund 500 Millionen vorsah; 1935 steigerte sich die Forderung auf nahezu 700 Millionen, so daß für die beiden folgenden Jahre die Riesensumme von 2,2 Milliarden Reichsmark – nach heutigen Maßstäben 44 Milliarden – aufzubringen verblieb.

Erst im Frühjahr 1935 wagte es Hitler, sich offiziell von den Rüstungsbeschränkungen des Versailler Vertrages loszusagen. Er proklamierte die Wehrhoheit für das Deutsche Reich und führte die allgemeine Wehrpflicht wieder ein. Zu diesem Zeitpunkt hatte die Marineleitung, die ja intensiver als die Heeresleitung auf zwölf bis 15 Jahre im voraus planen mußte, bereits eine Flotte auf dem Papier entworfen, die um das Vierfache größer war als die 108 000 Tonnen,[17] die seit Versailles und auch nach geltendem deutschen Gesetz und Recht nicht überschritten werden durften. Sie konnte sich immerhin auf eine Rede Hitlers am 21. Mai 1935 – also noch vor dem Abschluß der Londoner Verhandlungen – berufen. Darin verkündete er für das Heer 36 Divisionen, für die Luftwaffe Parität und für die Marine eine Begrenzung auf 35 Prozent der englischen Flotte.

Bereits 1934 hatte Raeder die von ihm eingeplanten 420 000 Tonnen quasi in der Tasche. Neben 26 000 Tonnen Vorkriegstonnage waren nämlich 84 000 Nachkriegstonnage vorhanden. Von den 3,4 Milliarden Reichsmark, die Hitler anstandslos bewilligt hatte, entfielen theoretisch 1,7 Milliarden auf den Schiffneubau. Bei einem Tonnenwert von 5 500 Reichsmark machte das 309 000 Tonnen. So ließ sich ein – vorläufiges – Endziel von 419 000 errechnen.[18] Nun könnte man einwenden, daß die Marineführung im ersten Planjahr nur gut 500 Millionen Reichsmark verfügbar hatte. Tatsächlich konnten damit 309 000 Tonnen angezahlt werden.

Auf dieser Basis begann nun das »Dritte Reich« die Verhandlungen mit England über ein Flottenabkommen, mit dem Hitler die Grundlage für ein »ewiges Bündnis« der beiden Großmächte zu legen hoffte. Aber wer konnte jetzt noch einer Marine, der in anderthalb Jahrzehnten Gesetzesübertretungen zur Gewohnheit geworden waren, überhaupt zutrauen, daß sie treu und redlich einen völkerrechtlich bindenden Vertrag einhielte? Die Engländer haben es trotzdem probiert.

Der schlimmste Vertragsbruch

Der »glücklichste Tag« in seinem Leben war für Hitler der 18. Juni 1935,[19] der Tag, an dem in London das Flottenabkommen mit England unterzeichnet wurde. Dieser – aus Sicht der Unterzeichner des Versailler Friedens 1919 – sensationelle Abschluß brachte dem nationalsozialistischen Deutschland einen enormen Prestigegewinn, den es nach dem Massaker beim sogenannten Röhm-Putsch und dem blutigen Putschversuch der österreichischen Nazis, der Ermordung des Bundeskanzlers Dollfuß, zudem wegen der Verfolgung politischer Gegner und jüdischer Bürger dringend nötig hatte. (Bezeichnenderweise hat drei Monate später Reichsinnenminister Wilhelm Frick allen Mitgliedern der Partei und ihrer Verbände strengstens verboten, sich an Einzelaktionen gegen Juden zu beteiligen. Daraufhin befahl der Oberbefehlshaber des Heeres im geheimen, auch die Truppe entsprechend »zu belehren«!)[20]

Fortan sollte die deutsche Flotte nie größer sein als 35 Prozent der britischen Navy. Falls die Engländer ihre Seestreitkräfte aufstockten, ohne dafür alte Schiffe auszumustern, bliebe es zwar bei dem Verhältnis 35:100, doch änderte sich dann – und nur dann! – der Richtwert nach oben. Die Bindung an die 35-Prozent-Grenze galt auch für die einzelnen Schiffsklassen (ausgenommen die kleinen).

Obwohl sich Deutschland aus den internationalen Seeabrüstungsverhandlungen ausgeklinkt hatte, suchten die englischen Politiker und Admiräle den Ausgleich, damit das Ausmaß der deutschen Seerüstung kalkulierbar wurde. Außerdem ging die britische Admiralität davon aus, daß die Kriegsmarine ihre Sollstärke nicht vor dem Jahr 1940 erreichen werde. Bei den Verhandlungen in London wurden 420 000 oder bis zu 426 000 an deutscher Tonnage mit den Engländern vereinbart, die ihrerseits 1,22 Millionen Tonnen, wenn nicht sogar ein wenig darüber oder darunter als Bezugsgröße nannten. 35 Prozent von 1,2 Millionen Tonnen als »erlaubte« Flottengröße der Reichskriegsmarine wären 420 000 Tonnen. Da aber – was die Engländer und auch Hitler nicht ahnten – an die 420 000 Tonnen sich bereits im Bau oder im Auftrag und bindungsermächtigt befanden, war die Londoner Quote seit 1935 voll ausgeschöpft!

Warum ließ sich die Marine auf diese Quotenregelung ein, zumal Raeder und seine Kameraden keineswegs verhehlt hatten, daß sie eine Relation 50:100 für angemessener hielten? Welche Hintergedanken hegten sie?[21]

List ist, nach Clausewitz, eine hohe Tugend, besonders, wenn sie dazu verhilft, »den anderen« den Irrtum des Verstandes begehen zu lassen. Die Unterhändler gaben sich einsichtig, hatten aber ersatzweise 20 Prozent Lug und Trug im Reisegepäck. Sie spiegelten den Engländern zum Beispiel für den Bau der Panzer- und Schlachtschiffserie »A« bis »G« eine Gesamttonnage von 152 000 Tonnen vor, während tatsächlich 185 000 Tonnen bereits eingeplant waren, also ein Aufschlag von gut 22 Prozent![22]

Es sollte bald noch schlimmer kommen: Längst wurde ein ganz neuer Typ von Superschlachtschiffen konstruiert – die sogenannte »H«-Serie mit zweimal drei Schiffen, von denen jedes 56 200 Tonnen haben sollte. Obwohl die Londoner Auftragsquote für (6 bzw. 7) Schlachtschiffe und Panzerschiffe voll plaziert war, wurde Anfang 1936 unter dem Titel Nr. 86 in Höhe von 300 000 Reichsmark die erste Anzahlung für »H« (= Nummer acht!) geleistet.[23]

Die Rechnung der Seekriegsleitung war ganz einfach: Da man den Engländern weniger Tonnage vorgetäuscht hatte, blieb ein scheinbarer Spielraum von 32 000 Tonnen für das Schiff »H«, wobei man klammheimlich gleich noch 24 000 Tonnen zulegte.

Einen ähnlichen Betrug gestattete sich die Marine beim Zerstörerprogramm: Nach dem Londoner Abkommen lag die Tonnagequote zwischen 51 000 und 52 500. Tatsächlich wurden bis 1937 wohl um 33 Prozent mehr geordert, und natürlich täuschte man die Engländer wieder mit falschen Zahlen.[24]

Im Anschluß an die Londoner Konferenz 1935 hatte die Marine

einen »überarbeiteten« Schiffbau-Ersatzplan für die nächsten vier Etatjahre entworfen.[25] Der Name des neuen Entwurfs ist irreführend, denn es ging ja, wie wir nun wissen, gar nicht mehr um den Ersatz, sondern um weit mehr. Insgesamt sollten bis 1938 an die 500 000 bis 600 000 Tonnen in Auftrag gegeben werden; da jedoch im Entwurf die »kleineren« Schiffe ausgeklammert sind, dürfte man durchaus 80 000 hinzurechnen. Bereits 1935 wurde für die kommenden Superschlachtschiffe der »H«-Serie in Wilhelmshaven eine vierte Einfahrt geplant – mit den riesigen Dimensionen von 350 mal 60 Metern! Dieses Ausmaß der neuen Raeder-Schleuse mögen die Nachrichtenagenten der Royal Navy bald herausgefunden haben, ebenso die Vergrößerung der Baudocks in Hamburg, Bremen, Kiel und Wilhelmshaven.[26]

Mittlerweile verschlechterte sich 1936/37 die Weltlage. In Spanien tobte ein Bürgerkrieg, der sich leicht zu einem europäischen Konflikt ausweiten konnte, in dem womöglich Italien oder die Sowjetunion gegen England standen. Zugleich waren die Japaner in China eingefallen und begannen überdies, Superschlachtschiffe zu bauen. Das Britische Commonwealth hatte folglich allen Grund, sich herausgefordert zu fühlen. Die bloße Ankündigung der Engländer, sie erwögen, (etatmäßig) fünf Schlachtschiffe von je 35 000 Tonnen nachzurüsten und später vielleicht eine zweite Serie gleicher Größenordnung auf die Helligen zu legen, ermunterte die Raeder-Riege, die eigenen Dickschiffspläne ungeniert zu forcieren. Dabei setzten sie voraus, daß die Engländer die gleiche Zahl alter Kriegsschiffe *nicht* verschrotteten. Das Gegenteil war der Fall! Doch unbekümmert beging das Oberkommando der Kriegsmarine jetzt den schlimmsten Vertragsbruch: Zum Ende des Etatjahres 1936 beantragte es für die kommenden acht Jahre Finanzmittel in Höhe von 14,5 Milliarden Reichsmark. Davon sollten allein 5,5 Milliarden in den Schiffbau fließen, so daß vom 1. April 1937 an zusätzlich 1,1 Millionen Neubautonnen geordert werden konnten.

Natürlich hätten die Engländer von diesem gewaltigen Vorhaben informiert werden müssen, was Raeder & Co. wohlweislich unterließen. Denn dies war der vorweggenommene berühmte Z-Plan. Nur lesen wir darüber nichts in den Schul- und Geschichtsbüchern. Statt dessen heißt es dort dem Sinn nach, (erst) im Mai 1938 habe die

Marine, von Hitler getrieben, die gigantischen Pläne entwickeln müssen. Doch schon im Etatjahr 1936, das im Frühjahr 1937 endete, hatte sich die Marineführung von den für die kommenden acht Jahre erbetenen 14,5 Milliarden Reichsmark 5,5 Milliarden für weitere Neubauten im Umfang von einer Million Tonnen (!) abgezweigt. Und warum? Weil das Heer gerade mittelfristig neuerlich 50 Milliarden angefordert hatte – da konnte und wollte die Marine nicht zurückstehen, sondern verlangte ihren Quotenanteil.

In seinem Vortrag am 12. Juli 1944[28] hat Flottenintendant Thiele erklärt, im Jahr 1936 sei der Zeitpunkt erreicht gewesen, wo das weitere Hinausschieben der Rüstung fühlbare Lücken hätte entstehen lassen können. Den Vertragsbruch hat er im offensichtlichen Glauben an den Endsieg und darum freimütig damit begründet, daß die »Aufrüstung Englands zur See« eingesetzt habe. (Tatsächlich wurden die fünf neuen britischen Schlachtschiffe erst 1939 auf Kiel gelegt.) Außerdem, so behauptete Thiele, habe die »Notwendigkeit« bestanden, »auch unsererseits« den Ausbau der Kriegsmarine (er meinte wohl: so oder so) entscheidend zu erweitern.

Diese »Notwendigkeit« war an den Haaren herbeigezogen, als hätten überhaupt erst die Engländer die Deutschen dazu gezwungen, ihr Auftragsvolumen aufzustocken, weil sie die 35:100-Quote erhalten wollten. Während die Navy aber allenfalls um maximal zweimal 175 000 Tonnen vergrößert werden sollte, plante die Kriegsmarine sechs »H«-Dickschiffe mit 337 000 Tonnen plus drei Schlachtkreuzer mit zusammen 100 000 Tonnen! Thiele konnte unter seinen jungen Zuhörern, den künftigen Intendanten, also nur Nickesel beeindrucken, denn aus englischen Plänen über äußerstenfalls 350 000 Tonnen ließen sich niemals eigene Zusatzpläne über 437 000 Tonnen ableiten.

Die plötzliche Gigantomanie der Marine entwickelte sich folgerichtig aus dem Fluch der bösen (Quotenabrede-)Tat, die General von Hammerstein und Admiral Raeder Anfang 1930 begangen hatten: Alljährlich mußte das Heer der Marine seine Personalvermehrungspläne bekanntgeben. Als es im Herbst 1935 per 1937 sein 550 000-Mann-Programm festlegte, waren der Marine im Wege der Konkordanz 82 500 Mann zuzugestehen. Und sobald das Friedensheer im Laufe der beschleunigten Aufrüstung von 550 000 Mann im Jahre

1937 über 640 000 im Jahre 1938 bei 830 000 im ersten Halbjahr 1939 angelangt war (die Zielsetzung für den Heeresbestand von 1940 wurde um ein Jahr vorgezogen), durfte Raeder als neues Zwischenspiel einen Personalbestand von 135 000 Marinesoldaten fordern, zu denen natürlich auch 1,3 Millionen Tonnen Schiffsraum gehörten. Wir machen also die verblüffende Erfahrung, daß den von General Seeckt vorgegebenen drei Aufbauphasen ein Dreisprung bei der Marine entsprach (siehe Tabelle S. 105).[29] Infolge dieser Korrelation zwischen Heer und Marine hätte Deutschland mit dem groben Vertragsbruch von 1936 zur See die volle Parität mit dem Stand der Royal Navy von 1935 erreicht. Aber das focht die Stäbe des Generaladmirals Raeder nicht an.

Während der Oberbefehlshaber zunächst das Flottenabkommen mit England als »eisernen Zwang« betrachtete und das Dogma von der wohlwollenden Neutralität Englands aufrechterhielt, fing man innerhalb der Seekriegsleitung 1936/37 an, sich über eine eventuelle kriegerische Auseinandersetzung mit England Gedanken zu machen. Daß Raeder zu diesem Zeitpunkt wirklich noch die Bündniswürdigkeit Deutschlands anstrebte, ist kaum anzunehmen, hatte er doch durch seine gravierenden Vertragsbrüche, die den Engländern nicht verborgen bleiben konnten, Treu und Glauben verspielt. Hitler hingegen hatte die aberwitzigen Anträge des Generaladmirals anscheinend anstandslos bewilligt, nachdem England zu seiner großen Enttäuschung auf sein Liebeswerben kühl reagierte.

Die konservative Regierung unter Premierminister Chamberlain wollte das Deutsche Reich auf friedlichem Wege (Appeasement) in eine europäische Friedensordnung einbinden. Sie verweigerte ihm allerdings die gewünschte freie Hand im Osten, will sagen: den Krieg zur (Rück-)Gewinnung vom Lebensraum in Polen, Rußland und der Ukraine. In der durch das Hoßbach-Protokoll berühmt gewordenen Konferenz vom 5. November 1937,[30] an der auch Raeder teilnahm, sprach Hitler bereits von den »Haßgegnern England und Frankreich«, denen ein starker deutscher Koloß inmitten Europas ein Dorn im Auge sei. Doch bis ins erste Kriegsjahr hinein hat er die Hoffnung auf eine Juniorpartnerschaft mit Großbritannien nie aufgegeben.

Schon Bismarck hatte bedauernd einsehen müssen, daß die Leute von uns nicht geliebt werden wollten. Wilhelm II. und sein Großadmiral von Tirpitz hatten von 1897 an mit der Flottenrüstung vergebens Englands Gegenliebe zu erzwingen versucht. Raeder und seine Führungsgehilfen waren mit Leib und Seele Tirpitzianer. Daher konnte Fregattenkapitän Helmuth Heye 1938[31] in einer tollkühnen Denkschrift der Seekriegsleitung den Bau der gigantischen Flotte mit der Hypothese rechtfertigen: Je bedrohlicher sie dem Engländer erscheinen müsse, »umso größer wird er das Risiko eines Krieges mit Deutschland einschätzen, umso eher wird er zu einer friedlichen Verständigung bereit sein«. So also hat die Marine argumentiert und gepokert!

Da jedoch neben der Kriegsmarine auch das Heer und die Luftwaffe hemmungslos aufrüsteten, kam es zwangsläufig zu einem gnadenlosen Konkurrenzkampf der drei Wehrmachtteile um die knapp gewordenen Eisen- und Stahlkontingente. Am 3. September 1937 ließ der Reichskriegsminister und Oberbefehlshaber der Wehrmacht von Blomberg wegen der Versorgungsnotlage die Alarmglocken schrillen. In einem Brief an Hermann Göring,[32] der als Beauftragter für den Vierjahresplan die deutsche Wirtschaft bis 1940 kriegsfähig machen sollte, benennt er schonungslos die Auswirkungen für die Marine: »Die im Bau befindlichen Schiffe werden erst 6 Monate später fertig. In dem vom Führer und Reichskanzler bis zum 01. 04. 44 befohlenen [es müßte eigentlich »abgesegneten« heißen] Schlachtschiff-Programm können nur 4 statt 6 Schlachtschiffe des Types H gebaut werden.« Ende Oktober forderte dann Raeder den Oberbefehlshaber auf, sofort eine Entscheidung Hitlers über die Vorrangigkeit des Rüstungsprogramms der Marine herbeizuführen. In der schon erwähnten Konferenz am 5. November 1937 hatte er sich bei Hitler mit seinen Wünschen voll durchgesetzt: Das monatliche Stahlkontingent wurde von 45 000 auf 74 000 Tonnen erhöht, viel mehr, als die Werften verarbeiten konnten.[33]

Der große vorletzte Z-Plan von 1938/39

Der Plan Z von 1938/39 wird in den Geschichtswerken häufig erwähnt, während man den skandalösen 1,3-Millionen-Tonnen-Zielplan von 1936 verschweigt. So mußte der falsche Eindruck entstehen, die Gigantomanie der Marine sei erst im Mai 1938 »auf Befehl« Hitlers konkret geworden, und zwar im Zusammenhang mit der »Maikrise«.[34] Aufgeschreckt durch ihren Meisterspion Paul Thümmel, einen Nazi und Hauptvertrauensmann der deutschen Abwehr mit vielerlei Verbindungen, der von einem geplanten Aufruhr sudetendeutscher Anhänger Hitlers erfahren hatte, mobilisierte die Regierung in Prag einige Truppen. Doch um die Quelle nicht zu verraten, erfand man deutsche Truppenbewegungen in Grenznähe. England drohte daraufhin in Berlin sogleich mit seinem Eingreifen. Und das wiederum veranlaßte den Diktator, die Vorbereitungen für einen Überfall auf die Tschechoslowakei zu beschleunigen, um sein Prestige zu wahren.

Erstmals schien ein Krieg mit England möglich zu werden, und Hitler bat Raeder, den Schlachtschiffbau voranzutreiben. Nun wurde in der Seekriegsleitung mit Hochdruck gearbeitet:[35] Denkschriften über die richtige Strategie in einem Krieg mit England, Diskussionen im Planungsausschuß, ob man nicht besser für den Handelskrieg auf dem Atlantik mehr schnelle Panzerschiffe und damit weniger Dickschiffe bauen solle. Acht Monate vertrödelte Raeder, bis Hitler ungeduldig wurde: Er bestand nun auf dem zeitraubenden Schlachtschiffprogramm, das ihm Raeder vier Jahre zuvor abverlangt hatte, für das aber anfänglich vier Helligen fehlten!

So entstand schließlich Anfang 1939 der berühmt-berüchtigte Z-Plan.[36] Man darf rätseln, was »Z« bedeuten sollte. Die einfachste Erklärung ist die, man habe von drei Entwürfen X-Y-Z eben Z ausgewählt. Aber es konnte auch für alle früheren Zielpläne stehen: den Zwischenzielplan, die Zehnjahrespläne, die Zufuhrschutzpläne und nun den End-Zielplan. Im Grunde führte er nur den 1,3-Millionen-Tonnen-Zielplan von 1936 fort, der aber noch mal um 50 Prozent aufgestockt wurde, das heißt, auf zwei Millionen Tonnen und 201 000 Seeleute!

Die Marine steigerte sich dabei geradezu in einen Erfolgsrausch hinein. Hitler bewilligte jetzt alles, was Raeder verlangte:[37] der Bau von Handelsschiffen wurde zugunsten der Kriegsmarine eingeschränkt; die Marinerüstung erhielt Priorität vor Heer, Luftwaffe und Export, alle Lieferungen der Industrie an die Kriegsmarine hatten Vorrang. Raeder und seine Mitstreiter ließen offensichtlich ihre Anträge zu Führerbefehlen umdeklarieren, um ihren Ambitionen Nachdruck zu verleihen, sobald sie ihre Ansätze durchgesetzt hatten.

Wie wir es bereits vom Heer wissen, spielte auch bei der Marine Geld keine Rolle. Der Finanzbedarf für den Plan Z belief sich auf 35 Milliarden Reichsmark bis zum Etatjahr 1949 (später vorgezogen auf 1944)![38] Natürlich hätten der Reichskanzler, der Reichsfinanzminister und die Staatssekretäre erkennen müssen, daß sie mit den etappenweise aufgestockten Mittelbewilligungen die Generäle und Admiräle zu immer größerer Begehrlichkeit ermunterten.

Mit der Annahme des Z-Plans war das Flottenabkommen mit England endgültig Makulatur geworden. Zwar hatte man 1938 im Oberkommando der Kriegsmarine über eine Kündigung nachgedacht (»Die Mogelei muß endlich einmal aufhören!«). Doch dann kam die Münchner Viermächtekonferenz[39] dazwischen. Nachdem am 29. September 1938 die Staatsmänner Deutschlands, Englands, Frankreichs und Italiens die Sudetenkrise auf Kosten der Tschechoslowakei beigelegt und Europa noch einmal den Frieden gerettet hatten, gaben am nächsten Tag der britische Premierminister Chamberlain und der Diktator Hitler eine gemeinsame Erklärung ab. Darin hieß es, das Münchner Abkommen *und* der Flottenvertrag symbolisierten den Wunsch beider Völker, nie wieder gegeneinander Krieg zu führen. *»Peace in our time«*, rief Chamberlain bei seiner Rückkehr nach London unter dem Jubel der Massen und schwenkte das Dokument in der Luft. Doch war das Abkommen das Papier nicht wert, auf dem es stand.

Nach Hitlers Hetzrede anläßlich des Stapellaufs der *Tirpitz* am 1. April 1939 warnte man im Oberkommando der Kriegsmarine vor neuen Verhandlungen mit London, damit die Engländer keine Gelegenheit erhielten, sich großzügig zu zeigen und den Vertrag zu verlängern. Schließlich gab Hitler dem Drängen der Marine nach: Am 28. April 1939 kündigte er in einer Reichstagsrede das Flottenabkommen. Man konnte schlechterdings nicht behaupten, daß sich Deutschland damit von der Vormundschaft Englands befreit habe. Denn einzig die Deutschen hatten von Anfang bis Ende den Flottenvertrag auf schamlose Weise wieder und wieder gebrochen. Das Schlimmste war bereits im Etatjahr 1935/36 geschehen, als die Konstruktionsplanung für die sechs Schlachtschiffe der »H«-Klasse vollendet und die 300 000 Reichsmark für das erste »H«-Schiff angezahlt wurden, obwohl der Londoner Vertrag dies nicht zuließ, denn er war weder gekündigt, noch war die Kündigung avisiert worden.

Hitler hatte gar keine Wahl, als zu kündigen. Denn kaum waren die Schlachtschiffe *Bismarck* und *Tirpitz* vom Stapel gelaufen, sollten noch im Sommer 1939 bei Blohm und Voß in Hamburg und auf der Kriegsmarinewerft in Wilhelmshaven die Mammutschiffe »H« und »J« auf Kiel gelegt werden, während das ebenfalls angezahlte Schlachtschiff »K« ins Deschimag-Dock zu Bremen disponiert war.[40] Nur vier Jahre waren vergangen, seit die Marine ein Drittel der englischen Tonnage von 1,2 Millionen gefordert hatte. Dann hatte man ohne Rücksprache den Engländern unterstellt, sie würden 600 000 Neubautonnen kontrahieren und keine Alttonnage ausmustern oder verschrotten. Wäre es so gewesen, hätte die Marine nominell 420 000 Tonnen (oder, wenn man es nicht so genau nahm, bis zu 700 000 Tonnen aufstocken dürfen). Außerdem schützte die Marineführung die Einrede vor, Liefertermine für die gewünschten Dickschiffe beanspruchten fünf bis sechs Jahre, also könnten die Deutschen erst mit der Ablieferung der Schiffe als vertragsbrüchig hingestellt werden. Mit solchen Selbsttäuschungen[41] hatte man gleichzeitig die Erhöhung des Personals von 89 000 auf über 200 000 angesteuert, denn wenn die neuen Schiffe seefertig geliefert wurden, mußten geschulte Besatzungen bereitstehen.[42]

Raeder und auch Hitler wußten nur zu gut, daß die Engländer niemals eine 80- oder 100prozentige Parität der beiden Flotten zugeständen.[43] Hitler verstieg sich zu der Behauptung, er sei für die Spannungen nicht verantwortlich, denn außer der Rückgabe der von den Alliierten konfiszierten deutschen Kolonien habe er nie eine Forderung erhoben, die den britischen Interessen oder dem britischen Weltreich gefährlich werden könnte. Aber selbst eine Flotte von nur 1,2 Millionen Tonnen mit 130 000 Mann Besatzungen war eine Herausforderung der britischen Seemacht.

Doch nun, 1939, provozierte man die Engländer erst recht, als man das Verhältnis über 100:100 hinaus und sogar auf 167:100 steigerte. Umgekehrt aber hätte die Royal Navy, sofern sie die 1935 vereinbarte Klausel hätte aufrechterhalten wollen, auf einen Flottenumfang von

3,6 bis sechs Millionen Tonnen gehen müssen. Aber wozu? Und woher hätte England umgerechnet 33 Milliarden Reichsmark (nach heutigem Wert 660 Milliarden DM) nehmen sollen? Oder sollten die Briten einfach zusehen, bis Raeder nach 1944 die Zwickmühle zuschnappen ließ? Unter diesem Aspekt betrachtet, war die britische Kriegserklärung am 3. September 1939 quasi ein Präventivschlag unter dem Deckmantel der Polengarantie.

Großadmiral Raeder hatte, als absehbar wurde, daß den deutschen Werften von 1942/43 an ein großes Beschäftigungsloch drohte, die Gunst der Lage im Mai 1938 genutzt und sich Anschlußaufträge mit dem Z-Plan I gesichert. Dazu hatte sein Oberkommando Finanzbedarf von 33 Milliarden Reichsmark bis 1945/46 (ursprünglich 1948/49) angemeldet.

Im Frühjahr 1939 stellte sich aber heraus, daß der für Heer und Luftwaffe unerträglich gewordene Hochmut der Kriegsmarine vor dem Fall kam. Hermann Göring, der Oberbefehlshaber der Luftwaffe, hatte für den 19. Mai 1939 Vertreter der Marine zu einer Besprechung gebeten.[44] Der Generalfeldmarschall erwartete sie in großer Runde: Ihm zur Seite standen die Aufrüster seiner Luftwaffe, die Generalobersten Milch und Udet, die wichtigsten Mitarbeiter aus Görings Amt für den Vierjahresplan, außerdem der Wehrwirtschaftsgeneral Thomas und Generalmajor von Hanneken vom Reichswirtschaftsministerium. Göring holte zu einem massiven Angriff gegen die Marine aus – »in durchaus unwürdiger Weise«, wie sich nachher ein Marineoffizier notierte.

Der Hauptvorwurf: Der Führerbefehl für den Plan Z wirke sich katastrophal für die Luftwaffe aus. Das große Programm der Luftwaffe – der Bau von monatlich 370 Ju-88-Bombern – sei längst nicht mehr zu bewerkstelligen, und nun gefährde das Vorgehen der Marine auch das kleine Programm (monatlich 170 Bomber). Laut Führerbefehl sollten bis zum 1. April 1941 4000 Ju 88 fertiggestellt sein; die Hälfte könnte im Frühjahr 1940 bereitstehen – man darf hinzufügen: nur für einen Angriffskrieg! –, und darauf könne auf keinen Fall verzichtet werden.

Der Marineamtschef B Wi (Marineamt B Abteilung Wirtschaft) konterte: Großadmiral Raeder habe vom Führer »den eindeutigen Befehl« erhalten, den Z-Plan termingerecht durchzuführen. Den Anspruch auf Vorrangigkeit der Marine wertete Göring als eine Kampfansage, »wobei er sicherlich den längeren Arm« hätte (was man dem zweiten Mann im »Dritten Reich« aufs Wort glaubt).

Generalmajor Thomas, über dessen Tisch alle Anforderungen der Wehrmacht liefen, steuerte unglaubliche Beispiele für das Verhalten der Marine bei: Allein für die Marine würden 20000 Werkzeugmaschinen benötigt. Damit wäre diese Industrie drei oder vier Jahre lang voll ausgelastet. Alle anderen Bedarfsträger könnten vorerst keine Maschinen bekommen. Außerdem habe die Marine 70 Werkerweiterungen oder -neubauten angemeldet (Göring: »Eine riesige Erweiterung der Industrie!«). Es wurde offenkundig, daß Firmen wie Krupp und Rheinmetall kaum noch für die Luftwaffe Gesenkschmiedestücke liefern konnten, weil die Marine auch dort die Vorhand hatte.

Göring behauptete kurzerhand, die Marine habe den Z-Befehl mißverstanden. Hitler habe ihm selber gesagt, es könne gar keine Kollision mit anderen Stellen geben, da es sich nur um den Fertigbau von vier bis fünf Schiffen handele, in die bereits große Mengen an Material hineingesteckt wurden. Die Aussage wirft ein bezeichnendes Licht auf die sogenannten Führerbefehle[45] – in diesem Fall schimmert der Vorwurf durch, Raeder habe sich den Plan mit falschen Angaben erschlichen. Nur vier Tage später, am 23. Mai 1939, versicherte Hitler vor den Spitzen der drei Wehrmachtteile, daß nicht er, sondern die Wehrmachtteile bestimmten, was gebaut werde!

Erst im August 1939 wurde der Streit zwischen Luftwaffe und Marine beigelegt. Wie nicht anders zu erwarten, behielt Göring das letzte Wort:[46] Seine Anforderungen hatten künftig die gleiche Dringlichkeit wie die der Marine. Eine schmerzliche Niederlage für den Großadmiral, an der seine Mitarbeiter nicht ganz unschuldig waren. Sie hatten »mit gewisser Sturheit« auf voller Zuteilung bestanden. Mit diesem Verhalten hat die Marine die Panzer- und Flugzeugproduktion immer wieder blockiert – das böse Erwachen kam im Krieg.

Der verbrecherische Größenwahn der Marine hat sich nicht mehr austoben können. Am 3. September 1939 erklärte England entgegen allen Versicherungen Hitlers Deutschland den Krieg. Die drei auf Helligen gelegten Giganten der »H«-Klasse mußten wieder abgerissen werden, denn nun wurde dringend Platz für U-Boote benötigt. Der Unsinn der Helligenverstärkung und der Bau der Riesenschleuse in Wilhelmshaven schlugen mit Milliarden Reichsmark *à fonds perdu* zu Buche.

Die Kriegsziele der Marine

Kaum war Frankreich siegreich geschlagen, da fand die Marine, wohl angespornt durch die Eroberung der Kanalküste, zu ihren Dickschiff-Ambitionen zurück. Am 6. Juli 1940 legte die Seekriegsleitung ihrem Oberbefehlshaber ein Dossier vor,[47] demzufolge der Hauptträger der ozeanischen Kriegführung gegen die feindlichen Seeverbindungen weiterhin das Schlachtschiff sei. Ein paar Tage darauf hatte man Hitler schon überzeugt, daß die norwegische Hafenstadt Drontheim ausgebaut werden müsse und mit einer Heeresdivision zu schützen sei. Dort war auch ein Dock für größte Schiffe vorgesehen.

Am 31. Juli 1940 – es war der Tag, an dem sich Hitler für einen Feldzug gegen die Sowjetunion entschloß – wurden in der Seekriegsleitung »Betrachtungen über die Grundlagen des Flottenbaus« in den Umlauf gegeben.[48] Unter der Prämisse, daß der Schutz des eurasischen und eines Teiles des afrikanischen Raumes der großdeutschen Flotte obliege, entwarf der Autor Utopien für ein Wettrüsten mit der angelsächsischen Seemacht: Fernziel sei eine »einigermaßen ebenbürtige« Flotte mit 60 bis 80 Großkampfschiffen, 15 bis 20 Flugzeugträgern, 100 Kreuzern, zehn Ozeankreuzern, 500 U-Booten. In einer vorläufigen Zielsetzung gäbe man sich mit 50 Großkampfschiffen und zwölf Flugzeugträgern zufrieden. Selbst die scheinbar realistische Erstforderung, die für eine Kernflotte 25 Großkampfschiffe, sechs Flugzeugträger, 50 Kreuzer und 400 U-Boote vorsah und dafür eine Bauzeit von zwölf bis 15 Jahren veranschlagte, war weit überzogen.

Bei der Aufteilung der Welt wollte wohl Konteradmiral Fricke, der Leiter der Operationsabteilung, der erste sein. Am 3. Juni 1940, die Schlacht in Frankreich tobte noch, stellte er ein Raumerweiterungsmodell vor[49]: Deutschland gehörten die Küsten von Drontheim bis Brest, außerdem beherrschte es ein mittelafrikanisches Kolonialreich vom Atlantischen bis zum Indischen Ozean, dazu die Insel

Madagaskar, auf die damals das Auswärtige Amt die Juden deportieren wollte. Zum Glück war immer noch Britannia die Beherrscherin der Meere, so daß die Marine nie in die Versuchung kam, sich an diesem geplanten Verbrechen zu beteiligen. Einige Jahre später hat sie bei der Deportation der norwegischen Juden bedenkenlos mitgeholfen.[50]

Anzahlungen für die Dickschiffe

Titel
(+)	Superschlachtschiff H	86	1936	300.000 RM	
(+)		116	1937	8.101.500 "	
(+)			1938	3.776.800 "	

Gesamtanforderungen Artillerie		90.500.00 "	40,6 cm
Voranschlag:		(89.000.00 ")	
»Bismarck«: 79 Mio f. Artillerie 38 cm			
Typ »H« Anforderung Schiffbau:		150.000.000 RM	56.200 Tonnen
((»Bismarck«: 104 Mio. f. Schiffbau))			

(+)	Schiffbau »H«	5	1936	10.000.000 Mio RM
(+)	(Anf.: 150 Mio RM)	4	1937	37.065.000 RM
(+)		4	1938	27.284.500 RM

Anzahlungen »H« bis 1938:   ca. 87 Mio RM (?) = ca 35 %

Gesamtanforderung »H« ca.   242.000.000 RM

	Anforderungen »J«		237.000.000 RM
(+)	Anzahlungen Artillerie	1938	3.982.000 RM
(+)	Schiffbau	1938	16.000.000 RM

Anforderungen »K«	1938	wie »J«
Anzahlung »K« Schiffbau	1938	5.000.000 RM

Der Dreisprung
Die Relation der Rüstung von Marine und Heer

1932	Jahre	1933	1934	1935	1936	1937	1938	1. Hbj. 1939	2. Hbj.	1940
	Marine Neuauftr. 1000 t	12	+112	+176 =300	+190 + =	110 600	+175	+125 =900	+ 300 ? 1200 ?	
	Index			280		550		830		
	Heer (1000 Mann)		280	370	460	550	640	730	v. Fritsch/Beck Endziel? 820	
7 ID	ID		21 ←	28	35	42 ←	49	56		→ 63
+3 KD	»Schnelle«			5	6	7	8	9	10	11

7.
Dönitz' Traum vom Maulwurf und der Krähe

Mit den U-Booten war es wie mit den Panzern: Am Anfang waren es zu wenige, und als man genug beisammen hatte, war es zu spät. Die Unterseeboote, in einem Handelskrieg womöglich die entscheidende Waffe, wurden in den dreißiger Jahren – nicht nur in der deutschen Marine – etwas stiefmütterlich behandelt. Es gab eine Schulmeinung, wonach die U-Boote – ohnehin ein Kampfmittel der Schwächeren – überflüssig geworden seien, da es nach See- und Völkerrecht verboten war, Handelsschiffe ohne vorherige Warnung zu versenken.

Kaum hatte sich Deutschland im Ersten Weltkrieg darüber hinweggesetzt, gab es Ärger mit dem damals noch neutralen Amerika. Anlaß war die Versenkung des britischen Passagierdampfers *Lusitania*, der unter anderen 120 amerikanische Staatsbürger an Bord hatte. Die amerikanischen Proteste und Drohungen waren so massiv, daß Deutschland schließlich bis auf weiteres den Handelskrieg mit U-Booten ganz einstellte.[1]

Im Frühjahr 1916 plädierte dann der Generalstabschef Erich von Falkenhayn zur Freude der Marineleitung für die Wiederaufnahme des U-Boot-Krieges, weil er sich davon Unterstützung bei der Schlacht um Verdun und weniger Nachschub für die zu erwartende französisch-britische Offensive an der Somme erhoffte. Nachdem im Kanal ein französisches Passagierschiff torpediert worden war, erging abermals ein amerikanisches Ultimatum an Deutschland. Und wieder mußte die deutsche Regierung nachgeben, da man sich in einem Mehrfrontenkrieg nicht zusätzlich mit den Vereinigten Staaten anlegen konnte.[2]

Das Blatt wendete sich, als 1916 Generalfeldmarschall von Hindenburg, der Held von Tannenberg, an die Spitze der Obersten Heeresleitung berufen wurde, weil das deutsche Volk nur ihm noch zutraute, den Krieg siegreich zu beenden. An seiner Seite hatte er den Generalquartiermeister Erich Ludendorff, einen genialischen, ehrgeizigen und rücksichtslosen Feldherrn, der, immer gedeckt durch den breiten Rücken Hindenburgs, diktatorische Vollmachten an sich riß. Ihm konnten weder Kaiser noch Reichskanzler widerstehen. Als auch Hindenburg und Ludendorff an der Westfront mit ihrem Latein am Ende waren, setzten sie zusammen mit der Marine in einem Kronrat am 9. Januar 1917 den uneingeschränkten U-Boot-Krieg durch. Der Finanzzauberer der Reichsleitung und Staatssekretär des Innern Karl Helfferich hatte zwar gewarnt: »Wenn die Karte des rücksichtslosen U-Bootkrieges ausgespielt wird und sie sticht nicht, dann sind wir verloren, dann sind wir auf Jahrhunderte verloren.«[3]

Niemand hörte auf den Zivilisten. Ludendorff: »Ich pfeife auf Amerika!«[4] Und die kaiserliche Marineleitung versprach, daß ihre U-Boot-Flotte binnen fünf Monaten England in die Knie zwingen werde. Die Admiräle gaben sogar Kaiser Wilhelm II. ihr Ehrenwort, daß kein amerikanischer Truppentransporter jemals Europa erreichen werde. Nicht ein einziger ist torpediert worden! Zwar konnten die deutschen U-Boote im Jahre 1917 durch die gemeldete Versenkung von insgesamt 9,4 Millionen Bruttoregistertonnen den Alliierten spürbar zusetzen, doch um England von den benötigten Zufuhren wirksam abzuschneiden, hätte die Marine die Erfolge verdoppeln müssen. Die U-Boot-Fahrer nahmen als Erkenntnis mit, daß man bei Erfolgsmeldungen immer Abstriche machen mußte. Der Kriegseintritt Amerikas jedoch entschied letztlich den Krieg zugunsten der Westmächte.

In Versailles verhängten die Siegermächte mit dem Paragraphen 191 des Friedensvertrags über Deutschland ein generelles Verbot für den Besitz von U-Booten, auch für Handelszwecke. Aber, wie wir wissen, nahm es die Reichsmarine mit den Versailler Verboten ebensowenig genau wie das Reichsheer. Während sich das Heer nach 1923 zum Zweck heimlicher Panzerübungen mit den Bolschewiken arrangierte, stand die Marine noch unter dem Schock der Matrosenmeuterei von 1918 und ging bevorzugt andere Wege. Man gründete in Holland ein Konstruktionsbüro, baute mit dessen Hilfe in Spanien und für Finnland, für die Türkei und andere, pflegte Kontakte mit den Japanern und bereitete sich auf die Stunde »X« vor, in welcher der Paragraph 191 fiele oder nach einem Regierungsbeschluß nicht mehr zu beachten wäre.[5]

Eine bittere Lektion hatten die Rüstungsplaner der Marine aus dem Weltkrieg gelernt: Eine U-Boot-Flotte mußte in Teilen und Segmenten, mit ausgebildeten Mannschaften und ausreichenden Brennstoffreserven frühzeitig vor Kriegsbeginn parat gelegt sein. Doch die Admiräle der Marineleitung, allen voran der seit 1930 amtierende Dr. h. c. Raeder, hatten in ihrer Dickschiff-Verbohrtheit mit U-Booten nicht viel im Sinn. Noch vor Ende des Jahres 1933 wußten die Marineplaner genau, was man wollte, nämlich eine Vervierfachung der in Versailles festgeschriebenen Gesamttonnage von 108 00 Tonnen. Bei einem Zieloptimum von 432 000 Tonnen begrenzte Raeder den U-Boot-Anteil auf 5 bis 10 Prozent, mithin 21 500 Tonnen.[6]

Natürlich gab es, als 1931 General von Schleicher den »Umbau« der Reichswehr ins Visier nahm, innerhalb der Marine Dispute, ob man von vornherein repräsentative Dickschiffe mit langjähriger Bauzeit oder lieber frühzeitiger fertigzustellende wirkliche Kampfmittel wie U-Boote bauen sollte. Im zweiten Fall erhob sich die Frage, ob man den schon vor 1933 verbesserten Typ des Ersten Weltkrieges, UB III, als Typ VII vorrangig in großen Stückzahlen bauen solle oder primär auch Prestige-U-Kreuzer wie zum Beispiel Typ XI, die den fünffachen Bauaufwand des Typs VII erforderten![7]

Die ersten sechs U-Boote wurden per Vorausorder zur Teileherstellung von der Marine direkt und ohne Genehmigung (!) in Auftrag gegeben und lagen seit 1934 zum Zusammenbau bereit. Auch eine zur Sichtbehinderung eigens errichtete Lagerhalle und eine Montagehalle harrten der Auftragsbestätigung. Mit sechs 250-Tonnern, zusammen 1 500 Tonnen, und zwei Prototypen von nominell 750 Tonnen waren die ersten 3 000 Tonnen mit einem Baukostenaufwand von 18 bis 20 Millionen im Entstehen. Rechnet man die Baunummern 1–24 für den Typ II A und die Nummern U 25 – 26 für den Typ I A mit den tatsächlichen Tonnagen, so kommt man auf etwa 8 000 Tonnen (s. Tab. S. 112). Diesen ersten 26 Bootsaufträgen sollten zügig zehn vom Typ VII mit 6 300 Tonnen folgen, so daß 36 Boote den Kern der neuen U-Boot-Waffe darstellten.[8]

15 000 Tonnen – das war nicht annähernd der Umfang einer benötigten Schul- und Ausbildungsflotte, aber man hätte ja beginnen kön-

nen, von 1934 bis 1938 jährlich 3000 bis 5000 U-Boot-Fahrer heranzubilden, um vom Etatjahr 1939 an ihre Zahl zu verdoppeln. Doch da war der Herr Generaladmiral davor: Die U-Boot-Waffe würde den Engländer vor den Kopf stoßen, während Superschlachtschiffe dies keineswegs tun könnten; damit würde im Gegenteil ein kolossaler Bündniswert erzeugt, und auf den allein käme es an. So also mag es zu erklären sein, warum die U-Boot-Waffe zum Kriegsbeginn als Hauptangriffswaffe ebenso stiefmütterlich behandelt worden war wie die in Versailles verbotenen Panzer.

Die neue deutsche Flotte solle nie 35 Prozent der tatsächlichen Gesamttonnage der Mitglieder des Britischen Commonwealth überschreiten, hieß es unter dem 18. Juni 1935 im deutsch-britischen Flottenabkommen. Im Rahmen dieser Stärke könne die U-Boot-Quote zunächst 45 Prozent der britischen Quote und unter besonderen Umständen auch 100 Prozent betragen.

Als Raeder von 1936 an seine Kriegsmarine auf 1,3 Millionen Tonnen ausbauen wollte, hatte er für die U-Boot-Waffe im Endeffekt offensichtlich nur magere 5 Prozent vorgesehen, was maximal 65000 Tonnen entsprach. Freilich hatte man auch damit bereits den Geist von London verraten – dort war 1935 von zunächst höchstens 21000 Tonnen die Rede gewesen –, denn über Aufstockungen hätte man erst verhandeln müssen.

Doch in Fragen der U-Boot-Tonnage scherte sich die deutsche Marine nicht minder den Teufel um die Vertragsabsprache. Selbst die Option 45 Prozent wurde, ohne dies auch nur anzuzeigen, wie es geboten gewesen wäre, kühn übersprungen, so daß man zum Ende des Haushaltsjahres 1937 (also bis zum 31. März 1938) schon zwei Drittel der englischen Tonnage in Auftrag gegeben hatte. Verhandeln wollte man erst, wenn 150 Prozent der gemutmaßten britischen 70000 Tonnen erreicht waren. Der Auftragsbestand im Etatjahr 1938 zeigt ein erschreckendes Bild: Er wurde über 249 Boote auf insgesamt 300 im Jahre 1939 aufgestockt![9]

Wie wenig die junge deutsche Marine auf die Interessen des Partners und die Ehre der englischen Flotte Rücksicht nahm, zeigt das noch kaum bekannte Unternehmen »Ursula« im ersten Jahr des Spanischen Bürgerkrieges.[10] Ursula hieß Dönitz' Tochter. Der Führer der U-Boote beorderte heimlich ein paar Boote in die spanischen Gewässer, wo sie in Piratenmanier die Handelsverbindungen und den Waffenimport der Republikaner stören und auch deren Kriegsschiffe angreifen sollten. Die Besatzungen waren auf Lebenszeit zum Schweigen verpflichtet. Für den Fall, daß die Boote auf der Hinreise entdeckt würden, sollte der Kommandant die englische Flagge hissen! Allerdings haperte es bei den Einsätzen an Zielgenauigkeit und an der Treffsicherheit der Torpedos. Einzige »Erfolgs«meldung: Vor Malaga wurde ein aufgetauchtes spanisches U-Boot mit 44 Mann in die Tiefe gebohrt.

Nach dem Zweiten Weltkrieg lamentierte Dönitz,[11] bis Kriegsbeginn seien »nur 57 Boote« in Dienst gekommen, und nie zuvor sei eine Waffe so schwach in einen Krieg gezogen. Schon im Ersten Weltkrieg galt die Regel, daß immer nur ein Drittel der Boote draußen am Feind operiert, während die anderen entweder auf der Anfahrt oder auf der Heimkehr sind. Folglich waren tatsächlich auf dem weiten Atlantik nur 19 Boote im Einsatz.

Dönitz unterschlug dabei die Tatsache, daß im September 1939 Aufträge für 136 U-Boote mit gut 100 000 Tonnen längst fest erteilt und weitere 164 den Werften avisiert waren.[12] Allerdings wußte er nur zu genau um die Länge der Vorlaufzeit für Planung und Bau eines U-Bootes, nämlich je nach Größe 19 bis 30 Monate ... Er hätte also frühzeitig seine Anforderungen präzisieren müssen und können.

Aber auch der auf Dickschiffe versessene Großadmiral Raeder hatte die englischen Warnungen im Sommer 1939 überhört und kam nicht auf die naheliegende Idee, die Helligen für den Bau von U-Booten herzurichten. Denn an Dickschiffen hatte das Oberkommando der Kriegsmarine einen Monat nach Kriegsbeginn für die Front nicht mehr als ein Schlachtschiff, zwei Panzerschiffe, drei Leichte Kreuzer, 17 Zerstörer, zwölf Torpedoboote und 46 U-Boote zur Hand; nicht einmal der eben vom Stapel gelaufene Flugzeugträger »Graf Zeppelin« war einsatzfertig. Diese sträflich fehlkonzipierte Flotte[13] konnte, wie es sich Raeder am 3. September 1939 nach der britischen Kriegserklärung notierte, nur noch zeigen, daß sie mit Anstand zu sterben verstand.

Dabei hätte es ganz anders laufen können. Denn im Jahr 1937 waren 603 Millionen Reichsmark für Neubauten verfügbar, der höchste Betrag der Jahre 1933 bis 1938. Raeder hätte also großen

Spielraum gehabt, Vorfertigungen für 300 U-Boote zu bestellen, so daß Motoren, Sehrohre, Torpedoarmierungen und dergleichen bereits zum Zusammenbau vorgelegen hätten.

Für den Fall der Mobilmachung hatte die Marine eine Verdoppelung von zwei bis 2,5 U-Booten pro Monat vorbereitet, eine lächerliche Maßnahme. Als der U-Boot-Chef Dönitz unmittelbar vor Kriegsbeginn 300 Boote forderte, wußte gerade er, daß dazu nichts, aber auch gar nichts vorbereitet war. Obwohl die Marine inzwischen 82 000 Mann hatte, mangelte es an ausgebildeten U-Boot-Besatzungen und Kommandanten. Zwei Jahre Anlaufzeit würden vergehen, bis die Versäumnisse nachgeholt wären. Bis dahin aber stand England voll abwehrbereit, danach waren leichte und umfangreiche U-Boot-Erfolge viel schwerer zu erzielen.

Der bis 1939 einschließlich zu Lasten der U-Boot-Waffe geförderte Bau von Überwasserschiffen hatte mögliche frühzeitige U-Boot-Erfolge im Keime erstickt. Die Tabelle[14] zeigt uns, daß nur bescheidene 2,4 Millionen Bruttoregistertonnen in den Jahren 1940/41 und 1943 als Versenkungserfolge zu verzeichnen waren, also 200 000 Bruttoregistertonnen im Monat und damit nicht einmal annähernd die gemeldeten monatlichen Erfolge von 800 000 Bruttoregistertonnen im Jahr 1917! Mit einem Wort: Raeder hätte spätestens 1940/41 aufgeben und abtreten müssen.

Im September 1940 eröffnete der Befehlshaber der U-Boote, Kapitän zur See Karl Dönitz, dem Generalstabschef Franz Halder, vom Herbst 1941 an würde er über 180 Boote verfügen: »Dann kann England ausgehungert werden, vorher nicht.«[15] Dann? Weder zu diesem Zeitpunkt noch später, denn Dönitz hatte lediglich den Vorteil gesehen, den ihm die Eroberung der norwegischen und der französischen Atlantikküste brachte: Verkürzungen der Anmarschwege für die U-Boote um eine Woche und wesentlich bessere Werftverhältnisse. Im übrigen, so hatte Dönitz noch zum besten gegeben, könne ein U-Boot unter Wasser sowenig geortet werden wie ein Maulwurf unter der Erde von einer Krähe.[16] Darin irrte er, wie er ebenso dem hochmütigen Trugschluß erlag, der vermeintlich geheim gebliebene Verschlüsselungsapparat »Enigma« (das Rätsel) könne vom Gegner nicht entziffert werden.[17]

Da sich die Engländer nicht hatten vorstellen können, daß der deutsche Admiralstab zugunsten seiner Dickschiffe weitgehend auf U-Boote verzichten würde, entwickelten sie die U-Boot-Abwehrmittel zu solcher Perfektion und in solcher Menge, daß Dönitz in der sogenannten Atlantikschlacht schon im Mai/Juni 1943 – nach einem Monatsverlust von über 40 Booten – die Segel strich.

Ende März 1945 mußte er Hitler und Hitler ihm eingestehen, daß es falsch gewesen sei, auf das Raedersche Dickschiffkonzept zu setzen. Doch da waren schon fast 30 000 seiner U-Boot-Männer in den Tiefen der Meere eines elendiglichen Todes gestorben.

Voranschläge und Baugeldbewilligungen (Mefo) seit 1934 im U-Boot-Sektor

Etat					Schiffbau		
Jahr	U-Nr	t	Summe t t ca.	Typ	Baukosten	Zahl	Summe
1934	1–24	254–279	6.546	II A–B	schwarz-	24	
	25–26	862	1.724	I A	Haushalt	2	
1934	27–36	626	6.260	VII	Mefo	10	36 36
1935	37–44	1.032	8.256	IX		8	
	64–65	1.051	2.102	IX B		2	
	66–68 +	1.051	3.153	IX B		3	13 49 ?
1936	45–55	753	8.283	VII B		11	
	69–72 ++	753	3.012	VII B		4	15 64 ?
1937	56–63	291	2.328	II C		8	8 72 ?
	(66–68) + (69–72) ++ 116–118	1.763	5.289	X B		3	3 75 ?
	67 % v. 70.000: =		46.953	? im Auftrag			(T. v.)
(+)	Etatjahr 1938 ca. +		59.990	? (Z-Plan Total ca. 200.000 Tonnen ?)			
(+)	demnach insges.		106.943	Tonnen ? bis Ende Etatjahr 1938			

(+) *Raeder & Gehilfen* wollten danach 153 % der engl. U-Tonnage von 70.000 Tonnen im Jahr 1935

Aufstieg und Ende der deutschen U-Boot-Waffe 1934–1945

Heer	U-Boote		U-Boots-Planung und Aufträge 1934–1939							Verluste 1939–1945				Betrag in Mio RM	
Div.	im Dienst	Typen	I A	II	VII	IX	X	XI		Aufträ. Tonnage insgesamt				geschätzt	
		tonnen	860	280	755	1.050	1765	3140		Nummern		Nr	Tonnagen		
24/26		1934								12	3200			19,2	19,2
36	14	1935	2	12	10					24	11200	36	14400	67,2	86,4
(48)	+ 21 = 35	1936			7	8				15	13500	51	27900	81,0	167,4
	+ 1 = 36	1937		8	8	5				21	13500	72	41400	81,0	248,4
	+ 9 = 45	1938			19	2				21	16500	93	57900	99,0	348,4
(72)	+ 19 = 64	1939		2	16	17	4	4		43	50000	136	108000	300,0	648,0
(+ 64 Res.) im März		1940													
	insg. best. Nr.		2	34	60	32	4	4	= 136 U-Boote						
	Tonnage, 1000 t		1,7	9,5	45,3	33,6	7,1	12,6	= zus. 100.000 tonnen						

Z-Plan 1938: 2   60   = 249 Boote   = 200.000 tonnen etwa
Z-Plan 1939 Jan.   225   = 300 Boote   = 250.000 tonnen (?)
Dönitz 28. 8. 39:   162   75   = 300 Boote nötig = 250.000 tonnen f. Krieg im Atlant.

ausgeliefert 1939 =   19 Boote   Verluste: 9
              1940 =   54   26 =   35 Gesamtverl.
              1941 = 202   38 =   73   "   "
              1942 = 238   88 = 161   "   "
              1943 = 290   245 = 406   "   "
              1944 = 230   264 = 670   "   "
              1945 = bis Ende April 93   138 = 808   "   "
                     im Mai versenkt oder übergeben   268 = 1.069   "   "

1934 –1945 geliefert   = 1.190 (?)   Verluste: = 1.069 (?)

8.
DER KRIEG DER FINANZEN

Der Diktator warf sich in die Brust. Wenn er an diesem 1. September 1939 schon einen Krieg vom Zaun brach, wollte er doch wenigstens seinem Volk guten Mut machen. In mehr als sechs Jahren, verkündete er stolz, seien »über 90 Milliarden für den Aufbau unserer Wehrmacht aufgewendet worden. Sie ist heute die am besten ausgerüstete der Welt und steht weit über jedem Vergleich mit der des Jahres 1914.«[1] Daß alle Mitwisser nach dem Krieg diese Renommierzahl Hitlers als Bluff abgetan wissen wollten, kennzeichnet eher ihre Verstrickung in die Sache. Um vor dem Internationalen Militärtribunal in Nürnberg glimpflich davonzukommen, jonglierten sie mit Zahlen und gaben nur zu, was ihnen nachgewiesen werden konnte.

Ehe wir die behaupteten und die wirklichen Zahlen einander gegenüberstellen, dürfen wir eine Tatsache nicht aus dem Blick verlieren: Angefangen hat die Milliardensucht des Militärs bereits vor 1933, als das Ende der Reparationslasten und eine militärische Gleichberechtigung des Völkerbundmitglieds Deutschland absehbar wurden. Im Mai 1932, noch vor dem Sturz Brünings, hatte der künftige Reichswehrminister Generalleutnant von Schleicher vom Kanzler verlangt, 1,5 Milliarden Reichsmark für Rüstungszwecke in das Arbeitsbeschaffungsprogramm einzubauen.[2] Vermutlich hatte sich Schleicher zuvor mit dem Chef der Heeresleitung, von Hammerstein, abgestimmt, so daß man für das zweite (geheime) Rüstungsprogramm 1933 bis 1938 von einer Rüstungsforderung in Höhe von fünfmal 300 Millionen Reichsmark auszugehen hätte. Brüning aber wollte nur kleinere Beträge für die von ihm und dem inzwischen gestürzten Wehrminister Groener bevorzugte Milizidee hergeben. Es mußte allen Weimarer Politikern klar gewesen sein, daß nach Brüning einzig der Kanzlerkandidat Nummer eins werden konnte, der dem Heer am meisten bot. Dem Parteiführer der Nationalsozialisten, der stärksten Partei, hatte Oberst a. D. Friedrich Haselmayr, der Chef des Wehrpolitischen Amtes der NSDAP (WPA), bereits sechs Milliarden Reichsmark Bedarf avisiert.[3] Da der Kanzler Hitler dann den Planern und Finanziers der Aufrüstung freie Hand ließ, war das Wehrpolitische Amt für die Reichswehr 1933 überflüssig geworden. Die folgende Tabelle spricht für sich:

(nach Keitel/Schacht 1945)

Jahr	1933	1934	1935	1936	1937	1938	1939 (5 Mon.)		Summe
Mrd. RM	(1)	(3)	5	7	9	11	20,5	=	56,5
davon Mefo:		2,25	3,25	3,25	3,25				

nach Boelke 1984

	1,9	4,1	5,5	10,3	11,0	17,3	11,9	=	62,0
davon Mefo:		(2,1)	(2,7)	(4,5)	(2,7)				

In den vom Reichsbankpräsidenten Hjalmar Schacht bestätigten Angaben des Generalfeldmarschalls Wilhelm Keitel[4] – er war im Oberkommando der Wehrmacht der über Haushaltsmittel informierte General – fehlt noch einiges: je fünf Milliarden für synthetische Treibstoff- und Buna-Anlagen, für staatliche Rüstungsbetriebe und Reichswerke, für die strategisch nutzbaren Reichsautobahnen und für den 1938 gebauten Westwall. Einige Milliarden müßte man für die generelle »Reichsverteidigung« ansetzen, wobei sich die Kostenträger zum Teil überlappen dürften. Ferner sind da die Kosten der erst 1936 in die Wehrmacht eingegliederten Länderpolizei, Wehr- und SA-Verbände sowie die 62 000 Mann Waffen-SS, die bis Anfang 1940 bereitstanden.

Indes beruft sich der Historiker Willi Boelke[5] auf Akten des Reichsfinanzministeriums, wonach bis zum Kriegsbeginn am 1. September 1939 Ausgaben in Höhe von 62 Milliarden Reichsmark belegt seien. Das legt die Vermutung nahe, daß in die Rechnung der Westwall als Heeresposition ebenso eingegangen sein könnte wie strategische Vorratshaltungen, etwa die beträchtlichen Ölmengen der Kriegsmarine und die von der Wehrmacht aufgestockten Munitionsreserven. Mit anderen Worten: Hitler hat in seiner Kriegseröffnungsrede mit der Wahrheit hinter dem Berg gehalten, weil er wissen mußte, daß außer ihm niemand im Reich diese Gesamtzahlen kennen durfte.

Was dieses Wissen angeht, so muß man hinzufügen, daß alle Finanzbedürfnisse in der Vorkalkulation ermittelbar sind und deshalb jedem General und jedem Generalstabsoffizier der einzelnen Wehrmachtteile vertraut gewesen sein müssen. Allerdings wird man sich für wichtige Ansätze eine Fehlerquote von 5 bis 10 Prozent erlauben dürfen. Leider läßt sich nur auf dem Weg über die Kosten hinter die Kulissen der Nachrüster blicken. Versuchen wir es einmal mit einer mittelfristigen Vorausberechnung des Finanzbedarfs sowohl der einzelnen Wehrmachtteile als auch der gesamten Wehrmacht. Ursprünglich könnten sich die Abrufmöglichkeiten an »direkten«, laufenden Kosten in Millionen Reichsmark wie folgt dargestellt haben (Berechnung Dirks):

	Vorplanung der »fortlaufenden« Wehrmachtskosten 1933–1939			
A	Index Soll 69 = 1932	Heer (470)	Marine (tats.) (187,5)	Luftwaffe (329)	Wehrmacht insges. (987)
	100 = 1933	682	272	477	1 431
	193 = 1934	1 316	525	921	2 762
	255 = 1935	1 739	694	1 217	3 650
	317 = 1936	2 162	862	1 512	4 536
	379 = 1937	2 585	1 031	1 808	5 424
	441 = 1938	3 008	1 200	2 104	6 312
	503 = 1939	3 854	1 368	2 400	7 198
	1933–1939	14 923	5 952	10 463?	31 313
B	+ »einmalige«	14 923	5 952	10 463	
C	gesamt (gerundet)	30	12	21	= 63 Mrd.
D	Anmerkung: Die Marine verfügte Anfang 1939 über 33 Milliarden Bindungsermächtigungen.				

Für 1937 errechnen wir zum Beispiel bei Kosten des Heeres von 4700 Reichsmark je Kopf bei 550 000 Mann für laufende Kosten 2,585 Milliarden Reichsmark. Dieser Satz findet sich im Juli 1936 auch in den Plänen des Oberbefehlshabers des Heeres Werner von Fritsch und des damaligen Chefs im Allgemeinen Heeresamt, Oberst Fromm, so daß wir annehmen dürfen, ungefähr zutreffend gerechnet zu haben. Aus den dargelegten Zahlen der direkten Kosten sollte folgender Personalumfang des Friedensheeres entstehen:

1000 Mann aktiv	Heer	+ SS	Marine	Luftwaffe	Wehrmacht
vorläufiges	730	20	130		
Endziel	bis 820	bis 60	bis 201	720	1 800 000 »Aktive«

Für den Bereich der Luftwaffe finden sich folgende Ziel- und Bestandszahlen (in 1000):

	anno 1939	Endziel
Flieger	208	380
Flak	107	240
Nachrichtentruppe	58	100
Summe	373	= 720 000 Mann

Wenn man der Luftwaffe für das Jahr 1939 2,4 Milliarden Reichsmark »laufende« (und ebenso viele »einmalige«) Kosten zugestünde, so blieben jährlich pro Kopf zweimal 6500 Reichsmark. Damit läge der Vorauskalkulationssatz der Luftwaffe gut ein Drittel höher als beim Heer (2 x 4700 DM). Da aber das Tempo der Aufrüstung vom Mai 1938 an beschleunigt wurde, sind die Vorausansätze natürlich überzogen.

Wir können jetzt die Schlußfolgerung wagen, daß von 1933 bis 1939 mindestens 50 Prozent von 63 Milliarden direkten Rüstkosten, also 31,5 Milliarden Reichsmark, in die Aufrüstung gingen. Rechnet man gewisse Erneuerungen und auch Neuanschaffungen laufender, aber kurzlebiger Art, die in den Tagessätzen der »fortlaufenden« Kosten enthalten sind, hinzu, so käme man auf einen »einmaligen« Aufwand von sicherlich 35 Milliarden Reichsmark im »direkten« Kostenbereich. Die zusätzlichen »indirekten« Kosten von etwa 20 bis

25 Milliarden Reichsmark dürften weitgehend in den Bereich der »einmaligen« gehören.

Nach allem Gesagten geht es nicht an, die »einmaligen« Kosten der Wehrmacht und der Rüstung zu verniedlichen oder wegzureden. Natürlich hat Keitel gewußt, daß sein unmittelbarer Vorgesetzter, Reichskriegsminister von Blomberg, stets weit mehr angefordert und auch erhalten hat oder im Weg der Bindungsermächtigung hat überziehen lassen. Blomberg selber hat am 31. August 1936 in einem Brief an Generaloberst Göring als den Beauftragten für den Vierjahresplan sich über die rücksichtslosen Etatüberschreitungen der Wehrmachtteile sehr besorgt gezeigt.[6] Aus dem Entschluß zur Wiederbesetzung des Rheinlandes im März 1936 habe sich ergeben, daß die der Wehrmacht zugewiesene Summe von zehn Milliarden Reichsmark – Keitel sprach in Nürnberg schönfärberisch von neun Millionen – nicht ausreicht. Jeder Wehrmachtteil hat plausible Gründe vorzubringen: Das Heer soll die (vorgeblich) 36 Divisionen zum 1. Oktober aufgestellt haben, dazu beschleunigt vier motorisierte Divisionen, die Munitionsvorräte müssen erhöht, das Rheinland befestigt werden. Bei der Kriegsmarine ist das Personal eilends aufzustocken, Helgoland muß wieder befestigt werden, und in Wilhelmshaven ist eine neue, riesige Hafeneinfahrt vorgesehen. Die Luftwaffe schließlich muß bis April 1937 ihre Lkw-Kolonnen beisammen haben, was eigentlich viel später hätte geschehen sollen. Außerdem muß sie eine Bodenorganisation schaffen und im folgenden Jahr etliche Flugzeugtypen erneuern. Allein dafür ergeben sich Mehraufwendungen von mindestens 2,6 Milliarden Reichsmark, während Heer und Marine zusammen eine Milliarde Reichsmark zusätzlich benötigen. Abschriften des Briefes gingen an den Reichsfinanzminister und den Reichsbankpräsidenten.

Trotzdem wurde im großen Stil weiter Geld ausgegeben. Am übelsten trieb es die Kriegsmarine. Sie hat bis zum Ende des Etatjahres 1938 für über fünf Milliarden Reichsmark unbrauchbare und erst in fernerer Zeit lieferbare Dickschiffe bestellt. Aber sie konnte 1939 nicht einmal 20 U-Boote an den Feind schicken.

Die Luftwaffe beklagte sich im Mai 1939, daß die Marine für Dickschiffe und andere Extravaganzen Fertigungskapazitäten reservierte, die dem Programm zum Bau von monatlich 370 Bombern des Typs Ju 88 dann fehlten.

Das Heer bekam wegen der hohen Ansprüche der Marine nicht die Panzerkuppeln für die geplanten 10 000 Panzer, und der Flak fehlten die Schwere-Flak-Lafetten. Es sei daran erinnert, daß sich die Wehrmacht 15 200 »Spielzeugkanönchen« des Kalibers 3,7 Zentimeter anschwatzen ließ, aber die allein wirksame 7,62-Zentimeter- beziehungsweise 7,5-Zentimeter-Kanone 1936 vom Heereswaffenamt als unbrauchbar abgelehnt wurde.

An der dargestellten unglaublichen Geldverschwendung zeigt sich im übrigen die ganze Respektlosigkeit der Wehrmachtführung vor den privaten Sparern, die man eiskalt enteignete. Finnische Besucher auf deutschen Fliegerhorsten waren verblüfft, wie verschwenderisch man dort mit Geld umging.

Da die Luftwaffe nach eigenem Eingeständnis ebenso wie nach Hitlers Kommentaren ihre Etats jeweils nach Lust und Laune überschritt und da auch das Heer »für Aufgabenerweiterungen« (zum Beispiel in Österreich und im Sudetenland) seine Ansätze weit überzog, wird man mit einer auf 10 Milliarden pauschalierten Summe für die gesamte Wehrmacht in den Jahren 1933 bis 1939 rechnen müssen, also mit 73 Milliarden zumindest. Dann wären für »indirekte« Kosten sicherlich 25 Prozent als Aufschlag gerechtfertigt. Das brächte uns rein rechnerisch auf die Summe von rund 92 Milliarden Reichsmark, und so dürfte Hitler am 1. September 1939 gerechnet haben.

Es wäre allerdings leicht, auch andere Berechnungsvarianten zu präsentieren, doch an den Grundwahrheiten würde sich nichts ändern: die Küstenmarine fühlte sich seit Versailles gedemütigt und wollte Weltgeltung, die Luftwaffe wollte Herrin der Lüfte in Europa sein, das Heer wollte dem Land die 1918 verlorenen Provinzen zurückerobern und noch weitere Gebiete einnehmen. Dafür also wurden die 92 Milliarden [7] in den Sand gesetzt.

Es ist reizvoll, das Verhalten der deutschen Militärs und verantwortlichen Politiker, Beamten und Industriellen in den beiden Weltkriegen zu vergleichen. »Viel Feind, viel Ehr«, war der hochgemute Ausspruch des Bayernkönigs Ludwig III., einer der vielen angesehenen Annexionisten, die schon im August 1914 das Fell des noch gar nicht erlegten Bären verteilten. Und die Soldaten, die gen Frankreich fuhren, schrieben mit Kreide an die Waggons: »Nehmen noch Kriegserklärungen an!« Nur wenige zweifelten daran, daß Deutschland nach 1870/71 auch 1914 diesen angeblich »aufgezwungenen« Krieg gewinnen werde. Und sollte das tapfere Heer es allein nicht schaffen, der Übermacht von Feinden zu trotzen, so würde das notfalls die U-Boot-Waffe besorgen. Auf den Koppelschlössern der Grenadiere stand »Gott mit uns« – die letzte Hoffnung.

Den Finanziers des Krieges war jedoch bewußt, daß man das Risiko einging, den Krieg zu verlieren. Deshalb durfte das Volk mit den Kosten möglichst nicht sichtbar belastet werden: Alles würde per Darlehen und Kriegsanleihen vorfinanziert,[8] und am Schluß, so man denn gewönne, hätten die Feinde die Zeche zu bezahlen. Dem Kaiser Wilhelm hatten einige Einflüsterer am Hofe schon früh die Richtung gewiesen: Die »Besiegten« seien ja zahlungsfähig, am besten knöpfte man ihnen beim Friedensschluß 80 Milliarden US-Golddollar ab, denn soviel, hatte man ausgerechnet, machte der Krieg mitsamt den Folgekosten aus. Die Franzosen sollten 40, die Engländer und Amerikaner 30 und die Italiener zehn Milliarden bezahlen.[9]

Ebendiese vier Alliierten drehten dann in Versailles den Spieß um und präsentierten ihre Gegenrechnung, allerdings erst, nachdem die deutsche Seite voreilig selber einen Betrag von 100 Milliarden Goldmark als Zeichen des »guten Willens« angeboten hatte. Natürlich hatte der deutsche Staat die Kriegsanleihen, mit denen man über zwei Drittel der Kriegskosten gedeckt hatte, »nach dem verlorenen Krieg« nicht mehr eingelöst. Der Bürger war sein Geld los, doch der Staat ging nicht bankrott: Denn ein Wunder geschah 1923. Die Franzosen besetzten das Ruhrgebiet, und die Inflation galoppierte, so daß die Staatsschulden wie der Schnee an der Sonne schmolzen. Statt dessen sollte die arbeitende Bevölkerung dreißig bis sechzig Jahre lang für kaiserliche Reparationsschulden fronen.

Just in jenem Schicksalsjahr 1923 begannen die Militärs im Truppenamt zu überlegen, wie man aus einem 100000-Mann-Berufsheer ein großes Volksheer mit 2,8 bis drei Millionen Soldaten zaubern könne. Die Rüstungsstufe I, der erste Fünfjahresplan, den die Generäle von Hammerstein, von Schleicher und Groener gemeinsam 1930 aus der Taufe hoben, sah eine Verdreifachung der Reichswehr vor. Alles war noch bescheiden, vergleicht man es mit dem, was nach 1933 kommen sollte. Man wäre 1937 bei 325 000 Mann gewesen und konnte sich im Ernstfall mit Hilfe der Grenzschutzverbände ein verfügbares Feldheer von wohl 852000 Mann vorstellen. Ausgegeben hätte man bis dahin an die 6,5 Milliarden Reichsmark. Aber dann öffnete Hjalmar Schacht den Mefo-Topf, und die Wehrmacht genierte sich nicht zuzugreifen. Auch hier bietet sich ein Vergleich mit 1914 an.[10] Damals waren allein im ersten Kriegsjahr fast 24 Milliarden Mark draufgegangen, bereitgestellt durch Darlehen, Kredite und Anleihen (im ersten Kriegsjahr 1939/40 war man dann bei 38 Milliarden angekommen!).

Offensichtlich hatten die Staatssekretäre im »Dritten Reich«, welche die Öffa- und Mefo-Wechsel zu verwalten und die Kosten der Aufrüstung und eines sich bald abzeichnenden Krieges errechnen mußten, der Vätergeneration das Wesentliche entlehnt. Die Nachrüster von 1930 hatten ursprünglich für Anschaffungen und Ausrüstungen der Wehrmacht für fünf bis zehn Jahre je 200 Millionen Reichsmark begehrt. Mit den Mefo-Wechseln aber schöpfte man schon 1933 aus dem vollen. Die Oberbefehlshaber der drei Wehrmachtteile einigten sich, und der Kriegsminister ließ sich von ihnen überzeugen, daß 50 Prozent aller Mittel für Ausrüstungen und dergleichen verbraucht werden durften, also für die »einmaligen« Kosten, die restliche Hälfte für »fortlaufende« Kosten. Und rekonstruiert man die »fortlaufenden« Kosten des Wehrmachtheeres in einer Modellrechnung für den Zeitraum 1933 bis 1939/40, so kommt man auf 14,9 Milliarden und einen Gesamtaufwand an direkten Kosten von 30 Milliarden Reichsmark. Zählt man die Anteile von Marine und Luftwaffe dazu, sind wir wieder bei 63 Milliarden Reichsmark, einem Betrag, der uns bekannt vorkommt.

Von einer ähnlichen Rechnung müssen auch der Reichsfinanzminister von Schwerin-Krosigk, Reichswirtschaftsminister und Reichsbankpräsident Schacht und der Reichskommissar für die Preisüberwachung Carl Goerdeler, der auf die Stabilität von Löhnen und Preisen zu achten hatte, Kenntnis gehabt haben. Da für »indirekte« Kosten noch mindestens 20 bis 25 Milliarden in frühen Vorausschätzungen enthalten sein mußten und immer Neues dazukam, die Kosten des Anschlusses von Österreich und dem Sudetenland mit sieben neuen Divisionen, die Westwallkosten und so weiter, kommt man auf übersichtliche, nachvollziehbare Weise stets wieder bei Hitlers 92 Milliarden Reichsmark an.

Von dem Triumvirat Schwerin-Krosigk, Schacht und Goerdeler ist als erster der Leipziger Oberbürgermeister abgesprungen. Er zerstritt sich mit dem Regime, dem es immer schwerer fiel, die von der Wehrmacht angeforderten Summen zu beschaffen. Goerdeler, ein geschulter, versierter und respektierter Fachmann, geriet mehr und mehr in die Rolle eines Regimekritikers und wuchs in den kommenden Jahren zu einer der führenden Persönlichkeiten des zivilen Widerstands heran. In den Monaten zwischen Todesurteil und Hinrichtung, als Goerdeler in seiner Zelle für die SS als Zukunftsberater um sein Leben schrieb, hat er im Januar 1945 sehr treffend die Reichsschuld auf rund 400 Milliarden Reichsmark beziffert.[11]

Als nächster stieg Schacht aus: Er provozierte 1937/38 seine Entlassung als Wirtschaftschef und auch Währungshüter, weil er auf der Rückzahlung der Mefo-Wechsel bestand (allerdings ist ihm zur Last zu legen, daß er erst beiseite trat, als die hemmungslosen Nachrüster schon bei einem Geldverbrauch von über 35 Milliarden angelangt waren). Doch blieb er weiterhin Mitglied des Reichskabinetts, das freilich nie mehr zusammentrat. Das Regime mochte sich nicht von dieser Galionsfigur des frühen »Dritten Reiches« trennen. Schacht war seine eigene Widerstandsgruppe und zu vorsichtig, sich auf die Verschwörung einzulassen. Als ihm eines Tages der bei der Abwehr tätige ehemalige Reichsgerichtsrat von Dohnanyi den Entwurf einer Proklamation vorlesen wollte, die mit den Worten begann: »Hitler ist tot«, entgegnete Schacht sarkastisch, man möge doch erst den Vollzug abwarten.[12]

Zurück zu unserer Frage: Woher sollte auf Dauer das viele Geld kommen? Die Anleihemärkte, die von 1914 bis 1917 nur so gesprudelt hatten, waren nicht wiederzubeleben. Im Sommer 1938 war ein erster Hilfeschrei des Reichsfinanzministers Schwerin-Krosigk ertönt: Die Krippen seien leer, vermeldete er seinem Führer.[13] Ihn drückten 50 Milliarden Reichsschulden, denn der freie Markt nahm ihm nicht nur keine Anleihen mehr ab, sondern auch keine Schatzbriefe und nicht einmal mehr Steuergutscheine. Ob der Führer nicht anläßlich des Reichsparteitages in Nürnberg an die Bevölkerung appellieren könne, dem Reich die Anleihemittel sozusagen freiwillig bereitzustellen. Doch davon wollte der Diktator nichts wissen. Das Volk mußte weiter in Unwissenheit darüber gehalten werden, was im Staatsapparat von den Dienern des NS-Regimes ausgebrütet und verfügt wurde.

Die akute Finanzkrise im Herbst 1938, die Reichsbankpräsident Schacht mit herbeigeführt hatte und die ihn nun zum Abspringen in letzter Minute bewog, konnte kurzfristig noch einmal durch den nominellen Zuwachs von einer plus fünf Milliarden Reichsmark aus jüdischen Vermögen überbrückt werden. Denn die jüdischen Mitbürger wurden von der Verwaltung lediglich mit wertlosen Staatspapieren abgefunden!

Als Hermann Göring am 19. November 1938 eine Verdreifachung der Rüstung bekanntgab, veranlaßte dies den Unterstaatssekretär Ernst Woermann, Leiter der Politischen Abteilung im Auswärtigen Amt, einen Vermerk[14] unter dem Geheimschutz »Geheime Reichssache« anzufertigen. Er schließt mit dem Hinweis, die kritische Lage der Reichsfinanzen finde zunächst Abhilfe durch die der Judenschaft – nach den Pogromen in der sogenannten Reichskristallnacht am 9. November 1938 – auferlegte Milliarde und durch die Reichsgewinne (in Höhe von 5 Milliarden RM) bei der Arisierung jüdischer Unternehmen. Als nächstes werde ein Dankopfer der Nation oder ähnliches benötigt, um in großzügiger Weise die Rüstung sicherzustellen.

Schließlich verfielen die Verantwortlichen auf das infame Kunststück, das Volk mit Hilfe der Banken und Versicherungen durch heimliche Zwangsanleihen, das heißt durch Zwangsenteignung der Kontoguthaben, zu berauben. Zum drittenmal binnen 25 Jahren wurden die Deutschen gewissermaßen bis zum Weißbluten ausgepreßt. Hier geraten nun die Staatssekretäre und die höheren Beamten ins Spiel, die sich »in Treue zum Führer« ihrer neuen Aufgabe begeistert widmeten. Fast könnte man von einem Komplott der Staatssekretäre gegen das eigene Volk sprechen. Es sind dabei die Vertreter des Reichsfinanzministers, des Wirtschaftsministers und der Reichsbank: eine der wichtigsten Figuren ist der Wehrwirtschaftsgeneral Georg Thomas, der seit 1927 die wirtschaftliche Mobilmachung vorbereitet hat.

Mit einer verblüffenden Unbekümmertheit wurde der kommende Krieg geplant. Hitler hatte Ende März den Oberbefehlshaber des Heeres, Generaloberst von Brauchitsch, beauftragt, einen Feldzug gegen Polen vorzubereiten. Ungerührt von der miserablen Finanzlage des Reiches, verkündete die Wehrmacht alsbald, daß sie in den ersten Kriegsmonaten 14 Milliarden Reichsmark benötige. In einer Denkschrift vom 9. Mai 1939[15] wurde dazu bereits festgehalten, daß es dem Oberkommando der Wehrmacht in erster Linie darauf ankomme, den Gedanken der Finanzierung der Kriegsausgaben durch Vorgriffe auf künftige, nach dem Krieg zu erwartende »Einnahmen« des Reiches in die Kriegsfinanzgesetzgebung einzufügen. In der innerministeriellen Sitzung am 30. Mai 1939 unter Vorsitz des Staatssekretärs Landfried bezweifelte der Staatssekretär Neumann,[16] daß die Produktion den Anforderungen der Wehrmacht in dem angenommenen Umfang (14 Milliarden RM binnen 3 Monaten) werde nachkommen können.

Das Sitzungsprotokoll ist aufschlußreich: Staatssekretär Fritz Reinhard vom Finanzministerium – Hitler hielt ihn für den besten Mann in der Reichsfinanzwirtschaft – stellte seinen Kriegsfinanzierungsplan vor und bezifferte die Einnahmen des Reiches auf 22,5 Milliarden Reichsmark: sie ließen sich mit neuen Verwaltungseinnahmen, Wehrbeiträgen der Gemeinden, der Reichsanstalt und der Rentenversicherung auf knapp 28,5 Milliarden steigern. Und durch 2,7 Milliarden Kreditkassenscheine könne man diese Summe noch auf rund 31 Milliarden Reichsmark anheben.

Aber nun folgt die Gegenrechnung: Mit einem Wehrbeitrag von 25 Prozent der natürlichen Personen kassiere das Reich 15 Milliarden, über die Kapitalgesellschaften 1,7 Milliarden. Somit blieben bei einem Bedarf von 55 Milliarden Reichsmark im ersten Kriegsjahr nur noch neun Milliarden ungedeckt. Diese sollten im Wege von sogenannten Steuergutscheinen finanziert werden. Man sieht: Die vom Reich gestellten Aufgaben – ob die Beschaffung von Schwindelkrediten oder die Sanktionierung von Deportationen aus Frankreich – schienen den anwesenden Staatssekretären aus drei oder vier Ministerien ein leichtes zu sein. Hauptsache, man fühlte und dachte »national«. Das Gewissen dieser Herren beschränkte sich einzig auf die Loyalität gegenüber dem Staat.

Nun hatte man allerdings mit den 1938 zeitweilig eingeführten Steuergutscheinen schlechte Erfahrungen gemacht. Darum sollte nur der täuschende Name bleiben: Künftig würden sie eine längere

Laufzeit erhalten und außerdem lombardfähig gestellt werden. Mit dem Anstrich der Seriosität sollte die Welt zugrunde gehen, denn »lombardfähig« implizierte ja einen hohen Sicherheitsgrad.

Mut machten sich die Staatssekretäre, indem sie die »Brüningschen Elendsjahre« zu Anfang des Jahrzehnts bemühten, in denen der Bevölkerung (65 Millionen) nur 53 Milliarden Reichsmark für den Konsum zu Gebote standen (gerechnet in Preisen von 1938). Mit jetzt 80 Millionen Menschen in Großdeutschland müßten, ohne die Massenarbeitslosigkeit von damals, dementsprechend 64 Milliarden Reichsmark zum Volksverbrauch verfügbar sein, nämlich bei 35 Millionen Arbeitskräften und 7,25 Millionen Wehrmachtangehörigen, von denen jetzt im Frieden bereits zwei Millionen dienten. Allem Anschein nach rechneten die Herren fest mit Krieg im nächsten Jahr. Das für 1939 mit 103 Milliarden Reichsmark geschätzte Produktionsvolumen würde zwar auf 77 Milliarden sinken, jedoch mit Hilfe von Kriegsgefangenen (!) auf 80 Milliarden Reichsmark gesteigert werden können.

Den Finanzbedarf des Staates im Jahr 1938 (in dem es während der Sudetenkrise im Herbst beinahe zum Krieg gekommen wäre) veranschlagte man wie folgt:

1938 Gesamtproduktion	90,5 Mrd.
davon für Bedarf der öffentlich Alimentierten	15,5 Mrd.
laufender Bedarf und Ersatzanlagen des Staates	7,5 Mrd.
Neuinvestitionen des Staates (inkl. öffentl. Lagerbildung)	12,0 Mrd.

Die Belastung der Erzeugerwirtschaft des Altreiches (der Anschluß Österreichs war erst im März dieses Jahres erfolgt) betrug also 1938 (geschätzt im Monat Mai) 38 Prozent von 90,5 Milliarden, von denen etwa zwei Fünftel auf Steuerbelastungen und ein Fünftel auf Anleihen entfielen, so der vortragende Staatssekretär.

Nach den Berechnungen des Reichswirtschaftsministers würde der Leistungszuwachs des Altreiches (noch ohne die Österreicher und die Sudetendeutschen) von 3,5 Milliarden im Jahr 1938 nicht nur voll aufgezehrt, sondern durch staatliche Mehranforderungen in Höhe von zehn bis 20 Milliarden Reichsmark weit in den Schatten gestellt werden. Da weitere Anleihen wegen mangelnder Kapitalbildung nicht mehr aufgelegt werden konnten, müsse der Steuerdruck von über 30 Prozent im Jahr 1938 auf 46 Prozent im Jahr 1939 erhöht werden! Aber auch das werde nicht ausreichen, um die bei Kriegsbeginn zu requirierenden Güter zu bezahlen. Deshalb müsse das in Friedenszeiten gebildete Privatkapital bei den Versicherungen und großen Sparkassen und so weiter über eine »Anleihe« beschafft werden, die von diesen Institutionen zu übernehmen sei!

Damit war die Vergewaltigung des Volkes und die freche Aneignung seiner Ersparnisse komplett. Es konnte sich bei den Claqueuren vom 30. Januar 1933 und bei den Nachrüstungsfetischisten von Blomberg, von Fritsch, Raeder, von Brauchitsch und Göring bedanken. Vorerst aber ahnte das Volk nichts von den enteignungsgleichen Betrügereien der Staatssekretäre. Doch was kümmerte sie die 50 Milliarden Reichsschulden, die sich – mehrere Berechnungen lassen diese Folgerung zu – bis zum Kriegsbeginn um nicht weniger als weitere 20 Milliarden Reichsmark erhöht hatten. Damit standen jedem Bürger einschließlich der Säuglinge des Landes nahezu 1 000 Reichsmark oder nach heutigem Stand 25 000 DM Staatsschulden ins Haus.

9.
PLAN »OTTO«

Die Menschen im Dresdner Judenhaus fingen wieder an zu hoffen. Am Sonntag, dem 14. Juli 1940, drei Wochen nach der Kapitulation Frankreichs, schreibt Victor Klemperer in sein Tagebuch:[1] »Kreidl erzählte aus sicherster Quelle (von einem ›arischen Bankfreund‹ und Augenzeugen): Es rolle Zug um Zug nach Osten, mit Mannschaften, Geschützen, Tanks.« Zudem hatte Kreidl »aus Offizierskreisen« gehört, daß eine Massenlandung in England unmöglich sei. Ist das schon der Anfang vom Ende des Nazi-Reiches – der Zweifrontenkrieg? Bemerkenswert an dieser Notiz ist ihr Datum. Denn in den Geschichtsbüchern steht, Hitler habe erst am 31. Juli 1940 seinen »bestimmten Entschluß« gefaßt, im Frühjahr des nächsten Jahres den Krieg gegen die Sowjetunion zu eröffnen. Am 18. Dezember 1940 unterschreibt er dazu die Weisung Nr. 21 für den Fall »Barbarossa«.

Wovon Klemperer und seine Freunde so früh erfahren haben, kann also nicht der Aufmarsch für »Barbarossa« gewesen sein. Wie wir jetzt wissen, war es dessen Vorläufer, der Plan »Otto«. In der Fachliteratur wird man auf diesen Namen höchst selten stoßen, in den Schulbüchern sucht man ihn vergebens. Nicht Adolf Hitler hat diesen Plan erfunden – er hat zwei Monate lang nichts davon gewußt –, sondern sein Generalstabschef, General der Artillerie Franz Halder. Das Unternehmen »Otto« ist so angelegt, daß die Wehrmacht noch im Spätsommer 1940 mit 80 Divisionen und 400 000 Mann Reserve antreten soll.

Kaum war Ende Mai 1940 der Sieg über Frankreich abzusehen – der scheinbar größte Triumph deutscher Militärgeschichte –, richtete dieser General, der sich nach dem Krieg mit der Aureole eines einsamen Widerstandskämpfers schmücken wird, bereits den Blick nach Osten. Der deutsch-sowjetische Nichtangriffspakt ist erst neun Monate alt, da schreibt der Staatssekretär im Auswärtigen Amt, Ernst von Weizsäcker, in sein Tagebuch:[2] »Immer unter der Voraussetzung eines solchen überwältigenden Sieges im Westen« – in Dünkirchen gehen die geschlagenen Engländer gerade in die Boote – »liegt es ja nahe, auch im Osten, wo Raum ist und flüssige Grenzen, eine Ordnung herzustellen, die hält.« Ähnlich wird es damals auch Halder gesehen haben, der mit Weizsäcker befreundet war und sich von Zeit zu Zeit mit ihm traf, um operative und außenpolitische Lagebeurteilungen auszutauschen. Der Generalstabschef folgte damit einer alten Tradition im preußisch-deutschen Generalstab: General von Schlieffen saß öfter beim Geheimrat Holstein und blätterte in den neuesten diplomatischen Akten; General Beck korrespondierte mit Staatssekretär von Bülow und führte bald auch Gespräche mit Weizsäcker.

Vorerst aber fegt der Sieg der deutschen Waffen über die weit überschätzte französische Armee alle Ostgedanken hinweg. Als am 25. Juni 1940 die Waffen ruhen, sagt Hitler in einer Ansprache, die jetzt noch verbleibende Auseinandersetzung mit dem Osten sei »eine Aufgabe, die man vielleicht in zehn Jahren in Angriff nehmen kann«.[3] Es sind jene Tage, da die meisten Deutschen vor lauter Siegestaumel und Glockengeläut in Illusionen über die Zukunft verfallen: Nun werde auch England klein beigeben, und bald sei der Krieg zu Ende. Das ist nicht nur die dem Volke suggerierte Meinung, davon sind auch Hitler und seine Militärs überzeugt. »Zu siegen gibt es hier im Westen auf lange Zeit nichts mehr«, verkündet Halder am 28. Juni 1940[4] seinen Mitarbeitern in Versailles.

Ihn bewegten seit einigen Wochen ganz andere Sorgen. Den mit ihm befreundeten Generalmajor Walter Warlimont im Oberkommando der Wehrmacht schockierte er eines Morgens mit dem Anruf: »Sehen Sie sich nach einem anderen Beruf um, es gibt bald kein Heer mehr.«[5] Was war geschehen? Mitten in seiner Triumphstimmung nach der Schlacht bei Dünkirchen und im Artois hatte Hitler Ende Mai dem Oberbefehlshaber des Heeres, Generaloberst von Brauchitsch, eröffnet, er wolle jetzt das Feldheer demobilisieren:[6] Es solle um 35 Divisionen auf 120 verringert werden. Künftig sei die Kriegführung eine Sache von Luftwaffe und Marine. Freilich wollte Hitler die schnellen Divisionen verdoppeln: auf 20 Panzer- und zehn motorisierte Divisionen, so wie es Generaloberst von Fritsch und General

Fromm schon 1937 geplant hatten. Die erste sarkastische Reaktion Halders zeigt auf, daß er sich (und das Heer) durch die Gedanken seines Führers und Obersten Befehlshabers Hitler zurückgesetzt fühlte. Aber er faßte sich bald wieder, vermochte dem Ganzen sogar Positives abzugewinnen: »In den letzten Monaten haben wir die Heimat radikal und lieblos zu Gunsten der Wehrmacht geschröpft. Jetzt ist es Zeit, ihr wieder Wirtschaftskräfte zuzuführen.«[7] Zugleich jedoch ließ er seine Organisationsabteilung alles genau durchrechnen, mit der klar erkennbaren Absicht, den Abrüstungsplan Hitlers zu unterlaufen.

Mitte Juni ordnete Hitler an, noch vor dem Ende der Kämpfe in Frankreich mit der Umgliederung des Heeres anzufangen. In einer Besprechung mit dem Oberkommando des Heeres[8] genehmigte er die von Halder vorgeschlagene Aufteilung der Kräfte: 65 Divisionen blieben in den eroberten westeuropäischen Gebieten (Holland, Belgien, Luxemburg und Frankreich), sieben sicherten Norwegen und Dänemark, und 15 wurden in den Osten geschickt. Diese kampferprobten Felddivisionen unterstanden dem Armeeoberkommando (AOK) 18, das bis zum 21. Juni an der Westfront eingesetzt war. Halder hatte es sich ausgesucht, weil der Armeebefehlshaber, Generaloberst Georg von Küchler, seit dem Polenfeldzug als Ostfrontexperte galt (er war vor Kriegsbeginn Wehrkreisbefehlshaber in Ostpreußen).

Bei der Teilauflösung des Feldheeres sollten vor allem die älteren Jahrgänge über Dreißig entlassen werden. Deshalb beschloß Halder am 12. Juni 1940,[9] in erster Linie die Landesschützendivisionen (Soldaten über 45, die nur für Bewachungsaufgaben geeignet waren) abzuschaffen. Sieben davon standen im Osten. Was lag näher, als sie durch junge Frankreichkrieger abzulösen? Am 25. Juni 1940 erhielt AOK 18 den Marschbefehl.[10] Die mit sechs Armeekorps damals größte deutsche Armee sollte, so die Sprachregelung des Generalstabs, zunächst (!) »die Anwesenheit des deutschen Heeres im Osten« dokumentieren, ohne eine feindselige Haltung zu zeigen. Halder tat ein übriges: Durch den Militärattaché in Moskau ließ er vorsorglich dem sowjetischen Kriegsminister Marschall Woroschilow die Verlegung der Truppen als ganz normalen Vorgang darstellen.[11] Es kämen nur wenig mehr, als vor dem Westfeldzug im Osten gestanden hätten. Die Parole sei »Abschieben in die Heimat«.

Unstreitig hatte Halder sein Unternehmen Ost, das dann, als die Reichsbahn den Aufmarsch bewältigen mußte, unter Programm »Otto« lief, auf raffinierte Weise zu tarnen gewußt. Weder Hitler noch die Russen haben es durchschaut. Von Anfang an benutzte Halder die Umgliederung des Heeres als Paravent für seine geheimen Vorhaben. Schon Mitte Juni 1940, noch ehe Halders Vorgesetzter, Generaloberst Walther von Brauchitsch, überhaupt etwas ahnte, hatte der Generalstabschef mit Hilfe einiger Abteilungschefs die ersten Aufträge vergeben. Nach dem Waffenstillstand sollten als erste die aktiven Divisionen in ihre Heimatstandorte zurückkehren. Aber den Anfang machten bezeichnenderweise jene 15 Divisionen, die aus den östlichen Grenz-Wehrkreisen I (Königsberg), XX (Danzig), XXI (Posen) und VIII (Breslau) sowie aus dem Protektorat Böhmen und Mähren stammten. Das hieß: Im Ernstfall wären neben den 15 Felddivisionen der 18. Armee nahezu ebenso viele aus den Wehrkreisen greifbar gewesen. Überdies hatte Halder schnelle Divisionen (Gruppe Guderian) im tiefen Hinterland als Eingreifreserve vorgesehen. Mithin hatte der Generalstabschef ohne Wissen Hitlers im Juli 1940 bereits 600 000 Mann im Osten aufmarschieren oder disponieren lassen![12]

Wie früh Halder auf einen Ostkrieg fixiert war, kann man den Tätigkeitsberichten der Pioniertruppe des Ober(befehlshabers) Ost entnehmen.[13] Am 3. Juni 1940 wurde sie von der Heeresleitung darauf hingewiesen, wie kriegswichtig der Ausbau der Ostbefestigungen sei. Im Bauprogramm wurde eigens erwähnt, Brückenköpfe müßten als *Offensiv*brückenköpfe gestaltet werden. In diesem Sinne hatte Halder am 18. Juni 1940 mit Major Reinhard Gehlen von der Abteilung Landesbefestigung gesprochen: »Was man hat, soll man für Angriff aufwenden.«[14] Aber noch gilt bei OberOst (diese Bezeichnung sollte nach der Übernahme durch das AOK 18 verschwinden) und beim Militärbefehlshaber im Generalgouvernement (also dem von Deutschland annektierten Teilen Polens) als Richtschnur die strikte Defensive: Keinesfalls »darf man den Eindruck einer Bedrohung Rußlands durch Angriff erwecken«.[15]

Folgerichtig hat Generaloberst von Brauchitsch in seiner ersten Anweisung für das AOK 18 als Aufgabe lediglich die Grenzsicherung gegen Rußland und Litauen (das eben erst von der Roten Armee besetzt wurde) hervorgehoben. Die Armee müsse »ein Vorgehen feindlicher Kräfte spätestens an der San-Weichsel-Linie und an der Ostgrenze Ostpreußens so zum Stehen bringen, daß nach Zuführung von Verstärkungen zum Angriff angetreten werden kann.«[16]

Halder hatte den Plan »Otto« ab Mitte Juni 1940 nur mit einem kleinen Mitarbeiterstab vorbereitet: dem Generalmajor Walter Buhle, Chef der Organisationsabteilung, dem Chef des Stabes der 18. Armee, dem wegen seiner intellektuellen Fähigkeiten hochgeschätzten Generalmajor Erich Marcks (Sohn eines bekannten Historikers), dem Chef des Transportwesens, General Rudolf Gercke, und dem Chef der kartographischen Abteilung, Oberst Gerlach Hemmerich.[17] Als die Vorauskommandos der neuen Besatzungstruppen in Polen kein Kartenmaterial über Rußland vorfanden (einer der Offiziere wurde mit dem Flugzeug nach Berlin beordert, wo er sich einen Diercke-Schulatlas besorgte), beschied sie der Generalstab tröstend: »Karten bringt AOK 18 mit.«[18]

Das plötzliche Auftauchen einer Riesenarmee im Generalgouvernement verursachte zunächst chaotische Zustände bei den deutschen Behörden.[19] Das Militär vor Ort mußte den Gast aus dem Westen unterbringen und beköstigen, doch es fehlte an Unterkünften. Darum mußten alsbald die Wachmannschaften, in der Regel 35- bis 40jährige Männer, in die Heimat abtransportiert werden, ebenso die Ersatztruppen, doch die Transportlage war schlecht. Es gab Reibereien mit der Gouvernementsverwaltung und der Nazi-Partei, nicht zuletzt, weil das AOK 18 anmaßend daherkam. Am liebsten hätte sich die Armee gleich alle anderen Truppenverbände unterstellt.[20] Aber sie konnte nicht einmal Dienstleistungen verlangen, weil sich der Generalstabschef des Heeres auf keine Weisung Hitlers berufen durfte. Der Territorialbefehlshaber, der Befehlshaber des Ersatzheeres, das Wehrkreiskommando in Ostpreußen mußten zusehen, wie sie am besten miteinander auskamen. Halder war wirklich bis an die äußerste Grenze seiner Möglichkeiten gegangen. Nur für den Ernstfall hatte er vorgesorgt: Dann nämlich war es möglich, alle anderen Truppen dem Kommando der 18. Armee taktisch zu unterstellen. In diesem Fall hätte die 18. Armee, wie ihre Kriegsgliederung vom 22. Juli 1940 ausweist, über Nacht 13 Korpsstäbe als Führungseinheiten für mindestens 39 Divisionen einsetzen können.[21]

Nachdem sich Halder die Zustimmung seines Oberbefehlshabers von Brauchitsch hatte geben lassen, setzte er seinen Alleingang fort. Am 3. Juli 1940 beauftragte er seinen Chef der Operationsabteilung, Oberst Hans von Greiffenberg, zu prüfen, »wie ein militärischer Schlag gegen Rußland zu führen [sei], um ihm die Anerkennung der beherrschenden Rolle Deutschlands in Europa abzunötigen«.[22] Klarer läßt es sich nicht sagen: Hier ist es zu greifen, das Großmachtdenken des Generalstabs, wie es sich bereits fast zwanzig Jahre zuvor bei der geheimen Aufrüstung zu erkennen gegeben hatte.

Am 9. Juli 1940, das AOK 18 hatte inzwischen sein Hauptquartier in Bromberg aufgeschlagen, legte Armeeoberbefehlshaber von Küchler der Operationsabteilung seine »Absichten« vor. Offensichtlich hatte sein Chef des Stabes, Generalmajor Marcks, im Entwurf die ihm vertrauten Intentionen Halders eingebracht, denn nun sollte die Masse der Kräfte im Ostteil des Generalgouvernements so bereitgestellt werden, »daß russische Angriffsvorbereitungen *jenseits der Grenze* des Interessengebiets *durch eigenen Angriff* zerschlagen werden«.[23] (Abgezeichnet hatte das Schriftstück übrigens Oberst Artur Schmidt, der zweieinhalb Jahre später als Generalstabschef der 6. Armee in Stalingrad eine verhängnisvolle Rolle spielte.)

Vier Tage nach der Absichtserklärung Küchlers treffen sich in Spala die Generalstabschefs des AOK 18 und des Militärbefehlshabers im Generalgouvernement zu einer Lagebesprechung. Marcks weigert sich, die Unterlagen zum taktischen Auftrag des bisherigen Grenzverteidigers zu übernehmen. Verbotswidrig gibt er zur Begründung ein Geheimnis preis: Das AOK 18 beabsichtige, »bei stärkerer Kräftezuteilung« den erteilten Auftrag offensiv zu lösen.[24] Es ist wohl kein Zufall, daß Halder 1949 in einer vielgelesenen Broschüre *(Hitler als Feldherr)* fast wörtlich jenen Auftrag zitiert: Einem Feldherrn werde man sich nicht versagen dürfen, wenn er »seine Aufgabe, das eigene Land gegen feindlichen Zugriff zu schützen, durch Angriff zu lösen« wünsche.[25]

Getreu dieser Auffassung ist die Aufmarschanweisung der 18. Armee vom 22. Juli 1940 abgefaßt, die der Militärhistoriker Ernst Klink als einen »Akt der Kriegseröffnung« gedeutet hat.[26] Der erste Satz ist gewollt auslegungsfähig: »Im Falle eines Konfliktes mit Rußland werden stärkere deutsche Kräfte im Osten eingesetzt werden.«[27] Einen Konflikt hätte zum Beispiel eine Einmischung Stalins auf dem Balkan heraufbeschwören können, weil dadurch die für Deutschland unentbehrlichen rumänischen Ölfelder gefährdet gewesen wären. Am bedeutsamsten ist der letzte Satz der Anweisung: »Die Generalkommandos stellen Erwägungen auch für den Fall an, daß sie *beim Aufmarsch über die doppelte Zahl* ihrer jetzigen Truppen verfügen.« Verdoppeln hieß – legt man die Kriegsgliederung vom 19. Juli 1940 zugrunde –, die Streitmacht auf 60 bis 66 Divisionen aufzustocken.[28] Diese Truppenvermehrung hatte Halder so geschickt getarnt oder »versteckt«, daß selbst Klink, der dem Generalstabschef als erster Forscher auf die Schliche gekommen war, sie nicht hat aufdecken können. Erst bei der mühsamen Sichtung von Nebenakten haben sich die Zusammenhänge erkennen lassen.

Das wichtigste Instrument für den Angriff über die Grenze war die (Panzer-)Gruppe Guderian,[29] die mit zwei unterstellten Panzerkorps im Hinterland bereitstand. Sie konnte auf Abruf binnen 72 Stunden an der sogenannten Interessengrenze (der deutsch-russischen Demarkationslinie im geteilten Polen) erscheinen und entweder aus einem Versammlungsraum westlich von Warschau in nordöstlicher Richtung auf Białystok oder aus dem Süden des Generalgouvernements in Richtung Lemberg/Tarnopol angesetzt werden.

General Heinz Guderian, dessen Namen noch heute im In- und Ausland der Nimbus des »Schöpfers der Panzerwaffe« umgibt – tatsächlich wurde sie aber nach 1935 von seinem Lehrmeister, dem General Oswald Lutz, aufgebaut –, hatte mit seiner Gruppe im Juni 1940 von der Aisne bis zur Schweizer Grenze Frankreich im Sturm überrollt. Er sollte die Siegesparade in Paris anführen, die aber immer wieder verschoben wurde, weil Hitler, ehe er seine mit Spannung erwartete Reichstagsrede hielt, erst ein britisches Friedensangebot abwarten wollte. Doch am 30. Juni bekam Guderian das Ostkommando und mußte sich von einem Teil seiner Truppen verabschieden: »Weiter zu neuen Aufgaben mit gleichem Schwung und mit gleichen Erfolgen bis zum endgültigen Siege Großdeutschlands!«[30]

Mit Feuereifer gingen Guderian und sein Gruppenstab ans Werk.[31] Das AOK 18, dem er im Ernstfall taktisch unterstand, stellte ihm sogar einen Sonderzug zur Verfügung, damit er seine Divisionen, die auf einem Raum zwischen Stettin, Berlin und Magdeburg bis nach Breslau und Wien verteilt lagen, leichter erreichen konnte. Von ihren Standorten aus erkundeten sie bis an die russische Grenze den schnellsten Weg. Bis Ende Juli 1940 war Guderians Aufmarschanweisung für »Otto« fertig. Er steckte sich die Operationsziele selber, und zwar bis nach Kiew und von dort den Djnepr entlang bis Odessa am Schwarzen Meer.

In den Memoiren Guderians *(Erinnerungen eines Soldaten)*[32] steht von alledem natürlich nichts. Vielmehr behauptet er, als »Uneingeweihter« habe er erst Mitte November 1940 durch seine Stabsoffiziere von dem geplanten Rußlandfeldzug erfahren. Mit »Enttäuschung und Entrüstung« will er reagiert haben, weil Hitler nun doch einen Zweifrontenkrieg führen wollte. Wie uneingeweiht muß ein Befehlshaber sein, dessen Quartiermeisterabteilung am 29. August 1940 für seine Panzer einen Spritverbrauchssatz von 1 075 Kubikmetern meldet, der normalerweise für ein tägliches Vorrücken von 100 Kilometern reichte?[33]

Generalstabschef Halder stand ihm im Vertuschen in nichts nach. Als er sich im Herbst 1948 vor einer Münchner Entnazifizierungs-Spruchkammer rechtfertigen mußte, hatte er gleich drei Ausreden zur Hand, um die Verlegung der Truppen nach Osten vom Kriegsgeruch freizuhalten:[34] Nicht aus militärpolitischen Gründen hätten Brauchitsch und er gehandelt, sondern *erstens*, um Frankreich zu entlasten, *zweitens*, um die Agrargebiete des Ostens auszunutzen, und *drittens*, weil sich der Reichsführer SS Heinrich Himmler im Osten breitgemacht habe. Da die Grenze nicht genügend abgedichtet war – Hunderte von Juden und Schleichhändlern seien herübergetrieben worden –, habe sich Himmler erboten, »alle Aufgaben im Osten« zu übernehmen. Diesen Plan habe man vereiteln wollen. Merkwürdig nur, daß darüber nichts in Halders Tagebüchern oder in den militärischen Dokumenten zu finden ist. Immerhin hat Halder zugegeben, aus eigenem Antrieb gehandelt zu haben. Es wäre ja auch sehr unklug gewesen, sich beim Führer zu beschweren, weil dessen Paladin versagt habe. Überdies waren erst ein paar Monate vergangen, seit Brauchitsch und Himmler den Unfrieden zwischen Heer und SS beigelegt hatten, der entstanden war, nachdem sich einige höhere Offiziere über den blutigen Terror der SS und des SD in Polen empört hatten.[35]

Viel schwerer ins Gewicht fällt: Das Heer wurde bereits jetzt – beim Plan »Otto«, also ein gutes halbes Jahr vor dem Erlaß der verbrecherischen Befehle, mit denen die Wehrmacht 1941 gegen Rußland zu Felde zog – freiwillig zum Komplizen der Staatsverbrecher! Am 22. Juli 1940 – die 18. Armee fing gerade an, sich in Polen einzuleben – hat ihr Oberbefehlshaber von Küchler, eben erst von Hitler zum Generalfeldmarschall befördert, zur Belehrung des Offizierskorps und zur Unterrichtung der Truppe folgenden Befehl[36] herausgegeben: »Ich bitte ferner dahin zu wirken, daß sich jeder Soldat der Armee, besonders der Offizier, der Kritik an dem im Generalgouvernement durchgeführten Volkstumskampf, zum Beispiel Behandlung der polnischen Minderheiten, der Juden und kirchlichen Dinge, enthält. Der an der Ostgrenze seit Jahrhunderten tobende Volkstumskampf bedarf zur endgültigen völkischen Lösung einmaliger scharf durchgreifender Maßnahmen.«

Mittlerweile war Hitler des Wartens auf einen englischen Palmenzweig überdrüssig geworden. Was, fragte er sich, gab England die Kraft zum Weitermachen? Am 13. Juli 1940 notierte Halder zufrieden, der Führer sehe »ebenso wie wir« die Lösung[37] der Frage darin, »daß England noch eine Hoffnung auf Rußland hat«. Noch ehe Hitler am 19. Juli 1940 seine offensichtlich nur noch als Alibi gemeinte »Friedensrede« vor dem Reichstag hielt, hieß er seine Militärs darüber nachzudenken, wie man England gewaltsam zum Frieden zwänge. Aus ebendiesem Grund lud er auch am 21. Juli 1940 die Oberbefehlshaber von Heer, Marine und Luftwaffe (Brauchitsch, Raeder und Göring) zu einer Beratung in die Reichskanzlei.[38] Vorgesehen wurde eine Invasion an der britischen Südküste (Unternehmen »Seelöwe«), vorausgesetzt, Görings Luftwaffe erränge zuvor die Luftherrschaft über England und Heer und Marine wären bis zum September auf eine Landung vorbereitet. Andernfalls müßten andere Pläne erwogen werden.

Dies war das Stichwort für den neuen Generalfeldmarschall von Brauchitsch. Stolz meldete er seinem Führer,[39] daß der Generalstab den Feldzug gegen Rußland bereits in den Grundzügen vorgeplant habe: Nötig seien 80 Divisionen plus 20 in Reserve (wie wir jetzt wissen, hatte Halder mindestens schon 60 disponiert!). Die Versorgung von 42 Infanteriedivisionen war seit Juni abgesichert, auch der

Bedarf für anfänglich 18 schnelle Divisionen gedeckt. Ihnen wurden 14 Bahnaufmarsch- und Versorgungslinien und zwölf Hauptdurchgangsstraßen zugeteilt. Wohlgemerkt: ohne daß der Oberste Befehlshaber der Wehrmacht (Hitler), seine Führungsgehilfen Keitel und Jodl und sein Wehrmachtführungsstab das geringste ahnten!

Die Aufmarschzeit bemaß Brauchitsch eingedenk der getarnten Vorarbeiten seit dem 19. Juni mit allenfalls vier bis sechs Wochen. Mit anderen Worten: Der deutsche Generalstab hielt es allen Ernstes für möglich, noch im Spätsommer 1940 zu einem siegreichen Blitzkrieg gegen Rußland anzutreten! Auf den unvermeidlichen Nachteil wurde Hitler hingewiesen: »Wenn wir in diesem Herbst Rußland angreifen, wird England luftmäßig entlastet. Amerika kann an England und Rußland liefern.«

Zwar haben mehrere Historiker den Herbsttermin Hitler selber zugeschrieben. Sein Wehrmachtführungsstab, sprich: General Alfred Jodl, soll ihm die Idee wieder ausgeredet haben. Seit aber in einem Moskauer Sonderarchiv ein Vortrag Halders gefunden wurde, den er im späten Frühjahr 1939 vor der Kriegsakademie gehalten hat,[40] muß man die Vaterschaft des Generalstabschefs für einen Sommerfeldzug nicht länger anzweifeln. Schon wenige Monate vor dem Überfall auf Polen hatte der General seinen Zuhörern vorgeschwärmt, falls nach der Besetzung Polens und dem Erreichen der russischen Grenze (etwa Mitte bis Ende September) die Sowjetunion eingreifen wolle, werde »eine siegreiche Armee, erfüllt mit dem Geist gewonnener Riesenschlachten, bereitstehen«, um »dem Bolschewismus entgegenzutreten«. Polen und Rußland auf einen Streich – darauf mußte erst jemand kommen!

Auch über die politischen Ziele eines Rußlandfeldzuges hatte die Heeresführung eingehend nachgedacht: »Ukrainisches Reich – Baltischer Staatenbund – Weiß-Rußland«.[41] Die Sowjetunion sollte also zerlegt und Rußland durch einen Kordon deutscher Satellitenstaaten von Europa abgedrängt werden. Demnach wollte man nur wiederholen, was das deutsche Kaiserreich, unter tatkräftiger Mithilfe der Obersten Heeresleitung, 1918 im Friedensvertrag mit dem revolutionären Rußland in Brest-Litowsk durchgesetzt hatte. Nach dem Krieg hat Halder diese Idee noch um eine diplomatische Nuance ausgeschmückt: Die deutschen Streitkräfte »hätten ausgereicht, vor der deutschen und rumänischen Grenze durch militärische Besetzung wesentlicher Teile der Ukraine, von Weißrußland und den Baltischen Ländern ein strategisches Vorfeld zu gewinnen und damit zugleich *ein Faustpfand für Friedensverhandlungen«.*[42]

Es muß dahingestellt bleiben, ob dies erst eine Nachkriegsidee war, um sich von der Eroberungspolitik Hitlers zu distanzieren. In seinem Tagebuch, in dem Halder in Stichworten festgehalten hat, was Brauchitsch ihm von der Konferenz in der Reichskanzlei berichtete, bringt er als strategisches Ziel folgendes vor: »Russisches Heer schlagen oder wenigstens so weit russischen Boden in die Hand nehmen, als nötig ist, um feindliche Luftangriffe gegen Berlin und schlesisches Industriegebiet zu verhindern. Erwünscht, so weit vorzudringen, daß man mit unserer Luftwaffe wichtigste Gebiete Rußlands zerschlagen kann.«[43]

Die Leichtfertigkeit, mit welcher der Generalstab schon 1940 den Krieg mit Rußland eröffnen wollte, zeigt sich in der Einschätzung Brauchitschs, Rußland habe 50 bis 75 gute Divisionen, was zweifellos heißen sollte, der größere Teil der Roten Armee tauge nichts. Dem entspricht die scheinbar selbstverständliche Annahme, man könne quasi in einem Spaziergang noch vor dem Einbruch der herbstlichen Schlammperiode die gesteckten Ziele erreichen.

Halder mußte in seinen Aussagen vor alliierten Militärgerichten und zuletzt vor der Spruchkammer und in Interviews und Briefen peinlich darauf achten, daß nichts von seinen im vorauseilenden Gehorsam ausgearbeiteten Plan »Otto« bekannt wurde. Mit einer unglaublichen Dreistigkeit schilderte er,[44] wie sein Vorgesetzter von Brauchitsch damals im Juli 1940 aus Berlin zurückgekommen sei und ihn mit der Frage überraschte: »Haben Sie sich schon mal Gedanken über den Osten gemacht?« (Tatsächlich hatte Halder unter dem 22. Juli 1940 eingetragen: »Russisches Problem in Angriff nehmen. Gedankliche Vorbereitungen treffen.«) Völlig überrascht, behauptete er »in meiner soldatisch kurzen Art« erwidert zu haben: »Dem Herrn traue ich es zu, daß er uns auch noch den Osten auf den Hals hetzt. Ich denke nicht daran, mich mit dem Osten zu beschäftigen.« Daraufhin habe Brauchitsch ihn dienstlich beauftragt. An anderer Stelle redete er sich heraus, wegen höchster Beanspruchung (sein Oberquartiermeister I sei erkrankt, dessen Vertreter aber mit

»Seelöwe« beschäftigt) und weil er das Ostproblem innerlich ablehnte, habe er die Bearbeitung der Pläne einer kleinen Studiengruppe von Generalstabsoffizieren überlassen. Hitler habe davon nichts gewußt. Wenigstens das stimmte.[45]

In Wahrheit hatte Halder den (engsten) Mitarbeiterkreis erneut mit »Otto«-Aufträgen überhäuft. Den Chef des Stabes der 18. Armee, Generalmajor Marcks, ließ er Ende Juli 1940 abermals nach Fontainebleau rufen, wo sich das Oberkommando des Heeres niedergelassen hatte. Er sollte einen ersten Feldzugsplan entwerfen. Da sich Marcks seit einem Monat in der Materie[46] auskannte, hatte er die Studien binnen einer Woche fertig. Die Feldzugsdauer veranschlagten Halder und er auf mindestens neun Wochen. Verlief alles nach Plan, hätte das Heer noch vor der herbstlichen Schlammperiode Moskau, Leningrad und Charkow erobern können.

Als jedoch Hitler am 31. Juli 1940 die obersten Militärs zu einer großen Lagebesprechung auf dem Obersalzberg um sich versammelte – diesmal war auch Halder dabei –, mußte er ihnen mitteilen, daß es leider in diesem Herbst nicht mehr gehe. Statt neun Wochen brauche man neun Monate für den Aufmarsch. Der früheste Angriffstermin wurde auf den Mai 1941 festgesetzt, und statt der von Halder vorgeschlagenen 100 Divisionen verlangte Hitler nun 140.

Woher dieses plötzliche Zögern? In die Vorbereitungen hatte Halder bereits am 22. Juni, also mit Beginn der Truppentransporte nach Osten, den Transportchef des Heeres, General Rudolf Gercke, einbezogen.[47] Dieser hatte im Februar 1940 ein Ausbauprogramm Osten organisiert, um das Eisenbahnnetz zu verbessern und wetterfeste Straßen im Generalgouvernement zu bauen. Er brauchte also jetzt nur in dieses Programm einzusteigen. Vierzehn Tage benötigte der Transportchef, bis er einen Überblick hatte. Es stand mit den Verkehrsverhältnissen weitaus schlechter, als Halder sich das vorgestellt hatte: Viele der im Polenfeldzug zerstörten Brücken über die Weichsel und viele der anderen Flüsse lagen im Wasser, und die Straßen verwandelten sich bei Dauerregen oder nach der Schneeschmelze in Morast.

Nun muß man sich die Daten genau ansehen. Am 9. Juli 1940 fordert die Feldtransportabteilung im Generalstab von der Planungsabteilung, das Ausbauprogramm zu beschleunigen und sofort alle geforderten Transportstraßen »als gleichmäßig dringlich zu bezeichnen«. Am 12. Juli[48] verlangt General Gercke vom Reichsverkehrsministerium (»Eilt sehr!«), die vorgesehenen Leistungen des Eisenbahnnetzes im Generalgouvernement noch weiter zu erhöhen. Er liefert auch gleich den Maßstab mit: »Sie sind ... so zu berechnen, als ob das Gouvernement voll mit Lokomotiven und rollendem Material sowie mit vollwertigem Betriebspersonal ausgestattet ist.« Es müssen nicht nur Querverbindungsstrecken angelegt, sondern auch genügend Wasserstationen, Lokomotivschuppen, Bekohlungsanlagen und Bahnbetriebswerke geschaffen, außerdem viele Bahnhöfe ausgebaut werden. Am 19. Juli 1940[49] wird schon im Reichsverkehrsministerium zwischen Bahn und Militär das neue Ausbauprogramm Ost besprochen. Leise Zweifel des Ministerialrats Haeseler werden vom Tisch gefegt. Arbeitsbeginn ist sofort, bis Ende 1940 muß alles fertig sein. Rüstungsminister Todt verspricht, seine Bauorganisation einzusetzen, und Gercke sichert zu, seine Eisenbahnbautruppen je nach Anforderung zu schicken. Auch die Kosten sind bereits veranschlagt: 102 Millionen Reichsmark! Allein 65 000 Tonnen Stahl! Da jedoch Stahl weiterhin knapp ist, muß die Reichsbahn aus ihren Beständen vorschießen. Am Ende der Besprechung beeilt sich General Gercke zu versichern, daß aus dem beschleunigten Bauprogramm »Schlüsse auf die politische Konstellation nicht gezogen werden« können. »Der Ausbau erfolgt nur, da die Gelegenheit günstig ist!«

Wenn es noch eines Beweises bedurfte, daß bis zu diesem 19. Juli 1940 weder der Oberste Befehlshaber der Wehrmacht (Hitler) noch seine Führungsgehilfen Keitel und Jodl auch nur das Geringste von Halders neuem Ostfeldzugsplan wußten, so ist es die Besprechung im Reichsverkehrsministerium. Denn die dort beschlossenen Stahlanforderungen mußten vom »Führer« genehmigt werden. Doch zuerst hatte General Gercke seinem unmittelbaren Vorgesetzten, Generalstabschef Halder, von den ernüchternden Erkenntnissen zu berichten. Während er sich von Berlin nach Fontainebleau zurückbegab, war Generalfeldmarschall von Brauchitsch gerade auf dem Weg von Frankreich in die Reichskanzlei. Folglich mußte der Oberbefehlshaber des Heeres am 21. Juli 1940 noch überzeugt sein, daß der Feldzug bereits im Herbst beginnen könne. Da Gercke nicht nur dem Generalstab, sondern auch dem Oberkommando der Wehrmacht unterstand, dürfte er seinen Bericht, den er vermutlich um den 22. Juli Halder vorgelegt hat, auch den Generälen im Führerhauptquartier zugeleitet haben.

Daraufhin handelte das Oberkommando der Wehrmacht wie stets in solchen Fällen: Es faßte die vom Generalstab veranlaßten Planungen am 25. Juli in eine Weisung.[50] Gercke mußte nun »auf ausdrücklichen Befehl des Generalfeldmarschalls Keitel unter Zustimmung des Führers« den Ausbau des Eisenbahn- und Straßennetzes im Osten des Reiches und im Generalgouvernement so beschleunigen, daß man bis Ende des Jahres fertig war. Auch Reichsmarschall Göring wurde verständigt. Es war schon ein starkes Stück, daß man von einem »bevorzugten Wehrmachtprogramm« sprach, aber mit solchen Anmaßungen hatte sich Halder längst abgefunden. Immerhin fiel jetzt zum erstenmal das Stichwort »Otto«, wobei unklar ist, wer es erfunden hat. Zunächst benutzte es nur die Reichsbahn, doch allmählich wurde es auf alle militärischen Vorbereitungen des Rußlandfeldzuges angewandt.

Am 29. Juli 1940 informierte Jodl seine Mitarbeiter über Hitlers Entschluß, im Frühjahr 1941 die Sowjetunion anzugreifen.[51] Also muß es in jenen Tagen gewesen sein, als der General, wie berichtet wird, auf dem großen Marmortisch des Berghofes vor Hitler eine riesige Eisenbahnkarte ausbreitete, um ihm klarzumachen, warum das Ostheer nicht, wie Brauchitsch und Halder es vorhatten, im Herbst antreten konnte.

In seinem Vortrag vor den Militärs am 31. Juli 1940[52] hat Hitler mehrmals gesagt, daß er Rußland »zerschlagen« werde. »Operation hat nur Sinn, wenn wir Staat in einem Zug schwer zerschlagen. Gewisser Raumgewinn allein genügt nicht.« Wie Halder wollte auch er den Westteil der Sowjetunion in seine Einzelteile zerlegen, doch wo sich der Generalstabschef noch autonome Randstaaten vorstellen konnte, hieß es bei Hitler lapidar: »Später: Ukraine, Weißrußland, Baltische Staaten *an uns*.«

Am Vortag hatten Brauchitsch und Halder aber mit einemmal ganz andere Gedanken gehegt.[53] Da sich ihnen der (richtige) Eindruck aufdrängte, daß die Kriegsmarine im Jahre 1940 die Operation »Seelöwe« noch gar nicht wagen konnte und deshalb im nächsten Jahr die Gefahr eines Zweifrontenkrieges bestünde, meinten sie,

»daß man besser mit Rußland Freundschaft hält«. Man könne, so klingt es heraus, die Russen auf die Meerengen und den Persischen Golf ablenken. Unter diesen Voraussetzungen ließen sich die Engländer im Mittelmeer entscheidend treffen, und Deutschland könne »mit Hilfe Rußlands das in West- und Nordeuropa geschaffene Reich ausbauen«.

Ein ungeheuerliches Ansinnen. Die beiden höchsten Heeresgeneräle fänden es völlig in Ordnung, wenn die Grenze Frankreichs irgendwo zwischen Somme-Mündung und Burgund verliefe – wie es sich Hitler heimlich ausmalte – und die von ihren Truppen unter Neutralitätsbruch eroberten Länder Holland, Belgien, Luxemburg, Dänemark und Norwegen deutsch blieben. Nun versteht man auch besser, warum der Generalfeldmarschall von Blomberg auf einem Reichsparteitag in Nürnberg zu Tränen gerührt war, als Hitler das »Germanische Reich deutscher Nation« heraufbeschwor.[54]

Bei der Konferenz am 31. Juli 1940, auf der Hitler seinen »bestimmten Entschluß, Rußland zu erledigen«, verkündete, hüteten sich die beiden Generäle, ihren Alternativvorschlag auf den Tisch zu legen. Indem sie schwiegen, stimmten sie Hitler zu. Bester Beweis dafür ist der außergewöhnliche Eifer, mit dem sich Halder sogleich auf die neuen Führungsaufgaben für »Otto« warf. Es muß ihn mit Befriedigung erfüllt haben, daß nun die – von ihm längst unterlaufene – Demobilisierung von Hitler selber wieder aufgehoben wurde. An Leib und Leben zu spüren bekamen das die Rekruten des Jahrgangs[55] 1920, darunter der Hamburger Carl Dirks. Ursprünglich, beim Abbau des Heeres, sollten sie die älteren Jahrgänge der in die Heimat zurückzuführenden aktiven Divisionen ersetzen. Nun aber, da man das Ruder herumgerissen hatte, wurden sie vorzeitig eingezogen, weil man sie dringend für die neuen Angriffsdivisionen im Osten brauchte. Der Einberufungsbefehl vom 17. August 1940 trägt übrigens die Unterschrift des Kommandeurs und Chefs des Allgemeinen Heeresamtes, General Olbricht, eines Widerständlers.

Bislang scheint sich kein Historiker darüber gewundert zu haben, wie es möglich war, daß in einer Kriegsgliederung der 18. Armee vom 15. September 1940, also nur fünf Wochen nach Hitlers Beschluß, bereits 35 Divisionen auftauchten.[56] (Inzwischen sind die sieben Landesschützendivisionen, wie es Halder vorgesehen hatte, endlich aus dem Osten abgegangen und durch sechs aktive Divisionen und eine Kavalleriedivision ersetzt worden.) Da man einen Planungsvorlauf und eine Transportzeit von zusammen mindestens acht Wochen vorauszusetzen hat, ist auch damit der Beweis erbracht, daß hier – unter dem Tarnnamen »Otto« – ein Feldzug von langer Hand geplant worden ist. Zwar mußte Halder auf den begrenzten Krieg im Herbst verzichten, dafür konnte er nun zum ganz großen Schlag per Juni 1941 rüsten!

Es muß für den Veteranen Halder äußerst unangenehm gewesen sein, als ihm der Freiburger Geschichtsprofessor Gerhard Ritter im Frühjahr 1955 einigermaßen entsetzt mitteilte,[57] Luise Jodl, die Witwe des in Nürnberg hingerichteten Generaloberten, habe ihm geschrieben, bei der Planung des Rußlandfeldzuges sei der Generalstab noch vor dem Wehrmachtführungsstab tätig geworden. Halder hält in einem ausführlichen Brief seine Verteidigungslinie eisern aufrecht. Erst auf dienstlichen Befehl Hitlers vom 21. Juli 1940 habe er streng geheime Arbeiten im Generalstab anlaufen lassen. Und er beteuert, Brauchitsch und er hätten alles vermieden, »was den von meinem Oberbefehlshaber und mir abgelehnten Gedanken des Ostangriffs hätte fördern können«.

Aber nicht nur Halder selber hat, in widersprüchlichen Darstellungen, seinen Anteil an der Vorbereitung des Rußlandfeldzuges verfälscht. Sein ehemaliger Adjutant (seit dem 1. Oktober 1940) Burkhart Müller-Hillebrand, 1942 Chef der Organisationsabteilung im Generalstab, später Brigadegeneral der Bundeswehr mit Zugang zu allen verfügbaren Heeres- und Wehrmachtakten, schreibt in seinem dreibändigen Werk *Das Heer 1933 – 1945:*[58] »Am 22. Juli 1940 forderte Hitler vom Oberbefehlshaber des Heeres, daß er sich mit dem russischen Problem befassen solle.« Wider besseres Wissen nennt Müller-Hillebrand den 22., nicht den 21. Juli als Stichtag, an dem Brauchitsch zum erstenmal überraschend aufgefordert worden sei, den Fall »Ost« zu planen. Folgt man diesem Autor, so war Halder der Schwanz, der mit dem Hund wedelte, obwohl er doch leicht hätte erfahren können, daß Brauchitsch schon am 25. Juni 1940 nach Halders Pfeife tanzte – und dies seinem Obersten Befehlshaber im Führerhauptquartier hätte beichten müssen.

Den Tatbestand, daß er bis in den Sommer 1942 hinein den größten Raub-, Eroberungs- und Vernichtungskrieg der europäischen Geschichte mit geplant und mit geführt hat, konnte der ehemalige Generalstabschef schlechterdings nicht leugnen. Infolgedessen sah er sich – im Widerspruch zu seiner Behauptung, ihn von Anbeginn der Planung an sabotiert zu haben – nach 1945 genötigt, den deutschen Überfall auf die Sowjetunion in einen Präventivkrieg zu verwandeln. In seiner Feldherrn-Broschüre von 1948 schreibt er:[59] »Der Entschluß zum Angriff auf Rußland ist Hitler sehr schwer gefallen ... Auf der anderen Seite stand seine feste und nicht unbegründete Überzeugung, daß Rußland sich zum Angriff auf Deutschland rüste. Wir wissen heute aus guten Quellen, daß er damit recht hatte.«

Nach dem Krieg hat Halder mehrmals die Situation im Sommer 1940 folgendermaßen dargestellt: Einem halben Dutzend deutscher Divisionen, verstärkt durch Grenzschutz- und Zollformationen, hätten weit über 100 russische Divisionen in Kriegsstärke gegenübergestanden.[60] Intern hatte er seinerzeit seine geheimen Vorarbeiten mit Schreckensmeldungen aus dem Osten untermalt. Politiker und Militärs verfolgten aufmerksam die sowjetischen Aktionen in den Sommermonaten 1940 – den Einmarsch der Roten Armee ins Baltikum mit anschließender Annexion der drei Länder und das kurz befristete Ultimatum an Rumänien, womit die Abtretung Bessarabiens und der Nordbukowina erzwungen wurde. Beunruhigen konnte dieses Vorgehen die Deutschen nicht, denn Stalin holte sich nur, was ihm im August 1939 in dem auch Halder bekannten Geheimen Zusatzprotokoll zum Nichtangriffspakt von der deutschen Regierung zugesichert worden war. Das Schicksal der Balten war den Nazis, nachdem sie die Volksdeutschen evakuiert hatten, gleichgültig, und im Falle Rumäniens, des Kriegsgegners aus dem Ersten Weltkrieg, regte sich sogar Schadenfreude.

Natürlich registrierte man genau gewisse Überschreitungen der Vertragstexte – den Anspruch auf die ganze Bukowina, die Vorverlegung einer Division an die litauisch-deutsche Grenze –, doch nach dem deutschen Einspruch einigten sich die beiden Staaten jedesmal auf Kompromisse. Halder kamen solche Verstöße Stalins sehr gelegen, hatte er doch jetzt ein Bedrohungsszenario zur Hand, das den neuen Aufmarsch zu rechtfertigen schien. Als die 18. Armee im Generalgouvernement in ihre Sammelplätze einrückte, standen auf der gegenüberliegenden Seite aber nur zwölf schwache, unaufgefüllte Schützendivisionen und neun Kavalleriebrigaden, von denen keine Bedrohung ausging.[61] Das Gros der russischen Westarmeen war im Baltikum und an der rumänischen Grenze versammelt. Halder selber hat eingeräumt, der (angebliche) sowjetische Offensiv-Aufmarsch habe ihm damals keine Sorge bereitet,[62] weil der entsprechende politische Wille dahinter fehlte. Noch am 9. April 1941 ließ der Chef Fremde Heere Ost den ungarischen Verbündeten wissen: »Generaloberst Halder beurteilt alle Maßnahmen an russischer Grenze rein defensiv.«[63] Diese Lagebeurteilung blieb bis zum Beginn des deutschen Angriffs am 22. Juni 1941 gültig.

Doch noch einmal zurück zum Plan »Otto«. In Halders Tagebuch – er selber mochte diese Bezeichnung nicht, es seien lediglich stenographische Notizen für den täglichen Gebrauch gewesen – ist in den letzten Monaten des Jahres 1940 nur noch wenig vom Osten die Rede. Man könnte auf den ersten Blick wirklich meinen, der Generalstabschef sei desinteressiert und kümmere sich fast ausnahmslos um das Projekt »Seelöwe«. Allenfalls beschäftigten ihn Fragen der Verkehrs- und Versorgungsplanung – die aber sind das A und O jedes Feldzugs!

Tatsächlich wurde Halders Plan »Otto« nach den neuen Vorgaben aus dem Führerhauptquartier ausgearbeitet und durchgespielt. Für diese Aufgabe hatte sich Halder den Panzeroffizier Friedrich Paulus als seinen Stellvertreter in den Generalstab geholt. Paulus hat die verschiedenen Aufmarschentwürfe koordiniert.[64] Auch der Wehrmachtführungsstab, die alte Konkurrenz der Heeresleitung, war in dieser Zeit nicht müßig. Dort hatte Oberstleutnant Bernhard von Loßberg eine eigene Planstudie entworfen[65], die er nach seinem Sohn auf den Decknamen »Fritz« taufte. Am Ende obsiegte »Otto« über »Fritz«. Zufrieden schreibt Halder am 5. Dezember 1940 nach einer Besprechung mit Hitler in sein Kriegstagebuch: »Otto: Vorbereitungen entsprechend den Grundlagen *unserer* Planung voll in Gang setzen.«[66]

Von »Seelöwe« sprach niemand mehr. Zuletzt hatte einzig der Generalstabschef die Invasionsvorbereitungen angetrieben – und sei es nur, um »Otto« abzudecken. Resigniert hatte er aber schon im August 1940. Als die Marine dem Heer nur einen schmalen Landstreifen bei

Dover für die Landung von sechs Divisionen mit 90 000 Mann garantieren konnte, bekam Halder einen Wutausbruch: »Genausogut könnte ich die gelandeten Truppen gleich durch die Wurstmaschine drehen!«[67] Doch nichts hat ihn später davon abgehalten, leichtfertig vier Millionen seiner Soldaten nach Osten ins sichere Verderben zu schicken ...

10.
»Wintersport« ohne Winterbekleidung[1]

Leichtfertiger und hochgemuter ist kein Feldzug der deutschen Wehrmacht begonnen worden als der Überfall auf die Sowjetunion am 22. Juni 1941. Der Oberbefehlshaber des Heeres, Generalfeldmarschall Walther von Brauchitsch, tat das Kommende als »reine Hasenjagd« ab. General Alfred Jodl, Chef des Wehrmachtführungsstabes, meinte, es würde so sein, als steche man mit einer heißen Nadel in eine Schweinsblase. Generalstabschef Franz Halder verglich Sowjetrußland mit einem Fensterglas: »Man braucht nur einmal mit der Faust hineinzuhauen – und das Ganze geht in Stücke.« Und der Oberfeldherr Hitler hatte nach dem Triumph im Westen behauptet, verglichen mit dem Frankreichfeldzug sei ein Krieg gegen Rußland ein Sandkastenspiel. Noch kurz vor Beginn des Unternehmens »Barbarossa« höhnte er, die russische Armee sei nicht mehr als ein Witz.

Am 3. Juli 1941 schrieb Halder[2] in sein Tagebuch: »Es ist also nicht zu viel gesagt, wenn ich behaupte, daß der Feldzug gegen Rußland innerhalb 14 Tagen gewonnen wurde.« Wie mißlich mag es ihm angekommen sein, als seine ehemalige Mitarbeiterin Luise von Benda (die spätere Frau Jodl) ihn viele Jahre nach dem Krieg daran erinnerte, daß er ihr an ebenjenem 3. Juli geschrieben habe, der Russe habe »diesen Krieg in den ersten acht Tagen verloren«! Geplant hatten er und die Herren des Generalstabs den Feldzug tatsächlich wie einen »Blitzkrieg«, das heißt, die Sowjetunion sollte mit einem Minimum an Aufwand, also einer auf kurze Fristen berechneten Ausstattung und Versorgung der Truppen, zerschlagen werden. Typisch für die unbekümmerte Art der verantwortlichen Generäle ist die Meldung des Generalbevollmächtigten für das Kraftfahrzeugwesen, General von Schell, an den Chef des Allgemeinen Heeresamtes vom 16. Juli 1941: Betriebsstoff sei nur für die ersten drei Monate genügend vorhanden (3 x 240 000 Kubikmeter), danach seien monatlich nur noch

50 000 Tonnen verfügbar. Für Reifen gebe es eine Reserve von anderthalb Monaten: »Dann ist Schluß!«[3]

Doch wozu sich sorgen – dem deutschen Soldaten sei nichts unmöglich, davon waren Hitler und seine Generäle fest überzeugt, seit die Wehrmacht binnen ein paar Wochen im April 1941 Jugoslawien und Griechenland in einem aus dem Stegreif geplanten Feldzug überrannt hatte. Und so wie Kaiser Wilhelm II. im August 1914 sein Volk aufmunterte, die Soldaten seien wieder daheim, wenn die Blätter fielen, so war man sich 1941 im Generalstab sicher, daß der weitaus größere Teil der aufmarschierten ungefähr 150 Divisionen Weihnachten wieder zu Hause sei.

Der Chef der Operationsabteilung, Oberst Adolf Heusinger (er wurde 1955 der erste Generalinspekteur der Bundeswehr), legte sich am 15. Juli 1941 schon auf ein Rückkehrdatum fest: »Die Masse der Infanterie-Verbände muß, soweit sie die Linie Krim-Moskau-Leningrad erreicht haben und – was anzunehmen ist – nicht mit der Bahn gefahren werden können, Anfang August den Rückmarsch antreten.« Seiner Schätzung nach genügten für die Besetzung des russischen Raumes samt der Ukraine und der Kaukasusregion 54 Divisionen.[4] Vorsorglich war für sie auch Winterbekleidung bestellt. Allerdings hatten sich Halder und Heusinger überlegt, man könnte von den 54 Divisionen zehn für eine Tropenexpedition hinter dem Kaukasus abziehen. Was die Soldaten der restlichen 44 Divisionen anging, waren aber nur für jeden fünften Mann ein ostwintertauglicher Übermantel, in dem man sich kaum bewegen konnte, und klobig-schwere Posten-Überstiefel aus Filz und Leder vorgesehen. Beide übernahm dann beim Wachwechsel der nachfolgende Posten.

Doch wehe, der Feldzug zog sich in die Länge, so daß wegen der hohen Verluste – 150 000 bis 200 000 Tote und Verwundete pro Monat, Frostgeschädigte und Kranke mitgezählt – 20 neue Divisionen in den Osten disponiert werden mußten. Anfang August mußten sich die führenden deutschen Militärs eingestehen, daß ihr Konzept gescheitert war. Sie hatten das sowjetische Kräftepotential erheblich unterschätzt; trotz Millionen von Gefangenen tauchten wie Pilze nach einem warmen Regen immer neue russische Schützendivisionen auf. Wohl oder übel mußte sich der Generalstab über einen Winterkrieg Gedanken machen. Die sowjetische Armeeführung hatte im Juli 1941 Winterbekleidung für über fünf Millionen Soldaten fertigen lassen und rechtzeitig an die Front herangeführt. Auf der deutschen Seite hätte der Mindestbedarf an Winteruniformen – ginge man von 150 Ostdivisionen aus – bei drei Millionen Ausrüstungen gelegen. Bereitgestellt wurden vom Generalstab anfänglich nur 20 Prozent für 46 bis 56 Besatzungsdivisionen, also mutmaßlich grob 200 000 Bekleidungsstücke für eine Million Mann, so daß ein Fehlbestand von 2,8 Millionen Winteruniformen anzunehmen bliebe.

Natürlich wußte Generaloberst Halder, als er sich nach dem Krieg vor der Münchner Spruchkammer verantworten mußte, daß man ihm das Winterdesaster vorhalten werde. Gerade in diesem Punkt hatte er seine Verteidigung sorgsam vorbereitet.[5] Bereits im Juli 1941 will er dem Generalquartiermeister Eduard Wagner Anordnungen gegeben haben; auch ließ er sich Anfang August vom Generalintendanten des Heeres vortragen. Mit anderen Worten: Er hatte die Aufgabe delegiert. Als eigenen Beitrag – zusätzlich zu der in rückwärtigen Bahndepots lagernden Winterbekleidung – will er angeregt haben, das skisportliche deutsche Volk, das »unendliche Vorräte an warmer Winterkleidung« besitze, solle zu Spenden oder Sammlungen aufgerufen werden. Brauchitsch habe diesen Vorschlag dann Hitler unterbreitet, der ihn jedoch in der Schublade liegenließ, weil er ja dem Volk versprochen hatte, daß seine Soldaten zu Weihnachten wieder daheim seien. Deshalb, so entschuldigte Halder sogar den Führer, habe dieser nicht gut im Sommer von der Winterausrüstung sprechen können.

Die unlösbaren Aufgaben des Hauptmanns Herber

Hier kommt nun der Hauptmann im Generalstab, Herber, ins Spiel. Der junge Offizier – vom Berliner III. Korps, wo er bei den Pionieren stand – wird zum 1. August 1941 vom Oberquartiermeister 2 als Sachbearbeiter berufen, der sich sowohl um die Winterunterkünfte für die Besatzungstruppen als auch um die Winterbekleidung des Ostheeres zu kümmern hat. Es zeugt von unbegreiflicher Geringschätzung der Aufgabe, geeignete Winterbekleidung in hinreichender Menge zur rechten Zeit an die Truppe zu liefern, daß man diesem kleinen Pionierhauptmann die Verantwortung für Obliegenheiten überträgt, die andere Kommandobehörden sträflich versäumt haben.

Alles braucht seine Zeit. Herber erkundigt sich erst einmal, was im Osten an Winterquartieren zu finden sei. Nach drei Wochen steht fest, daß in vielen eroberten russischen Kasernen die Fensterscheiben fehlen. Will man die Unterkünfte winterfest herrichten, wird man viel Baumaterial und Arbeitsgerät brauchen – und sogleich erhebt sich die Frage, ob man dafür überhaupt Bahntransporte freibekommt. Der Chef des Heeresnachrichtenwesens benötigt Karten, aus denen sich im voraus ersehen läßt, wohin die Nachrichtenverbindungen der Winterunterkünfte gelegt werden sollen. Anscheinend spukt bei den Schreibtischgenerälen die Idee im Kopf, es werde irgendwo eine feste Winterstellung gebaut, auf die sich die Armee gegebenenfalls zurückziehen könnte. In der Winterschlacht vor Moskau im Dezember 1941 wird sich zeigen, daß dergleichen nie geschaffen wurde.

Zur Winterbekleidung läßt das Heeresverwaltungsamt am 10. August dem Heeresintendanten eine umfangreiche Niederschrift zukommen, die in der Schreckensmeldung gipfelt: »Daraus wird sich ein schwieriges Transportproblem ergeben.« Nun jagt eine Besprechung die andere. Man muß doch sofort etwas tun, zumal alle Heeresgruppen vorsorglich Auskünfte verlangen. So wird denn am 26. August beschlossen, erst einmal »Winter-Merkblätter« für die Truppe herzustellen. Fast drei Wochen vergehen, bis in Berlin wenigstens ein Merkblatt »Versorgung im Winter« in Druck geht. Die anderen Teile werden noch beim Quartiermeister 3 bearbeitet. (Zur Erinnerung: Die Rote Armee hatte dergleichen Vorarbeiten zwei Monate vorher erledigt!) Am 2. Oktober ist es endlich soweit: Die Merkblätter werden von Berlin aus an die Truppen verschickt. Dummerweise muß am selben Tage bei der Heeresgruppe Mitte die Großoffensive gegen Moskau beginnen, so daß die ohnehin nicht ausreichenden Züge für alles andere als für Winterbekleidung und Postsäcke benötigt werden. Auch verschlechtert sich die Zugzufuhr im Nordabschnitt der Ostfront. Das bedeutet, die Merkblätter kommen gar nicht nach vorn. Einen Tag zuvor hatte übrigens der Generalstab eine Kommission eingesetzt, die untersuchen sollte, warum die Feldpostsendungen an die Ostfront eine so lange Laufzeit hatten.

Man stelle sich bei dieser Lage den armen Hauptmann Herber vor: Er weiß nach zwei Monaten immer noch nicht, welche Unterbringungsräume für die Sicherungstruppen in den besetzten Gebieten geplant sind, und erst recht nicht, wieviel Winterbekleidung das Ostheer braucht. Sein diesbezüglicher Befehl an die Operationsabteilung wird stillschweigend übergangen, so daß der Hauptmann einen neuen »ausdrücklichen« Befehl hinausschickt. Daraufhin erfährt der Sachbearbeiter Herber am 6. September 1941, daß sich die von Oberst Heusinger geführte Operationsabteilung immer noch nicht festlegen will, wieviel Kräfte »zur Sicherung« auch nur ungefähr festgesetzt werden können. Vier Tage später heißt es erklärend: Die Lage sei noch zu unübersichtlich. Am 7. Oktober 1941 wird die Operationsabteilung abermals nach den Überwinterungsplänen gefragt. Umsonst – es ist nichts zu erfahren. Grund für dieses Schweigen ist ein »Gekados«, eine geheime Kommandosache: Halder und Heusinger wollen unbedingt noch vor dem Wintereinbruch im Südabschnitt ihr Unternehmen »Wintersport« anlaufen lassen.

Der verpaßte Griff nach dem Öl von Maikop

Ende Mai 1941, als die Militärs noch davon träumten, in ein paar Wochen Rußland zu überrennen und alle westlich der Flüsse Dwina und Dnjepr aufmarschierten russischen Armeen zu vernichten, hatte der Generalstab das Oberkommando der Wehrmacht, also die Konkurrenz, gebeten, ihm zukünftige Operationspläne rechtzeitig mitzuteilen, um einen Zeitverlust nach dem erfolgreichen Abschluß des Unternehmens »Barbarossa« zu vermeiden. Dieser Absprache eingedenk, rief der Oberquartiermeister Panzergeneral Paulus, Halders erster Führungsgehilfe, am 24. Oktober 1941 elf Abteilungsleiter des Generalstabes zusammen, um ihnen mitzuteilen, daß der auf »Barbarossa« folgende Schritt – wohlgemerkt, immer noch unter der Annahme, die Deutschen würden vor Winterbeginn Moskau erreichen – die Überquerung des Kaukasus sei. Ziel waren, wie schon im Ersten Weltkrieg, die Ölfelder von Baku, Grosny und Maikop (von allen das kleinste). Die Offensive könne nicht vor Mai 1942 beginnen, der Aufmarsch aber schon während des Winters eingeleitet werden. Erforderlich dafür sei eine Tropenbekleidung der Truppen – eine eher komische Erwähnung, zumal sich bei den Armeen im äußersten Süden der Ostfront herumgesprochen hatte, daß vor November nicht mit dem Eintreffen der Wintersachen zu rechnen sei, die in diesem Moment zweifellos Vorrang hatten. Statt sich um die sehr kritische Versorgungslage der Heeresgruppe Mitte zu kümmern, ordnete Paulus, den Blick in die Ferne gerichtet, eine Prüfung der Modalitäten an, wie man das »Tropenheer« über das Schwarze Meer und später über das Kaspische Meer versorgen könne.

Doch blenden wir ein paar Wochen zurück: Am 10. Oktober 1941 hatten sich das deutsche Volk und die Heeresführung wieder einmal an einer Sondermeldung berauscht: Die 11. Armee unter Generaloberst Erich von Manstein und die 1. Panzerarmee unter Generaloberst Ewald von Kleist hatten in der Kesselschlacht nördlich des Asowschen Meeres vier sowjetische Armeen vernichtet. Mehr als 60 000 Gefangene waren gezählt worden. Nun sollten die siegreichen Armeen weiterstürmen: Kleists Panzer bei Rostow den Don überqueren, während Manstein mit drei Divisionen im Handumdrehen die Krim erobert. Danach wollte er an der Ostspitze der Halbinsel, bei Kertsch, nach Asien übersetzen. Das Nahziel waren die Ölquellen bei Maikop, wo sich die Zangenarme der beiden Armeen vereinigen sollten. Obwohl die Heeresgruppe Süd am 10. Oktober Schneegestöber und einsetzende Kälte meldete, waren Manstein und Kleist euphorisch und tatendurstig. Vermutlich war weder ihnen noch den Auftraggebern im Generalstab der Zynismus klargeworden, dessen man bedarf, um ein Unternehmen »Wintersport« ohne Winterbekleidung zu beginnen.

Mansteins Hoffnung, im Handstreich die Krim zu erobern, beruhte auf einer beträchtlichen Fehleinschätzung. Weder drei noch sechs Divisionen reichten aus, die Halbinsel mitsamt der Festung Sewastopol in deutsche Hand zu bringen. Anfänglich hatte die vermeintlich längst zerschlagene russische Küstenarmee die Landenge bei Perekop verbissen verteidigt, doch dann tauchte eine ganz neue sowjetische Armee, die 51., auf, wo man allenfalls ein paar zusammengeraffte Truppenreste erwartet hatte. Bereits am 18. Oktober

1941 war Manstein angetreten, aber erst am 26. hatte er den Zugang zur Krim aufbrechen können. Somit mußte die 1. Panzerarmee, die noch auf Hilfe der 11. Armee gebaut hatte, am 5. November allein in Richtung Rostow vorstürmen.

Dem erfahrenen Oberbefehlshaber der Heeresgruppe Süd, dem rangältesten Generalfeldmarschall Gerd von Rundstedt, war dieser Umstand nicht ganz geheuer. Aber Halder und Brauchitsch drängten ihn, das Tor zum Kaukasus endlich aufzustoßen. Nach ein paar Tagen blieben die Panzer im Morast stecken. Erst als am 12. November der Boden bei minus 18 Grad gefror, rollten sie weiter gen Osten. Es gelang der Armee sogar, Rostow zu besetzen. Aber nach zwei Tagen begann ein unerwartet starker Gegenangriff der Russen. Am 28. November 1941 mußten die Deutschen die Stadt wieder aufgeben – der erste schwere Rückschlag im Winterkrieg.

Währenddessen belagerte Mansteins 11. Armee immer noch die Festung Sewastopol. Kurz vor Silvester mußte er die Angriffe abblasen: Im Rücken seiner Front, bei Feodosia, bald auch bei Kertsch, landeten russische Truppen. Höchste Gefahr im Verzug!

So schmählich endete das Unternehmen »Wintersport« – ohne Winterbekleidung. Denn auch im November war keine angekommen. Anfang Dezember mußte der Oberquartiermeister 2 kleinlaut zugeben, daß für die Heeresgruppe Süd überhaupt keine Züge mit Wintervorrat gefahren werden könnten! Die Landser froren seit Wochen erbärmlich: ohne Handschuhe, ohne Wintermäntel und mit »Knobelbechern«, die sich so eng an die Füße schmiegten, daß die Zehen erfroren. Beim Vorgehen auf Rostow eroberte die SS-Division »Wiking« ein russisches Winterbekleidungslager – und bediente sich. Die Soldaten zogen nun in russischer Montur gegen den Feind – ein gravierender Verstoß gegen die Haager Landkriegsordnung. Aber darauf kam es nun auch nicht mehr an.

Wagners »getürkte« Ausstellung

Als die Katastrophe des Wintereinbruchs für das deutsche Ostheer schon unabwendbar geworden ist, raffen sich sowohl der Generalstab als auch der Sachbearbeiter Herber endlich zu Taten auf. Dem

Oberquartiermeister Paulus gelingt es noch gerade rechtzeitig, die Verantwortung für die dilettantischen Transport- und Versorgungsplanungen auf die Heeresgruppen abzuwälzen. Schon Anfang September 1941 hatte sich Paulus bemüht, dem I b-Offizier der Heeresgruppe Mitte, der für die Versorgung der Truppe zuständig war, die Sorgen vor dem Winter zu nehmen, wider besseres Wissen. Doch zuletzt läßt er die Katze aus dem Sack: Die Truppe müsse sich im Winter selber unterbringen, vom Generalstab werden lediglich Material und Anleitungen kommen. Man solle sich soviel Gerät wie möglich beschaffen, da noch nicht feststehe, wieviel Kräfte während des Winters im Osten verbleiben müssen. Das ist die alte Leier der Operationsabteilung, die kennt man schon. Paulus aber geht einen Schritt weiter: Auf jeden Fall werde es sich um eine große Anzahl handeln! Dem General ist also klar, daß die Wehrmacht ihr Feldzugsziel nicht erreicht hat und auch nicht mehr erreichen wird.

Einen Monat später ergeht der immer wieder verschobene Befehl für ein Zugprogramm: Jede Heeresgruppe soll in ihr Gebiet an Wintersachen transportieren lassen, »was sie für richtig hält«. Damit, so schreibt jemand fast frohlockend ins Kriegstagebuch des Oberquartiermeisters 2, haben die Heeresgruppen die Verantwortung übernommen. Und – so muß man wohl ergänzen – hatte sich die Abteilung sowohl vor dem Obersten Befehlshaber als auch vor der Truppe aus der Verantwortung stehlen können. Der Befehl aber hat den in die Irre führenden Titel »Winter-Bevorratung«. Inzwischen hat das Oberkommando des Heeres sein Hauptquartier in winterfeste Gebäude zurückverlegt. Fortan sollen die Chefs des Generalstabs bei den drei Heeresgruppen Nord, Mitte und Süd ihre Nachschubweisungen an die Außenstellen des Generalquartiermeisters weitergeben.

Wie denn nun die frierende und darbende Truppe mit »zusätzlicher« (so heißt es tatsächlich) Winterausrüstung und »zusätzlicher« Winterbekleidung versehen werden soll, will sagen, wie an höchster Stelle die Ausstattung gedacht und bedacht worden ist, das regelt am 2. Dezember der Generalquartiermeister, indem er den »winterbeweglichen Verband« empfiehlt. Am nächsten Tag erläßt Heusingers Operationsabteilung eine »Weisung betr. Stillstand der Operationen«. In den Vorstädten Moskaus ist der deutsche Angriff, der auf

Betreiben Halders und des Feldmarschalls von Bock mit dem letzten Bataillon und der letzten Kraft den Sieg erringen sollte, gescheitert. »General Winter« beherrscht nun das Feld, sagen die Propagandisten.

Niemand im Generalstab und bei den einzelnen Armeen, die sich nun in die Ruhe des Winters und allmählich in die Ausgangsstellungen zurückbegeben sollen, ahnt, daß der Russe rund um Moskau mit einer Großzahl neu herangeführter, kampffrischer Divisionen auf dem Sprung steht, um die Heeresgruppe zurückzuschlagen, ja in die Vernichtung zu treiben. Erst vom 15. Dezember an, also viel zu spät, können erste Kleintransporte mit Wintervorrat die Heeresgruppe Mitte erreichen, und auch die Heeresgruppe Nord wird sich gleichfalls mit geringsten Mengen begnügen müssen.

Am 25. Oktober hatte sich der Generalstab noch etwas Besonderes einfallen lassen: Er befahl, eine Ausstellung für Hitler vorzubereiten, damit der Führer sich persönlich überzeugen konnte, was sein Heer für die Überwinterung seiner Soldaten alles bereitgestellt hatte. Aufgebaut war sie im Hauptquartier des Generalquartiermeisters Wagner. Gezeigt wurden Holzhütten, Öfen für Unterstände, Ohrenklappen, pelzgefütterte Mäntel und Stiefel. General Wagner hatte, um es im Landserjargon zu sagen, einen »Riesentürken« gebaut!

Generaloberst Halder besichtigte am 29. Oktober als erster die Ausstellung und äußerte sich anerkennend.

Am 30. Oktober sah sich Generalfeldmarschall von Brauchitsch die Schau an und war ebenfalls voll des Lobes.

Am 31. Oktober folgte Reichspropagandaminister Joseph Goebbels einer Einladung.[6] Er zeigte sich sehr beeindruckt: »Das ist überwältigend. Sie haben an alles gedacht.« Mißtrauisch hatte er dennoch Wagner gefragt, wieviel dieser Gegenstände schon jetzt verfügbar seien. »Genug jedenfalls, daß jeder Soldat zwei- oder dreimal damit ausgestattet werden kann«, soll der Generalquartiermeister geantwortet haben.

Am 1. November schließlich kamen Hitler und Generaloberst Jodl in die Ausstellung. Der Führer war so angetan, daß er sofort anordnete, sie in mehreren Großstädten zu zeigen. Vielleicht war es der Anblick der Wagner-Darbietung, die ihn damals zu der erstaunlichen Aussage verleitete: »In Rußland wird kein deutscher Soldat erfrieren!«

Für das Weitere mußte der Winterexperte Hauptmann Herber sorgen. Er reiste im November zweimal zu Besprechungen nach Berlin. Fortan sollte das Reichspropagandaministerium die Ausstellung übernehmen. Sie trug den schönen, beruhigenden Titel: »Unser Heer im Ostwinter«. Goebbels ließ sie zum Advent zusammen mit dem Weihnachtsmarkt ›Unter den Linden‹ aufbauen. Es schien ja aus der Sicht der Heimat wirklich alles noch einmal gutgegangen zu sein. Noch am 4. Dezember, einen Tag bevor die Rote Armee auf breiter Front zum Angriff überging, meldete die Abteilung Fremde Heere Ost (Oberst Eberhard Kinzel), »zur Zeit« sei der Feind bei Moskau zu keinem Großangriff fähig.

Zum 29. Dezember 1941 ließ Hauptmann i. G. Herber sang- und klanglos die Winterausstellung absagen. Begründung: »Die Voraussetzungen haben sich grundlegend geändert.« So einfach ging das. Der nominell Hauptverantwortliche für das Winterdesaster bekam eine neue Aufgabe zugewiesen: Er hatte nun »Winterbau-Materialzüge« zu disponieren.

»Gefangene entblößen!«

Mitten in der Winterschlacht vor Moskau, am 21. Dezember 1941, bestätigte das Oberkommando der Wehrmacht der Operationsabteilung des Heeres eine der schrecklichsten Weisungen aus dem Führerhauptquartier: »Gefangene und Einwohner rücksichtslos von Winterbekleidung entblößen!« Nur – die Herren, die sich im fernen Ostpreußen jeden Tag am Lagetisch des Führers trafen, schienen bar jeglicher Vorstellung, wie es an der Ostfront wirklich zuging. Denn dort wurde das, was hier befohlen wurde, seit drei Monaten praktiziert.

Begonnen hatte es Anfang September im Bereich der Heeresgruppe Mitte. Gerade erst hatte Feldmarschall Fedor von Bock (im Stab zärtlich »Onkel Fedje« genannt) gegen Roheiten an russischen Kriegsgefangenen protestiert, da wurde an seiner Front schon ein neues Verbrechen begangen, von dem er aber anscheinend nie etwas erfahren hat: Es geschah ausgerechnet bei der ihm unterstellten Potsdamer 23. Infanteriedivision, der die traditionsverhafteten Regimenter Nr. 9 (Spitzname »Graf Neun«), 67 und 68 angehörten. Da die angeforderte Winterbekleidung Ende August verlorenging und der Nachschub bisher ausgeblieben war, ließ man russischen Kriegsgefangenen 2000 Mäntel abnehmen.[7] Von einer Notlage konnte noch nicht die Rede sein, denn es war zwar herbstlich kühl, aber keineswegs winterlich. Die Mäntel wurden (der Kriegstagebuchführer konnte es sich nicht verkneifen) »nach erfolgter Entlausung« an die Truppe weitergegeben. Die 2000 Russen hingegen waren im kommenden Winter dem sicheren Erfrierungstod ausgesetzt.

Mangels rechtzeitiger Belieferung der Truppe mit Winterbekleidung breitete sich diese Praxis von Leningrad bis Rostow wie ein Buschfeuer aus: Ein klarer Verstoß gegen das deutsche Militärstrafgesetzbuch, das Fledderei unter Androhung des Verlustes der bürgerlichen Ehrenrechte als schweres Verbrechen behandelte. Laut Paragraph 134 war, wer im Felde einem auf dem Kampfplatz gebliebenen oder einem seinem Schutz anvertrauten Kriegsgefangenen eine Sache wegnahm oder abnötigte, mit Zuchthaus oder in besonders schweren Fällen mit dem Tod zu bestrafen.

Ebenso niederträchtig wie an den Gefangenen verging sich die Wehrmacht bei Anbruch des Winters an der Zivilbevölkerung, zum Beispiel die 4. Armee im Mittelabschnitt, deren 600000 Soldaten auch nur ein Fünftel der ihnen zustehenden Winterbekleidung bekommen hatten. Der I a-Offizier des Armeestabes, Oberstleutnant Stieff – zeitweilig mußte er allein die Armee führen – berichtete in einem Brief an seine Frau:[8] »... wir greifen jetzt zur Selbsthilfe und nehmen den Panjes für unsere Leute die hier üblichen Filzstiefel und (wattierten) Bekleidungsstücke fort. Es ist besser, die Bevölkerung verhungert und erfriert als wir.« Es sollte noch ärger kommen. Am 7. Dezember 1941, mitten im Abwehrkampf gegen die angreifenden neuen sibirischen Divisionen, bei denen jeder Mann Filzstiefel trug und mit wattierten Röcken und Hosen und mit Pelzmützen ausgestattet war, schrieb Stieff:[9] »Die Gefangenen laufen jetzt barfuß und kommen um, und unsere Leute ziehen sich die (weggenommenen) Sachen an.« Kurzum, ein düsteres Kapitel für den deutschen Generalstab! Es wird auch nicht dadurch relativiert, daß man einige der I a-Offiziere – Major i.G. Freiherr von Roenne (23.Inf.Div.), Oberstleutnant i.G. Stieff (4. Armee), Oberstleutnant von Tresckow (Heeresgruppe Mitte) –, die direkt oder als Mitwisser beteiligt waren, später beim militärischen Widerstand wiederfindet.

Die Überlebenden der Winterschlachten 1941/42 wurden hernach mit dem Winterorden dekoriert. Allein der Einfall entlarvt die Unverfrorenheit der Schreibtischkrieger, die wohl meinten, man könne auf diese Weise verdecken, daß die Gesundheit von mindestens einer Million Soldaten ruiniert worden war. Die Auszeichnung – von den Landsern respektlos treffend »Gefrierfleischorden« genannt – bekamen in der Regel zunächst nur jene Soldaten, bei denen Erfrierungen dritten Grades festgestellt wurden oder die zeitweilig eingeschlossen waren. Diese weit über 200 000 Männer, denen nur Frostschäden und nicht der Heldentod widerfahren war, sollten stolz auf ihre Leiden sein. Und war ein Frostschaden nicht ebensogut wie ein »Heimatschuß«, nach dem tatsächlich so mancher gierte? Doch wundern konnte sich der Landser schon lange nicht mehr. Zu Weihnachten 1941 kamen für jede Division Waggons mit französischen Weinen und Champagner an, aber den Inhalt hatte natürlich der flaschensprengende Frost zerstört.

Dieser Schildbürgerstreich ist nur eines von ungezählten Beispielen für die Inkompetenz und Schludrigkeit des Generalstabes, der es unterließ, den russischen Winter in seine Planungen einzubeziehen, so, als hätte es nicht in der Geschichte das Desaster von Napoleons Grande Armée in Rußland gegeben. Hinterher erfand man allerlei Ausreden. Niemand im Generalstab hätte voraussehen können, daß früher Schneefall im Oktober alle Berechnungen hinfällig machte. Urplötzlich sei die Truppe auf freiem Feld eisigen Winden schutzlos ausgesetzt gewesen, ganz zu schweigen von den verheerenden Frostschäden an Panzern, Kraftfahrzeugen und leichten Waffen. Dramatisierend sprach man von einem »Hoch-Winter«, der in Wirklichkeit für russische Verhältnisse ganz normal gewesen war.

Ein Praktiker – und acht Versager

Einer hatte während der monatelangen Versäumnisse in Sachen Winterbekleidung keine Angst vor den Generalstäblern: der ehemalige Gauwirtschaftsberater der NSDAP (und seit Februar 1942 Planungschef des neuen Rüstungsministers Albert Speer) Hans Kehrl. Dieser Zivilist, der aus der Textilindustrie kam, hatte im Januar 1942 begriffen, daß das Heeresbeschaffungsamt der Aufgabe, Winterbekleidung für die Truppe überhaupt erst einmal zu entwickeln, gar nicht gewachsen war. In eigener Initiative riß Kehrl die Uniformfrage an sich. In der zutreffenden Einschätzung, daß der Krieg noch lange nicht zu Ende war und der Wehrmacht ein zweiter russischer Winter ins Haus stünde, setzte er im Januar 1942 drei Arbeitsgruppen ein, die Vorschläge erarbeiten sollten. Er nannte sie zutreffend »Frostkommissionen«. Um den bürokratischen Hindernissen des Generalstabes aus dem Wege zu gehen, ließ Kehrl, der noch nach 1945 ein Verherrlicher des Nazi-Systems blieb, die Probekleidungen bei SS-Einheiten in Lappland testen.

Schon im Februar 1942 konnte er dem Leiter des Heeresbeschaffungsamtes seine Versuchsuniformen anbieten. Der General verwies auf eigene Entwicklungen, doch der zivile Praktiker ließ sich nicht beirren. Er unterrichtete Reichsminister Speer von der Leidensgeschichte des Ostheeres und von der Stümperei und Sturheit der verantwortlichen Generäle und Obristen. Speer lud daraufhin für den 19. April 1942 den Chef des Wehrmachtführungsstabes, General Jodl, zu einer vergleichenden Besichtigung der Uniformmodelle ein. Jodl reagierte derart enthusiastisch, daß er gleich drei Millionen Winteruniformen der Kehrlschen Art bestellte, die im August und September 1942 geliefert werden mußten. Allerdings waren die beiden Männer so feinfühlig, daß sie darauf verzichteten, diese Neuigkeit ihrem Führer sofort zu melden, »um ihm nicht den Geburtstag [am 20. April] zu verderben«. Statt dessen besichtigte am folgenden Tag auch Generaloberst Fromm, der dem Beschaffungsamt übergeordnet war, die neuen Uniformen. Für den hochgewachsenen Befehlshaber hatte man sogar eigens eine Uniform angefertigt. Fromm zog sie an, hüpfte und sprang darin in seinem Dienstzimmer umher, machte Freiübungen und war höchst zufrieden. Damit waren die Würfel gefallen, und Kehrls Abteilungsleiter Neckermann konnte nun dafür belobigt werden, daß die Truppe wenigstens für den nächsten Winter mit witterungsgerechten Uniformen gerüstet war.

Immerhin war noch im Februar/März des ersten Winters warme Kleidung an der Ostfront angekommen, freilich viel zu spät. Sie stammte aus der Pelz- und Wollsachensammlung, zu der Goebbels kurz vor Weihnachten 1941 das deutsche Volk aufgerufen hatte, um den Soldaten seine Dankbarkeit zu bezeugen.[10] 67 Millionen Stück Winterbekleidung sollen gespendet worden sein. Damit war zu guter Letzt Halders Idee vom Sommer 1941, wenn auch ganz anders, als er es sich vorgestellt hatte, verwirklicht worden. Was im einzelnen mit den Spendenmassen geschah, sei dahingestellt. Noch im letzten Kriegsjahr sah man auf dem Land Fremdarbeiter, die bei der Frühjahrsbestellung Damenfelljacken trugen.

Wem aber war die Schuld zuzumessen, daß 1941 nicht rechtzeitig taugliche Winteruniformen bereitgestellt wurden? Natürlich wußte das Gespann Halder/Heusinger/Wagner/Paulus spätestens seit August 1941, als der Blitzkrieg scheiterte, daß sie fortan *va banque* spielten. Denn weder war ausreichend Treibstoff für Fahrzeuge noch genügend Hafer für Pferde, noch hinlänglich geeignete Winterbekleidung vorhanden: konnte nicht einmal im minimalen Umfang an die Front geleitet werden. Halder hätte das Problem zur Chefsache machen müssen, statt sich auf seine Untergebenen zu verlassen.

Die Operationsabteilung unter ihrem Chef Oberst Heusinger versteifte sich auf die Ausrede, man habe Ende August Winterbekleidung angefordert und die Zusage der Lieferbarkeit erhalten. Zuständig seien jedoch das Beschaffungsamt und das Heeresbekleidungsamt und vor allem der Versorgungschef, Generalquartiermeister Wagner. Der wiederum meinte, für die Lieferung der Winterbekleidung an die Front sei der Heerestransportchef General Gercke zuständig. Aber seit Oktober 1941 waren es per Verfügung von oben die Heeresgruppen, die entscheiden mußten, was angesichts der völlig unzureichenden Transportkapazitäten der Bahn und der Straßentransportkolonnen jeweils vorrangig geliefert werden mußte und was zu warten habe. Da galt wieder das Wort des Generalstabschefs Halder, der bestimmte, daß die Truppe zum Kämpfen Sprit und Munition brauchte.

Das Transportwesen war freilich in der Winterschlacht vor Moskau derart herabgewirtschaftet, daß man gezwungen war, Verwundete in zurückgehende leere Waggons zu legen. Ungeachtet dessen hatte die Reichsbahn im November ganze Züge abgeordnet, um deutsche Juden in die Gettos von Riga und Minsk zu transportieren. In den höheren Stäben an der Ostfront sprach sich diese Ungeheuerlichkeit rasch herum, alle zeigten sich darüber empört. Von Proteste bei Hitler oder Himmler hat man freilich nichts gehört.

Wie üblich wurde keiner der Schuldigen an dem Winterdesaster bestraft, weder Halder noch Heusinger, weder Buhle noch Gercke oder Paulus. Sie hatten nach dem Krieg Gelegenheit genug, die Wirklichkeit zu vertuschen. Die Mitschuldigen Wagner, Olbricht und Fromm gerieten in den Strudel des 20. Juli 1944, sie konnten keine Geschichtsklitterung mehr verbreiten. Einer der Hauptverantwortlichen, Generalmajor Buhle von der Organisationsabteilung, wurde zum 1. April 1942 zum Generalleutnant befördert und durfte beim Oberkommando der Wehrmacht einen neuen Heeresstab bilden. Und General Jodl konnte selbstzufrieden dem nächsten Winter entgegensehen. Die 6. Armee in Stalingrad ist im Dezember 1942/Januar 1943 auch nicht mehr erfroren, sie ist verhungert.

11.
VON »BLAU« BIS »BLÜCHER«

»Walküre«, »Rheingold«, »Kriemhilde«, »Brunhilde«

Wir wissen nicht, ob Generaloberst Fromm ein Wagnerianer war oder ob er seinem bayreuthbesessenen Führer in schlechten Zeiten eine besondere Freude bereiten wollte. Jedenfalls entsann sich der Befehlshaber des Ersatzheeres des Stichwortes »Walküre«, unter dem bald der ganze Nibelungen-Ring aufmarschierte: »Rheingold«, »Kriemhilde«, »Brunhilde« hießen auf einmal seine Ersatztruppen, die er im Januar 1942 an die Ostfront schickte.[1]

Ebenso wie Generalstabschef Halder, der es sträflicherweise bei den 400 000 Mann Ersatz für die 80 Divisionen des Plans »Otto« belassen hatte – sie waren im Nu »verheizt« –, hatte auch Fromm nicht für Neuaufstellungen ganzer Divisionen vorgesorgt. Schon Ende Juli 1941 mußte Halder bei der Heeresgruppe Süd seine letzte Reserve freigeben. Fortan lebte die Ostfront von der Hand in den Mund. Scheinsieg reihte sich an Scheinsieg, und die Abgänge bei der Truppe überstiegen bald die gigantische Zahl von 200 000 per Monat. Wer binnen zwei bis vier Wochen frontnah kuriert werden konnte, zählte gar nicht erst als Abgang. Vermißte durften nicht als sichere Todeskandidaten gerechnet werden.[2]

Am 15. Dezember 1941 hatten sich Generalstab und Oberkommando der Wehrmacht gemeinsam aufgerafft, etwas zu tun.[3] Als erste werden die acht kampfkräftigsten West-Divisionen in den Osten entsandt. Viereinviertel neu aufzustellende Großverbände folgen. Fromm erfaßt sie unter »Walküre«. Bis Ende April 1942 sind wohl an die 24 Divisionen im Osten eingetroffen. Da sie nicht rußlanderfahren sind, erleiden sie hohe Verluste. Einige Truppen schlagen sich dennoch hervorragend. Die Kampfmoral der Soldaten hat im ersten russischen Winter keineswegs nachgelassen, außer bei manchen Stäben. Der Landser erkennt schnell, daß er durchhalten muß, wenn er nicht untergehen will. Dank ihrem Überlebenswillen retten die jungen Kompanie- und Zugführer mit einem intakten Unteroffizierskorps und opferbereiten Soldaten den Winterkrieg 1941/42, den die Stäbe verpfuscht hatten.

Im Frühjahr 1942 rollen dann Austauschdivisionen an, die Schlachtopfer für die nächste deutsche Großoffensive. Diesmal wird sie nur noch im Südabschnitt der Ostfront gestartet: in Richtung Don, Donez und Wolga. Anschließend soll ein weiterer Vorstoß – wie beim mißlungenen »Wintersport« – zu den Ölquellen nördlich des Kaukasus unternommen werden. Neue Aufstellungen dafür gibt es nicht, die 20. (Ersatz-)Welle läßt bis nach der Schlacht bei Stalingrad auf sich warten.

Allerdings hatte Generaloberst Fromm kurz vor Beginn der Kämpfe um Stalingrad die abstruse Idee, dem Führer eine neue Südarmee mit 16 Divisionen zu schenken,[4] die weitgehend aus den schon geschwächten Felddivisionen gebildet werden sollte, indem man die Schwachen noch weiter schwächte und ihnen je ein bis zwei Bataillone wegnahm. Die Soldaten an der Front waren empört, den Zorn wußte der Generalstab geschickt abzulenken, indem er diesen Unsinn Hitler in die Schuhe schob. Die »Kriemhilde«-Divisionen für die neue Notarmee seien das letzte, was aus dem Ersatzheer noch herausgeholt werden könne, sagte der Befehlshaber am 18. November 1942, dem Tag, an dem die Russen beiderseits der 6. Armee in Stalingrad zu ihren Unternehmen »Uranus« und »Saturn« antraten.

Fromm improvisierte weiter aus dem Handgelenk. Schon im Mai 1942 hatte er angefangen, unter »Walküre II« Notfallkräfte zusammenzuraffen, die nach feindlichen Luft- oder Küstenlandungen im Deutschen Reich rasch zur Stelle sein oder Unruhen unter den Millionen Fremdarbeitern niederschlagen konnten. Nach derselben Methode zauberte Fromm im Herbst 1942 – nach der Landung der Alliierten in Nordwestafrika – schnell Truppen zur Besetzung Südfrankreichs herbei, und dann entdeckten rückwärts tätige Stabsoffiziere die Möglichkeit, mit »Walküre III« den Krieg noch vor der absehbaren Katastrophe zu beenden. Doch das ist ein anderes Kapitel.

Das alte Ziel – Maikop

Noch ehe die deutsche Sommeroffensive 1942 in Rußland begann, hatte man im Generalstab nachgerechnet, wie hoch beim Ostheer die Abgänge an Toten, Verwundeten und Kranken waren.[5] Für die zehn Monate vom 22. Juni 1941 bis Ende Mai 1942 kam man auf 1,86 Millionen Mann. Neu in den Osten gekommen waren aber nur 1,12 Millionen Soldaten. Es fehlten also 0,7 Millionen. Damit war eigentlich die Entscheidung gefallen. Denn die Kriegslage konnte sich für Deutschland nur noch verschlechtern: Amerikaner und Briten bereiteten im Westen oder im Mittelmeer eine zweite Front vor, und gegen den Bombenkrieg – mittlerweile waren Lübeck und Rostock in Flammen aufgegangen und hatte Köln den ersten 1 000-Bomber-Angriff erlebt – war nicht mehr aufzukommen. Dennoch haben der Generalstab und Hitler noch einmal alles auf eine Karte gesetzt, um Rußland vernichtend zu schlagen. Im Besitz der russischen Rohstoff- und Getreidereserven glaubte man, einen Krieg mit den Weltmächten Amerika und Britisches Commonwealth bestehen zu können.

Was in der Winterschlacht mißglückt war – vom Sprungbrett Rostow und von der Krim aus wenigstens die Erdölfelder von Maikop zu erobern –, sollte nun in großem Maße wiederholt werden. Der Griff nach dem kaukasischen Erdöl (und den Manganerzen) hatte bereits im letzten Jahr des Ersten Weltkrieges zu den Kriegszielen der Deutschen gehört.[6] Durch den Knebelvertrag von Brest-Litowsk war das bolschewistische Rußland auf Öl- und Getreidelieferungen festgelegt worden. Um die riesigen Ölquellen nördlich des Kaukasus vor den Engländern zu schützen und die türkischen Verbündeten von störenden Aktionen gegen die freiheitsdurstigen Kaukasusvölker abzuhalten, schickte die Oberste Heeresleitung im Frühsommer 1918 sogar eine ganze Division über das Schwarze Meer nach Georgien.

Man darf annehmen, daß Hitler in seinen Münchner Jahren im Umgang mit Offizieren wie Ludendorff, Lossow, vielleicht später auch mit Seeckt, gelernt hat, die strategische und wehrwirtschaftliche Bedeutung des größten europäischen Erdölvorkommens zu ermessen. Das übrige tat dann General Thomas, der Leiter des Wehrwirtschafts- und Rüstungsamtes, mit seinen Studien zum Ostfeldzug. Er hatte leichtsinnigerweise noch im Oktober 1941 den Generälen in den Oberkommandos des Heeres und der Wehrmacht eine (unhaltbare) Prognose zugesteckt: Nach dem Verlust von Maikop und des Donezbeckens werde die Sowjetunion zwei Drittel der Kohle und des Eisens eingebüßt haben, und die industrielle Produktion werde fast überall auf über die Hälfte absinken.[7]

Anders als 1941, als sein Ziel noch Moskau war, trat nun auch Halder voll und ganz für das Kaukasusunternehmen ein. Es sei eine zwingende Notwendigkeit; denn diese Region habe für das Reich »etwa die gleiche Bedeutung wie die Provinz Schlesien für Preußen«. »Erst durch Besitz dieses Gebietes wird das deutsche Kriegsreich auf Dauer lebensfähig.«[8] Generalfeldmarschall Keitel sagte vor der neuen Offensive zu Thomas, wenn es nicht gelänge, könne man 1943 keine Operationen mehr führen. Und noch offener äußerte sich Hitler vor seinen Generälen: »Wenn ich das Öl von Maikop und Grosny nicht bekomme, dann muß ich diesen Krieg liquidieren.«[9]

Die Operation »Blau« begann am 28. Juni 1942. Das Ziel hatte Hitler in seiner Weisung Nr. 41 vom 5. April 1942[10] unmißverständlich bezeichnet: »…die den Sowjets noch verbliebene lebendige Wehrkraft endgültig zu vernichten und ihnen die wichtigsten kriegswirtschaftlichen Kraftquellen soweit als möglich zu entziehen«. Man gedachte, die sowjetischen Armeen durch eine große Zangenbewegung einzukesseln und zu vernichten. Die Truppen des linken Flügels sollten von Woronesch donabwärts, die des rechten Flügels vom Asowschen Meer donauaufwärts vorrücken und sich bei Kalatsch vereinigen. Sodann sollte der Stoß gen Süden gehen, zu den Ölfeldern nördlich des Kaukasus und über den Kaukasus hinaus.

Die Offensive stand von vornherein unter einem schlechten Stern. Zehn Tage vor Angriffsbeginn war der Major i. G. Reichel von der 23. Panzerdivision bei einem Flug hinter die feindlichen Linien geraten und abgeschossen worden. Dabei fielen den Russen die Befehle und Lagekarten für das Unternehmen »Blau I« in die Hände. Sie wurden sofort nach Moskau weitergeleitet.[11] Stalin, der nicht zuletzt aufgrund deutscher Täuschungsmanöver wieder mit einem Hauptangriff auf Moskau rechnete, hielt diese Pläne für »getürkt«. Da das erste Ziel die Stadt Woronesch am Don war, lag der Gedanke nahe, daß von dort aus ein Schwenk nach Norden geplant war. Im Führerhauptquartier hielt man trotz der Panne am Feldzugsplan fest und vertraute auf die Durchschlagskraft der schnellen Divisionen, von denen man freilich viel zuwenig hatte. Das Ostheer von 1942 war eben nicht mehr mit dem von 1941 zu vergleichen. Die Russen zogen starke Kräfte bei Woronesch zusammen, so daß sich die Angreifer viel zu lange an der Stadt festbissen.

Der sowjetische Marschall Timoschenko gebrauchte den Raum als Waffe und entzog sich mit seinen Truppen immer wieder den Umzingelungsversuchen, so daß die üblichen riesigen Massen an russischen Gefangenen diesmal ausblieben. Die deutschen Armeen kamen zwar vier Wochen schneller voran als vorgesehen, aber es dehnten sich auch ihre Versorgungswege. Halder war es dann, der den Zangenplan entlang dem Don verwässerte, indem er urplötzlich die »Gruppe Wietersheim«, das XIV. Panzerkorps, vom südlichen Don weiter nach Norden verlegte. Ursprünglich hatte diese Gruppe, zusammen mit Mansteins 11. Armee, sich bei Kalatsch mit der 6. Armee des Generals Paulus treffen sollen. Doch die 11. Armee hatte mit der Rückeroberung von Kertsch und mit der Eroberung der Festung Sewastopol viel zu lange alle Hände voll zu tun gehabt (und dabei hohe Verluste unter den Soldaten erlitten). Immer wieder lagen entlang der Angriffsfront zwischen Kursk und Asowschem Meer einzelne Verbände fest, weil der Nachschub, wie schon 1941, wieder nicht funktionierte, so daß oft wochenlang der Sprit fehlte. Allmählich zersplitterte der Sommerfeldzug in ein Gewirr von gegenläufigen Aktionen.

Eines der Feldzugziele war es nämlich, die Wolga, eine der wichtigsten Verkehrsstraßen, zu sperren. Zu diesem Zweck sollte das Rüstungs- und Verkehrszentrum Stalingrad erreicht oder zumindest »unter die Wirkung unserer schweren Waffen« gebracht werden, die natürlich auch den Schiffverkehr auf der Wolga unterbinden sollten. Die Abteilung Fremde Heere Ost, jetzt geleitet von Oberst Gehlen, auf den Halder große Stücke setzte, behauptete[12], der Russe versuche bei Stalingrad eine neue Front aufzubauen: westlich des Dons habe er etwa fünf Divisionen, in der Stadt noch vier: eine falsche Einschätzung, die sich bitter rächen sollte. Auch General Thomas wollte wieder mit seinen Erkenntnissen prahlen[13]: In Stalingrad könne man 50 Prozent der Produktion des Panzers T 34 (der den deutschen Soldaten stark zu schaffen machte) zu fassen bekommen. Thomas schätzte die Produktion falsch ein. Statt 6000 waren es allein

1942 schon 12 500 Panzer. Und die Fertigungsanlage in Stalingrad war lange vor der deutschen Offensive hinter den Ural gebracht worden. Was Wunder, daß Hitler – getäuscht durch die Auskünfte der Herren Gehlen und Thomas – nun doch Stalingrad besetzen und die sich anscheinend bildende Kräftegruppe zerschlagen wollte, sozusagen im Handstreich. Zugleich konnte er damit seine Hauptaktion – den Einbruch in den Kaukasus über den Don bei Rostow – nach Osten abdecken.

Es empfiehlt sich, in diesem Punkte die Weisung genau zu lesen[14]. Zunächst fordert er, die Sicherung am Don »durch zügige Seitwärtsverschiebung« der Kräfte zu verlängern und möglichst bald die Landbrücke zwischen Donknie und Wolga zu gewinnen »und Stalingrad zu nehmen«. Dann folgt der entscheidende Satz: »Gelingt das in einem überraschenden Vorstoß nicht, so bleibt es das wichtigste Ziel, südlich Stalingrad die Wolga zu gewinnen und derart zu beherrschen, daß jeder Schiffsverkehr auf der Wolga von und zum Kaspischen Meer unterbunden wird.« (Getroffen werden sollten auch die englischen Zufuhren, die über das von Russen und Briten besetzte Persien liefen.)

Doch nun setzte sich Halder mit seiner Parole durch: Das Schicksal des Kaukasus werde bei Stalingrad entschieden, eine Formel[15], die ihm sein Konkurrent, Generaloberst Jodl vom Wehrmachtführungsstab, so lange nachschwatzte, bis er auch Hitler davon überzeugt hatte. Anstatt Stalingrad links liegenzulassen, wenn ein Handstreichversuch nicht gelang, beharrte Halder nun auf der Eroberung um jeden Preis. Bei Elista in der Kalmückensteppe kam am 12. August 1942 zwar die 16. motorisierte Division an und schickte drei Fernspähtrupps unter drei Leutnants in Richtung Wolga. Aber dort, wo Hitler mit vier schnellen Divisionen den Strom sperren wollte, hat Halder es verhindert.

Obwohl Halders Schützling, Generaloberst Paulus, am 25. Juli 1942 – inzwischen war die Heeresgruppe Süd in die nördliche Heeresgruppe B und die südliche Heeresgruppe A aufgeteilt worden – mit der 6. Armee Kalatsch am Donknie erreichte, vergeudete er drei wertvolle Wochen, statt blitzschnell auf die Stadt vorzustoßen. Als er am 19. August 1942 den Angriffsbefehl gab, war es bereits zu spät. Denn inzwischen hatte Stalin, der zunächst ja eine neue deutsche Offensive gegen Moskau befürchtete, den Schwerpunkt der Deutschen erkannt und beschlossen, hier an der Wolga ein Exempel zu statuieren. Mit seinem berühmten Befehl Nr. 227 (»Nicht einen Schritt zurück!«) vom 28. Juli – eine Mischung aus herzbewegendem Appell und brutalen Drohungen – setzte er ein Zeichen: Hier und heute beginnt die Wende des Krieges, man kann und wird den Feind seinen langen Weg zurücktreiben.[16] Damit forderte er Hitler heraus, der sich einige Wochen später öffentlich in einer Rede in Berlin zu dem Spruch verleiten ließ: »Uns wird kein Mensch von dieser Stelle mehr wegbringen.«

Schon einen Tag nach Paulus' Angriffsbefehl wurde Wietersheims Panzerkorps im Norden von Stalingrad von fünf Divisionen angegriffen, und den General plagten Alpträume angesichts der hohen Verluste. Halder und Paulus bissen sich nun in der langgestreckten Wolgastadt mit Panzern fest, die dort die ungeeignetste Waffe waren. Aber noch gaben sich die Oberkommandos siegesgewiß. Am 22. August 1942, als die Schlacht um Stalingrad ihren Anfang nahm, befahl die Heeresgruppe B selbstsicher zum 15. September[17] einen Angriff mit drei Divisionen auf Astrachan (Unternehmen »Fischreiher«). In unerschütterlicher Siegeszuversicht hatten sich zur gleichen Zeit Heer und Marine voreilig darauf verständigt, in dem Hafen Machatschkala am Kaspischen Meer eine »Mast«, das heißt eine Marine-Außenstelle, einzurichten. Sogar der Hafenkommandant war bestimmt. Das Heer erbat von der Marine Flankenschutz während des Vormarsches, der auf zehn Tage geplant war. Deshalb sollten Siebel-Fähren und Autoboote überführt werden. Als im Oktober die Häuserkämpfe in Stalingrad von Tag zu Tag wilder und blutiger wurden, sagte die Heeresgruppe das Unternehmen ab.

Hitler und Halder hatten Anfang Juli 1942 beschlossen, die 11. Armee unter dem Oberbefehl des Generalfeldmarschalls von Manstein, die eben nach blutigem Ringen die Festung Sewastopol erobert hatte, sollte direkt von der Krim aus die Meerenge bei der Halbinsel Kertsch überqueren, um die Offensive der Heeresgruppe A in den Kaukasus zu unterstützen.[18] Das Unternehmen »Blücher« – wohl so genannt im Gedenken an Feldmarschall Blüchers Rheinübergang bei Kaub 1814 – hatte zwei Aufgaben zu erledigen: Erstens sollten Mansteins Truppen vom Kriegshafen Noworossisk so schnell wie möglich auf Maikop vorstoßen. Fallschirmspringer einer besonderen technischen Einheit hatten rechtzeitig die Zerstörung der Ölanlagen zu verhindern.

Zwei Wochen nach diesem Befehl, am 17. Juli 1942, hatte es sich Hitler anders überlegt: Der größte Teil der 11. Armee – fünf Divisionen – mitsamt den schweren Belagerungsgeschützen, die Sewastopol sturmreif geschossen hatten, wurde über 2000 Kilometer in den Nordabschnitt beordert, wo sie endlich Leningrad zu Fall bringen und die Landverbindung zu den Finnen herstellen sollte. Woher dieser plötzliche Sinneswandel? Die Anregung kam von außerhalb: Am 5. Juli hatten General Dietl, der Oberbefehlshaber der Lapplandarmee, und der deutsche Verbindungsgeneral in Finnland, Erfurth, den Mißstand beklagt, daß 500 000 Soldaten im hohen Norden tatenlos in ihren Stellungen lagen, während das deutsche Heer im Süden der Ostfront zusammen mit ihren Verbündeten eine neue Offensive eröffnet hatte. Wäre es nicht an der Zeit, daß die deutsch-finnischen Waffenbrüder die Murmanbahn angriffen, um den alliierten Nachschub über Murmansk zu unterbinden? Doch die Finnen weigerten sich anzutreten, solange Leningrad nicht erobert worden war. Zufällig erschien am 9. Juli General Jodl zu einem Besuch in Finnland. Er ließ sich von den Generalskameraden überzeugen und vermochte danach Halder und Hitler für den Plan zu gewinnen. Von ihm stammte auch der Vorschlag, Generalfeldmarschall von Manstein, den Bezwinger Sewastopols, mit dem »Unternehmen Nordlicht« zu beauftragen.

Hier haben wir ein Beispiel für die Art und Weise, wie die Militärs Hitler zum Werkzeug ihrer eigenen Pläne machen konnten.

Als Manstein zum erstenmal die Lage vor Leningrad inspiziert hatte, meinte er, am zweckmäßigsten sei wohl, »die Stadt einzuschließen und Verteidiger wie Bewohner verhungern zu lassen«.[19] Mehr Gedanken brauchte er sich gar nicht zu machen, denn überraschend eröffneten die Sowjets eine Offensive südlich des Ladogasees, so daß Manstein mit seinen Truppen diese Gefahr schleunigst abwenden mußte.

Enttäuschend für die Deutschen war auch die Eroberung von Maikop am 9. August 1942.[20] Die mit eingerückte »Technische Brigade Mineralöl« mußte feststellen, daß die Ölanlagen von den Russen vorher gründlich zerstört worden waren. Bald zerstoben die Illusionen der Wehrwirtschaftler, man könne binnen weniger Monate mit der

Förderung beginnen und es in einem Jahr auf eine Million Tonnen bringen. Überhaupt hatte Fremde Heere Ost die Kräfteverhältnisse auf der russischen Seite abermals verheerend unterschätzt. So haben deutsche Gebirgsjäger zwar auf dem Elbrus, dem höchsten Berg Europas, die Reichskriegsflagge hissen können, aber weder gelang es den Armeen, die Küstenstraße am Westufer des Schwarzen Meeres bis Batum an der türkischen Grenze zu öffnen, noch konnten sie an die Ölfelder von Grosny und Baku herankommen. Was man seit dem Frühjahr hätte wissen können: Das deutsche Ostheer war überfordert und wurde mit jedem Schritt gen Osten schwächer.

Nach manchen nervenaufreibenden Auseinandersetzungen mit seinem Obersten Befehlshaber Hitler ließ sich Generalstabschef Halder am 24. September 1942 zur »Führerreserve« abstellen.[21] Seine Entlassung hatte er selber provoziert. Ahnte er bereits, daß der Krieg nicht mehr zu gewinnen war? Sein letzter Befehl am Abschiedstag deutet freilich darauf hin, daß er zu diesem Zeitpunkt die Tragödie noch nicht einmal begriffen hatte, auch sein zweiter Sommerfeldzug in Rußland war fehlgeschlagen. Er billigte endgültig die Aufstellung der neuen Heeresgruppe Don unter dem Oberbefehl des rumänischen Diktators Marschall Antonescu. Stalingrad, das entnimmt man Halders Befehl, sollte Ende September, Anfang Oktober 1942 fallen.[22] Der neue Chef des Generalstabs, General Zeitzler, drängte Hitler mit Erfolg, Pionierbataillone nach Stalingrad einzufliegen, weil die im Häuserkampf nicht genügend ausgebildete Infanterie schwerste Verluste hatte hinnehmen müssen. »Ich mache es jetzt mit ganz kleinen Stoßtrupps«, verkündete Hitler am 8. November 1942 vor seinen Alten Kämpfern in München.[23] Den Generälen konnte es nur recht sein, daß er die Verantwortung allein auf sich nahm. Und ihm oblag sie auch, als die 6. Armee Ende November 1942 von den Russen eingeschlossen und ihr der Ausbruch verboten wurde. Etwa drei Monate später – nach dem Untergang der 6. Armee und dem Rückzug des Rommelschen Afrikakorps aus Ägypten und Libyen – schrieb Fregattenkapitän Weygold, Verbindungsoffizier der Marine zum Oberkommando des Heeres: »Die Rückschläge im Osten und in Afrika haben uns jetzt klar die Grenzen unserer Leistungsfähigkeit gezeigt und bewiesen, daß die Zeiten des blitzartigen Niederschlagens des Gegners vorüber sind.«[24]

12.
Warum »Walküre III«
scheitern musste

»Walküre« hieß das Stichwort, mit dem der Befehlshaber des Ersatzheeres, Generaloberst Friedrich Fromm, alle Wehrkreisbefehlshaber und sonstigen Dienststellen im Notfall zum Einsatz aufrufen konnte. Der Begriff »Walküre« begegnet uns schon 1942 (siehe Kapitel 11), als von »Kriemhilde«- und »Brunhilde«-Divisionen die Rede ist und solche Verbände aus den heimatlichen Garnisonen und sogenannten Ersatz- oder Reservedivisionen jederzeit zur Front in Marsch gesetzt werden konnten. Erforderlich war immer die Befehlsausgabe durch den kraft seiner Kommandogewalt legitimierten Generalobersten Fromm.

Der eigentliche Motor der militärischen Verschwörung zum Sturz der nationalsozialistischen Herrschaft war 1942/43 Oberst Henning von Tresckow, damals Ia-Offizier im Stab der Heeresgruppe Mitte. Er hatte die »genial zu nennende Idee« (so mit Recht der Historiker Hans Mommsen[1]), das »zur Abwendung innerer Unruhen ... entwickelte Szenario, das dann den Namen ›Walküre‹ erhielt, zum Umsturz zu entwickeln«. Was Tresckow angefangen hatte, hat dann, als er an die Ostfront zurückkommandiert und als Generalmajor Chef des Stabes der 2. Armee wurde, Oberst Graf Claus Schenk von Stauffenberg vollendet und im Juli 1944 in die Praxis umgesetzt. Allerdings ging an Fromm, dem Stauffenberg als Chef des Stabes unterstand, kein Weg vorbei.

Wer putschen wollte, mußte sich nicht nur der Beteiligung von Fromm versichern, sondern auch jener der Wehrkreisbefehlshaber, die in ihren Bereichen die vollziehende Gewalt zu übernehmen hätten. Das galt insbesondere für den Wehrkreis III in Berlin unter dem General von Kortzfleisch, der zuvor im Osten das XI. Korps geführt hatte. Doch weder Fromm noch Kortzfleisch waren von den Verschwörern eingeweiht worden. Als am späteren Nachmittag des

20. Juli 1944 ihre Mitwirkung gefordert wurde, paßten beide Herren, so daß man sie sofort festnahm.[2] Nun war guter Rat teuer. Denn die übliche Prozedur, daß die (in die Putschpläne eingeweihten) Chefs der Stäbe von Fromm (Stauffenberg), von General Olbricht, dem Chef des im Bendlerblock angesiedelten Allgemeinen Heeresamtes (Oberst Mertz von Quirnheim), und von Kortzfleisch (General Herfurt) »Für die Richtigkeit« unterschrieben, mußte ja telefonische Rückfragen auslösen. Würden Fromm und Kortzfleisch dann nicht im Sinne der Verschwörer antworten, war der ganze Putsch auf Sand gebaut, egal, ob Stauffenberg, Mertz und Herfurt die Richtigkeiten per Unterschrift vortäuschten oder nicht. Anders bei der Stadtkommandantur, wo General Paul von Hase Bescheid wußte; doch er hatte nur das Wachbataillon, einige Schuleinheiten sowie Landwehr-Wachposten unter sich, mit denen er keine Schlachten schlagen konnte. Ob das Wachbataillon unter Major Otto-Ernst Remer den Putschisten zu Willen sein würde, blieb freilich offen, solange man sich nicht mit dem Kommandeur oder dessen Vorgesetzten in Cottbus arrangiert hatte.

Genauso verhielt es sich mit den sechs Panzerabteilungen des Berliner Wehrkreises, die Fromm anfordern, also alarmieren und nach Berlin ins Stadtzentrum befehlen konnte. Doch was dann? Die Kommandogewalt über Panzer- und Panzergrenadiereinheiten oder Panzerartillerie- und Aufklärungsverbände hatte Fromm ausdrücklich nicht, ebensowenig wie der Befehlshaber im Wehrkreis. Diese Regelung war kurz nach der Schlacht von Stalingrad eingeführt worden, als auch Hitler erkannte, daß diesen Krieg der gewönne, der die meisten und besten Panzer besaß. So hatte er sich dazu durchgerungen, den im Dezember 1941 seines Kommandos enthobenen Panzergeneral Heinz Guderian zum Generalinspekteur der Panzertruppen zu ernennen, sozusagen als Retter aus aller Not. Dazu durfte sich der Generaloberst in einem sogenannten »Führerbefehl« sein Aufgabengebiet und seine Vollmachten selber festschreiben.[3] Der schlaue Guderian setzte durch, daß er weder dem Generalstabschef noch dem Befehlshaber des Ersatzheeres unterstellt werden durfte. In Notfällen wie »Walküre« bekamen auch die Wehrkreisbefehlshaber keine Kommandogewalt über Panzereinheiten, es sei denn, Guderian hatte es genehmigt.

Natürlich wußte Fromm davon. Aber ob die Abmachung auch dem

Obersten Graf Stauffenberg bekannt war, der erst am 1. Juli 1944 sein Amt als Chef des Stabes bei Fromm angetreten hatte, mag offenbleiben. Der Chef des Stabes bei General Olbricht, Oberst Mertz von Quirnheim, hat die Befugnisse Guderians im Eifer des Putschvorhabens offensichtlich übersehen – eine tödliche Nachlässigkeit. So konnten also die Panzertruppen im Wehrkreis III die ihnen befohlenen Einsatzaufgaben,[4] die der Mitverschwörer Major von Oertzen formuliert hatte, weder übernehmen noch ausführen.

Im übrigen war keiner der Panzerkommandeure, die sich zufällig im Wehrkreis III aufhielten oder dorthin gehörten, im vorhinein informiert worden. Die eher dilettantischen Marschbefehle, die nach 16.30 Uhr eintrafen, machten stutzig, erst recht, wenn statt des Wehrkreisbefehlshabers der gar nicht zuständige Olbricht unterschrieben hatte. Bestenfalls zwei Stunden später, nachdem Sprit, Munition und Verpflegung gefaßt waren, konnten Einheiten der Panzertruppe Richtung Tiergarten abrollen. Aber eingreifen durften sie erst dann, wenn Guderian oder sein Stab es genehmigten.

Im jugendlichen Überschwang hatte Stauffenberg mit der geborgten Autorität des Generalobersten Fromm darauf vertraut, daß sein Freund Mertz schon alles anbahnen würde und er selber bei Stokkungen genügend Überzeugungs- und Durchsetzungskraft hätte, die Dinge in Fluß zu halten. Nachdem aber Mertz den herbefohlenen Panzeroberst Glaesemer, den neuen Kommandeur der Panzertruppenschule II in Krampnitz, hatte festnehmen lassen, weil er nicht länger gehorchen wollte (»das sei ja ein Dolchstoß wie 1918«)[5], war der Putsch praktisch schon im Keim erstickt. Denn zwei der Bataillone sollten die Absperrung des Regierungsviertels verstärken, die Masse der Panzer aber den Bendlerblock schützen und für »beweglichen Einsatz« bereitstehen.

Generaloberst a.D. Beck und Oberst Graf Stauffenberg warteten vergebens auf die Panzer. Da der Adjutant Glaesemers entkommen konnte, erfuhren die Truppen aus Krampnitz bald, was im Bendlerblock gespielt wurde. Sie hielten auf Distanz zu den Verschwörern. Rüstungsminister Albert Speer, der sich bei Goebbels aufhielt, konnte von dort aus den ihm bekannten Obersten Bolbrinker[6] anrufen und sich versichern lassen, daß die Panzereinheiten sich führertreu verhielten.

Nun blieb den Verschwörern noch ein Panzerkommandeur aus dem östlichsten, dem neuen Wehrkreis XXI in Polen, der Oberst und Ritterkreuzträger Fritz Jäger[7]. Er hatte sich um eine »Dienstreise« nach Berlin bemüht, um am 20. Juli dabeizusein, und sollte Schulpanzereinheiten oder einem für den Osteinsatz vorbereiteten Panzerverband Einsatzbefehle geben. Da er gar kein »Panzermann« war, sondern Panzerjäger, hätte er bei den Panzereinheiten ohnehin schlechte Karten gehabt. Aber ohne Kommandogewalt über Guderians Panzer war auch er machtlos. Er konnte noch nicht einmal seinen Hauptauftrag, Goebbels und andere Parteigrößen festzunehmen, ausführen. Denn die ortskundigen Kriminalbeamten, die ihm dabei helfen sollten, ließen sich nicht blicken.

Doch erzählen wir kurz den Hergang des Aufstandes.[8] Nach dem Untergang der 6. Armee in Stalingrad Anfang Februar 1943 und der Kapitulation der deutschen und italienischen Armeen in Tunis im Mai 1943 bildete sich bei der Heeresgruppe Mitte eine militärische Widerstandsgruppe, die zum Umsturz entschlossen war. Der Putsch mußte jedoch mit der Tötung des Diktators beginnen, um die Offiziere und Soldaten von ihrem Eid zu entbinden. Nach der Winterkatastrophe in Rußland 1942 hatte sich bei den Verschwörern Unmut über die militärische Lage gerührt. Sie hofften zuerst, die Feldmarschälle würden handeln oder zumindest dafür sorgen, daß Hitler seinen Oberbefehl an einen tüchtigen Heerführer, etwa Manstein, abtrat.

Der junge Hauptmann Graf Stauffenberg war ein freidenkender Feuergeist, der sich dem Kreis um den elitären Dichter Stefan George verbunden fühlte, und stolz darauf, ein Nachfahre des preußischen Feldherrn von Gneisenau zu sein, der als Bezwinger Napoleons in den Freiheitskriegen von 1813/14 berühmt wurde. Stauffenberg hatte, wie so viele junge Offiziere, den Machtwechsel von 1933 begeistert begrüßt. Er träumte von des Deutschen Reiches Macht und Größe und hing bis in den Sommer 1944 hinein der Illusion nach, man könne sich nach der Selbstbefreiung von der Hitler-Diktatur noch mit den Westmächten über einen Verständigungsfrieden einigen. Vergeblich hatte sich der junge Hauptmann, dem man eine Karriere bis in die höchsten Ämter der Armee voraussagte, 1942 bemüht, die Heerführer aus ihrer Lethargie zu reißen; immer öfter spielte er mit dem Gedanken des Tyrannenmordes. Enttäuscht, aber auch um der eigenen Sicherheit willen ging er wieder an die Front. Nach einer schweren Verwundung während eines Tieffliegerangriffs in Tunesien fühlte er stärker denn je die Berufung zur befreienden Tat, zur Rettung Deutschlands. Jetzt mußten die Obristen die Sache in die Hand nehmen. Sein patriotisches Pflichtgefühl verband sich mit dem Abscheu vor den Verbrechen des Regimes, an denen freilich die Wehrmacht selber teilhatte. Nachdem verschiedene Attentatspläne gescheitert waren und niemand mehr sich zur Tat bereitfand, nahm Stauffenberg schließlich die nahezu unlösbare Aufgabe auf sich, sowohl den Diktator in seinem ostpreußischen Hauptquartier mit einer Bombe zu töten als auch anschließend den Putsch in Berlin zu einem erfolgreichen Ende zu führen.

Nach der gelungenen Invasion der Alliierten in Nordfrankreich und der Offensive der Roten Armee, die in wenigen Wochen die ganze Heeresgruppe Mitte hinwegfegte und ein riesiges Loch in die Ostfront riß, war Eile geboten, ehe der Feind an den Grenzen stand. Zudem hatte die Gestapo Stauffenbergs Freund, den Sozialdemokraten Julius Leber, verhaftet, den er gern als neuen Reichskanzler gesehen hätte und deshalb so rasch wie möglich »herausholen« wollte. Die Hiobsbotschaften häuften sich: Carl Goerdeler, die führende Persönlichkeit des zivilen bürgerlichen Widerstands, mußte sich wegen drohender Verhaftung auf die Flucht begeben. An der Invasionsfront wurde der populäre Feldmarschall Erwin Rommel, auf den die Verschwörer bauten, bei einem Tieffliegerangriff so schwer verwundet, daß er für lange Zeit ausfiel.

Am 15. Juli 1944 reiste Stauffenberg mit seinem Vorgesetzten Fromm ins Führerhauptquartier (Wolfsschanze) beim ostpreußischen Rastenburg. Er hatte die Bombe in der Aktentasche. Doch die Putschgeneräle in Berlin, Olbricht, Wagner, Hoepner und Beck, bestanden darauf, daß er das Attentat aufschiebe, weil der Reichsführer SS Himmler nicht anwesend war. Stauffenberg gehorchte, wenn auch zähneknirschend, den Ranghöheren. Sein Biograph Peter Hoffmann spricht glattweg von Sabotage.[9] Fast wäre das Putschvorhaben schon zu diesem Zeitpunkt gescheitert. Stauffenbergs verläßlicher Freund Oberst Mertz hatte nämlich Stunden zuvor die »Walküre«-Truppen alarmiert, die nur noch auf den Marschbefehl warteten.

General Olbricht konnte die Lage retten, indem er den Alarm als Übung ausgab und die Truppen inspizierte. Generaloberst Fromm rügte ihn scharf wegen dieses Tuns, so daß Olbricht am 20. Juli, als es wirklich ernst wurde, verunsichert reagierte.

An diesem Tag war Stauffenberg zusammen mit seinem Ordonnanzoffizier, Oberleutnant Werner von Haeften, wieder nach Rastenburg geflogen, wo er Hitler einen Vortrag halten sollte. Er hat es trotz seiner Behinderung tatsächlich geschafft, den Sprengstoff zu zünden und an Hitlers Lagetisch zu plazieren. Unter einem Vorwand verließ er vorzeitig den Raum und beobachtete von draußen die Explosion. Von den 24 Anwesenden erlagen vier ihren schweren Verletzungen. Hitler erlitt starke Prellungen, wurde aber, durch zwei schwere Tischstützen geschützt, nicht ernstlich verletzt. Nachmittags konnte er gefaßt Mussolini empfangen.

Es wird für immer ein Rätsel bleiben, warum Stauffenberg und Haeften, der ihm assistierte, nicht, wie geplant, auch das zweite Sprengstoffpaket in die Aktentasche gelegt haben. Dann hätte nämlich niemand in der Baracke überlebt. Stauffenberg hatte es gelernt, mit Sprengstoff umzugehen. Die häufigste Version besagt, der Attentäter sei während der Vorbereitung von einem Feldwebel gestört worden. Wegen des Zeitdrucks – der draußen wartende Generalfeldmarschall Keitel mahnte zur Eile, da Hitler wegen des Besuchs von Mussolini die Mittagsrunde vorverlegt hatte – habe Stauffenberg entweder die Konzentration verloren oder sei einem Trugschluß erlegen. Eine andere Lesart unterstellt, der Mitverschwörer Generalmajor Stieff,[10] der zeitweilig selber das Attentat ausführen wollte, habe während des Hinflugs auf Stauffenberg eingeredet, nicht den ganzen Führungsstab in die Luft zu sprengen, da man ihn doch brauchte. Zu schonen sei vor allem Operationschef Heusinger, der in jenen Tagen den kranken Generalstabschef Zeitzler vertrat.

In den Anrufen, die den Bendlerblock aus Ostpreußen erreichten, war zwar von einer Explosion die Rede, jedoch blieb unklar, ob Hitler tot oder lebendig sei. Das Fernschreiben, mit dem die Verschwörer die Wehrkreise dazu bewegen wollten, die vollziehende Gewalt zu übernehmen, begann indes mit den Worten, der Führer Adolf Hitler sei tot und »eine gewissenlose Clique frontfremder Parteiführer« habe versucht, »der schwer ringenden Front« in den Rücken zu fallen.

Die Verschwörer-Generäle in Berlin beschlossen, erst die Ankunft Stauffenbergs abzuwarten, und gingen zum Mittagessen. Unter ihnen auch Generaloberst a. D. Hoepner, den Hitler 1942 zum Gefreiten degradiert hatte, weil er vor Moskau, um seine Truppen zu retten, auf eigene Faust eine unhaltbare Stellung geräumt hatte. Für den Fall, daß sich Fromm den Verschwörern versagte, sollte Hoepner sein Nachfolger werden. Im Bendlerblock empfing ihn einer der als Ordonnanzen eingewiesenen jungen Mitverschwörer, der ihn nicht kannte und ihm den Uniformrock anzog, der eigentlich für Generaloberst Beck bestimmt war. So mußte denn Beck, der etwas später kam, den ganzen Abend über in Zivil seines Amtes walten.[11] Nur eine alltägliche Verwechslung, die nicht der Rede wert wäre, hätten sich dergleichen Vorfälle an diesem Tag nicht gehäuft. Ein Beweis dafür, wie dilettantisch, wie wenig bis ins letzte durchgedacht, dieser Putsch nun ablief.

Als Stauffenberg nachmittags auf dem Flugplatz Rangsdorf bei Berlin landet, ist kein Abholer da und auch kein Panzerspähwagen als Begleitschutz. Empört moniert Haeften diesen Umstand, doch der Flughafen-Offizier hilft mit einem Holzgaser aus. Nach der telefonischen Rückmeldung werden im Bendlerblock mit dem Fernschreiber die ersten Stichworte zu »Walküre« ausgegeben, freilich viel zu spät und, weil der Dringlichkeitsvermerk fehlt, auch viel zu langsam. Stauffenberg und Haeften treffen gegen 17 Uhr im Bendlerblock ein. Fromm hat um 16 Uhr von Generalfeldmarschall Keitel erfahren, was sie noch nicht wissen: daß Hitler das Attentat überlebt habe. Fromm fordert von Stauffenberg, der sich zu seiner Tat bekennt, er solle sich erschießen. Es kommt zu einem Handgemenge mit den Freunden Stauffenbergs, die mit gezogener Pistole Fromm festnehmen. Er zieht sich mit einer Flasche Kognak in ein nur mäßig bewachtes Zimmer zurück.

Nun erst, am späteren Nachmittag eines schönen Sommertages – zum Glück machte die britische Luftwaffe Pause – merkten auch die von der Arbeit heimkehrenden Berliner etwas von »Walküre«. Das Wachbataillon begann das Regierungsviertel abzusperren. Sein Kommandeur, Major Remer, war vom Stadtkommandanten General von Hase eingewiesen worden. Der Eichenlaubträger führte, wie er es gelernt hatte, seine Befehle aus. Seinem jungen Propagandaleutnant Hans Hagen kam die Sache nicht geheuer vor. Er wollte nachmittags gesehen haben, wie Generalfeldmarschall von Brauchitsch, ehemaliger Oberbefehlshaber des Heeres, der während der Winterschlacht vor Moskau seinen Abschied genommen hatte, in Uniform durch die Stadt fuhr. So meldete es am Abend auch der britische Propaganda-»Soldatensender Calais«! Bis heute weiß man nicht, wen Hagen da gesichtet hat, Brauchitsch war es nicht, der saß still auf seinem Gut in Schlesien. Jedenfalls bat Hagen seinen Kommandeur, ihm einen Besuch bei »seinem« Minister Goebbels zu erlauben.

Der Propagandaminister hatte schon um die Mittagszeit einen Befehl Hitlers erhalten, sofort über den Rundfunk das Mißlingen des Attentats bekanntzugeben. Er tat aber nichts dergleichen, sondern pflegte erst einmal seinen Mittagsschlaf. Als nun Leutnant Hagen bei ihm vorsprach und ein Blick aus dem Fenster Goebbels zeigte, wie die ersten Truppen durchs Regierungsviertel fuhren, wurde er hellwach. Er telefonierte mit dem Führerhauptquartier und erfuhr, daß tatsächlich ein Militärputsch im Gange war. Es gelang Hagen[12], seinen Kommandeur zu verständigen: »Alles Verrat. Der Führer lebt.« Falls Major Remer, der sich gerade bei General von Hase aufhielt, nicht binnen zwanzig Minuten in Goebbels' Wohnung erscheine, werde die SS-Leibstandarte, die Goebbels sich unterstellt hatte, eingreifen. Zwei Minuten vor Ablauf der Frist traf Remer bei Goebbels ein. Es war 18.15 Uhr. Der Rest ist bekannt: Remer durfte am Telefon mit Hitler sprechen und erhielt den Auftrag, den Putsch in Berlin niederzuwerfen. Zum Lohn wurde der Major auf der Stelle zum Obersten befördert.

Erst gegen 18 Uhr begannen sich die Wehrkreise zu rühren. Die verantwortlichen Militärs, zumeist die Stellvertreter, da die Befehlshaber ihren sonnigen Feierabend genossen, verhielten sich zumeist vorsichtig. Denn allmählich liefen überall zwei Fernschreiben aus den Empfängern: eines von Feldmarschall Keitel, der vor den Putschisten warnte, das andere von Feldmarschall von Witzleben, der von den Aufständischen zum Oberbefehlshaber der Wehrmacht bestimmt worden war. »Es waren die letzten freien Wahlen im Dritten Reich«, spottet der amerikanische Historiker Gerhard L. Weinberg. Als der kommandierende Admiral Nordsee, Erich Förste, die Mitteilung aus dem Bendlerblock erhielt, wunderte er sich, daß der Name von Großadmiral Dönitz nicht darunter stand. Beim Oberkommando der Kriegsmarine[13] bekam er kurz und bündig Auskunft: »Nur ein Generalsputsch!« Damit war für den Nordseebereich der Fall erledigt. Seit 18.30 Uhr ließ Goebbels über den Reichsrundfunk alle Viertelstunde die Nachricht vom Mordanschlag auf den Führer verbreiten und ankündigen, Hitler werde noch zum Volk sprechen. Jetzt mehrten sich auch bei den Verschwörern im Bendlerblock die Zweifel, ob hier noch etwas zu retten sei.

Hitler hatte inzwischen Himmler zum Befehlshaber des Ersatzheeres ernannt, so daß es nun drei präsumptive Amtsinhaber gab: Fromm, Hoepner, Himmler. Am besten gelungen war der Putsch in Paris. Dort hatte der beherzte General Karl-Heinrich von Stülpnagel durch Stoßtrupps der Wehrmacht 1 200 SS- und Gestapo-Leute verhaften lassen. Doch sein Vorgesetzter, Generalfeldmarschall von Kluge, spielte nicht mit, solange Hitler lebte. So verlief auch hier alles im Sande wie in Berlin. Es müssen für die Verschwörer im Bendlerblock Stunden der Verzweiflung, der Ohnmacht, der Trauer gewesen sein. Sie standen ohne Truppen da! Was nützen Fernschreiben, was nützen Telefonate, wenn man keine Stoßtrupps hat? Und nicht einen Panzer!

Immer wird man die ehrenwerten Motive der Verschwörer, ihr Engagement, ihre Opferbereitschaft achten. Doch die unprofessionelle Vorgehensart der beteiligten Generalstäbler könnte nur vernichtende Manöverkritiken ernten. Unverzeihlich waren die Versäumnisse der Putschisten: Weder das Gestapo-Hauptquartier noch die Wehrkreiskommandantur wurden besetzt. Nicht besetzt wurden die Posttelefonzentrale der Hauptstadt, das Propagandaministerium, nur halbherzig besetzt der Deutschlandsender – das Programm lief ungestört weiter und somit auch die eingeblendeten Lagemeldungen aus dem Führerhauptquartier. Führertreu alle Panzereinheiten, führertreu das Ersatzregiment »Hermann Göring«, führertreu die Ersatzbrigade »Großdeutschland«. Und die SS-Leibstandarte in Lichterfelde, die man mit schwerer Artillerie niederkartätschen wollte, sie stand ungehindert zur Verfügung des Ministers Goebbels. Lauter Todsünden der Putschisten. Wie sagte anderntags an der Westfront der Waffen-SS-Kommandeur Sepp Dietrich zu dem Panzergeneral Gerhard Graf Schwerin, einem heimlichen Mitverschwörer? »Wenn man schon so etwas macht, muß man es ganz anders machen!«[14]

So naht denn das Ende des Putsches, als der designierte Befehlshaber des Ersatzheeres, Generaloberst Hoepner, seine Zögerlichkeit damit begründet, er habe ja noch gar keinen schriftlichen Auftrag. Den kann aber nur der zur Führerreserve gehörende Generalfeldmarschall von Witzleben geben, der neue Oberbefehlshaber der Wehrmacht (also Nachfolger des angeblich toten Feldherrn Hitlers). Witzleben hat aber den halben Tag bei dem Versorgungsgeneral Wagner im Hauptquartier Zossen zugebracht – auch Wagner hat bereits Stauffenberg im Stich gelassen. Der Feldmarschall kommt erst am frühen Abend in die Bendlerstraße und erkennt mit einem Blick, was hier alles im argen liegt: »Schöne Schweinerei, das!« Aber nicht minder unverzeihlich seine eigene mangelhafte Überprüfung von Organisation und Ablauf des Putsches. Nach weniger als einer Stunde verabschiedet sich von Witzleben. Er gibt die Sache verloren und läßt sich mit seinem Holzgasauto nach Hause chauffieren. Zurück bleiben Beck und Hoepner, die erkennen und einsehen müssen, daß der Staatsstreich mißglückt ist.

Um Mitternacht hat Fromm im Bendlerblock das Heft wieder fest in der Hand. Er war von hitlertreuen jungen Offizieren befreit worden. Ohne Standgericht[15] läßt er sofort die Hauptakteure – Stauffenberg, Olbricht, Mertz und Haeften – im Hof des Bendlerblocks erschießen; seinen einstigen Vorgesetzten Beck nötigt er zur Selbstentleibung. Dieses Vorgehen zeigt seine Denkart: führertreu bis zum letzten nach außen, paktieren mit erfolgreichen Putschisten erst, wenn der Erfolg unumkehrbar wird. Genutzt hat ihm alles nichts: Er wird im Februar 1945 in Brandenburg »wegen Feigheit« erschossen, die Leiche wird verbrannt.

Epilog

»Unser Ziel ist der Wiederaufbau
des alten großen Reiches.«

Hauptmann Friedrich Fromm vom Wehrkreiskommando III
am 10. Januar 1926

Noch zu Beginn des 21. Jahrhunderts kann man Lobgesänge auf die Reichswehr hören und lesen. Ihre vornehmste Aufgabe in der Weimarer Republik sei es gewesen, für die Sicherheit des Landes und die Verteidigung seiner Grenzen und Küsten zu sorgen. Zwar habe sie mit Billigung der Regierungen insgeheim aufgerüstet, freilich in einem bescheidenen Rahmen und zur Abwehr eines befürchteten polnischen Übergriffs auf deutsches Territorium. Die Militärpolitik der Republik sei defensiv ausgerichtet gewesen, und man beruft sich auf die Aussage Reichswehrministers Groener von 1930, daß der Gedanke an einen großen Krieg von vornherein ausscheide. Erst mit Hitler sei das Unheil über unser Land gekommen.

Solche Ansichten sind spätestens seit der Wiederentdeckung des Großen Plans von 1923/25 für ein großes Feldheer mit 102 Divisionen unhaltbar geworden. Als dieser Plan vollendet wurde – Hitler saß noch wegen Hochverrats als Strafgefangener auf der Festung Landsberg –, veränderte sich die politische Lage in Mitteleuropa. Gustav Stresemann gelang es durch seine Verständigungspolitik, Deutschland in ein internationales Sicherheitssystem einzubinden. Die garantierte Friedensgrenze im Westen enthob das Reichsheer der Furcht vor einer neuen französischen Aggression. Die Heeresführung paßte sich den neuen Verhältnissen an, suchte die Zusammenarbeit mit der jeweiligen Reichsregierung und plante mit Hilfe eines fünfjährigen Rüstungsprogramms, abgedeckt vom Staat, den Aufbau eines 21-Divisionen-Heeres. Vorgestellt wurde der neue Kurs im Frühjahr 1925 im Truppenamt in einer Art Manifest,[1] das vermutlich von Oberst Joachim von Stülpnagel, dem damaligen Leiter der Heeresabteilung, konzipiert wurde. Der Generalleutnant a.D. Behschnitt hat es nach dem Krieg als einen sensationellen Fortschritt, als den entscheidenden Durchbruch in der Rüstungspolitik bezeichnet. Das mag übertrieben klingen, trifft aber den Kern der Sache: Es war der erste Schritt auf dem Wege zum autoritär geführten Militärstaat, der die gesamte Bevölkerung auf einen totalen Krieg vorbereitete. Die Regierung hatte auf Betreiben der Wehrmacht die Maßnahmen für die erste Rüstungsstufe sofort in Angriff zu nehmen. Die Tragweite dieser Beschlüsse konnte Behschnitt sehr wohl abschätzen, denn er wird in dem Programm als einziger Offizier erwähnt (unter seinem Decknamen »Fernrohr«): Er sollte die Mittel aus dem »schwarzen Rüstungsetat« und die privaten Gelder für die Aufrüstung einheitlich verwalten.

Wir haben nachweisen können, daß es sich bei dem insgeheim vorgesehenen 21-Divisionen-Heer um eine Mogelpackung handelte, nämlich um die erste Phase des Seecktschen Dreistufenplanes für das nach wie vor angestrebte Große Heer. Hauptmann Friedrich Fromm, einer jener wenigen Offiziere, die unmittelbar die geheime Aufrüstung vorantrieben und der im »Dritten Reich« einer der mächtigsten Militärs wurde, hat 1926, als er in Niederbarnim einen Kreiskommandeur wählen ließ, der für die (verbotene) Mobilmachung zuständig sein sollte, kein Blatt vor den Mund genommen: »Nur aus eigener Kraft, nur durch einen Krieg – einen Befreiungskrieg – kann uns geholfen werden.«[2] Das ist die Sprache Stülpnagels und Seeckts, das ist die Sprache der Revanchisten Ludendorff, Hitler, Hugenberg. Es ist angebracht, hier noch einmal den ehemaligen Kriegsminister und Generalfeldmarschall von Blomberg zu zitieren, der im Nürnberger Gefängnis am 7. November 1945 folgendes zu Protokoll gab: »Ein Krieg, um die durch die Schaffung des polnischen Korridors entstandene Schmach auszumerzen und die Bedrohung des abgetrennten Ostpreußens, das von Polen und Litauen umfaßt war, zu vermindern, wurde als eine heilige Pflicht, wenn auch bittere Notwendigkeit, betrachtet. Dieses war einer der Hauptgründe der teils geheimen Wiederaufrüstung, welche ungefähr zehn Jahre vor Hitlers Machtergreifung begann und unter der Naziherrschaft besonders betont wurde.«[3]

Natürlich hat die Reichswehr 1925 selbst im engen Kreise das Wort »Krieg« vermieden, schließlich wollte man die (damals bürgerliche) Regierung überzeugen und zur Mitarbeit gewinnen. Allererstes Ziel sollte die Revision des Versailler Vertrages sein. Dazu heißt es in jenem Manifest beziehungsreich: »... daß so günstige Lebensbedingungen, wie Deutschland sie braucht, nur auf Kosten unserer Gegner gewonnen werden können.« Erreichbar sei das Ziel »nur unter einem, irgendwie gearteten Zwange«.[4] Diesen Zwang auszuüben, fehlten Deutschland alle politischen, wirtschaftlichen, geistigen und militärischen Grundlagen. Für unabdingbar hielt das Militär die Bündnisfähigkeit des Reiches, doch würden sich Bundesgenossen nur finden, wenn es »reale Garantien geben und soviel vorhandene Machtmittel in die Waagschale werfen kann, daß das Unternehmen aussichtsreich ist«. Das 21-Divisionen-Heer – ein Begriff, den Generalstabschef Beck 1933/34 unbedingt beibehalten wollte, obwohl er und seine Kameraden im Truppenamt längst die 63 Divisionen (zu denen man selbstverständlich immer die 39 Grenzschutzdivisionen hinzuzählte) anpeilten – wurde 1925 so umschrieben: »ein personell und materiell vollwertiges Feldheer von 21 Divisionen und 3 Kavallerie-Divisionen mit den erforderlichen Heeres- und Ersatztruppen sowie Schulen«. Welcher Minister, Staatssekretär oder auch Spion würde, wenn er solches las, gleich darauf kommen, daß hier ein Heer von mehr als einer Million Mann gemeint ist!

Ohne Umschweife jedoch wird der Zeitplan genannt. Die angestrebte Kriegsmacht soll von 1931 an (dem Zeitpunkt, von dem an die Reichswehr keine Weltkriegsveteranen mehr einstellen kann) und zwischen 1935 und 1940, wenn Frankreich aus personellen und finanziellen Gründen am schwächsten sein wird, verwendungsfähig sein. Deshalb wird als erstrebenswerter Zeitpunkt für die Fertigstellung einer Rüstung in dem angegebenen Umfang »etwa das Jahr 1935« angenommen. Dies wurde niedergeschrieben, als man in Deutschland weder die Streichung der Reparationszahlungen noch die grundsätzliche Anerkennung der militärischen Gleichberechtigung durch den Völkerbund voraussehen konnte. Es war aber mehr als ein Zufall, daß Hitler im März 1935 die Wehrfreiheit verkündete, einen Schritt, den sich General Beck, ansonsten nicht der wagemutigste, schon 1933 beim Austritt aus dem Völkerbund gewünscht hätte.

Die Tarnung der deutschen Großrüstung wurde selbst dann aufrechterhalten, als Hitler 1935 gesetzlich den 36-Divisionen-Rahmen geschaffen hatte und bereits im Eiltempo auf die 63 oder 72 Divisionen hingearbeitet wurde. Auf raffinierte Weise wurden Freund und

Feind getäuscht. Die hohen Nummern der geplanten Divisionen wurden durch Städtenamen oder »Festungskommandanturen« ersetzt, oder sie wurden hinter harmlosen Heeres- oder gar Marinedienststellen und hinter Grenzregimentern verborgen. Divisionskommandeure wurden als Infanterie- oder Artillerieführer getarnt. So ging der Aufbau der großen Wehrmacht mit gezielter Verwirrung einher.

Offiziell gewollt war auch das zuweilen chaotische Neben- und Gegeneinander der drei Wehrmachtteile. Der Wehrwirtschaftsgeneral Georg Thomas hatte schon früh und mit Recht ein gemeinsames Beschaffungsprogramm für Heer, Marine und Luftwaffe gefordert. (»Ein Nebeneinander ist unmöglich.«[5]) Die Verteilungskämpfe waren unvermeidlich, da es, anders als heute in der Bundeswehr oder bei den amerikanischen Streitkräften, keinen Vereinigten Generalstab gab, der abwechselnd von einem der drei Oberbefehlshaber angeführt wird. Statt dessen hatte Hitler, seit August 1934 Oberster Befehlshaber der Wehrmacht, lediglich einen von den drei Waffengattungen entwickelten modernisierten Finanzquotenplan sanktioniert, nach dem das Heer von fünf Siebtel auf 10/21tel gestutzt und der neugeschaffenen Luftwaffe 7/21tel zugesprochen worden waren, während die Marine von zwei Siebtel auf 4/21tel der Gesamthaushaltskosten gesetzt wurde. Hitler konnte es nur recht sein, wenn er auch bei der Wehrmacht nach seinem überall erfolgreichen Herrschaftsprinzip *divide et impera* verfahren konnte; im Krieg führte es dazu, daß sich der Generalstab des Heeres und das Oberkommando der Wehrmacht die Kriegsschauplätze aufteilten.

Zuweilen unübersichtlich wurde die Bedeutung der vielen sogenannten Führerbefehle. Es hatte sich im »Dritten Reich« die Praxis eingebürgert, daß Militär- und Regimegrößen ihre Absichten und Vorschläge vom Diktator billigen ließen und ihm diese als Führerbefehl unterschoben. »Ihnen unterschreibe ich doch alles«, sagte Hitler einmal zu Albert Speer,[6] seinem Rüstungsminister, und nicht nur zu diesem. Der Oberbefehlshaber der Kriegsmarine, Erich Raeder, erwirkte für seine Riesenprojekte Führerbefehle, mit denen er dann beim Verteilungskampf die Industrien unter Druck setzte. Auf diese Weise wurde das Führerprinzip, das die Verantwortlichkeiten von oben nach unten festsetzte, auf den Kopf gestellt, indem die unteren Ränge, falls etwas schiefging, die Verantwortung auf den Führer abwälzen konnten. So verwandelten sich nach dem Kriege manche Hintermänner in Saubermänner.

Im »Dritten Reich« war laut Speer, der dabei keine Ausnahme machte, an der Spitze jeder gegen jeden. Der Krieg der Generäle: ein Krieg der Exponenten des Bewegungskrieges gegen die Exponenten eines Verteidigungskrieges, ein Krieg der Dickschiff-Fetischisten gegen die Kreuzerkrieger und die U-Boot-Krieger, ein Krieg der Stukaflieger gegen alle anderen in der Luftwaffe und so weiter. Und überall wimmelte es von Zyklothymen, wie der damalige Staatssekretär für die Ernährung und Landwirtschaft, Backe[7], sie nannte, halluzinative Optimisten, die »ihrem Führer« und sich selber unaufhörlich Unmögliches vorgaukelten, um auf solchen Anregungen die eigene Karriere aufzubauen.

Aber wie Hermann Göring so treffend gesagt hatte: Geld spielte keine so große Rolle bei der Aufrüstung.[8] Mitten im Kriege mokierte sich Hitler über seine Finanzexperten: Ständig hätten sie ihm schon bei geringen Beträgen den drohenden Staatsbankrott prophezeit, nun (1942) seien inzwischen über 150 Milliarden verbraucht, und der Staat sei immer noch nicht bankrott.[9] Was er dabei verschwieg oder gar übersah: Längst war das deutsche Volk praktisch enteignet; alle Sparguthaben, alle Altersversicherungsguthaben waren dem Reich gutgeschrieben worden, und der Beutel der Nichtbesitzenden war leer.

Der Oberbefehlshaber des Heeres, Generaloberst Werner von Fritsch, hatte im ersten Quartal 1938, kurz vor seiner Entlassung, für die Rüstung eine endgültige Zielvorstellung von 102 Heeresdivisionen, die vom Etatjahr 1940 an einsatzbereit sein sollten. Im Sommer 1936 hatte er, abgestimmt mit Generalstabschef Beck und dem General Fromm vom Allgemeinen Heeresamt, für die kommenden vier Etatjahre allein 31,4 Milliarden Reichsmark gefordert. Man kann mit gutem Grund von einer organisierten »Volks-Ausblutung« durch die Heeresleitung sprechen. Wie man darin noch einen »Widerstand« gegen ein Regime erblicken könnte, dem man ein erstklassiges Angriffsinstrument in die Hand gegeben hat, ist logisch nicht nachvollziehbar. Und doch waren in der Bundesrepublik gegen Ende des 20. Jh. immer noch Kasernen nach Fritsch benannt, der nicht nur ein Antidemokrat und Antisemit war, sondern sich selber als »guten Nationalsozialisten« bezeichnet hat. Sein Nachfolger, Generaloberst von Brauchitsch, hatte zum Etatjahr 1939 allein für das Heer ungeniert 23 Milliarden an Haushalts- und Betriebsmitteln veranschlagt, einen Betrag, der bei 26,4 Prozent des Volkseinkommens von 1938 lag. Umgerechnet hätte also die Wehrmacht insgesamt grob 50 Prozent des Volkseinkommens beansprucht, wenn diese Beträge nicht von vornherein um befürchtete Kürzungen »übersetzt«, also bewußt zu hoch angesetzt, gewesen wären.

Der Reichskriegsminister und Generalfeldmarschall von Blomberg, einer der Hauptverantwortlichen für die geheime Aufrüstung, der von 1933 an, versehen mit gesetzwidrigen Vollmachten, die Pläne für das Große Feldheer zu realisieren half, konnte bis zu seinem selbstverschuldeten Abgang im Februar 1938 immerhin schon 80 von 102 Divisionen als bereitstehend melden: 53 Infanteriedivisionen (einschließlich der motorisierten und der Gebirgsjäger), sechs schnelle und 21 Landwehrdivisionen. Darauf aufbauend konnte Hitler, der nach dem Sturz Blombergs nun auch unmittelbar den Oberbefehl über die Wehrmacht übernommen hatte, während der im Mai ausbrechenden Sudetenkrise bis zum Herbst 1938 die Bereitstellung von 96 Divisionen erwarten und auch fordern.

Bei ihren überhöhten Bedarfsforderungen konnten sich die Fritsch und Beck und Blomberg und Raeder und Göring immer auf den Wunsch des Diktators berufen, daß sie ihm ein Machtinstrument aufbauten, das er eines Tages »auf die Waagschale« legen könnte. Natürlich hätten der Kanzler und die Minister erkennen müssen, daß sie mit ihren etappenweise aufgestockten Mittelbewilligungen die Generäle und Admiräle immer gieriger und anspruchsvoller machten. Aber bei Rücknahme von Investitionsmitteln drohte eine Konjunkturkrise, vor der die Nazi-Partei am meisten Angst hatte. Somit ließ man der hemmungslos rüstenden Wehrmacht freie Bahn, um eines Tages – etwa 1943 oder 1944, nach Ablauf des Nichtangriffspaktes mit Polen – mit 500 Mörsern vom Kaliber 21 Zentimeter und 10000 Panzern in einem Bewegungskrieg die Nachbarn zu überrumpeln und sie obendrein für die extravagante Nachrüstung in Deutschland die Zeche bezahlen zu lassen. (Frankreich wurden nach dem Waffenstillstand im Juni 1940 auch sogleich 25 Milliarden Mark abverlangt!)[10]

Da jedoch die maßlosen Aufbaukosten der Wehrmacht die insgeheim geplünderten Bank- und Versicherungskonten der Bürger erschöpft hatten, standen die Nazi-Führer 1939 vor der Wahl, die rechtswidrigen Kontenplünderungen offenzulegen und deswegen vor Gericht gestellt zu werden oder, was natürlich näherlag, mit der Übermacht von 102 Divisionen anzutreten, von der die Hälfte über Polen herfiel. Die Folge war unter anderem eine Vergrößerung der in den Büchern geführten Reichsschulden von 50 bis 60 Milliarden Reichsmark bei Kriegsbeginn auf nahezu 500 Milliarden bei Kriegsende.[11] Die nicht geführten Schulden- und Wiedergutmachungskonten dürften weitere 500 Milliarden Mark überschritten haben, die Rückeingliederung der DDR – wenn man die Teilung Deutschlands zu den Kriegsfolgen rechnet – nicht gerechnet.

Angesichts der schon in der Endphase der Weimarer Republik wiederaufgenommenen Nachrüstungen für das Große Heer und der wehrwirtschaftlich bereits vollendeten Vorbereitungen mußte man auch ohne Hitler mit einem Krieg in Europa rechnen, der freilich ein anderes Gesicht gehabt hätte.

Die Wehrmacht, so 1926 der Hauptmann Friedrich Fromm, halte es für ihre politische Aufgabe, den richtigen Mann an den richtigen Platz zu stellen.[12] Die Präsidialkanzler Brüning, von Papen und von Schleicher waren allesamt Revisionisten, mit denen die Wehrmacht ihre Ziele hätte erreichen können. Zu guter Letzt entschied man sich doch für den »böhmischen Gefreiten« Adolf Hitler (»Der Vater dieses Mannes ist der Krieg«, so Stauffenberg[13]) und machte ihn zum »Durch-Führer« der Großrüstung. Gewiß, manches gefiel den preußischen Generälen nicht an dem aus Österreich zugewanderten Demagogen: Bart und Haartracht, schlechte Tischmanieren, seine gehässigen Ausfälle gegen politische Gegner. Hingegen war er ein tapferer Soldat im Weltkrieg gewesen, trommelte für einen Befreiungskrieg, begeisterte seine Zuhörer für die deutsche »Weltmacht« und verfügte über Millionen kampfeslustiger und zur Wehrhaftigkeit erzogener SA-Männer. Zwar waren viele Nazis Gewalttäter und Hasardeure, das wußte man, aber bis 1938/39 hatten, um nochmals Blomberg zu zitieren, »am wenigstens wir Soldaten« Grund, sich über Hitler zu beschweren. Er hatte nicht nur alle Deutschen von der Versailler Schmach befreit, sondern durch die Aufrüstung »den Soldaten einen größeren Wirkungskreis, Beförderung und vermehrtes Ansehen gebracht«.[14]

Vergessen in seiner Aufzählung hat Blomberg die Dotationen, mit denen Hitler, großzügig wie immer, die ihm wichtigsten Generäle bedachte, nicht etwa wie Kaiser Wilhelm I. nach dem siegreichen Krieg, sondern mitten im Kampfgetümmel, als noch alles auf des Messers Schneide stand.[15] Blomberg hätte auch seine Offizierskameraden Fritsch, Raeder und Brauchitsch erwähnen können, die sich 1937 nicht ungern das Goldene Parteiabzeichen an die Brust heften und sich den Ministern gleichstellen oder sogar in das Kabinett eingliedern ließen.

Man darf den Oberbefehlshabern und ihren Stabschefs glauben, daß sie das von ihnen aufgebaute große Bluff- und Drohinstrument am liebsten ohne Blutvergießen eingesetzt hätten. Wie die meisten Deutschen hofften sie 1939, es werde auch die Polenkrise mit einem Blumenfeldzug enden wie in den Fällen Österreich, Sudetenland, Böhmen/Mähren und Memelland. Gleichwohl stand für die Spitzenoffiziere fest, auch für Beck, daß der Krieg *ultima ratio* sei, wenn alle Bemühungen um eine friedliche Lösung nicht fruchteten. Allerdings mußte die Generalität spätestens am 1. September 1939 wissen, daß sie sich auf einen Vabanque-Spieler eingelassen hatte, der gleich zu Kriegsbeginn für den Fall einer Niederlage seinen Selbstmord ankündigte!

Blinden Gehorsam hatte Hitler seiner Wehrmacht bereits im Februar 1938 abverlangt, nachdem sich der Einparteienchef und Staatsmann selber zum Feldherrn ernannt hatte.[16] Die Generäle und Admiräle nahmen es hin, schließlich hatten sie den von ihrem Kameraden Blomberg erfundenen persönlichen Eid auf den Diktator geschworen. Die Eidestreue hielt die Wehrmacht fast durchweg bis zum Selbstmord Hitlers am 30. April 1945 in dessen Bann. Erst während des Krieges erfuhren viele Soldaten, daß dieser Gehorsam bis zum Mord ging. Wer von den Überlebenden solche Schande verdrängt hatte, dem rief sie gegen Ende des 20. Jahrhunderts eine Wanderausstellung *Verbrechen der Wehrmacht* unsanft in Erinnerung. Nicht erst beim Rußlandfeldzug wurden Offiziere und Bataillone der Wehrmacht zu Mittätern des Holocaust. In der Nacht vom 12. zum 13. Februar 1940 wurden alle Juden aus Stettin, 1 300 an der

Zahl, nach Polen verschleppt. Für diese allererste Deportation aus dem Altreich ist auf Bitten der Partei die Wehrmacht mit Transportfahrzeugen zu Hilfe geeilt.

Als sich diese Untat im Reich und auch im Ausland herumsprach und Entsetzen hervorrief, da verhielt sich der stellvertretende Wehrkreisbefehlshaber in Stettin, Hans Feige, wie einst Pilatus: Er wusch seine Hände in Unschuld. Wir aber wollen festhalten: Es war der einstige Kommandeur des Potsdamer Elite-Infanterieregiments Nr. 9, der kein Wort des Protestes gegen die Deportation jüdischer Mitbürger fand.[17] Sein Beispiel sollte Schule machen. Wohlgemerkt: Feige, königlich preußischer Leutnant im Ersten Weltkrieg, war kein dem Nationalsozialismus ergebener Offizier wie Blomberg oder Reichenau. Er wurde bereits 1935 verabschiedet, stellte sich aber im September 1939 wieder in den Dienst der nationalsozialistischen Wehrmacht.

In diesem Zusammenhang kommt man nicht an der Frage vorbei, ob einige der Verschwörer des 20. Juli 1944, die ihre Beteiligung am Putsch mit dem Leben büßten, wirklich in den Ehrenhain des Widerstands gehören: Männer wie der Berliner Polizeipräsident Graf Helldorff, der seiner Polizei untersagte, verfolgten Juden zu helfen; wie der Reichskriminaldirektor Nebe, der Zehntausende russischer Juden von seiner Einsatztruppe ermorden ließ; wie der Generalmajor Stieff, der bewußt gegen das Militärstrafgesetz verstieß, als er russische Gefangene dem Kältetod preisgab; wie der Generalquartiermeister Wagner, der die verbrecherischen Befehle für den Rußlandfeldzug mit der SS aushandelte; wie die Generäle Hoepner, Stülpnagel und Tresckow,[18] die im Mittel- und Südabschnitt der Ostfront teils aus der Überzeugung, man müsse den »jüdisch-bolschewistischen« Feind hart verfolgen, teils wie Tresckow sich ohne Not an Besatzungsverbrechen beteiligten. Sollte man in Ausstellungen und in Büchern über den militärischen Widerstand nicht zumindest eine Fußnote beifügen?

Der Mythos einer sauberen militärischen Elite, die dem verachteten »Gefreiten« Hitler nur widerwillig Gehorsam leistete und ohne die dilettantischen, besserwisserischen Eingriffe des angeblich »größten Feldherrn aller Zeiten« den Krieg noch zu einem siegreichen oder wenigstens erträglichen Ende hätte führen können, ist eine Nachkriegserfindung überlebender Generäle. Gefördert wurde diese Legende durch die unermüdliche Aufklärungsarbeit des Generalobersten Halder, der, nach jahrelanger Tätigkeit als Kriegsgeschichtsschreiber für die Historical Division der amerikanischen Armee, als gesuchter und geachteter Experte auf Jahrzehnte die deutsche Militärgeschichtsforschung beeinflußt hat. Inzwischen haben jüngere Generationen von Militärhistorikern den Zweiten Weltkrieg gründlich erforscht und den Anteil der Wehrmacht an der verheerendsten Katastrophe der deutschen Zeitgeschichte ins rechte Licht gerückt. Unvermeidlich war, daß bei der ungeheuren Fülle an Dokumenten nicht alle Detailinformationen oder Nebenakten gebührend gewürdigt werden konnten.

In diesem Buch wurde das Schwergewicht auf die Kontinuität der Wehrmachtplaner von 1923 bis 1939 gelegt, die nicht nur auf Revision und Revanche abzielten, sondern vor allem auf eine militärische Macht, die noch jene des Kaiserreiches in den Schatten stellte. Die Schöpfer eines Drohinstruments mit 10 000 Panzern und mit 75 000 Rohren müssen sich darüber im klaren gewesen sein, daß sie mit einem fertigen Feldheer notfalls einen richtigen Krieg riskierten. Die überstürzte Breitenrüstung brachte aber Deutschland viel zu schnell in eine Zwickmühle. Entweder mußte, wie Fritsch und Fromm 1936 vorausgesagt hatten, so bald wie möglich »geschlagen« werden, oder der bis 1939 erzielbare Vorsprung vor den anderen Mächten in Europa mußte wieder preisgegeben werden. Aber auch Marine und Luftwaffe haben ihren Teil an Verantwortung zu tragen. Hat nicht überhaupt erst die mit Lug und Trug arbeitende irrsinnige Hochrüstung der Kriegsmarine die Engländer ins feindliche Lager getrieben? Und hat nicht die Bluffkampagne der Luftwaffe (Endziel: 19 000 Flugzeuge) England zu dem Entschluß verholfen, bis zum Sommer 1940 eine weit größere und überlegenere Jagdwaffe zu bauen, als Göring sie hatte?

Der deutsche Generalstab ist im Nürnberger Hauptkriegsverbrecherprozeß einzig aus juristischen Gründen von der Anklage als verbrecherische Organisation freigesprochen worden. Ausschließlich wegen individueller Schuld wurden Feldmarschälle und Großadmiräle und eine Reihe von Generälen und höheren Offizieren zur Verantwortung gezogen. In den Nürnberger Folgeprozessen wurde auch der Generalstab des »Verbrechens gegen den Frieden« für schuldig befunden:[19] Es sei falsch, anzunehmen, »ein großer Staat könne straflos so große Kräfte zur Bedrohung eines schwächeren Landes zusammenziehen, ohne daß es zu militärischen Kämpfen kommt«. Das bezog sich klar auf den Einmarsch in Österreich 1938 und auf den Marsch nach Prag 1939. Ebenso unzweideutig war die Begründung für »Verbrechen gegen die Menschheit«. Dazu reiche es schon, wenn der Staat – also auch seine Wehrmacht – »aus Gleichgültigkeit, Unfähigkeit oder Mittäterschaft unfähig oder unwillig war, den Verbrechen Einhalt zu gebieten und die Verbrecher zu bestrafen«.

Spätestens 1943, nach der Vernichtung der 6. Armee in Stalingrad und der 5. Panzerarmee in Nordafrika, erkannten Generäle und Stabsoffiziere, daß man wohl 1933 aufs falsche Pferd gesetzt hatte. Den Landsern auf der Flucht aber wurde mit Durchhalteparolen klargemacht, daß auch dem »Dritten Reich« ein neues Diktat à la Versailles ins Haus stand: Der britische Premier Churchill und der amerikanische Präsident Roosevelt hatten in Casablanca beschlossen, nur noch eine bedingungslose Kapitulation Deutschlands entgegenzunehmen. Voller Bitternis mußte sich der Diplomat und Widerständler Ulrich von Hassell eingestehen, daß die Militärs den richtigen Zeitpunkt für ein Eingreifen verpaßt hatten und daß es für einen Putsch wirklich zu spät sei.[20]

Einige Stabsoffiziere und Generäle haben es am 20. Juli 1944 dennoch versucht. Es war ein schwarzer Tag für den hochgerühmten deutschen Generalstab. Denn die am Putsch beteiligten Generalstäbler hatten übersehen, daß sie über die in und um Berlin stationierte überwältigende Panzermacht von sechs Abteilungen gar nicht verfügen konnten, da sie einzig dem Generalinspekteur der Panzerwaffe, Generaloberst Guderian, unterstand, und der war führertreu. Sie hatten es aber ebenso versäumt, wenigstens die Panzerkommandeure für sich zu gewinnen. Am späten Abend des 20. Juli mußten Stauffenberg und seine jungen Offizierskameraden voller Verzweiflung einsehen, daß man mit ganzen fünf von über 3 500 Generälen und Admirälen nichts bewirken konnte, und es half auch nichts mehr, daß etwa 15 Generäle mit ihnen sympathisierten.

Was dann noch folgte, war ein schändliches Trauerspiel. Der Feldmarschall von Rundstedt war sich nicht zu schade, einem Ehrenhof des Heeres zu präsidieren, der die Putschoffiziere aus der Wehrmacht ausstieß und der Mordjustiz eines Roland Freisler auslieferte. Das Mißlingen des Putsches hatte genau das zur Folge, was er verhüten sollte und wovor die Heeresführung all die Jahre Angst gehabt hatte: Der Reichsführer SS Himmler wurde neuer Befehlshaber des Ersatzheeres. Er hat mit dem Raubbau an den letzten Kräften den totalen Krieg auf die Spitze getrieben. Zuletzt ließ er noch 15jährige Kinder, zum Tod fürs Vaterland präparierte Hitlerjungen, zu den Fahnen rufen.

Ob Waffen-SS oder Wehrmacht – darauf kam es jetzt ohnehin nicht mehr an. Gemeinsam führten ihre Befehlshaber nun Krieg gegen das eigene Volk. Jede Brücke wurde zerstört, so wie es die Reichswehr schon früh geplant hatte, nur daß es diesmal nicht, wie es sich einst Joachim von Stülpnagel gedacht hatte, um die Befreiung des Vaterlandes ging, sondern einzig darum, das Leben der zum Selbstmord entschlossenen Hitler, Goebbels, Himmler um ein paar Wochen zu verlängern. Als Generalfeldmarschall Albert Kesselring – die organisatorische Begabung dieses Soldaten hatten sich bereits 1923/24 die Schöpfer des Großen Plans für ein 102-Divisionen-Heer zunutze gemacht – am 3. April 1945, knapp einen Monat vor Hitlers Tod, auch formal den Oberbefehl über die Westfront übernahm, erließ er einen geheimen Tagesbefehl, der jedem Soldaten nur mündlich bekanntgegeben werden durfte. Das Pathos ist schauderhaft: »Jetzt versagen heißt Deutschland verraten. Die im sieghaften Glauben an die Zukunft Deutschlands Gefallenen erwarten, daß ihre Opfer nicht umsonst gebracht worden sind. Ich appelliere an jeden einzelnen von Euch: Seid eine verschworene Kampfgemeinschaft, welche die Ehre höher schätzt als das Leben.«[21] Dabei war gerade Kesselring in den letzten Kriegswochen stets der erste, der auf die Flucht ging!

Am Ende bewahrheitete sich, was Hermann Göring am 3. September 1939, nach der britischen Kriegserklärung, ahnungsvoll gesagt hatte: »Wenn wir diesen Krieg verlieren, dann möge uns der Himmel gnädig sein!«[22]

Der Vierstufenplan der Wehrmachtteile

ID KD PD	HEER 1000 Mann	Mio. RM	Jahr	MARINE 1000 Tonnen	1000 Mann	Mio. RM	LUFTWAFFE 1000 Flgz.	1000 Mann	Mio. RM	Summe Wm in Mio. RM
7 + 3	100	470	1932	108 plus i. A.	15	188	Zwi. Ziele:		50	708 + »X«
	145	680	1933		15	300			100	
21 + 5	280	1320	1934		24	500		10	640	
	370	1740	1935	300	33	700	2000	45	1030	
35 + 7	460	2160	1936		42	1200		90	2230	
42 + 8	550	2585	1937	300	54	1480	4000	180	3260	
	640	3008	1938		63	1760	8000	270	6030	
	730	3431	1939	300	72	2900	16000	360	7712	
							18000			
Summe lfd:	14 924	14 924		Summe:		8840			21 002	62 850 Mio.
+ Einmalige				Bind. Erm. ca.		3 160				
63 + 9 =	820	?	1940		81			450		
			1941		90			540		
			1942		99			630		
			1943		108			720		
			1944		117					
			1945		126					
			1946		130/201					

(+)
(++)
(+++)

Bis 1939: 30 Mrd. 12 Mrd. inkl. 3,2 Mrd. Bi-Erm.   21 Mrd.   63 Mrd. RM

Damit haben wir das Fazit: 4 Stufen = 63 Mrd. »direkt« plus 27 Mrd. »indirekt«.

DOKUMENTATION

I. Gedanken über den Krieg der Zukunft

Vortrag von Oberst Joachim von Stülpnagel, Leiter der Heeresabteilung (T 1) im Truppenamt des Reichsheeres, Februar 1924

Müde Skeptiker und armselige Pazifisten erklären die Aufnahme des Krieges mit den Waffen in der Zukunft für aussichtslos oder verbrecherisch. Sie haben mit der Behauptung recht, dass Deutschland seit Versailles entwaffnet ist und dass Schlagworte und noch so gut gemeinte nationalistische Phantasien zu Verbrechen am Volke werden können, denn sie täuschen viele Kreise der Bevölkerung über die ganze Schwere der Frage. Wir dürfen niemals vergessen, dass wir den Weltkrieg verloren haben und dass die Schuldwaage geschichtlicher Betrachtung der Führung ein höheres Mass zumessen wird, als dem verführten Volke. Es ist daher natürlich, dass grosse Teile des Volkes der Möglichkeit eines Krieges gegen ein waffenstarrendes Frankreich heute noch argwöhnisch gegenüberstehen, namentlich wenn er zum innerpolitischen Streitruf erhoben wird. Wir Offiziere haben alle Ursache, die grosse Mahnung des Krieges: mehr politischen Wirklichkeitssinn – zu beherzigen.

Und dennoch – man müsste an dem ganzen Sinn der Geschichte irre werden und die entsetzlichen Erfahrungen der letzten Jahre gering einschätzen, wenn das deutsche Volk in seiner Masse nicht zur Erkenntnis der Tatsache kommen wird, dass Recht auf Macht gegründet ist, und dass es wider Natur und Erfahrung ginge, wenn Versailles und Völkerbund das Zeitalter des ewigen Friedens einläuteten. Dem urdeutschen Gedanken der Wehrhaftigkeit setzen unsere Feinde ihre schmeichelnden Phrasen von Menschheit, Völkerbund und Abrüstung entgegen. Im Zusammenbruch glaubte die Masse des deutschen Volkes diesem Phantom, um in schicksalschweren 5 Jahren die Sünde wider die eigene Geschichte zu büssen.

Heute geht schon ein Erwachen durch einen grossen Teil des Volkes, ein Erkennen, dass ein Volk ohne eigene Rüstung in dieser waffenklirrenden Zeit nur ein Spielball anderer Völker ist, aber auch, dass das Diktat von Versailles nur der Abschluss eines Kriegsabschnitts war, dem ein neuer, mit grösster Erbitterung geführter Kriegsabschnitt gefolgt ist, der das Ende Deutschlands, die Vernichtung seines politischen, wirtschaftlichen und kulturellen Eigenlebens zum Ziel hat. Entweder Deutschland kapituliert für ewig – der Gedanke ist gottlob allen Deutschen heute schon unerträglich – oder Deutschland versucht noch einmal in einer grossen Erhebung mit den Waffen die Frage zu entscheiden, ob 100 Mill. Deutsche die Sklaven von 40 Mill. Franzosen werden müssen. »Die Geschichte kennt kein Volk«, – sagt Spengler mit Recht – »dessen Weg tragischer gestaltet wäre, als der unsere. In den grossen Kriegen kämpften Alle um Sieg oder Verlust. Wir kämpfen immer um Sieg oder Vernichtung.«

So bekennen wir Offiziere uns zu der inneren Ueberzeugung, – ohne die der Soldat zum Stadtsoldaten herabsinken würde – dass nur der Ruf zu den Waffen uns die Befreiung bringen kann und dass der Tag kommen wird, an dem das deutsche Volk seine Sklavenketten rasselnd zu Boden werfen und das Versailler Diktat zerreissen wird.

Schwerer ist die Frage zu beantworten, wann der Zeitpunkt gekommen ist; darüber sind wir uns wohl alle klar, dass ein »zu früh« wie ein »zu spät« die Möglichkeit, noch einmal die Waffen zu erheben, zerschlagen müsste für mehrere Menschenalter!

Die Regierungen der Nachkriegszeit haben unsere Ueberzeugung bisher nicht oder ganz unzureichend geteilt. Ich spreche keiner dieser Regierungen den Willen ab, Deutschland aus der Not der Lage retten gewollt zu haben. Ich klage sie aber an, nicht den Mut und die Energie gehabt zu haben, die Konsequenzen aus dem nur allzubald erkennbaren Vernichtungswillen Frankreichs gezogen zu haben und – zum Teil verstrickt in die Theorien eines Marx und Schücking – nur auf dem Wege der Verhandlung und des wirtschaftlichen Kampfes die Lösung erstrebt zu haben.

Das deutsche Volk hat sich letzten Endes unter dem Druck seiner eigenen Regierungen entwaffnet. Ich verkenne dabei nicht, dass die Faust der Entente der jeweiligen Regierung dauernd an der Kehle sass und dass die Verquickung mit innerpolitischen Auseinandersetzungen den republikanischen Regierungen das Auge trüben konnte.

Es ist hier nicht der Ort, näher auf die schmählichen Erfahrungen der vergangenen Jahre einzugehen. Solange wir aber in Deutschland nicht eine Regierung haben, die sich in klarer Konsequenz auf Vorbereitung des Befreiungskampfes einstellt, und bei aller aussenpolitischen Vorsicht die Wehrhaftmachung des deutschen Volkes als ihre höchste sittliche Verpflichtung betrachtet, ist an wirklich praktische Arbeit in diesem Sinne nicht zu denken.

Unsere militärische Arbeit ist Theorie geblieben und die grosse Aktivität der nationalen Verbände hat in ihrer Verbindung mit innerpolitischen Zielen dem wehrhaften Gedanken in unserem Volke an manchen Stellen mehr geschadet als genützt.

(…)

Ich sehe den Zeitpunkt zur Volkserhebung dann gekommen, wenn die Vorbereitungen der Politik und der Wehrmacht in Einklang mit dem nationalen Willen der Mehrheit des Volkes gebracht sind.

Die politischen Voraussetzungen

Der Aussenpolitik fällt zunächst die Aufgabe zu, Zeit zur Rüstung zu gewinnen. Das bedeutet nicht passives Dulden, Entschuldigen, kraftlose Gesten und Proteste, sondern höchste Aktivität. Sie muss das feste Ziel im Auge halten, den Befreiungskrieg vorzubereiten. Dies verlangt ein Hinhalten Frankreichs, als unserm Hauptfeinde, und eine gesunde Bündnispolitik. Die Politik des grossen Kurfürsten und Bismarcks in den 60er Jahren sind Musterbeispiele, wie auch schwache Staaten ohne Nibelungentreue gesunde Aussenpolitik trieben. Wir müssen uns darüber klar werden, dass wir heute ein wehrloser Staat sind und als solcher gewertet werden. Wir können heute keine Weltpolitik mehr treiben, wir sind vielleicht um Jahrhunderte zurückgeworfen worden und müssen erst wieder eine europäische Kontinentalmacht werden wollen. Dazu bedürfen wir der Anlehnung und Unterstützung. Frankreich ist unser Todfeind. Aber England und Russland sind Staaten, von denen uns keine unüberwindlichen Hindernisse trennen. Der grosse historische Gegensatz Frankreich – England bietet uns Aussichten! Wir wollen nicht England würdelos nachlaufen, <u>wir müssen uns aber sagen, dass ohne Englands Hilfe</u>

ein Krieg gegen Frankreich unmöglich ist. Im Kampf gegen Polen müssen wir auf russische Unterstützung rechnen. Auch bindet uns ähnliche Schicksalsgemeinschaft und manche historische Überlieferung an Russland und gibt uns die Möglichkeit, gerade auf kriegswirtschaftlichem Gebiet die grossen Kraftquellen dieses Landes zu nutzen.

Frankreich beherrscht heute mit seinen Satrapen Europa. Belgien und die Tschechei werden sich auf die Dauer unter dem französischen Druck nicht wohl fühlen, andere Staaten wie die Schweiz, Holland, Schweden wissen, dass nur ein erstarkendes Deutschland sie von dem französischen Zwange befreien kann. Litauen und Ungarn haben Sympathien für uns. Italien und Spanien, der Südosten Europas wollen eigene nationale Politik treiben und erkennen die französische Hegemonie nicht an.

So kommt alles in der Aussenpolitik darauf an, dass wir diese vielfachen Gegensätze im europäischen Völkerleben ausnutzen, mit England und Russland eine Linie suchen und den Krieg mit Frankreich solange herausschieben, bis in der Welt der Eindruck hervorgerufen ist, dass wir als souveränes Volk nach Versagen aller anderen Mittel nur durch eine Volkserhebung das französische Sklavenjoch abwerfen können.

Wenn ich so also die Voraussetzung für die Möglichkeit eines Krieges in der moralischen und materiellen Unterstützung des Auslandes sehe, so bilde ich mir doch nicht ein, dass ein gütiges Schicksal uns einen Krieg zwischen England und Frankreich bescheren wird, in dem wir Letzterem nur den Fangstoss zu geben brauchen. Wir müssen uns darauf vorbereiten, dass wir zunächst Frankreich und Polen, vielleicht auch Belgien allein gegenüberstehen und dass andere Mächte erst allmählich unsere Partei ergreifen. Wir müssen wieder die Stelle Preussens von 1813 aufnehmen, damals wie heute um Sein oder Nichtsein des Staates spielend, um das Eingreifen anderer Mächte gegen Frankreich herbeizuführen.

Das was ich ausgeführt habe, ist nur zu erreichen, wenn die Instrumente der Politik auf gesunde Basis gestellt werden. Solange das Auswärtige Amt den Ruf hat, französisch, polnisch, englisch aber nicht deutsch zu denken, solange Presse und Propaganda bürokratisch geleitet werden, solange deutsche Vertreter im Ausland pazifistisch sind, solange sich Diplomat und Soldat nicht verstehen, solange ist nicht damit zu rechnen, dass die Vorbereitung des Krieges durch die auswärtige Politik wesentlich gefördert wird.

Nicht weniger wichtig als die Aussenpolitik ist die Innenpolitik, wenn ich sie als Sammelbegriff für alles innerstaatliche Dasein betrachte. Die Stabilisierung der Staatsautorität, der Ausgleich der Gegensätze der Länder, der Klassen und Berufe, die Gesundung der Wirtschaft sind alles Fragenkomplexe, deren ungeheure Bedeutung uns in diesen Jahren klar geworden sind. Solange wir in Deutschland in einem Krieg aller gegen Alle leben, ist an eine Kriegführung nach aussen mit den zu erwartenden Rückschlägen und der ungeheuren Belastung der Volksstimmung garnicht zu denken. Es ist lächerlich, wenn sich Organisationen und verabschiedete Offiziere mit dem Gedanken brüsten, von sich aus einen Kampf gegen Frankreich aufnehmen zu können. Diese Utopie wird zum Verbrechen, wenn sie begeisterte Jugend in falsche Bahnen leitet.

Auch auf innerpolitischem Gebiet muss eine volle Wandlung eintreten, bevor ernsthaft an die Aufnahme des Krieges gedacht werden kann. Voraussetzungen dafür sind:

a) die Herstellung einer starken Reichsgewalt unter Ausschaltung der krankhaften parlamentarischen Zustände
b) die Einstellung aller staatlichen Organe auf die Unterstützung bei Vorbereitung des Befreiungskrieges
c) die nationale und wehrhafte Erziehung unserer Jugend in Schule und Universität. Die Erzeugung von Hass gegen den äusseren Feind.
d) die Erziehung unseres Volkes zum Staatsgedanken – Arbeitspflicht (System Friedrich Wilhelm III.)
e) der vom Staate geführte Kampf gegen Internationale und Pazifismus, gegen alles Undeutsche, die schwersten Strafen für Landesverrat
f) der Kampf für Sitte und Recht beim Einzelnen und der Volksgesamtheit.

Restlos werden im Leben eines Volkes diese Fragen niemals entschieden werden, zum allerwenigsten in dem unsrigen, das vom Schicksal mit allen Gegensätzen bedacht ist, die überhaupt denkbar sind und die in tausendjähriger Geschichte stets ihre üble Rolle gespielt haben. Aber wie nach den schweren Schicksalschlägen des 30-jährigen Krieges und der Napoleonischen Epoche unser Volk immer wieder die Kraft zu überraschend schnellem Aufstieg und zur völkischen Erhebung gefunden hat, so ist zu hoffen, dass sich aus den Wirren dieser Zeit unser Volk geläutert und gestählt wieder heraufarbeiten und sich eine Regierung geben wird, die die Führerin der Nation in Vorbereitung und Durchführung des Befreiungskrieges sein muss.

Anders wie 1807–13, wo die gebildete und nachdenkende Schicht der Nation durchaus das treibende und der König und die Regierung das zögernde Element waren, muss heute unter den entwickelten Formen des staatlichen Lebens die Regierung als der berufene und vor der Geschichte verantwortliche Exponent des Volkswillens die Führerin sein.

(...)

Diktatorische Gesetze, strengste Zucht, höchste Ansprüche an die Führer jeden Grades sind selbstverständlich. Opfer müssen von jedem Volksgenossen verlangt werden. Gegenseitiges Vertrauen und Kenntnis der wahren Lage wecken den Gemeinsinn, an dem es uns im letzten Kriege vielfach fehlte, in dem allzuviele aus Unkenntnis oder Selbstsucht wie zwischen Scheuklappen sich bewegten.

Die Kriegführung

... Zunächst möchte ich die gedachte Art der Führung des planmässig vorbereiteten Befreiungskrieges schildern und dabei einige Lehren entwickeln, die m. E. für uns von Bedeutung sind.

Ich nehme nach dem Vorhergehenden an, dass wir zunächst Frankreich und Polen militärisch allein gegenüberstehen, dass Russland und Litauen auf unsere Seite treten und dass England im grossen Spiel weltgeschichtlicher Entwicklungen der Gegenspieler Frankreichs ist, der sich zunächst zurückhält, der aber Italien und Spanien gegen Frankreich einstellt und durch unsere »wohlwollende Neutralität« materielle Geschäfte machen will. Das ist ein vielleicht zu günstiges, aber entschieden erreichbares Phantasiebild. Der Versuch, Belgien durch Druck von England und Holland vom Kriege fernzuhalten, erscheint mir nicht aussichtslos. Die Möglichkeit, dass die Tschechei – im Rücken von Ungarn und Oesterreich bedroht – zunächst »abwartet«, ist nicht unnatürlich. Dänemark wird sich in seiner Haltung nach England richten. Aber wie dem auch sei, jede grosse kriegerische Auseinandersetzung fusst auf einer politischen Konstellation, die günstig oder ungünstig sein kann und die so günstig wie möglich zu gestalten die Aufgabe der Politik ist. Die von mir gezeichnete mil.pol. Lage ist schon ungünstig genug – das entwaffnete Deutschland mit dem weit abliegenden schwerfälligen Russland auf der einen und dem unbestritten bestbewaffnetsten und kriegsvorbereiteten Frankreich und Polen auf der anderen Seite.

… Für unsere Betrachtung wichtig ist die Klärung des beiderseitigen Kräfteverhältnisses. Welche ungeheure militärische Uebermacht Frankreich und Polen gegen uns in das Feld stellen können, wissen Sie aus den lehrreichen Veröffentlichungen der T3 …

<u>Frankreich:</u> sofort mobil 32 I., 5 Kav.Div. innerhalb 3 Wochen ca. 60 Div.
nach 3 Wochen 120 I., 15 Kav.Div.
<u>Polen:</u> sofort 30 I.D., 10 Kav.Brig. –
nach einigen Wochen 40 I.D., 10 Kav.Brig.

Wie hoch wir hierzu die enorme Ausrüstung mit allen modernen Kriegsmitteln, die unbeschränkte Ausbildung mit ihnen, die gewaltige Fliegerüberlegenheit, die Unzahl von Tanks, die Vorräte an Munition aller Art zu werten haben, brauche ich nicht zu unterstreichen.

Dazu kommt, dass die französische »armóo do couverture« bereits mobil ist und mit ausgesprochener Kriegserklärung aus den <u>Brückenköpfen des Rheins</u> und aus dem <u>Ruhrgebiet</u> nur anzutreten brauchen mit der 1. Aufgabe, jede deutsche Mobilmachung im Westen des Reiches durch schnellen Vormarsch zu verhindern.

(…)

Wir müssen mit einem seit Jahren ausgedachten sadistischen Plan rechnen, der ein Ausmass von Brutalitäten gegenüber der deutschen Bevölkerung im unbesetzten und besetzten Gebiet und schwere Luftangriffe gegen unsere wehrlose Bevölkerung (Gasbomben) im unbesetzten Gebiet auslösen wird. Schärfste Massnahmen wie Geiselmord sind gegen jede Art der Sabotage zu erwarten.

Auch Polen wird, vom französischen Generalstab geführt, Aehnliches planen. Eine wirksame deutsche Landesbefestigung existiert nicht mehr. So wird es auch der polnische Plan sein, durch schnellen Vorstoss wichtige strategische Gebiete (Oderlinie bei Glogau) schnell in die Hand zu nehmen als Ausgangspunkt für weitere Operationen und den Raub deutschen Landes. Bestimmenden Einfluss auf die Führung und Kraft des polnischen Vorgehens wird natürlich die Haltung Russlands ausüben. Dieser Staat kann nach unsern Berechnungen nach 3 Wochen 20 I., 7 K. Divisionen, nach 1 $^{1}/_{2}$-3 Monaten im Ganzen ca. 70 I. und 11 Kav.Div. mobil machen. Es liegt auf der Hand, dass das Schwergewicht der russischen Massen sich nur langsam geltend machen kann, und dass Polen sich zunächst mit schwächeren Kräften gegen Osten defensiv verhalten wird, um mit der Mehrzahl seiner Divisionen Deutschland im Zusammenwirken mit der französischen Armee den Fangstoss zu geben.

... Ich nehme an:

<u>Frankreich</u> marschiert mit der verstärkten »armée de couverture« in breiter Front – vielleicht 2 starken Gruppen – über Mainz-Coblenz und aus dem Ruhrgebiet – zunächst bis zur Weser und dem Thüringer Wald vor, um ... die deutsche Mobilmachung in diesem Gebiet zu verhindern und sich das Aufmarschgebiet für seine »armée nationale« ostwärts des Rheins zu schaffen. Gleichzeitig erfolgt ein französischer Vorstoss südlich des Mains mit dem Ziel, die süddeutschen Staaten zu einer Abtrennung von Norddeutschland zu zwingen und auf die Tschechei einen Druck auszuüben.

<u>Polen</u> wird vielleicht mit starken Kräften beiderseits Glogau über die Oder vorstossen und weitere Kräfte aus Oberschlesien beiderseits der Oder vorführen. Für die Durchführung einer solchen Operation spricht die Begehrlichkeit auf Schlesien und das polnische Eisenbahnnetz. Der Oder-Warthe-Bogen bietet einem polnischen Vorstoss doch manche Geländeschwierigkeit. Dagegen ist sehr wahrscheinlich, dass Polen von vornherein einen Angriff auf Ostpreussen und die Erweiterung des Corridors plant, um sich die Flanke freizumachen und den Weg nach dem Meere zu sichern.

Was dem gegenüber Deutschland <u>heute</u> leisten kann, ist – Nichts. Wir haben 7 Divisionen ohne schwere Waffen, Gasabwehr und Luftstreitkräfte, wir haben die Munition für eine Zeitspanne von ca. 1

Stunde für diese 7 Divisionen. Das ist das wahre Bild, vor dem Manche leicht die Augen schliessen. Das, was wir einst aufstellen wollen und bei zielbewusstem Willen der Regierung auch aufstellen könnten, darf ich aus naheliegenden Gründen in keinem grossen Kreise sagen. Die Ausführung unserer Mindestforderungen zur Vorbereitung des Krieges bedarf bei energischer Arbeit und bei Einsatz genügender Geldmittel vielleicht 2 Jahre. Menschen, die diese Zusammenhänge ahnen, kommen leicht zu dem Schluss, dass wir den Krieg mit Armeen niemals wieder führen können, und dass es daher notwendig sei, uns nur auf den Volkskrieg einzustellen. Ich komme später auf diesen noch zurück, möchte hier aber betonen, dass der Volkskrieg allein niemals kriegsentscheidend wirken kann. Dazu fehlen in Deutschland alle Voraussetzungen, wie sie z. B. in Spanien zu Napoleons Zeiten vorlagen.

Wenn man über die Art der Führung des zukünftigen Krieges nachdenkt, muss man sich von dem äusseren Verlauf des Weltkrieges frei machen. Schlieffen sagt einmal: »In verzweifelten Lagen können nur verzweifelte Mittel helfen.« Unsere Lage wird verzweifelt sein und doch müssen wir, wenn wir nicht resignieren wollen, die Mittel finden, die aus der Verzweiflung geboren, doch von so elementarer Stärke sind, dass sie uns den Sieg oder den gemeinsamen Untergang mit dem Feinde zu verbürgen scheinen.

Die grossen Gesetze der Kriegführung bleiben immer die gleichen, nur ihre Umsetzung in die Tat ist den Zeiten nach verschieden. Die Ungleichheit der materiellen Kräfte zwingt uns neue Wege zu gehen. Dieses Neue in Strategie und Taktik, gestärkt durch die sittlichen Kräfte einer in grösster Form durchgeführten Volkserhebung, muss auf die auf ihre Waffenrüstung sich verlassenden, sehr systematisch handelnden Franzosen überraschend und verwirrend wirken. Deutscher Geist muss über französische Materie siegen!

Ich möchte aber keineswegs den Eindruck erwecken, als ob ich mir das Schlagwort »franz. Material gegen deutsche Moral« in dem Sinne zu eigen mache, dass wir mit moralisch besten Kräften ohne Material die moralisch vielleicht weniger werten, aber materiell ungeheuer starken Franzosen schlagen könnten. Der Gedanke ist barer Unsinn. Wir brauchen eine starke, wenn auch nicht gleiche Rüstung und müssen – arithmetisch gedacht – durch ein Plus an moralischen

Kräften das Gleich- oder Übergewicht anstreben. Zudem wollen wir nach den Erfahrungen des Krieges doch nicht die moralischen Kräfte der Franzosen unterschätzen und bedenken, dass ihre festgefügten Truppen unseren zunächst natürlich losen Neuaufstellungen gegenüber treten werden.

Ich sehe aber allerdings eine Achillesferse in dem französischen Machtaufgebot, die mit aller unserer Gedankenarbeit zu nutzen sein wird. Das ist der Zwang der Franzosen, ihre im Weltkrieg stark erschöpfte Menschenkraft in einem Zukunftskrieg zu schonen und hinter Panzern zu verstecken, die wenig beweglich sind; das ist ihre uns aus dem Krieg bekannte Systematik, die in Taktik und Strategie leicht etwas Starres erhält; das sind ihre zu erwartenden ausgedehnten Massenheere, die immer in ihren Bewegungen etwas Schwerfälliges haben, und das ist schliesslich die Länge ihrer rückwärtigen Verbindungen, die von der Weser bis Trier über 300 km in Luftlinie messen und uns manche Angriffsfläche bieten und starken Schutz fordern werden. Wir tun jedenfalls gut, <u>ohne Überschätzung</u> der französischen Schwächen über ihre Ausnutzung nachzudenken!

Der kommende Krieg muss m. E. von unserer Seite <u>zunächst</u> nur in der strategischen Defensive geführt werden, in einem <u>Kampf um Zeitgewinn</u>. Der überstarke, schon im Frieden mit beträchtlichen Teilen mobile Gegner muss mit allen Mitteln aufgehalten werden. Wir müssen den ersten feindlichen Stoss auffangen und damit die Zeit gewinnen:

a) für unsere personelle und materielle Mobilmachung des Volksheeres und

b) für das Eingreifen weiterer Staaten an unserer Seite.

Ich denke hier vor allem an Russland, aber auch an eine von England vorbereitete Koalition gegen Frankreich. Erst wenn diese Voraussetzungen sich erfüllt haben, können wir daran denken, aus dem Kampf um Zeitgewinn <u>defensiv</u> den Kampf um die Kriegsentscheidung <u>offensiv</u> zu entwickeln. Dieser grundlegende Gedanke muss dauernd die oberste Führung leiten, auch wenn feindliche Fehler, z. B. ein übereilter polnischer Vorstoss, die Möglichkeit des Gewinns Oberschlesiens zur Vergrösserung unseres Rüstungsgebietes oder die Besitznahme des Korridors zur Verbindung mit Ostpreussen Teiloffensiven von uns gestatten sollten. Solche werden –

namentlich auch auf moralischem Gebiet – Nutzen bringen, sie können aber auch zu einem Pyrrhussiege führen, der durch zu starken Kräfteeinsatz den Ausgang des Krieges nur unheilvoll beeinflussen muss.

Anders wie im Weltkriege wird im nächsten Kriege den <u>Luftstreitkräften</u> eine gleiche Bedeutung wie den Land- und Seestreitkräften zufallen. Sie werden im Verlauf des Krieges von Beginn an eine entscheidende Rolle spielen. Wenn wir bei dem heutigen Fehlen der deutschen Luftflotte die Augen vor diesen Tatsachen verschliessen würden, so wären wir verbrecherische Toren. Wir müssen damit rechnen, dass mit Ausspruch der feindlichen Kriegserklärung grosse Fliegergeschwader bei Tag und Nacht unsere Städte – auch Berlin – und wichtige Eisenbahnknotenpunkte mit Brisanz- und Gasmunition angreifen. Schon die moralische Wirkung solcher Angriffe gegen eine schutzlose Bevölkerung kann zur Aufgabe des Krieges führen. Darum ist es notwendig, bei allen Kriegsvorbereitungen den passiven, aber nicht weniger den aktiven Schutz an erste Stelle zu setzen. Unter passivem Schutz ist das grosse Gebiet des Warn- und Meldedienstes der Flakabwehr zu verstehen. Darüber hinaus muss sich aber das Verständnis im Volk durchsetzen, dass der Bau aller kriegswichtigen Kunstwerke, Fabriken, Brücken usw. nach Möglichkeit dem Gesichtspunkt feindlicher Luftgefahr Rechnung tragen muss. Alle diese defensiven Massnahmen genügen natürlich nicht. Wir brauchen eigene starke Fliegerkräfte zum offensiven Einsatz gegen die feindlichen im Luftkampf und zum Angriff gegen die feindliche Bevölkerung. Nur wenn wir in der Lage sind, feindliche Städte mit der gleichen Gasmenge zu bewerfen, wird der Feind sich solche Massnahmen überlegen. Jedenfalls werden die Luftschlachten – der Kampf um die Luftherrschaft – im Zukunftskrieg eine grosse Bedeutung gewinnen. Auch müssen wir uns darauf vorbereiten, dass Luftpassagiergeschwader feindliche Kräfte in unserem Rücken landen – eine Zukunftsmöglichkeit, die, von uns ausgeführt, sehr wirksam unsere Kriegführung beeinflussen müsste. Inwieweit ausländische Fliegerkräfte uns von Kriegsbeginn an unterstützen und eine geringere Zahl, aber technisch leistungsfähigere deutsche Flugzeuge einen gewissen Ausgleich schaffen können, steht dahin. Jedenfalls muss die grosse Bedeutung dieser Fragen mehr als bisher in Heer und Bevölkerung erkannt werden. Gerade auf dem Gebiet des Flugwesens, das noch grosse Entwicklungsmöglichkeiten hat, muss unsere Phantasie eifrig arbeiten.

Die Absicht der Führung muss natürlich sein, dem Feinde die Besetzung deutschen Gebiets zu verwehren und falls dies nicht zu verhindern, zu erschweren. Das ist die Aufgabe des <u>Grenzschutzes</u>, der damit im Gesamtrahmen von vornherein um Zeitgewinn kämpft. Der Grenzschutz, wie wir ihn uns denken, besteht nicht aus aktiven oder neuaufgestellten und gleich artilleristisch bewaffneten Formationen. Die Grenzbevölkerung wird zu den Waffen gerufen und verteidigt in den im Frieden vorbereiteten Grenzabschnitten unter Führung ehemaliger Offiziere das Grenzgebiet an der Grenze und dann in der Tiefenzone. Eine Bewaffnung mit Gewehren und Maschinengewehren – vielleicht wenigen Kanonen – muss ausreichen. Nur wenn der trotzige Freiheitswille in der Bevölkerung vorhanden ist, werden Mittel und Wege gefunden werden, die den Feind wirksam aufhalten und schädigen ... Er wird frontal und beweglich geführt unter voller Ausnutzung des Geländes wie Abschnitte, Wälder, von Gebirgen, z. B. dem Schwarzwald. Für die Vorbereitung einer solchen Grenztiefenzone kann durch Erkundung und Rücksichtnahme bei den Friedensarbeiten (Schneisenanlagen in den Forsten für M. G. Beschuss, Drahthindernissen, Betonkeller für Kartoffeln, Scheunen als Fliegerzelte) schon im Frieden viel geschehen. <u>Eisenbahnen und Brücken</u> werden je nach den Weisungen der H. L. auf Grund operativer Erwägungen gesperrt oder zerstört. Bewegliche Reserven zu Rad, Pferd oder Kraftwagen werden an die bedrohtesten Punkte geworfen oder führen durch kleine Vorstösse – namentlich bei Nacht – feindliche Rückschläge herbei. Eingebrochene feindliche Kavallerie wird im Rücken abgeschnitten. Ich gebe mich nicht der Illusion hin, dass unsere Grenzbevölkerung <u>heute</u> überall bereit sein wird, in dieser Weise für Haus und Hof und damit für das ganze Volk zu kämpfen. Wir müssen aber auf diesen Kampf hinwirken und durch materielle Vorbereitungen und geistige Propaganda im Frieden seine Aussichten verbessern. Stehen aktive Kräfte, z. B. Kavallerie-Divisionen, zur Verfügung, so können sie als »Korsettstangen« hier und da den zivilen Grenzschutz vorübergehend stärken. Ich fasse noch einmal zusammen: die organisierte

Grenzbevölkerung muss einem feindlichen Vorstoss durch örtlichen Kampf und allmähliches Ausweichen von Abschnitt zu Abschnitt zähen Widerstand leisten. Die veralteten deutschen Festungen, namentlich Glogau und Küstrin, Strombarrieren, besonders die Oder, Gebirge wie der Schwarzwald, bilden für einen solchen Kampf den Rückhalt.

Neben dem Grenzschutz wird der Bahnschutz aufgestellt. Seine Aufgaben sind klar. Die Verwendung von Panzerzügen kann von Nutzen sein. Bahnschutz und Panzerzüge werden durch die Eisenbahnverwaltung unter Nachprüfung durch die mil. Kommandobehörden aufgestellt.

Aber nicht allein im Grenz- und Bahnschutz, sondern auch im Volkskrieg als Begriff für den Kleinkrieg im Rücken des Feindes muss die Zivilbevölkerung eintreten. Sie wird dadurch natürlich zur kriegführenden Truppe, die durch offenes Tragen von Abzeichen wie Armbinden nach den Haager Bestimmungen sich kenntlich macht. Diese Kriegführung im Rücken des Feindes wird zu schweren Gegenmassnahmen des Feindes führen. Diese müssen aber ertragen werden, wenn die Unterstützung der Gesamtoperation es verlangt. Soll dieser Zweck aber erreicht werden, so muss auch diese Art Kampfführung im Frieden schon eingehend vorbereitet werden. Nur bei einer festen Organisation unter straffer Führung kann vermieden werden, dass ein solcher Kampf in eine zügellose Freikorpsbewegung ausartet, die schliesslich die eigene Bevölkerung mehr schädigt als die feindliche Truppe. Die von uns gegebenen Weisungen sehen die Bildung von bestimmten Trupps energischer Männer vor, die durch Sabotage, Ueberfälle, Störungen des feindlichen Nachrichten- und Nachschubverkehrs usw. den Feind schädigen und zur Schwächung der feindlichen Front zu Gunsten der fdl. rückw. Verbindungen beitragen ... Ich bin jedenfalls der Ueberzeugung, dass der systematisch vorbereitete und von energischen Führern rücksichtslos und kühn betriebene Grenz- und Kleinkrieg starke Wirkungen ausüben wird. Sehr wichtig auf diesem Gebiet ist auch der Nachrichtendienst, der, im Frieden vorbereitet, im Agentendienst die Fernaufklärung leistet und im Grenzgebiet durch die Einwohner die Nahaufklärung in Front und Rücken ausführt. Im sogenannten »Invasionsnetz« sind Vorbereitungen für den Erkundungs- und Meldedienst getroffen.

Der Ausbau unseres F.T. und Drahtnetzes muss in grossem Stil für die Landesverteidigung ausgenutzt werden.

Aus dem Vorhergesagten ergibt sich, dass ich mit dem Eindringen feindlicher Truppen in Deutschland rechne. Wir müssen daher auch die Räumung der gefährdeten Gebiete von allem für die Kriegführung notwendigen Personal und Material, soweit es nicht im Grenzschutz oder Volkskrieg gebraucht wird, vorbereiten, eine recht schwierige Arbeit für die Verwaltungs- und Eisenbahnbehörden. Irgendwelche Vorräte, die die eigene Bevölkerung nicht für ihr Leben braucht, dürften nicht in Feindeshand fallen. Hierbei ist aber zu beachten, dass unser westlicher Gegner schon mobil ist und dass wir nicht damit rechnen können, bei Kriegsausbruch noch die Zeit für eine ausgiebige Räumung zu haben. Müssen wir zur Verhütung vorzeitiger Beunruhigung der Bevölkerung auf eine Räumung grösseren Massstabes verzichten, so wird es sich nur darum handeln, im Frieden in dem Grenzgebiet nur geringe Vorräte zu sammeln und mit Kriegsausbruch nur das beschleunigt zurückzuführen, was schnell und leicht abzubefördern ist. Dazu gehören ausser der wehrfähigen Bevölkerung vor Allem die Pferde, Kraftwagen, Betriebsmittel der Eisenbahn, öffentliche Kassen. Im Osten liegen die Verhältnisse etwas besser, da Polen zur Mobilmachung auch eine gewisse Zeit brauchen wird.

(…)

An welcher Stelle der Schwerpunkt der Verteidigung liegen muss, welche Gebiete geräumt werden, wo Alles daran gesetzt werden muss, den feindlichen Vormarsch zu verhindern, hängt natürlich von der Stärke und Richtung des feindlichen Vormarsches, aber auch von der eigenen Erwägung ab, wo sind meine Kraftquellen an Personal und Material? Diese, z.B. die Gebiete unserer Rüstungsindustrie und lebenswichtige Einfuhrhäfen, verlangen den stärksten Schutz. Anders also wie es die theoretische Lehre vor dem Kriege verlangte, müssen wir in das operative Kalkül in Zukunft auch die Sicherung bestimmter Landesgebiete stellen.

Ich fasse meine Auffassung über diesen von mir geschilderten ersten grossen Kampfabschnitt dahin zusammen: Es kommt in diesem darauf an, die Kampfzone über das ganze vom Feinde berührte Land zu erstrecken und in diesem weiten Gebiet durch die Summe der einzelnen Kampfhandlungen in Front und Rücken des Feindes einen grossen Erfolg zu erstreben: den Zeitgewinn für die Aufnahme des Entscheidungskampfes unter möglichst grosser Schädigung des Feindes.

Gleich dem Verteidiger einer modernen grossen Festung muss der Angreifer im weiten Vorgebiet überall auf Widerstand stossen. Je aktiver er geführt werden kann, desto besser ist es natürlich!

Ich möchte noch ein paar Worte über Ostpreussen sagen: Diese Provinz ist auf ihre eigenen Kräfte angewiesen. Sie im Frieden zu stärken, ist eine Pflicht der Reichsbehörden. Mit Kriegsausbruch kann Ostpreussen auf wesentliche Unterstützung aus dem Reich zunächst nicht rechnen. Auch dort wird aber der Kampf um Zeitgewinn in Anlehnung an die Seensperren zur Vervollständigung der Rüstung die erste Kriegsepoche bilden. Königsberg bildet den Rückhalt und Schlüsselpunkt der Verteidigung. Es ist damit zu rechnen, dass sich Danzig bald an Ostpreussen anschliessen wird. Für den zweiten Kriegsabschnitt kann den ostpreussischen Kräften die Rolle zufallen, den Takt auf dem rechten Flügel des russischen Heeres anzugeben.

Damit komme ich allgemein zu dem zweiten Kriegsabschnitt, den ich wesentlich kürzer behandeln kann. Gelingt unter den von mir besprochenen Vorbedingungen die Erhebung des Volkes, die Aufstellung und Ausrüstung weiterer Divisionen 2. und 3. Welle und greifen Auslandsmächte wirkungsvoll in die allgemeine Kampfführung ein, so muss der Kampf um Zeitgewinn in den Kampf um die Vernichtung des Feindes übergeleitet werden. Ist es gelungen, den Feind durch hinhaltenden Kampf und dauernde Schädigung seiner rückw. Verbindungen zu schwächen und einer Entscheidung auszuweichen, so bietet der nunmehrige Kampf selbst einem noch zahlenmässig überlegenen Gegner Aussicht auf grossen Erfolg.

Wie er im Einzelnen zu führen sein wird, lässt sich nicht schildern. Die beiderseitigen Stärkeverhältnisse und Stellungen werden die Grundlage für die weiteren Operationen bilden. Dass in diesem Kampfabschnitt die strategische Offensive erstrebt werden muss, ist selbstverständlich, denn nur sie kann den Krieg zu unsern Gunsten entscheiden. Ich kann mir aber sehr wohl denken, dass auch jetzt noch bei einem auch weiterhin für uns ungünstigen Kräfteverhältnis Defensive und Offensive nebeneinander ihre gleiche Berechtigung haben werden. Immer bleibt wahr, dass die Strategie ein System der

Aushilfen ist und dass der wahre Feldherr sich nicht an Begriffe klammert, sondern in schöpferischer Phantasie das Mittel findet, um den Feind zu zermürben und schliesslich zu vernichten. Aus der Fülle damit aufsteigender Fragen möchte ich nur die folgenden herausgreifen: Das Verhältnis von Offensive und Defensive zueinander, die Kräftegruppierung, die Ueberraschung des Feindes, die Bedeutung der geographischen Beschaffenheit des Kampfgebietes, die Verwendung der Hereskavallerie.

(…)

Der uns aufgezwungene Krieg

(…)

Heute und in absehbarer Zeit ist die Aufnahme des Krieges nur eine heroische Geste. Ich bin mir bewusst, dass sie uns aufgezwungen werden kann, ich bin mir aber ebenso klar, dass sie nur zum Untergange führen muss. Machen wir uns klar, dass wir keine Flugzeuge und schwere Waffen und an leichter Artl. Munition nicht einmal die leichten Munitionskolonnen unserer 7 Divisionen werden füllen können. Ich hoffe, dass sich diese Verhältnisse langsam bessern werden. Bei der Finanznot unseres Reiches kann auch die bestwollende Regierung die versäumten Gelegenheiten der letzten 5 Jahre nicht von heut auf morgen nachholen. Können wir der Kriegsfrage aber nicht ausweichen, so muss auch dieser Kampf nach den von mir im 1. Kriegsabschnitt geschilderten Richtlinien aufgenommen werden. Je schwächer das Feldheer ist, desto grössere Bedeutung gewinnt der Volkskrieg, als das letzte Mittel eines ohnmächtigen Volkes, sich seines Unterdrückers zu erwehren. Ein auf das Aeusserste zu steigernder nationaler Hass darf vor keinem Mittel der Sabotage, des Mordes und der Verseuchung zurückschrecken. Die Stärke des Feldheeres hängt in diesem Fall von den verfügbaren Vorräten an Waffen und Munition ab. Unter den augenblicklichen Verhältnissen kommt nur die Verwendung der 7 + 3 Divisionen in Frage, die Stämme zur Aufstellung einiger weiterer Formationen zurücklassen müssen. Man kann sich unsere derzeitige Machtlosigkeit nicht nüchtern genug ausmalen, wenn man eine Verantwortung für den Einsatz deutschen Bluts zu tragen hat. Darum muss unser Ruf aber immer wieder lauten: »Rüsten!«

Wir sehen Deutschland, unser Vaterland, mit seinen fruchtbaren Ebenen und bewaldeten Bergen, den silbernen Bändern seiner Ströme, den aus Tausenden von Essen rauchenden reichen Arbeitsstätten, Deutschland, das Land der Dichter und Denker, das Land einer wechselvollen, aber nach den Tiefen der Entwicklung doch immer wieder stolzen Geschichte. Wir erinnern uns an seine grossen Feldherrn und Staatsmänner und all die militärischen Grosstaten bis gegen das Ende des Weltkrieges. Dies Land ist heute vom Feind besetzt, grosse Gebiete sind ihm geraubt. Im Innern Hader, kraftlos unter der Faust des Erbfeindes.

In einer Fülle von Gedanken und Fragen, verwirrend und beklemmend, steigt vor uns die geschichtliche Verantwortung für die Befreiung unseres Landes auf, die wir vorzubereiten haben und gebs Gott, durchzuführen berufen sein werden.

Noch ist die Zeit zum Handeln nicht reif. Wir brauchen noch Geduld, aber zu dieser führt unmittelbar die Erkenntnis, dass eine Bewegung, die ein ganzes Volk ergreift, Zeit braucht. Wir müssen sie stärken und führen, denn es ist für uns keine andere Wahl, als dass wir entweder zu Grunde gehen oder uns durchsetzen. Nichts Grosses geschieht in der Welt ohne Leidenschaft. Wir müssen heute unser heisses Herz noch oft bezwingen, das nenne ich nationale Disziplin. Es ist den Männern der Befreiungskriege auch nicht anders gegangen und so kann ich nicht besser schliessen als mit den Worten von Gneisenau im Jahre 1808: »Ein gewisses Vorgefühl sagt mir, dass der Tag der Rache kommen wird – auf die Möglichkeit dieses Tages sollen alle unsere Bemühungen gerichtet sein.«

Es gilt das Grösste zu erringen: Die Freiheit des deutschen Volkes.
(Nachlaß Stülpnagel, BA/MA, N 5/10)

II. Wie man ein »Großes Heer« aufstellt

Aus einem geheimen Vortrag des Hauptmanns Behschnitt von der Organisationsabteilung (T 2) im Truppenamt des Reichsheeres am 4. April 1925

Der Personalbedarf eines »Grossen Heeres«.

Das »Grosse Heer« besteht aus:

1.) dem Stab des Chefs der Wehrmacht
2.) dem Grenzschutz, bestehend aus
    36 Grenzschutz-Divisionen
    2 Grenzschutz-Brigaden
    Sicherheitsbesatzungen der Festungen
3.) den Luftstreitkräften
    a) Fliegertruppen (einschl. Truppenfliegerverbänden)
    b) Reichsluftschutz (ausschl. Marine-Luftschutz)
4.) den Feldtruppen, bestehend aus
    7 Feldoberkommandos
    21 Feldkommandos
    63 Divisionen
    5 Kavallerie-Divisionen
    Heerestruppen
    Landstreitkräften der Marine
5.) den Ersatztruppen
6.) den Schulen, Lehrgängen und Kursen
7.) den Kommandobehörden und Sonderformationen in der Heimat.
(…)

Der Gesamtbedarf des »Grossen Heeres« an Personal beträgt rund 2 800 000 Mann. Diese Zahl wird sich noch erhöhen, da der Bedarf einzelner Formationen sowie der Schulen, Lehrgänge, Kurse und Lehrtruppen noch nicht feststeht.

(…)

Für die angestellten Bedarfsberechnungen, die vorgesehene Marschbereitschaft und den zu erreichenden Grad der Ausbildung der einzelnen Bedarfsgruppen sind folgende Grundlagen angenommen:

1.) <u>Chef der Wehrmacht</u>. Die Zusammensetzung und Stärke des Stabes stehen noch nicht fest. Er ist daher unberücksichtigt geblieben.
2.) <u>Grenzschutz</u>. Es ist von der Voraussetzung ausgegangen, dass die vorgesehene Aufstellung eines Grenzschutzes auch in einem Zukunftskriege erforderlich wird. Sein Einsatz im vollen vorgesehenen Umfange an allen Grenzen gleichzeitig ist angenommen.

Die im Grenzschutzbereich liegenden Festungen werden zum Grenzschutz gerechnet ...

Marschbereitschaft. Der Grenzschutz wird bei Bedrohung der Reichsgrenze, spätestens bei Ausspruch der Mobilmachung, aufgestellt; er muss am Tage der Aufstellung in seinen vorbereiteten Stellungen stehen.

Der zu erlangende Grad der Ausbildung. Einheitliche Ausbildung kann nicht gefordert werden. Kenntnis der zugewiesenen Waffen und ihrer Verwendung als Einzelkämpfer muss genügen.

3.) Luftstreitkräfte.
  a) Fliegertruppen
  (...)
  Marschbereitschaft. Die Fliegertruppen müssen bei Kriegsbeginn voll verwendungsfähig sein. Eine Ausnahme hiervon machen die Truppenfliegerverbände. Ihre Marschbereitschaft gleichzeitig mit den Verbänden des Landheeres, zu denen sie gehören, genügt.
  Der zu erlangende Grad der Ausbildung.
  Die Ausbildung des Personals muss bei Einsatz voll auf der Höhe sein, damit es dem an Zahl und Erfahrung überlegenen Gegner gewachsen ist.
  b) Reichsluftschutz.
  Es sind nur die rein militärischen Teile berücksichtigt, und zwar: Kommandobehörden, Formationen des Flugmeldedienstes und der Luftabwehr.
  (...)
  Für den Reichsluftschutz gilt als Berechnungsgrundlage, dass alle wichtigen, grösseren kriegs- und lebenswichtigen Betriebe und Anlagen durch Abwehrformationen geschützt sind.
  Die Stärke der an den einzelnen Stellen eingesetzten Abwehr ist auf ein Mindestmass beschränkt.
  Dabei ist davon ausgegangen, dass der Luftschutz sofort bei Kriegsbeginn in seinem vollen Umfange verwendungsbereit sein muss und dass der Einsatz gleichzeitig im ganzen Reichsgebiet erforderlich ist. Aufstellung und Ausbildung müssen daher vordringlich erfolgen.

Der zu erlangende Grad der Ausbildung.
Die Truppe muss so diszipliniert sein, dass sie bei feindlichen Luftangriffen ihren Dienst zuverlässig versieht. Die Offiziere müssen die Verwendung ihrer Waffe und die Grundsätze für das Zusammenwirken der verschiedenen Kampfmittel des Reichsluftschutzes sowie mit den Fliegerkampfkräften beherrschen. Für Unteroffiziere ist gründliche Kenntnis ihrer eigenen Waffe und ihrer Verwendung erforderlich. Bei den Mannschaften genügt, wenn sie die Dienstverrichtungen einwandfrei ausführen können, für die sie eingeteilt sind.

4.) <u>Feldtruppen</u>.
   a) Landheer.
   Die Aufstellung ist wellenweise gedacht:

   <u>1. Aufstellungswelle</u>: 4 F.O.K., 12 F.K., 35 Divisionen, 5 Kavallerie-Divisionen und zugehörige Heerestruppen.

   <u>2. Aufstellungswelle</u>: 1 F.O.K., 5 F.K., 14 Divisionen und zugehörige Heerestruppen.

   <u>3. Aufstellungswelle</u>: 1 F.O.K., 2 F.K., 7 Divisionen und zugehörige Heerestruppen.

   <u>4. Aufstellungswelle</u>: wie 3. Welle.

   (…)

   Die <u>Marschbereitschaft</u> soll erlangt werden von:

   <u>5 Kav. Divisionen</u>: vor der Marschbereitschaft der übrigen Truppen der 1. Welle.

   <u>1. Aufstellungswelle</u>: von allen Truppen gleichzeitig

   <u>2. Aufstellungswelle</u>: 1 Monat nach erlangter Marschbereitschaft der 1. Welle.

   <u>3. Aufstellungswelle</u>: 2 Monate nach erlangter Marschbereitschaft der 1. Welle.

   <u>4. Aufstellungswelle</u>: 3 Monate nach erlangter Marschbereitschaft der 1. Welle.

   Der zu erlangende Grad der Ausbildung.
   Es muss gefordert werden, dass eine in straffer Manneszucht erzogene Truppe entsteht. Zu Beginn der Feindseligkeiten muss sie ihre eigene Waffe und das Zusammenwirken mit den

anderen Waffen so weit beherrschen, dass sie den normalen Verhältnissen des Bewegungskrieges einigermassen gewachsen ist. Von dem einzelnen Soldaten und Führer ist nicht mehr zu fordern, als er für die Ausfüllung der ihm zugewiesenen Dienstverrichtung unbedingt braucht.

(…)

5.) Ersatztruppen.

Für alle Truppen des Feldheeres einschliesslich der Heerestruppen (bei diesen nur für Kampftruppen) werden Ersatztruppen aufgestellt. Die Aufstellung ist in folgendem Umfange vorgesehen.

Es werden aufgestellt:

Feldtruppen	Ersatztruppen
Für je 1 Infanterie Regt.	1 Infanterie Ersatzbatl.
" " 9 M.G. Kompanien	1 M.G. Ersatzbataillon
" " 9 M.W. Kompanien	1 M.W. Ersatzbataillon
" " 3 Inf. Nachr. Komp.	1 Nachr. Ersatzkompanie
" " 1 Reiter Regt.	1 Ersatzeskadron
" " 3 Reiter Regter.	1 M.G.-u. Nachr. Ers. Esk.
" " 1 Artl. Regt.	1 l. Artl. Ers. Abtlg.
" " 3 schw. Artl. Abtlgen.	1 schw. Artl. Ers. Abtlg.
" " 6 Artl. Abtlgen.	1 Nachr. Ersatzbatterie
" " 5 Flak Abtlgen.	1 Flak Ersatzabtlg.
" " 9 Flieger Beob. Staffeln	1 Flieger Ersatzabtlg.
" " 15 Jagdstaffeln	1 Jagdflieger Ers. Abtlg.
" " 12 Bombenstaffeln	1 Bombenflieger Ers. Abtlg.
" " 5 Pionierbataillone	1 Pionier Ersatzbataillon
" " 5 Nachr. Abtlgen.	1 Nachr. Ers. Abtlg.
" " 5 Kraftfahr-Abtlgen.	1 Kraftfahr-Ersatzabtlg.
" " 5 Fahr-Abtlgen.	1 Fahr-Ersatzabtlg.
" " 5 Sanitäts-Abtlgen.	1 Sanitäts-Ers. Abtlg.

Die Ersatztruppen müssen im Stande sein, alsbald nach Einsatz der Feldtruppen entstehende Ausfälle zu decken. Daher sind sie wellenweise gleichzeitig mit den Feldtruppen, für die sie bestimmt sind, aufzustellen, auszubilden und verwendungsbereit zu machen.

Die Ersatztruppen bestehen aus einem Stamm und dem auszubildenden Ersatz. Der Stamm soll eine hinreichende Anzahl von Ausbildungspersonal, das selbst voll ausgebildet und zur Ausbildung von Ersatz voll geeignet sein muss, enthalten.

(...)

6.) Schulen, Lehrgänge, Kurse.

Welche Schulen, Lehrgänge und Kurse voraussichtlich eingerichtet werden müssen, ihre Zahl, Zusammensetzung und Stärke wird noch festzustellen sein. Die Entscheidung hierüber steht in engem Zusammenhang mit der Frage, wie der Bedarf des Heeres an Ausgebildeten gedeckt werden kann.

(...)

7.) Kommandobehörden und Sonderformationen in der Heimat

Hierzu gehören in erster Linie die Wehrkreiskommandos, die die Aufstellung des Heeres leiten, die Ersatz-Inspektionen sowie Formationen, die in der Mobilmachungszeit und während des Krieges den militärischen Verkehrs- und Nachrichtendienst in der Heimat zu versehen haben.

Sie müssen daher spätestens mit Ausspruch der Mobilmachung aufgestellt werden, sofern sie nicht bereits im Frieden vorhanden waren und lediglich der Umgestaltung bedürfen. Die Besetzung der Führerstellen und der wichtigsten Organe mit durchaus geeigneten, erfahrenen Persönlichkeiten ist erforderlich. Im übrigen werden wenig oder garnicht Ausgebildete sowie weibliche Hilfskräfte im grösseren Umfange verwendet werden können.

(...)

Die militärischen Voraussetzungen für die Aufstellung des »Grossen Heeres«

(...)

1.) Die Angehörigen des alten Heeres

Es wird davon ausgegangen, dass zu dem Zeitpunkt, zu dem die Aufstellung des »Grossen Heeres« erfolgen soll, auf Ausgebildete des alten Heeres, die am Weltkriege teilgenommen haben, im allgemeinen nicht mehr zurückgegriffen werden kann. Nach den angestellten, von massgeblicher Seite gutgeheissenen Berechnungen, ist dies bereits vom 1. Januar 1931 ab der Fall.

Der jüngste Jahrgang, der im Kriege eingestellt wurde, ist der Jahrgang 1900. Er steht am 1. 1. 31 im 31. Lebensjahre und ist seit 12 Jahren aus dem Heere entlassen. Wenn er auch seiner körperlichen Rüstigkeit nach noch einige Jahre lang als kriegsverwendungsfähig gelten kann, so ist seine Ausbildung nach 12-jähriger Friedenszeit als nicht mehr ausreichend anzusehen. Er ist also nur nach erneuter Ausbildung noch eine Reihe von Jahren als verwendungsfähig zu betrachten. Das Gleiche gilt – und zwar in verstärktem Masse – für die übrigen Kriegsteilnehmer. Sie sind ebenfalls seit 12 Jahren ausser Dienst, an Lebensjahren jedoch noch älter. Mit wenigen – zahlenmässig nicht ins Gewicht fallenden – Ausnahmen sind vom 1. 1. 31 ab alle Kriegsteilnehmer nur nach erneuter Ausbildung kriegsverwendungsfähig. Mit Rücksicht auf ihr Lebensalter wird man sich im allgemeinen auf ihre Verwendung im Grenzschutz, im Reichsluftschutz, in einzelnen Zweigen des Ausbildungsdienstes sowie bei Behörden und Formationen in der Heimat beschränken müssen. Im Feldheere kommen sie im allgemeinen nur für den Dienst bei nicht fechtenden Truppen in Betracht. Immerhin wird die Zahl der Geeigneten im Verhältnis zu dem Bedarf nicht erheblich sein. Ein grosser Teil wird in der Kriegswirtschaft benötigt werden und dort unabkömmlich sein, ein anderer Teil im Reichs-Verkehrsschutz, Reichs-Ortsschutz und im zivilen Teil des Reichsluftschutzes Verwendung finden müssen.

Für die ehemaligen aktiven Offiziere gilt das vorstehend Gesagte mit einer gewissen Einschränkung. Mit der Mehrzahl von ihnen wird auch noch nach 1931 zu rechnen sein. Soweit sie nicht im Grenzschutz, bei dem nicht fliegenden Personal der Fliegertruppen, im Reichsluftschutz, bei den Kommandobehörden in der Heimat und im Ersatzgeschäft Verwendung finden, kommt ihre Verwendung in der Front im allgemeinen nur nach Teilnahme an einem Lehrgang und nur in Stäben oder Führerstellen von Kompanie-Führern an aufwärts in Frage. Der Bedarf der genannten Bedarfsgruppen wird grösser sein, als der vorhandene Bestand.

Die Angehörigen des alten Heeres müssen daher bei nachstehenden Berechnungen ausser Betracht bleiben.

2.) Berechnung der vorhandenen Ausgebildeten bei Innehaltung des Friedensvertrages.

Es wird ferner davon ausgegangen, dass bis zu Beginn des Zukunftskrieges Deutschland gezwungen ist, nur ein 100 000 Mann Heer zu halten und dessen Ersatz nach den Bestimmungen des Versailler Diktats zu regeln.

Auf Grund dieser Bestimmungen werden jährlich im Durchschnitt 13 000 Mann (einschl. Offizieren) aus dem Heere entlassen. Günstigen Falls kann man die entlassenen Unteroffiziere und Mannschaften in den nächsten folgenden 8 Jahren ohne neue Ausbildung noch als verwendungsfähig bezeichnen. Sie stehen dann in einem Alter von 30–40 Jahren. Offiziere werden meist auch darüber hinaus ohne erneute Ausbildung noch verwendungsfähig sein.

Demnach sind zur Deckung des Bedarfs für das Grosse Heer rein rechnerisch jeweils vorhanden:

    100 000 Angehörige des Reichsheeres
     80 000 ehemalige Angehörige des Reichsheeres x)
zus. 180 000 Ausgebildete.

---

x) Tatsächlich sind 104 000 ehemalige Angehörige des Reichsheeres vorhanden, von denen jedoch 25% als dienstunfähig, unabkömmlich und nicht greifbar, da im besetzten Gebiet beheimatet, abgezogen sind.

Als Lehrpersonal für die Ausbildung des Grossen Heeres können hiervon jedoch nur 160 000 in Ansatz gebracht werden, da 20 000 Angehörige des Reichsheeres infolge ihrer Verwendung bei Stäben, Kommandanturen usw. sowie im Truppenverwaltungsdienst als für die Ausbildung nicht verfügbar abgezogen werden müssen ...

Einem Gesamtbedarf des Grossen Heeres von 2 800 000 Mann steht demnach ein Bestand von zusammen 180 000 Ausgebildeten gegenüber, sodass noch rund 2 600 000 Mann auszubilden sind. Hierfür ist ein Ausbildungspersonal von 160 000 Köpfen verfügbar. Mit seiner Ausnutzung in vollem Umfange kann jedoch nur unter der Voraussetzung gerechnet werden, dass:

a) das Reichsheer während der Ausbildungszeit der 1. Aufstellungswelle des Grossen Heeres zu keiner anderen Verwendung herangezogen wird;
b) die ehemaligen Angehörigen des Reichsheeres bis zu Beginn der Aufstellung auf Grund freiwilliger Meldung oder der bereits wirksam gewordenen allgemeinen Wehrpflicht vollzählig eingerückt sind;
c) jeder Angehörige oder ehemaliger Angehörige des Reichsheeres als Ausbildungslehrer geeignet ist.
(…)

Schlussfolgerungen

Die Untersuchungen über die Ausbildungsmöglichkeiten der einzelnen Bestandteile des »Grossen Heeres« ergeben zusammenfassend vom organisatorischen Standpunkte folgende Schlussfolgerungen:

1.) <u>Die Aufstellung des »Grossen Heeres« aus dem Reichsheere und dem aus ihm Entlassenen</u> ist unter den angenommenen Voraussetzungen und Bedingungen aus Mangel an Führern, Spezialisten und Lehrpersonal in dem vorgesehenen Umfange von 1931 ab <u>nicht möglich</u>.

2.) <u>Die Aufstellung kann mit Aussicht auf rechtzeitige Beendigung der Ausbildung nur durchgeführt werden, wenn:</u>

<u>entweder</u> das notwendige Führer- und Lehrpersonal in vollem Umfange schon im Frieden bereitgestellt wird,

<u>oder</u> wenn dem Beginn des Krieges eine hinreichend lange Rüstungszeit vorangeht, innerhalb deren ohne Rücksicht auf die Bindungen des Versailler Diktats das erforderliche Personal vor Beginn der allgemeinen Ausbildung herangebildet werden kann.

Dieses Ergebnis der Untersuchungen ist gänzlich unbefriedigend. Es wäre verständlich, wenn jemand, dem die zunehmende militärische Ohnmacht der kommenden Jahre unerträglich erscheint, versuchen würde, es durch Einschränkungen und Einwände zu entkräften. <u>Dem</u> ist <u>entgegenzuhalten:</u>

1.) Alle eingesetzten Zahlen beruhen auf feststehenden Unterlagen und peinlichst genauen Berechnungen. Wo an einzelnen Stellen Schätzungen vorgenommen werden mussten, ist mit grösster Objektivität verfahren und eher zu günstig als zu ungünstig gerechnet.

2.) Es ist vorausgesetzt, dass jeder Angehörige des Reichsheeres als Führer, Spezialist oder Lehrpersonal geeignet ist. Ob und in welchem Umfange dies der Fall ist oder wenigstens die Möglichkeit besteht, dieses Ziel künftig zu erreichen, muss dahingestellt bleiben.

3.) Die aus dem Heere in den letzten 8 Jahren Entlassenen sind ohne Rücksicht auf den wirklichen Stand ihrer Ausbildung, auf ihre etwaige Unabkömmlichkeit im Wirtschaftsleben und auf die zu dem Zeitpunkt ihrer Einberufung noch nicht durchgeführte allgemeine Wehrpflicht vollzählig als vorhanden und geeignet eingesetzt.

4.) Unberücksichtigt gelassen, also zu günstig angenommen, ist die Tatsache, dass im Reichsheere einzelne Waffengattungen des Feldheeres gänzlich fehlen oder nur in geringem Umfange vorhanden sind (z.B. Tanks, schwere Artillerie, Fliegerabwehr M.G., Flak-Artillerie und Messformationen). Das auf diese Formationen entfallende Stammpersonal ist als voll ausgebildet angenommen, ist es in Wirklichkeit aber nicht.

5.) Bei etwaiger Beschaffung von Waffen aus dem Auslande (Geschütze, M.W., M.G.) muss das Lehrpersonal erst selbst umlernen, ehe es mit der Ausbildung beginnen kann.

6.) Die aktiven Offiziere werden für die Ausbildung nur zum geringen Teil zur Verfügung stehen. Der Bedarf an Offizieren in besonderen Stellungen, in Stäben und Führerstellen ist so gross, dass sich der vorhandene Bestand von 3 800 leicht aufteilen lässt. Nachstehend ein Beispiel:

	Gesamt-bedarf	Mindestens mit aktiven Offizieren zu besetzen
Generalstab	1 000	$^2/_3$ = 670
Flieger-Stammpersonal	470	470
Generale u. Stabsoffiziere des Feldheeres	2 700	$^1/_2$ = 1 350
Komp. usw. Führer der 1. Welle des Feldheeres	3 200	$^1/_2$ = 1 600
		4 090

Hiernach blieben also z.B. ohne jeden aktiven Offizier: Der Grenzschutz, Reichsluftschutz, 2. - 4. Welle der Feldtruppen und die Ersatztruppen. Aktive Offiziere als Zugführer würden bei keiner Truppe vorhanden sein.

7.) Die aus den Berechnungen sich ergebenden geringen Ausbildungsstämme sind auch nur dann zu erreichen, wenn das Reichsheer von Beginn der Ausbildung mindestens bis zum Erreichen der Marschbereitschaft der 2. Welle bis zum letzten Mann herangezogen wird. Ein Einsatz des etwa durch Ersatzmannschaften verstärkten und vergrösserten Reichsheeres als Deckungsarmee schliesst jede weitere Vergrösserung der ersten Aufstellung – ganz gleich, in welchem Umfange sie zunächst erfolgte – in absehbarer Zeit aus.

8.) Auf die Angehörigen des alten Heeres wird auch noch nach 1931 in erheblichem Umfange zu rechnen sein. Für sie findet sich im Grenzschutz, Reichsluftschutz, bei dem nicht fliegenden Personal der Fliegertruppen, bei den nicht kämpfenden Teilen des Feldheeres, den Behörden und Formationen in der Heimat, dem Reichs-Verkehrs- und Ortsschutz reichlich Verwendung. Zu bedenken bleibt jedoch, dass auch die jüngsten von ihnen 1931 bereits 31 Jahre sind. Gerade diejenigen, die sich ihre körperliche und geistige Rüstigkeit erhalten haben, werden vornehmlich im Erwerbsleben stehen. Dort werden sie als Arbeiter, Angestellte oder Leiter mit Rücksicht auf die vielleicht noch wichtigere materielle Rüstung in erheblicher Anzahl unabkömmlich sein.

9.) Die Masse der kämpfenden Truppen wird daher nicht anders als aus jungen Ungedienten gebildet werden müssen. Güte und Leistungsfähigkeit der Truppe wird aber allein die voraussichtliche Ueberlegenheit des Gegners an Material ausgleichen können. Die Güte hängt von den Führern, die Leistungsfähigkeit von der Mannschaft ab. Alte Führer und junge Mannschaft geben zwar theoretisch eine gute Mischung. In der Praxis haben 1914 gerade derartig zusammengesetzte Truppen den Erwartungen nicht entsprochen (Ypernkorps).

Ein weiteres Zurückgreifen auf die Angehörigen des alten Heeres ergäbe auch beim Feldheere Truppen, die sich zusammensetzten aus alten und jungen Führern und alten und jungen Mannschaften. Es wird ernstlich zu erwägen sein, ob diese Zusammensetzung im Hinblick auf die zu erfüllenden Aufgaben erwünscht sein kann. Zu Höchstleistungen werden nur gleichartig zusammengesetzte Truppen befähigt sein; das Alter ihrer Angehörigen spielt dabei keine entscheidende Rolle (Landwehrkorps Woyrsch).

Gegen ein zu weitgehendes Vertrauen auf die noch weit in die Zukunft reichende ungeschwächte Leistungsfähigkeit der Reste des alten Heeres sprechen noch folgende Tatsachen:
Die heutige Zeit verzehrt die Menschen schneller als dies früher der Fall war (Arbeitslosigkeit, Beamtenabbau, Stagnierung der Wirtschaft, Wohnungselend, Tuberkulose usw.). Selbst besten Willen vorausgesetzt, werden die Angehörigen des alten Heeres zwischen 1930 und 1940 weder den Schwung noch die Leistungsfähigkeit mehr aufzubringen in der Lage sein, den 1914/18 Gleichaltrige aufbrachten.

Der neue Krieg bringt neue Formen. Es ist fraglich, ob die in den Kampfformen des Weltkrieges gross Gewordenen zwischen 1930/40 noch anpassungsfähig genug sein werden, um sich von den ihnen s. Zt. in Fleisch und Blut übergegangenen Anschauungen und Formen plötzlich und ohne den Uebergang, der sich für die im Reichsheere Verbliebenen ganz allmählich vollzieht, frei zu machen.

Die Ausbildung eines Grossen Heeres und seine rechtzeitige Bereitstellung in dem vorgesehenen Umfange und in der erforderlichen Leistungsfähigkeit kann daher mit Aussicht auf Erfolg nur durchgeführt werden, wenn die Grundlagen hierfür vorher vorhanden sind.
Diese Grundlagen berühren alle Zweige des Staats- und Volkslebens. Sie sind vornehmlich politischer, wirtschaftlicher und finanzieller, geistiger, erzieherischer, militärischer und organisatorischer Art ...
(...)

Das Grosse Heer der Zukunft wird sich von dem des Weltkrieges wesentlich unterscheiden. Zusammensetzung und Aufstellung werden entscheidend beeinflusst werden
a) durch die Art der künftigen Kriegführung,

b) durch Zusammensetzung und Organisation der deutschen Friedenswehrmacht,
c) durch das Deutschland aufgezwungene Wehrsystem.

<u>Der künftige Krieg erfordert den Einsatz von Land-, Luft- und Seestreitkräften</u>. Ihre innere Zusammensetzung, ihr gegenseitiges Kräfteverhältnis und ihre Verwendung ist durch die Art der voraussichtlichen Kriegführung und ihre Kampfmittel bedingt. Die Möglichkeit ihrer rechtzeitigen Aufstellung im erforderlichen Umfange ist jedoch von der eigenen Leistungsfähigkeit abhängig.

<u>Das Grosse Heer bei Kriegsbeginn wie früher organisch aus der Friedenswehrmacht zu entwickeln, ist nicht möglich</u>. Die Zusammensetzung der Friedenswehrmacht entspricht in ihren Grundlagen nicht der der künftigen Kriegsmacht, und das derzeitige Wehrsystem ist lediglich für den Frieden zugeschnitten.

<u>Im Frieden fehlen der Wehrmacht eine Reihe der wichtigsten Kampfmittel</u>. Diese müssen für den Krieg personell und materiell aus dem Nichts geschaffen werden, für ihre zeitgemässe Organisation und Verwendung sind praktische Erfahrungen nur in geringem Masse vorhanden.

<u>Die Friedenswehrmacht kann nicht durch Mobilmachung ihrer Reserven auf Kriegsstärke gebracht werden</u>. Reserven sind mit Ausnahme einer beschränkten Anzahl älterer Ausgedienter nicht vorhanden. Für den Krieg muss vielmehr ein waffenentwöhntes Volk in seiner Masse erst waffentüchtig gemacht werden.

Voraussichtliche Art und Umfang der feindlichen Kriegführung werden Ausnutzung der gesamten Volkskraft bedingen. Der Kriegsschauplatz wird sich fast auf das ganze Reich ausdehnen. Ein erheblicher Teil des Volkes wird daher an den Grenzen und im Innern des Reiches Kriegsdienst leisten müssen.

<u>Für diese umfangreiche Ausbildung</u> des Volkes im Waffendienst kommen als Führer und Ausbilder nur selbst voll Ausgebildete in Frage. Die Anforderungen an ihr Können werden sehr hoch sein müssen. Es handelt sich nicht nur um die übliche Rekrutenausbildung, sondern in grossem Umfange um die Ausbildung von Unterführern und Spezialisten. Die Lehrer müssen zum grossen Teil den Dienst des Unterführers und des Spezialisten – vornehmlich auch

der im Frieden nicht vorhandenen Waffen – beherrschen. Hieraus geht hervor:

1.) Für den Ausbildungsdienst können <u>keine flüchtig ausgebildeten Soldaten</u> verwendet werden.
2.) Als Lehrpersonal kommt <u>fast ausschliesslich die Friedenswehrmacht mit den aus ihr Entlassenen</u> in Frage.

Die aus den Berechnungen sich ergebenden Zahlen dürften beweisen, dass die Friedenswehrmacht nach ihrer Stärke hierzu <u>nicht ausreicht.</u>

Ob sie im Hinblick auf den Stand ihrer Ausbildung s. Zt. den hohen Anforderungen vollauf wird genügen können, ist noch eine offene Frage.

<u>Die notwendige Dauer der Rüstungszeit, die einem künftigen Kriege vorausgehen muss, und die rechtzeitige Bereitstellung eines ausreichenden und genügend leistungsfähigen Heeres wird daher von dem Umfange abhängen, in dem es gelingt, vor Kriegsbeginn die für die Ausbildung und Aufstellung des Grossen Heeres erforderlichen Grundlagen zu schaffen.</u>

Diese <u>Grundlagen</u> werden theoretischer und praktischer Art sein müssen. Sie werden sich <u>auf Folgendes zu erstrecken haben:</u>

1.) Massnahmen zur <u>Feststellung</u> des Personalbedarfs.
2.) <u>Feststellung</u> der beabsichtigten Ausnutzung des Reichsheeres für die Aufstellung des Grossen Heeres. Feststellung des für die Aufstellung und Ausbildung des Grossen Heeres demnach verfügbaren Führer-, Spezialisten- und Lehrpersonals
   a) im Reichsheer,
   b) unter den aus ihm Entlassenen,
   c) aus sonstigen Quellen.
3.) <u>Feststellung</u> des Bedarfs an Schulen, Lehrgängen und Kursen. Festsetzung von Umfang, Zusammensetzung, Lehrbeginn, Dauer der Kurse, Ausbildungsziel, zahlenmässige Leistungsfähigkeit.
4.) Massnahmen zur <u>Deckung</u> des Personalbedarfs.

Wie mehrfach erwähnt, bildet für die Organisation des Grossen Heeres das Reichsheer die <u>einzig wertvolle Quelle</u> für den Bedarf an Führern, Spezialisten und Lehrpersonal.

Auf diese entscheidende Aufgabe wird es eingestellt werden müssen mit dem Ziel, seine Leistungsfähigkeit in der Beschaffung hochwertigen Personals auf die grösstmöglichste Höhe zu bringen ...
(BA-MA RH 8 I/v. 894 a)

III. Geheime Bedarfsrechnung:
14 Milliarden für ein 1,3 Millionen-Heer x)

Anlage 2
zu T.A.Nr.109/31 geh. Kdos.
»z« T 2 III B 2.Ang. v. 2. 5. 31

Vorbemerkungen

Bei der Berechnung des Geldbedarfs für das A. Heer wurde vorausgesetzt:

1.) Die laufenden Haushaltsmittel des Reichsheeres bleiben für die im Haushalt vorgesehenen planmässigen Vorhaben erhalten. Sie werden teilweise für diese, teilweise für Kriegsbedürfnisse verwendet und sind in den Zahlen der Anlage 2 nicht enthalten, diese stellen also den Mehrbedarf dar.

2.) Der erforderliche Mehrbedarf ist aufgeschlüsselt nach:
   a) einmaligen Aufwendungen zur Aufstellung des A. Heeres
   b) laufenden Aufwendungen für die Dauer eines Monats.

3.) Bei der Berechnung des Geldbedarfs für Nachschub konnte zunächst nur der voraussichtliche monatliche Verbrauch an Waffen und Munition in Rechnung gestellt werden. Berechnung des Geldbedarfs für sonstigen Nachschub aller Art auf Grund des Fertigungsprogramms muss späterer Zeit vorbehalten bleiben.

4.) Bei der Berechnung des Geldbedarfs für Rohstoffe sind nur solche Stoffe berücksichtigt, die Deutschland im A.-Fall fehlen oder an denen ein so grosser Mangel herrscht, dass ihre Einfuhr notwendig ist ...

I. Berechnungsgrundlagen

A. Heer:
  A. Einigermassen feststehende Werte:
  1.) Gesamtpersonalbedarf rd.: 1 200 000 + 100 000 (Reichsheer) = 1 300 000 Mann.
  2.) Gesamtpferdebedarf rd.: 320 000 + 41 225 (Reichsheer) = 361 225 Pferde.
  3.) Gesamtfahrzeugbedarf rd.: 62 500 Fahrzeuge (ausschl. Reichsheer).
  4.) Gesamt-Kraftfahrzeug-Mehrbedarf gegenüber Reichsheer: 5200 Pkw, 14 250 Lkw, 1100 Anhänger, 400 Zugmaschinen, 1600 Sonderkraftfahrzeuge, 1300 Kr. Kw., 16 100 Krad.
  5.) Kosten für Gesamtverpflegungsbedarf des A. Heeres für einen Monat:
  Durchschnittskosten einer Verpflegungsportion RM 1.48, mithin 1 300 000 x 30 x 1.48 = RM 57 720 000,- je Monat.
  6.) Kosten für Gesamtfutterbedarf des A. Heeres für einen Monat:
  Durchschnittskosten einer Futterration RM 1.16, mithin 361 225 x 30 x 1.16 = RM 12 570 630,- je Monat.
  7.) Gesamtbetriebsstoffbedarf des A. Heeres für einen Monat:
  Ges.betr.stoffbed. (geschätzt)   RM 90 000 000,--
  dazu $^{1}/_{3}$ für Bereifung pp   RM 30 000 000,--
                                        RM 120 000 000,--
  8.) Durchschnittsankaufspreis je anzukaufendes Pferd: RM 1200,--.
  9.) Durchschnittsankaufspreis je anzukaufendes Fahrzeug: RM 500,--.
  10.) Durchschnittsankaufspreis je anzukaufendes Kraftfahrzeug: Pkw RM 5000,--, Lkw RM 9000,--, Anhänger RM 3000,--, Zugmaschine RM 15 000,--, Sonderkraftfahrzeug RM 20 000,--, Kr. Kw. RM 8000,--, Krad RM 1500,--.

B. Schätzbare Werte:
- 11.) Geldbedarf für Ersatzorganisation (ohne sächliche Ausgaben der Beschaffungskommissionen):
  Bei einer überschläglichen Berechnung der Gesamtzahl aller in der Ersatzorganisation der Wehrmacht beschäftigten Personen ergibt sich die Zahl von rd. RM 38 000. Bei einer durchschnittlichen monatlichen Abfindung von RM 220,-- ergibt dies einen Geldbedarf von RM 8 360 000,-- je Monat.
- 12.) Geldbedarf für Kriegsbesoldung des ganzen A. Heeres für einen Monat:
  Im Reichsheer werden an Besoldung verausgabt RM 17 737 500,-- je Monat. Es ist angenommen, dass im A. Fall die Kriegsbesoldung die Friedensbesoldung + freier Verpflegung nicht übersteigt. Das ergibt für das A. Heer einen Geldbedarf von RM 17 737 500 x 13 = RM 230 587 500,-- je Monat.
- 13.) Geldbedarf für Eisenbahnaufmarsch:
  Es ist berechnet der Eisenbahnaufmarsch von 17 Inf.Div. und 3 Kav.Div. in Ostpommern und von 17 Inf.Div. und 2 Kav.Div. in Mittelschlesien. Das Mittel aus beiden Berechnungen ergibt RM 10 250 000,--.
- 14.) Geldbedarf für Beschaffung handelsüblichen Geräts (ohne Fahrzeuge und Kraftfahrzeuge): RM 150 000 000,--.
- 15.) Geldbedarf für Munitionsnachschub:
  Der Berechnung des Geldbedarfs für den Munitionsnachschub ist der voraussichtliche monatliche Verbrauch zu Grunde gelegt. Die Deckung dieses Verbrauchs erfordert:

Inf.Mun.	RM 50 000 000,--
Art.Mun.	180 000 000,--
Marine	90 000 000,--
Spreng- und Zündmittel	15 000 000,--
Bomben	5 000 000,--
	RM 340 000 000,--

16.) Geldbedarf für Nachschub an Waffen:
Der Berechnung liegen die Vorhaben des Fertigungsprogramms, berechnet auf einen Monat zu Grunde, und zwar:

Gewehre	RM	20 000 000,--
M.G.		12 000 000,--
F.K.16		24 000 000,--
l.F.H.		24 000 000,--
Kwg.144		10 000 000,--
Tak		950 000,--
8,8 Fl.		26 000 000,--
Kleinkal.Fl.		810 000,--
10 cm K.17		300 000,--
lg. 15 cm K.		350 000,--
l. M.W.		1 000 000,--
m. M.W.		420 000,--
	RM	119 830 000,--
	= 120 Millionen RM	

C. Unsichere Werte:

17.) Geldbedarf für Sozialabfindung der Wehrmachtsangehörigen:
Da die Friedensbesoldung für das A. Heer zu Grunde gelegt ist, kann die soziale Abfindung nur den Abwesenheitszuschuss von RM 2.-- täglich für den Verheirateten betragen. In der Annahme, dass 30 % der Angehörigen des A. Heeres verheiratet sind, ergibt dies einen monatlichen Geldbedarf von 390 000 x 60 = RM 23 400 000.

18.) Geldbedarf für Anlaufen der Rüstungsindustrie (geschätzt): RM 1 00 000 000.-

19.) Geldbedarf für die Einfuhr von Rohstoffen:
Die Berechnung ist für einen 3-Monatsbedarf aufgestellt.

Lfd. Nr.	Rohstoff	Einfuhr-Bedarf f. 3 Monate in t	Preis am 1. 4. 30 RM	Mithin Gesamtpreis am 1. 4. 30 RM	Bemerkungen
1	Benzol)	92 500	42.-- f. 100 l	34 078 800	+)
2	Benzin)	(121 710 000 l)	24.-- f. 100 l	9 736 800	
3	Heiz- und Treiböl	145 000	14.50 f. 100 kg	21 025 000	++)
4	Schmieröl	45 000	25.50 f. 100 kg	11 475 000	
5	Stahleisenerze	135 000	22.70 f. 1 t	3 064 500	
6	Ferromangan 80 %	7 625	75.-- f. 100 kg	5 718 750	
7	Kupfererze	4 750	136.-- f. 100 kg	6 460 000	
8	Zink	4 750	36.50 f. 100 kg	1 733 750	
9	Zinn	462.5	348.-- f. 100 kg	1 611 240	
10	Nickel	850	350.-- f. 100 kg	2 975 000	
11	Chrom	375	5.60 f. 100 kg	2 100 000	
12	Wolfram	50	36.-- f. 1 kg	1 800 000	
13	Quecksilber	62.5	13.50 f. 1 kg	843 750	
14	Glyzerin	3 000	90.-- f. 100 kg	2 700 000	
15	Toluol	6 875	1.05 f. 1 kg	7 218 750	
16	Wolle	12 250	619.-- f. 100 kg	75 827 500	
17	Flachs	2 500	132.-- f. 100 kg	3 300 000	
18	Hanf Garn	4 750	103.-- f. 100 kg	4 892 500	
19	Häute pp. Rind	9 750	120.-- f. 100 kg	11 700 000	
				208 261 340	

+) für 81 140 000 l.   ++) für 40 570 000 l.

II. Berechnung des Geldbedarfs.
A. Heer

	Geldbedarf in RM	
A. Einigermassen feststehende Werte:	Einmalig	Laufend für einen Monat
1. Gesamtgeldbedarf für Ankauf der Erg. Pferde	384 000 000,--	-
2. Gesamtgeldbedarf f. Ankauf d. Erg. Fahrzeuge	31 250 000,--	-
3. Gesamtgeldbedarf f. Erg. Kraftfahrzeuge	230 100 000,--	-
4. Geldbedarf für Verpflegung des A. Heeres	-	57 720 000,--
5. Geldbedarf f. Pferdefutter im A. Heer	-	12 570 630,--
6. Gesamtbetriebsstoffbedarf f. A. Heer	-	120 000 000,--

A. Heer	Geldbedarf in RM	
A. Einigermassen feststehende Werte:	Einmalig	Laufend für einen Monat
B. Schätzbare Werte:		
7. Geldbedarf f. Ers. Org. d. Wehrmacht (ohne 1–3 u 8)	–	8 360 000,–
8. Geldbedarf f. Besoldung d. A. Heeres	–	230 587 500,–
9. Geldbedarf f. Eisenbahnaufmarsch	10 250 000,–	–
10. Geldbedarf f. Beschaffung handelsüblichen Geräts (ohne Pferde, Fahrzeuge u. Kraftfzge.)	150 000 000,–	–
11. Geldbedarf für Munitionsnachschub	–	340 000 000,–
12. Geldbedarf für Nachschub an Waffen	–	119 830 000,–
C. Unsichere Werte:		
13. Geldbedarf für soziale Abfindung	–	23 400 000,–
14. Geldbedarf f. Anlaufen d. Rüstungsindustrie	1 000 000 000,–	–
15. Geldbedarf f. Einfuhr v. Rohstoffen (f. 3 Mon)	–	208 261 340,– *)
Ueberschläglicher Ges.Bedarf d. A. Heeres:	1 805 600 000,–	1 120 729 470,–

*) für 3 Monate

A. Die Verbesserung der Bewaffung des A. Heeres durch Auslandsankäufe müsste sich auf folgende Zugänge erstrecken:
1) Allgemein
   a) Vermehrung der Bewaffung der Schütz. Kp. um 2 s. M. G.
   b) Vermehrung der Geschützzahlen je 1. oder s. Battr. von 3 auf 4, je 15 cm Kan. u. lg. 21 cm Mrs. Battr. von 2 auf 3
   c) Vermehrung der Zahl 1. M. W. je M. W. Esk. von 2 auf 4
2) Im einzelnen:

a) Heerestruppen + Armeetruppen A	2 l. Art. Rgt. (mot) zu je 6 Battr.
	3 Horchzüge
	4 Btl. l. Kpfw.
	2 Btl. s. Kpfw.
b) je Inf. Div.	1 Battr. s. F. H.
c) je Kav. Div	2 l. Battr., 1 10 cm Kan. Battr.
d) Fliegerwaffe	12 Erkundungs- u. Beob. Staffeln
	5 Nachterkundungsstaffeln
	5 Jagdgeschwader
	2 Tagbombengeschwader
	1 Nachtbombengeschwader
e) Luftschutztruppe	51 Battr. 7,5 cm Flak
	42 Battr. 8,8 cm Flak
	10 Battr. 10,5 cm Flak
	13 Fl. Abw. Kp.
	51 60 cm Scheinw. Züge
	36 110 cm Scheinw. Züge

Sonderblatt »Auslandsankäufe«

Einmaliger Geldbedarf
(nach deutschen Herstellungskosten gem. anliegender Einzelaufstellung):

Anzukaufen	Geldbetrag
134 s.M.G.	RM 3 345 300,--
54 F.K.16	RM 1 920 000,--
128 l.F.H.16	5 120 000,--

21 10 cm Kan.	1 575 000,--	
25 lg.S.F.H.13	1 875 000,--	
14 15 cm Kan.	1 400 000,--	
11 lg.21 cm Mrs.	1 100 000,--	12 990 000,--
24 l.M.W.		264 000,--

Anzukaufen	Geldbetrag	
84 s.F.H.		6 300 000,--
36 l.F.H.16	1 440 000,--	
12 10 cm Kan.	900 000,--	2 340 000,--
24 F.K.16	720 000,--	
24 l.F.H.16	960 000,--	1 680 000,--
Gerät für 3 Horchzüge		1 230 000,--
168 Kleinkampfwagen	11 760 000,--	
216 leichte Kampfwagen	32 400 000,--	
102 mittlere Kampfwagen	32 640 000,--	76 800 000,--
72 Erkund. u. Beob.Flugz.	10 800 000,--	
30 Nachterkundungsflugz.	4 500 000,--	
180 Jagdflugzeuge	19 800 000,--	
36 Tagbombenflugzeuge	5 400 000,--	
18 Nachtbombenflugzeuge	4 500 000,--	45 000 000,--
204 7,5 cm Flak	8 160 000,--	
188 8,8 cm Flak	26 880 000,--	
20 10,5 cm Flak	4 000 000,--	
156 2 cm M.G.	756 000,--	
102 60 cm Scheinwerfer	6 120 000,--	
72 110 cm Scheinwerfer	7 920 000,--	
103 Flakkommandogeräte	18 840 000,--	82 676 600,--

Gesamtgeldbedarf 232 625 900,--

Einzelaufstellungen der Herstellungskosten

Die Herstellungskosten in Deutschland betragen für:

a) M. G., M. W., Geschütze und Scheinwerfer:

1 l. M. G. Dreyse bei 300 Stck.	RM	2 600,-	} Preise 1931
1 s. M. G. 08 bei 300 Stck.		2 950,-	
1 2-cm M. G. Simson bei 1000 Stck.		4 850,-	

1 l. M. W.		11 000,-	} Preise 1930
1 F. K. 16		30 000,-	
1 l. F. H. 16	ohne Protze	40 000,-	
1 lg. s. F. H. 13		75 000,-	
1 10-cm Kan. 17		75 000,-	

1 15-cm Kan.	} nicht bekannt
1 lg. 21-cm Mrs.	

1 8,8-cm Flak mit Gesch-Wagen	150 000,-	Kriegspreis
1 7,5-cm Flak (Kwg.)	40 000,-	Preis 1930

1 10,5–cm (Eisenbahn)	} nicht bekannt
1 8,8-cm Flak (Eisenbahn)	

1 60-cm Scheinwerfer rd.	60 000,-	mit sämtl. Zubehör
1 110-cm Scheinwerfer rd.	110 000,-	mit sämtl. Zubehör

b) Kampfwagen:

1 Kleinkampfwagen	70 000,-	} geschätzt bei Massenfertigung
1 leichter Kampfwagen	150 000,-	
1 mittlerer Kampfwagen	320 000,-	

c) Flugzeuge:

1 Fernerkundungsflugzeug	150 000,-
1 Nachterkundungsflugzeug	150 000,-
1 Beobachtungsflugzeug	150 000,-
1 Jagdflugzeug	110 000,-
1 Tagbombenflugzeug	150 000,-
1 Nachtbombenflugzeug	250 000,-

d) Sonstiges:

Gerät für 1 Horchzug	410 000,-	mit sämtl. Zubehör
1 Flak-Kdo.Gerät f. 1 Battr.	280 000,-	

---

x) Chef der Heeresleitung war seit November 1930 Generalmajor Kurt von Hammerstein-Equord.
(Archiv Dirks)

IV. Hitler vor den Befehlshabern des Heeres und der Marine in der Bendlerstraße Februar 1933

(Nach Aufzeichnungen des damaligen Adjutanten beim Chef der Heeresleitung und späteren Generals Horst von Mellenthin)

Hitler sprach zuerst über die augenblickliche innen- und aussenpolitische Lage und die fast unlösbare Aufgabe, die sich die Regierung gestellt hat. Wenn er es getan hat, so im Glauben an die Kraft und die Zukunft des deutschen Volkes. Vor allem steht zur Zeit im Vordergrund das grosse Problem der Arbeitslosigkeit, das nicht nur Deutschland, sondern die ganze Welt erfasst hat. Es gibt in jedem Lande eine geringe Schicht mit einem hohen Lebensstandard, die Masse des Volkes aber verelendet.

Durch Steigerung der Produktion und Verringerung des Verbrauches ist ein Missverhältnis entstanden, das die jetzige Katastrophe mit verursacht hat. In Deutschland ist eine Anhäufung von Menschen erfolgt, die ihre Lebensbedürfnisse nicht befriedigen können. Einsparung von Menschen durch erhöhte Technisierung auf allen Gebieten hat diese Not enorm gesteigert. Bei vollem Einsatz unserer Industrie würde eine enorme Überproduktion eintreten. Es fehlen für unsere Erzeugnisse die Absatzmärkte.

Zu dieser Not kommt nun die bolschewistische Gefahr hinzu, die den überkultivierten Menschen wieder zur Idee der Primitivität zurückführen will. Dieser Gedanke des Primitiven ist durch den Bolschewismus schon früher den Russen eingeimpft worden. Als Offizier werden Sie dies besonders gut verstehen, da Sie den Soldaten verhältnismäßig primitiv in die Hand bekommen. Den Menschen sind alle Kulturgüter künstlich aufgezwungen, um den Absatz für diese Kulturgüter zu schaffen. Die bolschewistische Idee des Primitiven kann zu verheerenden Folgen führen, wie wir es früher bei dem Christentum gesehen haben, das als Ideal die Armut predigte. Hinzu kommt die Entwicklung einer eigenen Industrie in den früheren Absatzländern. Eine Ausnahme in allen diesen Fragen macht Frankreich, das infolge seiner schwachen Besiedelung, geringen Industrie und besseren Lebensmöglichkeiten nicht in dem Masse von der Not erfasst ist.

Wenn man den Gedanken der Autarkie erwägt, so muss man zunächst bedenken, daß das beste Beispiel für die Autarkie die Kriegszeit ist, in der wir fast 100%ig diesen Gedanken durchgeführt haben. Die Folge war eine Einsparung von 7 Millionen Menschen, die an der Front standen, und rechnet man die Kriegsindustriearbeiter dazu, so sind 12–13 Millionen erspart, abgerechnet die Tätigkeit der Frauen, etwa 5 Millionen.

Vor dem Kriege wurde in England die These aufgestellt, jedem Engländer würde es besser gehen, wenn Deutschland vernichtet würde, weil ein Krieg Deutschlands sämtliche ausländischen Beziehungen vernichten sollte. Im Laufe des Krieges hat England diese These vergessen und bei Friedensschluss nicht danach gehandelt. Der Friedensvertrag hätte drei Paragraphen umfassen müssen:
1.) Für Deutschland keine überseeischen Beziehungen, keine Flotte.
2.) keine Reparationen.
3.) Für den Überfluss an Menschen werden Deutschland eine Million Quadratkilometer überwiesen.

Statt dessen wurde Deutschland aufgezwungen, wieder gutzumachen und Reparationen zu zahlen. Um dies zu erreichen, musste die Wirtschaft arbeiten, und es wurde eine Scheinblüte vorgetäuscht. Nachdem diese Bedingungen erfüllt waren, gab es keine Absatzmöglichkeiten mehr, und der Wirtschaftszerfall begann mit ungeheurer Schnelligkeit. Finanztechnisch ist eine Abhilfe nicht möglich, selbst wenn fast alle Preise um 10% gesenkt würden, so würden wir damit keinen Dollar (?) mehr Absatz erzielen. Deshalb werden erhöhte Lieferungen ins Ausland die Krise nicht beseitigen. Wir müssen aber das Bauern- und Handwerkertum in Ordnung bringen, um auf dieser Grundlage aufbauend allmählich die wirtschaftlichen Schwierigkeiten zu beheben.

Die primitiven Instinkte des Menschen gehen dahin, dass er von Natur faul ist. Wenn er viele Jahre nichts getan hat, ist er der Arbeit entfremdet und will nicht mehr arbeiten. Infolgedessen muss die Masse so schnell wie möglich wieder zur Arbeit erzogen werden. Abgesehen davon gehen den Menschen auch die idealen Begriffe verloren. 50% wollen nichts mehr vom Staat wissen und empfinden ihn als Zwangsjacke, 50 % bezeichnen jedes Privateigentum als Diebstahl. Dies bedingt einen inneren unüberbrückbaren Zerfall, der eine Kraftprobe nie bestehen kann. Für jeden Staat ist Voraussetzung die Einigkeit im Innern. 1918 haben wir versagt, weil wir politisch nicht zur Einsicht und Einheit erzogen wurden, weil Klassenstreitigkeiten mehr galten als Vaterland.

Durch ein Wunder wird die Not nicht beseitigt werden, sondern es ist notwendig, zu den Grundauffassungen zurückzukehren, die den Staat geschaffen haben. Genau so wie ich eine Truppe nur intakt halten kann, wenn ich ihr die Ideale erhalte, so ist es, im grossen gesehen, auch im Staat. Beseitigen liesse sich die Not, wenn jeder Einzelne nur noch 4 - 6 Stunden täglich arbeiten dürfte, daneben müsste aber das Grundkonto, Bauer und Siedlung in Ordnung gebracht werden. Kein Mensch vom Lande dürfe mehr in die Stadt, dann würde etwa in 30 Jahren das Gleichgewicht hergestellt sein.

Es gibt noch zwei Möglichkeiten, die zur Lösung unserer Notlage führen:
1.) sich gewaltsam Absatzgebiete für unsere Produktion schaffen,
2.) neuen Lebensraum für die überzähligen Menschen schaffen.

Ein pazifistisches Volk verträgt diese Zielsetzung nicht. Deshalb muss es erst dazu erzogen werden. Deutschland muss sich die volle Freiheit seines Entschlusses wieder erobern. Ohne Gewinnung der politischen Macht wird diese Freiheit des Entschlusses nicht möglich sein. Daher ist mein Ziel die Wiederherstellung der politischen Macht. Meine Organisation ist nötig, um den Staatskörper wieder in Ordnung zu bringen. Die Demokratie ist eine Utopie, sie ist unmöglich. Sie findet weder in der Wirtschaft noch in der Wehrmacht Anwendung, also ist sie erst recht nicht brauchbar in einer so komplizierten Institution, wie es der Staat ist. Die Demokratie ist das Verhängnisvollste, was es gibt. Es kann und darf nur einer befehlen. Für diese Idee arbeite ich seit 1918, und wenn ich bedenke, daß mich meine Bewegung, die von 7 Leuten zu 12 Millionen gewachsen ist, vom einfachen Soldaten zum Reichskanzler des Deutschen Reiches emporgetragen hat, so zeigt dies, dass doch noch ein grosser Teil des Volkes für diese Idee zu gewinnen ist. Das Volk muss national denken lernen und dadurch zusammengeschmiedet werden. Geistig allein ist dies nicht zu schaffen, sondern nur durch Gewalt. Wer nicht einsehen will, muss gebeugt werden. Das höchste Gebot ist die Erhaltung der Gesamtheit. Dieser Prozess ist heute im Vollenden begriffen. In diesem Sinne habe ich meine Organisation aufgebaut und jetzt in den Staat hineingestellt. Ziel ist die Wiederherstellung der deutschen Macht. Dafür kämpfe ich mit allen Mitteln. Zur Wiederherstellung der Macht gehört die Wehrmacht. Die Masse des Volkes muß auf einer einheitlichen Basis erzogen werden. Der Marxismus muß mit Stumpf und Stiel ausgerottet werden. Durch die Wehrmacht wird der Soldat gut erzogen. Sobald er sie verläßt, wird im Zivilleben systematisch alles Gute verdorben. Frankreich begann den Krieg in der Hoffnung auf den inneren Zerfall Deutschlands, genau wie es ihn 1870 wagte, im Vertrauen auf den Abfall der süddeutschen Staaten. Die Erziehung der Masse muss dahin gehen, dass der Wehrmacht moralisch intakte Menschen gegeben werden, und in diesem Zustand muss der einzelne nach der Entlassung erhalten bleiben. Entscheidend steht über allem die Wehrpolitik, da sicher ist, dass die letzten Konflikte durch Gewalt ausgetragen werden müssen. Die von mir geschaffene Organisation ist nicht geschaffen zum Waffentragen, sondern zur moralischen Erziehung des Einzelnen. Mein Ziel führe ich durch. Kampf dem Marxismus. Der Nationalsozialismus muss alle Teile des Volkes erfassen, um eine Verbesserung des geistigen Bodens zu erreichen. Ich bin auch Sozialist, weil ich glaube, dass damit dem Nationalsozialismus am besten gedient ist. Die Wehrmacht ist die grandioseste sozialistische Einrichtung. Der Soldat dient der Ideale, nicht des Geldes wegen.

Der Nationalsozialismus wird andre Wege gehen als der Faschismus. In Italien war die Schaffung einer Miliz notwendig, da die bolschewistische Gefahr unmittelbar vor der Tür stand. Meine Organisation will einzig und allein die ideelle Erziehung der Massen und damit dem Heer innen- und aussenpolitisch die Voraussetzungen schaffen, die es braucht. Ich bekenne mich zur allgemeinen Wehrpflicht.

Der Weg, den ich Ihnen vorgezeichnet habe, wird viele Jahre in Anspruch nehmen. Wenn Frankreich tüchtige Staatsmänner hat, so wird es uns in der Vorbereitungszeit überfallen, nicht selbst, sondern wahrscheinlich durch seine Vasallen im Osten. Daher ist es falsch, sich zu sehr auf den Gedanken der Gleichberechtigung festzulegen. Wir müssen im Geheimen wirtschaftlich und militärisch alle Vorbereitungen 100%ig treffen und erst, wenn wir dies erreicht haben, hervortreten. Dann haben wir die Freiheit des Entschlusses.

Landesverrat bedingt Todesstrafe, innere Säuberung von Pazifismus beim Volk und in der Presse.

Wenn dies erreicht ist, dann ist der Entschluss zu fassen: Absatzmärkte oder Kolonien? Ich bin für Kolonien. Zu diesem Gedanken muss das Volk erzogen werden. Ich möchte Sie bitten, mir hierbei zu helfen, und ich verspreche, Ihnen zu helfen. Ich setze mich dafür ein, die Macht zu bekommen, die Vorbedingung für mein Ziel ist. Ihnen kann ich nur für Ihre Arbeit die Voraussetzung schaffen, die Konsequenzen müssen Sie selber ziehen. Dann wird eines Tages die Stunde kommen, wo wir eine grosse Armee aufstellen können, wobei ich betone, dass ich die Wehrmacht nie für den inneren Krieg einsetzen werde, dafür habe ich andere Mittel. Also verstehen Sie bitte mein Ziel und nehmen Sie meine politische Hilfe entgegen. Mit meiner Bewegung ist dem Vaterland ein Wunder gegeben. Dieses Wunder gibt es aber nur einmal, deshalb müssen wir es auch ausnützen.

(IFZ München, Zs 105)

V. Was das neue Heer vom Volk erwartet

Am Ende des Jahres 1936 steht das neue deutsche Heer der allgemeinen Wehrpflicht in seinen wesentlichen Grundlagen und Umrissen fertig da. Der zweite Jahrgang unserer männlichen Jugend ist zu den Fahnen geeilt. Die letzten auferzwungenen Beschränkungen deutscher Wehrhoheit hat der kühne Entschluß des Führers vom 7. März 1936 beseitigt. Deutsche Bataillone halten seitdem wieder die Wacht am Rhein und an der Saar, ebenso wie an den übrigen Grenzen des Reiches im Norden, Osten und Süden. Ein gewaltiges wehrpolitisches Aufbauwerk ist geschaffen.

Zwei Faktoren haben es ermöglicht:
1.) Der entschlossene Wille des Führers, dessen Ruf das ganze Volk in einmütig vertrauender Bereitschaft folgte.
2.) Das reiche Kapital soldatischer Gesinnung, soldatischen Wissens

und soldatischen Könnens, das die Wehrmacht aus grosser Kriegszeit herübergerettet hatte in das neue Reich, über allen äusseren Zusammenbruch hinweg.

So ist das neue Heer entstanden, dem als stärkstem Wehrmachtteil besonders große Aufgaben der Landesverteidigung und der soldatischen Schulung zufallen.

Um diesen Aufgaben dauernd gerecht zu werden, braucht die Armee mehr als neue Kasernen, Waffen, Munition und Ausrüstung aller Art, mehr als nur materielle Dinge. Sie braucht und sie fordert darüber hinaus den Geist und den Körper jedes Volksgenossen; sie braucht und sie fordert Vertrauen und Verständnis, Liebe und Opferbereitschaft. Sie braucht und fordert alle die wertvollen seelischen, geistigen und körperlichen Kräfte des ganzen Volkes, die sie selbst im Dienst der Nation einzusetzen verpflichtet und gewillt ist, – im Frieden und im Kriege.

Möge dies Buch dazu beitragen, diese Wechselwirkung von Volk und Heer immer selbstverständlicher zu machen und beide so fest und so eng zusammenzuschweissen, wie es das nationalsozialistische Deutschland für eine Zukunft des Friedens, der Ehre und der Stärke braucht.

gez. Frhr. v. Fritsch
Generaloberst und Oberbefehlshaber
des Heeres

(Jahrbuch des deutschen Heeres, 1936)

VI. Verteilungskämpfe der Wehrmacht um Eisen und Stahl 1937–1939

VI a. Ein Notruf des Kriegsministers

Der Reichskriegsminister 3. September 1937
und Oberbefehlshaber der Wehrmacht
<u>Betr.</u>: Auswirkungen der Eisen- und zu 2082/37
Stahlbewirtschaftung. g.Kdos A.H.A.

Lieber Generaloberst Göring!

Der Generalbevollmächtigte für die Eisen- und Stahlbewirtschaftung, Oberst von Hanneken, hat mir durch Schreiben vom 23. 8. 37 das Ergebnis seiner Prüfungen auf dem Gebiet der Eisen- und Stahlversorgung der Wehrmacht mitgeteilt. Hiernach erhält die Wehrmacht ab 1. 10. 37 ein um 30000 t höheres Kontingent als in den letzten 2 Monaten, also 340000 t (+ 5000 t für den Arbeitsdienst). Die mehr bewilligten 30000 t sollen zunächst ausschliesslich zum Ausgleich für die in den Vormonaten nicht erfüllten Kontingente benutzt werden.

Oberst von Hanneken hat mir noch mündlich gemeldet, dass die Gesamtsituation eine bessere Versorgung der Wehrmacht z.Zt. nicht gestattet.

Ich erkenne diese Notlage voll an, halte es aber für meine Pflicht, Ihnen mitzuteilen, dass die Wehrmachtteile nicht in der Lage sind, mit diesen geringen Kontingenten die vom Führer und Reichskanzler befohlenen Aufrüstungsziele terminmässig zu erreichen.

Zur Klärung der Sachlage darf ich Ihnen nochmals die Zahlen zur Kenntnis bringen, die die Wehrmachtteile zur Durchführung der Programme benötigen.

Gemäss der Ihnen übermittelten Aufstellung vom 29. Juni hatten als dringlichsten Monatsbedarf die Wehrmachtteile an Rohstahl gefordert:

Heer	266 000 t
Marine	71 270 t
Luft	62 500 t
W Stb	15 950 t
	Sa: 415 720 t

Hierzu sind als Sonderforderungen getreten:

beim Heer	58 500 t (für erweitertes Mörserprogramm, Panzerprogramm, Umstellung auf Stahlhülsen)
bei der Marine	13 000 t (für das Krupp-Programm)
bei der Luftwaffe rund	12 000 t (zur Durchführung des erhöhten Flakprogramms und der dringlichsten Kraftfahrzeugausrüstung der Flakwaffe)
bei der Reichspost	8000 t (für operatives Nachrichtennetz).

Der Gesamtbedarf der Wehrmacht – beschränkt auf die dringlichsten Forderungen – beträgt also:

507 220 t pro Monat.

Zur Verfügung stehen dagegen, da die Erhöhung um 30 000 t zur Abtragung der alten Rückstände benutzt werden muss, 310 000 t.

Die Auswirkungen, die sich für das Rüstungsprogramm der Wehrmachtteile ergeben, sind, vorausgesetzt, dass die Kontingentzuteilung von 340 000 t auch voll geliefert wird, folgende:

Heer:

Die für das Rechnungsjahr 1937 vorliegenden Beschaffungsaufträge werden auf den meisten Gebieten bis zu 45 % in das Rechnungsjahr 1938 übertragen. Das Befestigungsprogramm verschiebt sich um mindestens 5 Jahre. Die fabrikatorischen Vorbereitungen können nur zu 25 % durchgeführt werden. Die Kasernenbauten für die Neuaufstellungen im Herbst 1937 werden bis Oktober 1937 nur zu 39 % bezugsfertig, der Rest im Sommer 1938. Die geplante Munitionsbevorratung wird auf Jahre hinausgeschoben.

Marine:

Die im Bau befindlichen Schiffe werden erst 6 Monate später fertig. In dem vom Führer und Reichskanzler bis zum 1. 4. 44 befohlenen Schlachtschiff-Programm können nur 4 statt 6 Schlachtschiffe des Types H gebaut werden.

Luftwaffe:

Die befohlene Umrüstung der Luftwaffe verzögert sich um $1\,^1/_4$ Jahr. Die Ausstattung der Flakwaffe mit Gerät und Munition verzögert sich ganz erheblich. Die fabrikatorischen Vorbereitungen der Luftwaffe können nur zum geringen Teil durchgeführt werden.

Die Gesamtbereitschaft der Wehrmacht nach den vom Führer und Reichskanzler erteilten Weisungen wird also keinesfalls planmässig und terminmässig erreicht werden.

Ich betone erneut, dass ich die Notwendigkeit dieser geringen Zuteilung auf Grund der Gesamtlage voll anerkenne, halte es aber für meine Pflicht, dem Führer und Reichskanzler davon Meldung zu erstatten.

Heil Hitler!
gez. von Blomberg

Für die Richtigkeit
der Abschrift *(Paraphe)*

(Archiv Dirks)

VI b. Das Heer überzieht seine Ansprüche

Geheime Kommandosache

Allgemeines Heeresamt
Nr. 1433/38 g. Kdos. AHA   31. 5. 38

Vortragsnotiz über Rüstungsbeschleunigung.

1.) Die Rüstung soll so beschleunigt werden, dass die Ausstattung für das Mob. Heer 1938/40 (einschl. Österr.) bis 1. 4. 39 in voller Höhe vorhanden ist und der Vorrat an Waffen, Gerät und Munition den s. Zt. gestellten Forderungen entspricht.

Es wird also mit einem Waffenvorrat von 3 Monaten und einem Mun.Bestand von einer 1. Ausstattung und 30 Kampftagen gerechnet.

Besonderer Wert ist auf ausschlaggebende Mehrbelieferung von Ersatz- und Vorratsteilen auf dem Waffen- und Pz.Wagengebiet gelegt, um hier endlich eine fühlbare Erleichterung der angespannten Lage zu erreichen.

Für das vom Führer als besonders dringlich bezeichnete Festungsprogramm wird die ganze Kapazität ausgenutzt.

Es müssen ferner grössere Zuteilungen für Bauten eingesetzt werden, damit eine Unterbringung der Truppe bis Herbst 1939 gewährleistet wird. Ebenfalls sind die dringenden Bauten auf dem Fz.Gebiet mehr als bisher berücksichtigt (Steigerung der Mun.- und Sprengstofflieferungen).

Eine Steigerung der fabr. Vorbereitungen zur Erhöhung der Mob.Kapazität ist erforderlich.

Die Steigerung der Krftfz.Lieferungen ist in der Höhe angesetzt, die nach der augenblicklichen Beschäftigungslage dieser Industrie möglich erscheint.

Nach den überschlägigen Berechnungen stellt sich der Mehrbedarf an Fertigstahl auf:

1 260 000 to.,

d. h. monatlich auf rund 200 000 to., da im allgemeinen erst ab Oktober eine Auswirkung zu erwarten ist.

Die bisher angemeldeten Mehrforderungen des OKH (Wa A) beliefen sich auf 180 000 Moto. im Endziel.

2.) Diese hohen Forderungen, besonders auf dem Waffen-, Gerät- und Munitionsgebiet, sind im Laufe des R.Jahres 1938 in der vollen Höhe nicht zu realisieren, da die fabrikatorischen Möglichkeiten weder mengenmässig noch zeitgerecht vorhanden sein können.

Es sind also bewusste Überforderungen der Fabrikationslage gegenüber, um bei grösseren Abstrichen, die wohl zu erwarten sind, noch genügend hohe Mehrzuweisungen zu erreichen.

A H A und ebenfalls Wa A (nach Rücksprache mit Chef Wa A) raten aber nicht zu dieser Behandlung der Stahlangelegenheit. Es wird vielmehr vorgeschlagen, die Berechnungen für die Forderungen auf der gegebenen fabrikatorischen Basis aufzubauen.

Nach überschlägigen Berechnungen wird das Wa A im R.Jahr 1938 in der Lage sein, allmählich die Stahlverarbeitung ab Oktober von 30 000 Moto. auf 180 000 Moto. bis März 39 zu steigern. Das bedeutet eine Gesamtmehrzuweisung von rund 600 000 to Fertigstahl bis Ende März 1939.

3.) Aber auch schon bei dieser Zahl muss besonders darauf hingewiesen werden, dass sie nur dann in voller Höhe möglich ist, wenn die Stahlmehrzuweisung auf Kosten anderer Bedarfsträger erfolgt. Nur dann werden Arbeitskräfte und Maschinen frei. Kommt der Stahlzuschuss aus dem Ausland oder infolge inländischer Mehrerzeugung als zusätzliche Quote, muss mit einem beträchtlichen Absinken der Verarbeitungsmöglichkeit gerechnet werden.

Auf Grund der fabrikatorischen Möglichkeiten, die, wie Chef Wa A dem Herrn Ob.d.H. gemeldet hat, nicht vor nächster Woche festgelegt werden können, wird A H A einen neuen Vorschlag machen.

4.) Um zu zeigen, wie wenig Stahlzuschüsse der eigentlichen Ausstattung mit Waffen, Gerät und Munition zu Gute kommen, sei folgende Aufrechnung nach den bisherigen Angaben gegeben:

I. Fabrikationsmöglichkeit 600 000 t
II. Erforderliche Mehrzuweisung:
   1) Festungsgebiet 285 000
   2) Bauten 138 000
   3) fabr. Vorbereitungen 60 000 = 483 000 t
   4) Rest für Waffen, Gerät, Mun. 117 000 t

5.) Der entsprechende Mehrbedarf an Haushaltmitteln einschliesslich der Kosten für Neubauten in Österreich beläuft sich auf rd. 2 700 Mill. RM für das Rechnungsjahr 1938.

Die erforderlichen Kassenbetriebsmittel werden etwas geringer sein, da immer mit Verzögerung der Auslieferung, Baufertigstellung usw. zu rechnen ist.

Der Chef des Stabes
(*Paraphe* vom 1. 6. 38)

(Archiv Dirks)

VI c. Hitler gibt dem Drängen nach

Der Oberste Befehlshaber
   der Wehrmacht
Az. 66 b W Stb W Wi Ia
  Nr. 1725/38 g K

Berlin W 35, den 17. 6. 38
Tirpitzufer 72–76

Geheime Kommandosache

An den
   Herrn Oberbefehlshaber des Heeres,
   Herrn Oberbefehlshaber der Kriegsmarine,
   Herrn Reichsminister der Luftfahrt und
   Oberbefehlshaber der Luftwaffe.

–.–.–.–.–.–.–.–

Auf Grund des Vorschlags des Beauftragten für den Vierjahresplan habe ich das Wehrmachtkontingent für Eisen und Stahl zunächst auf

                500 000 t im Monat

festgesetzt.

Hiervon werden zugeteilt:

Heer	190 000 t
Kriegsmarine	74 000 t
Luftwaffe	94 000 t
Landesbefestigung	100 000 t
Reichsverteidigung (Reichsbahn, op. Nachrichtennetz, Tanklagerbau, Rohstoffbevorratung)	42 000 t

Ich ordne an, dass die Mehrzuteilung gemäss meinen Weisungen an die Herren Oberbefehlshaber der Wehrmachtteile in der von mir befohlenen Dringlichkeit für die Mehrbeschaffung von Waffen, Munition, Fahrzeugen, Flugzeugen, für die Beschleunigung des Schiffbauprogramms und für den beschleunigten Ausbau der Westbefestigung anzusetzen ist.

                gez. Adolf Hitler.

(Archiv Dirks)

VI d. Von Brauchitsch verlangt 23 Milliarden

Der Oberbefehlshaber
des Heeres

Berlin W 35, den 10. Feb. 1939
Tirpitzufer 72–76

Nr. 64/39 g. Kdos.

Mein Führer!

Anliegend überreiche ich zwei Meldungen über die Rüstungslage des Heeres.

Meldung 1 zeigt, in welchem Umfang eine Aufrüstung des Heeres unter der Voraussetzung möglich ist, daß die papiermäßig zugewiesenen Stahlmengen den einzelnen Vorhaben auch tatsächlich jeweils rechtzeitig zufließen. Schon unter dieser Voraussetzung ergibt sich, daß das zugewiesene Stahlkontingent die Aufrüstung des Heeres in dem bisher vorgesehenen Umfang nicht mehr erlaubt.

Zu diesen aus dem herabgesetzten Stahlkontingent sich ergebenden Nachteilen treten aber neue erhebliche Schwierigkeiten dadurch ein, daß die rechtzeitige Zuführung der papiermäßig zugewiesenen Stahlmengen in der jetzigen Art der Stahlbewirtschaftung nicht mehr gewährleistet ist. Praktisch bedeutet das eine weitere starke Kürzung des an sich schon ungenügenden Kontingentes. Die eingehende Begründung enthält die Meldung 2.

Die Forderungen, die auf Grund beider Meldungen zwangsläufig gestellt werden müssen, führe ich nachstehend auf:

a) Die Rüstung des Heeres ist in Bezug auf die Stahlversorgung mit den übrigen staatspolitisch als besonders wichtig anerkannten Aufgaben gleichzustellen.

b) Darüber hinaus sind die wichtigsten und am meisten gefährdeten Vorhaben des Heeres (MG-Fertigung, Panzerkampfwagen- und schwerste Artillerie-Programme) an die Spitze aller staatspolitisch besonders wichtigen Aufgaben zu stellen.

c) Die Auftragssperre vom 15. 12. 1938 ist für das Heer mit sofortiger Wirkung aufzuheben.

d) Die zur Durchführung des Aufrüstungsprogramms des Heeres erforderlichen Haushalts- und Betriebsmittel sind dem Heere zur Verfügung zu stellen.

gez. v. Brauchitsch

Der Oberbefehlshaber des Heeres 10. 2. 1939

Geheime Kommandosache

Meldung Nr. 1

Die Aufrüstungsmöglichkeiten des Heeres auf Grund des zugewiesenen Stahlkontingents.

I) Durch Befehl vom 7. 2. 39 ist das dem Heere für das Rechnungsjahr 1939 zur Verfügung stehende geringe Jahreskontingent an Stahl in Höhe von 2 820 000 to, von denen von vornherein 324 000 to für den Pulverschnellplan abgezweigt werden müssen, auf die einzelnen Bedarfsträger verteilt worden.

Diese dem Heere zur Verfügung gestellte Stahlmenge läßt es nicht zu, das für das Mob.Jahr 40/41 vorgesehene Kriegsheer in vollem Umfang aufzustellen. Es mußte daher für das Mob.Jahr 40/41 auf 4 der vorgesehenen Kriegsdivisionen und auf 5 schw. Heeres-Artillerie-Abteilungen verzichtet und weitere Abstriche in der materiellen Ausstattung des Kriegsheeres vorgenommen werden.

Unter Inkaufnahme dieser Verzichte würde es möglich sein, mit dem verfügbaren Stahlkontingent folgenden materiellen Aufrüstungsstand zu erzielen:

a) <u>Waffen</u>: Eine 1. Ausstattung und ein durchschnittlicher Vorrat von 2 Monaten.

b) <u>Munition</u>: Eine 1. Ausstattung und durchschnittlich 15–20 Kampftage Vorrat.

c) <u>Kraftfahrzeuge</u>: Annähernd vollständige Durchführung der für den Mob.Fall beabsichtigten Stockierungen.

d) <u>Befestigungen</u>: Stellungsmäßiger Ausbau der Westbefestigungen einschl. der Vorstellung bei Saarbrücken und Aachen.

Beginn des stellungsmäßigen Ausbaues in Schlesien. Schaffung eines geringen Vorrates an Hindernismaterial.

Weiterfertigung von Panzern und Panzerteilen in beschränktem Umfange.

Weiterbau der Werke Brandenburg und Spandau.

Für den festungsmäßigen Ausbau der Westbefestigungen und für den planmäßigen Weiterbau im Osten (außer Schlesien und Teilen von Ostpreußen) kann keinerlei Stahl zur Verfügung gestellt werden.

e) Bauten: In erster Linie sind die Unterkünfte für die 1938 und 1939 aufgestellten Friedenstruppenteile (Mannschaftsunterkünfte jedoch nur barackenmäßig) sowie die Bauten zur Unterbringung von Munition und Gerät zu errichten.

Alle Nebenbauten sowie die Verpflegungsbauten sind einstweilen zurückzustellen.

f) Fabrikatorische Vorbereitungen: Im allgemeinen programmäßige Auslieferung der schw. und schwersten Artillerie.

Bis Frühjahr 1943 Auslieferung der gepanzerten Fahrzeuge einschl. der gepanzerten Mannschaftstransportwagen für folgende im Mob.Jahr 1943/44 vorgesehenen Verbände:
  1) 9 Panzerdivisionen und 6 weitere Panzerbrigaden möglichst in der Endzielgliederung und Ausstattung.
  2) Etwa 200 Batterien s. Pak (Sfl.) zu 6 Geschützen, deren endgültige Form und Gestaltung noch nicht feststeht.

Entsprechend der dem Heere erteilten Weisungen sind die notwendigen Abstriche in erster Linie auf dem Gebiete der Munitionserzeugung angeordnet, obwohl ein Munitionsvorrat von nur 15–20 Kampftagen durchaus unzureichend ist. Die Folge hiervon ist, daß die vorhandene Kapazität auf dem Munitionsgebiet im Jahre 1939 zu einem beträchtlichen Teil nicht mehr ausgenutzt werden kann. Ferner wird infolge der Kupferverknappung ein großer Teil der im Jahre 1939 zu fertigenden Munition zunächst ohne Führungsringe und ohne Zünder zur Auslieferung kommen. Diese Munition ist für die Truppe zunächst wertlos. Es stehen also tatsächlich weit weniger als 15–20 Kampftage als Vorrat für den Einsatz zur Verfügung; die zahlenmäßige Auswirkung im einzelnen ist aus der Anlage ersichtlich.

II) Voraussetzung für die den Anordnungen gemäß I) zu Grunde liegenden Planungen und Berechnungen war:
a) die Rückstände aus den Bestellungen des Jahres 1938 kommen im Jahre 1939 voll zur Auslieferung;
b) die auf Grund der Fertigungsmöglichkeiten und des Stahlkontin-

gents in Aussicht stehenden Lieferungen aus den Bestellungen für das Jahr 1939 werden tatsächlich und fristgerecht ausgeliefert;
c) die für die Durchführung der Aufrüstung erforderlichen Geldmittel werden dem Heere zur Verfügung gestellt. Denn alle bisherigen Überlegungen und Berechnungen wurden ohne Berücksichtigung der in den letzten Wochen eingetretenen Verknappung der Betriebsmittel angestellt. Dem Heere ist heute noch nicht bekannt, über welche Haushalts- und Betriebsmittel es im Jahre 1939 endgültig verfügen kann. Der Voranschlag des Heeres belief sich auf 23 Milliarden Haushaltsmittel. Er wird den Fertigungsmöglichkeiten angepaßt werden. Es ist aber schon jetzt zu übersehen, daß der Betriebsmittelbedarf des Jahres 1939 einschl. der Schulden etwa um 16 Milliarden liegen wird.

Es muß befürchtet werden, daß von der Geldseite her der Durchführung der befohlenen Aufrüstung auch weiterhin immer wieder erhebliche Hemmungen drohen.

Wenn diese Voraussetzungen nicht verwirklicht werden, kann das gesteckte Ziel nicht erreicht werden.

(Archiv Dirks)

VI e. Schwere Kollision zwischen Marine und Luftwaffe

Geheim! Kommandosache!

B Wi 9332/39 Gkds. III　　　　　　　　Berlin, den 19. Mai 1939

Betrifft: Besprechung bei Generalfeldmarschall Göring am 19. 5. 39.

Teilnehmer:　Luft:　　　　Generaloberst Milch
　　　　　　　　　　　　　 Generalleutnant Udet, Oberst Ploch
　　　　　　　W Stb:　　　Generalmajor Thomas
　　　　　　　R.Wi.Min.:　Generalmajor Hannecken (sic!)
　　　　　　　Die Herren des Stabes des Generalfeldmarschalls
　　　　　　　und zwar:　Staatssekr. Körner usw.
　　　　　　　O.K.M.:　　Amtschef B
　　　　　　　　　　　　　 B Wi III
　　　　　　　Ferner Gen.Dir. Koppenberg und Dr. Krauch.

Gen.-Feldmarschall Göring führte aus, dass die Luftwaffe beschleunigt so aufgerüstet werden müsste, dass sie auch gegen England wirkungsvoll eingesetzt werden könne, solange die Marine für einen Einsatz noch nicht stark genug sei. Die Durchführung des grossen Programms der Luftwaffe (370 Ju 88/Mon.) sei schon lange nicht mehr möglich. Vielmehr sei bereits die Durchführung des kleinen Programms (170 Ju 88/Mon.) stark gefährdet durch das Vorziehen der Marine, und zwar

a) durch die bevorzugte Lieferung der Materialien für die Kriegsmarine,
b) durch den Marineeinbruch bei den Werkzeugmaschinenfabriken bei Zeiss, bei der in nächster Zeit nur noch die Fertigung von 2 Kommandogeräten/Mon. möglich sei, usw.,
c) durch die geringe Möglichkeit der Lieferung von Stahlgussteilen neben den Marinelieferungen und
d) durch die geringe Fertigungsmöglichkeit von Gesenkschmiedestücken bei Krupp und Rheinmetall für nur 70 Ju 88 infolge der hohen Beanspruchung der Firmen durch die Kriegsmarine.

Die Auswirkung des Führerbefehls, wie ihn die Marine auffasst, sei katastrophal für die Aufrüstung der Luftwaffe. Es handele sich nicht allein um eine Einschränkung, sondern um eine Stillegung von Fertigungsgebieten der anderen Wehrmachtteile. Die Vollmacht des Führers beziehe sich seiner Ansicht nach lediglich auf den Fertigbau der Schiffe und der Schleusen, nicht aber auf ein weiteres grosses Programm, in dem alle Fahrzeuge, die erst nach 4, 5 oder 8 Jahren fertig werden, enthalten sind. Die Marine habe jetzt sogar den Ausbau von Memel in den vordringlichen Aufbau der Kriegsmarine mit hereingezogen.

Amtschef B äusserte, dass danach ein weiterer Neubau von Kriegsschiffen nach Ansicht des Gen.-Feldmarschall nicht mehr in Frage käme, der Gen.-Feldmarschall erwiderte, dass durch den Führerbefehl lediglich die beschleunigte Fertigstellung der im Bau befindlichen Schiffe sichergestellt werden sollte, dass dagegen der weitere Kriegsschiffbau in gleichem Range mit der Aufrüstung der anderen Wehrmachtteile erfolgen müsse. Der Führerbefehl beziehe sich lediglich auf die Fertigung von 4–5 Schiffen der Kriegsmarine und auf den Fertigbau der Schleusen für die grossen Schiffe der Kriegsmarine. Gen.-Feldmarschall Göring schlug vor, dass sich die Wehrmachtteile bei Schwierigkeiten untereinander einigen sollen, und zwar so, dass die Aufrüstung der Luftwaffe und des Heeres in ihren wichtigsten Teilen durch den Aufbau der Kriegsmarine nicht gefährdet würde. Für die Sicherstellung der Werkzeugmaschinen, insbesondere für das Programm zur Ausweitung der Werkzeugmaschinenfabriken, und zur Sicherstellung der Fertigung der Wehrmachtteile wurde durch Gen.Major Thomas die Bildung eines Ausschusses vorgeschlagen. Amtschef B erklärte, dass zur Durchführung insbesondere des Motorenprogramms für die neuen Schiffe die Werkzeugmaschinen für die Marinefertigung unbedingt zeitgerecht zur Auslieferung kommen müssten. Der Ob. d. M. habe vom Führer den eindeutigen Befehl erhalten, den »Z«-Plan termingerecht durchzuführen. Gen.-Feldmarschall Göring erwiderte, dass auch die anderen Wehrmachtteile Befehle zur Durchführung eines bestimmten Planes vom Führer erhalten hätten und dass dieser Standpunkt der Kriegsmarine einen Kampf der Wehrmachtteile untereinander bedeute, wobei er sicherlich den längeren Arm haben würde.

Die Luftwaffe hat vom Führer den Befehl, bis zum 1. 4. 41 4000 Ju 88 fertigzustellen. Bereits im Frühjahr 1940 können etwa 2 000 Ju 88 bereitstehen. Hierauf könne auf keinen Fall verzichtet werden im Interesse der Kriegsmarine, deren Schiffe erst nach 4–5 Jahren fertiggestellt würden. Generalfeldmarschall Göring gab zu, dass die Kriegsmarine zum Anlauf der Fertigung eine verhältnismässig lange Zeit unbedingt benötigt, während die Fertigungszeiten der Luftwaffe günstiger lägen.

Der Befehl des Führers vom 27. 1. und der Erlass des Generalfeldmarschall Göring vom 2. 2. 39, deren weitgehende Übersendung an industrielle Werke Generalfeldmarschall Göring schärfstens missbilligte, wäre nach seiner Ansicht von der Marine missverstanden. Vielmehr sollte durch diesen Befehl lediglich die Bevorzugung der Fertigstellung der im Bau befindlichen Schiffe ausgedrückt werden, während das gesamte sonstige Aufbauprogramm der Kriegsmarine in gleicher Rangordnung mit den anderen Wehrmachtteilen durchgeführt werden müsse.

Generalfeldmarschall Göring möchte über diese Frage umgehend mit dem Ob. d. M. sprechen. Falls erforderlich, beabsichtigt Generalfeldmarschall Göring, unter Hinzuziehung des Ob. d. M. und Ob. d. H. die Entscheidung des Führers über den Umfang der Vorrangstellung der Kriegsmarine herbeizuführen.

Im Entwurf gez.: von Fischel.
Für die Richtigkeit
Fregattenkapitän *(Paraphe)*

Geheim! Kommandosache!

B Wi III Berlin, den 20. Mai 1939

Einzelheiten aus der Besprechung bei General-Feldmarschall Göring am 19. 5. 39.

1.) Die ganze Sitzung erweckte den Eindruck wie ein von der Luft aufgezogener Angriff auf die Marine und spielte sich in durchaus unwürdiger Weise für die Vertreter der Kriegsmarine ab, die von der Besprechungsgrundlage vorher nicht in Kenntnis gesetzt waren.

2.) Gen.-Feldmarschall Göring sagte, dass auf Grund der Marineforderung allein von einem Luftfahrtbetriebe 5 000 Arbeitskräfte abgezogen werden sollten, d.h. 70% der gesamten Belegschaft dieses Werkes, was praktisch eine Stillegung des Werkes bedeutet hätte. Auf Einwurf des Amtschef B, dass die Marine niemals eine solche Forderung gestellt habe, erwiderte Gen.-Feldmarschall Göring, dass die Marine das wahrscheinlich nicht wüsste, der Staatssekretär Syrup dieses aber vorgehabt hätte auf Grund des starken Druckes der Marine. Er, Gen.-Feldmarschall Göring, habe dieses noch persönlich verhindern können.

3.) Allein für die Marine und die Ausweitung der Werkzeugmaschinen-Industrie werden nach Angabe des Generalmajor Thomas 20 000 Werkzeugmaschinen benötigt, wobei die gesamte Werkzeugmaschinen-Industrie für etwa $2/3$ bis $3/4$ Jahre voll ausgelastet wäre. Aber hiermit nicht genug werde durch den Druck der Marine auf noch weitergehende bevorzugte Lieferung auch noch die Ausweitung der Werkzeugmaschinen-Industrie verzögert. Heer und Luft sowie alle anderen Bedarfsträger könnten in absehbarer Zeit keine Werkzeugmaschinen erhalten.

Als Amtschef B erklärte, dass die Werkzeugmaschinen zum grossen Teil für die Durchführung des Motorenprogramms und somit für die Schlachtschiffe erforderlich seien, sagte Gen.-Feldmarschall Göring, dass ihm jetzt erst die Möglichkeit einer Kollision zwischen Marine und den anderen Wehrmachtteilen klar werde, da die Marine ja neben dem riesigen Aufbauprogramm einschliesslich der vielen Kleinfahrzeuge eine riesige Erweiterung der Industrie (Generalmajor Thomas: 70 Werkserweiterungen bzw. Neubauten seien von der Marine angemeldet) als vordringlich gemäss Befehl vornehme, deren Auswirkung aber erst nach Jahren nach Fertigstellung der Schiffe sich zeige.

4.) Gen.-Feldmarschall Göring missbilligte auf das energischste, dass die Marine seinen Erlass vom 2. 2. an einen weiten Kreis von industriellen Betrieben gesandt habe. Aber nicht allein seinen Erlass, sondern auch den lediglich an ihn gerichteten Befehl des Führers habe die Marine vervielfältigt und an die Industrie gegeben.

5.) Der Führer habe Gen.-Feldmarschall Göring persönlich gesagt: Eine Kollision mit anderen Stellen könne durch diesen Befehl vom 27. 1. nicht eintreten, da es sich ja nur um den Fertigbau von 4–5 Schiffen, in die bereits sehr grosse Mengen von Materialien hineingesteckt seien, handle.

In diesem Glauben habe er seinen Erlass vom 2. 2. herausgegeben.

6.) <u>Die Marine gibt ihre Forderungen an Material immer ganz kurzfristig und immer wieder erhöht an.</u>

In Wirklichkeit sind die <u>Forderungen für den »Z«-Plan</u> Ende Februar aufgestellt und <u>Anfang März an W Stb</u> gegeben. Seitdem sind an diesen Zahlen absichtlich keine Änderungen mehr vorgenommen, vielmehr drückt B (B Wi) geradezu mit einer gewissen Sturheit immer wieder auf die volle Zuteilung der damals gegebenen Zahlen.

B Wi III (Paraphe)

VII. Plan »Otto« –
Halder plant Rußlandfeldzug für Herbst 1940

VII a. Eine Riesenarmee für den Osten

Der Oberbefehlshaber des Heeres   H.Qu.OKH, den 29. Juni 1940
<u>Gen. St. d.H. Op.Abt. (Ia)</u>
Nr. 377/40 g Kdos.

<u>Anweisung für das A.O.K. 18.</u> *Chef-Sache/Nur durch Offizier*

A.O.K.18 ist für die Sicherung der deutschen Ostgrenze gegen Rußland und Litauen verantwortlich.

Das A.O.K. trifft hierzu alle Vorbereitungen

a) um ein Vorgehen feindlicher Kräfte spätestens an der San-Weichsel-Linie und an der Ostgrenze Ostpreußens so zum Stehen zu bringen, daß nach Zuführung von Verstärkungen zum Angriff angetreten werden kann,
b) um ein Vordringen feindlicher Kräfte von der Grenze des Interessengebietes bis zur San-Weichsel-Linie weitgehend zu verzögern.

Die vom OKH angeordneten und vom stellv. Wehrk.Kdo.I und Oberost eingeleiteten Maßnahmen der Landesbefestigung sind zunächst von diesen Dienststellen weiterzuführen.

Dem A.O.K. werden zunächst folgende Kräfte zur Verfügung stehen (Eintreffen im Auslandegebiet teilt Transportchef mit):

        Gen.Kdo. III.A.K.
        Gen.Kdo. XVII.A.K.
        Gen.Kdo. XXVI.A.K.
        Gen.Kdo. XXX.A.K.
        Gen.Kdo. XXXXIV.A.K.
        Höh.Kdo. z.b.V. XXXIV
        Höh.Kdo. z.b.V. XXXV
        62.J.D.
        68.J.D.
        75.J.D.
        76.J.D.
        161.J.D.
        162.J.D.
        168.J.D.
        217.J.D.
        252.J.D.
        257.J.D.
        258.J.D.
        291.J.D.
        292.J.D.
        297.J.D.
        298.J.D.

Außerdem für Sonderzweck: Gen.Kdo.XIX.A.K. (Gruppe Guderian).

Die Verteilung der Verbände durch A.O.K. 18 muß einerseits die Heranführung ausreichender Kräfte an die Interessengrenze binnen 48 Stunden gewährleisten, darf andererseits nicht den Eindruck einer Bedrohung Rußlands durch Angriff erwecken.

A.O.K. 18 kann damit rechnen, daß im Bedarfsfalle durch OKH schnelle Verbände zugeführt werden. Sie werden zur Auffrischung in folgende Gebiete verlegt:

Gen.Kdo.XVI.A.K. nach Berlin
mit unterstellter   3.Pz.Div. in den Wehrkreis III
                    2.Inf.Div. (mot) in den Wehrkr. II
                    13.Inf.Div. (mot) in den Wehrkr. XI
Gen.Kdo. XXXX. A.K. nach Breslau
mit unterstellter   2.Pz.Div. in den Wehrkr. XVII
                    5.Pz.Div. in den Wehrkr. VIII
                    9.Pz.Div. in den Wehrkr. XVII

Diese Verbände sind angewiesen, während ihrer Auffrischung kampfkräftige Teile so bereit zu halten, daß sie 72 Stunden nach Abruf antreten können.

A.O.K.18 legt mir seine Absichten zur Genehmigung vor. Es bereitet in Verbindung mit Gruppe Guderian rasches Vorziehen der schnellen Verbände zum Zwecke der Sicherung der deutschen Ostgrenze baldmöglichst vor.

gez. v. Brauchitsch

(Archiv Dirks)

VII b. Vorwärtsverteidigung an der Interessengrenze

Armee-Oberkommando 18 Bromberg, den 9. Juli 1940
Abt. I a Nr. 160/40 g.Kdos.

Chef-Sache!

Betr.: Kräfteeinsatz der 18. Armee

An O.K.H., Op. Abt.

1.) Absichten der 18. Armee:
Verteidigung am oberen San (H.Kdo. XXXIV. mit 257. und 68. Div.) und in Ostpreußen (XXVI. A.K. mit 161. und 217. Div.).
Bereitstellung der Masse der Kräfte im Ostteil des Generalgouvernements so, daß russische Angriffsvorbereitungen jenseits der Grenze des Interessengebietes durch eigenen Angriff zerschlagen werden können.
Hierfür sollen die Kräfte so aufgestellt werden, daß je eine Gruppe zum Angriff vorgehen kann:
a) aus dem Südostteil des Generalgouvernements in allgemein südostwärtiger Richtung,
b) aus dem Raum ostw. u. nordostw. Warschau in nordostw. Richtung.
Die am oberen San und in Ostpreußen zur Verteidigung vorgesehenen Kräfte können gegebenenfalls für die Angriffsoperation herangezogen werden.
2 Div. (169. u. 291.) sollen im rückwärtigen Armeegebiet zur Verfügung der Armee so bereitgehalten werden, daß sie schnell in mehreren Richtungen vorgeführt werden können.
Das Heranführen der Gruppe Guderian soll so vorbereitet werden, daß sie sowohl bei der südl. wie bei der nördlichen Angriffsgruppe eingesetzt werden kann.

2.) Hierfür ist die aus beiliegender Karte 1 ersichtliche Kräfteverteilung als Endziel vorgesehen.
Sie wird der Forderung gerecht, daß ausreichende Kräfte binnen 48 Stunden an die Interessengrenze herangeführt werden können.

Der Eindruck einer Bedrohung Rußlands kann nicht entstehen, da gegenüber der bisherigen Belegung des Gesamtgebietes mit 13 Div. (Oberost u. Wehrkr. I zusammen) eine zahlenmäßige Verstärkung von nur 2 Div. und eine nur unwesentliche Kräfteverschiebung nach Osten erfolgt.

(…)

3.) Die endgültige Kräfteverteilung kann erst allmählich eingenommen werden. Sie ist abhängig von dem Freiwerden der Unterkünfte.

Zunächst vorgesehene Unterkunftsräume sind aus Karte 2 ersichtlich.

In ihr sind die am 9. 6. noch im Armeebereich befindlichen größeren Verbände des Oberost u. des Wehrkr. I mit aufgenommen.

4.) Mit Einnahme der endgültigen Unterkunftsverteilung ist eine Verlegung des Armeehauptquartiers mehr in die Mitte des Armeebereiches erforderlich. Hierfür wird ein Vorschlag nachgereicht.

Der Oberbefehlshaber
gez. v. Küchler
Für die Richtigkeit:
Oberst i. Generalstab *(Paraphe)*

(Archiv Dirks)

VII c. AOK 18 eventuell mit 39 Divisionen

Armee-Oberkommando 18 O.U. Bromberg, den 22. Juli 1940
Abt. I a Nr. 170/40 g.Kdos.

Chef-Sache! Nur durch Offizier!

Geheime Kommandosache

Aufmarschanweisung 18. Armee.
(…)

I. Aufgaben u. Absichten der Armee.

1.) Im Falle eines Konfliktes mit Rußland werden stärkere deutsche Kräfte im Osten eingesetzt werden.
Bis zu ihrem Eintreffen sichert A.O.K.18 die deutsche Ostgrenze.

2.) Hierfür ist folgende Kampfführung beabsichtigt:
Verteidigung am oberen San und in Ostpreußen, Bereitstellung der Masse der Kräfte im Ostteil des Generalgouvernements so, daß russische Angriffsvorbereitungen jenseits der Grenze des Interessengebietes durch eigenen Angriff zerschlagen werden können.

3.) Für einen solchen Angriff stehen der Armee neben den eigenen Kräften die mot. Kräfte der Gruppe Guderian und die im Armeebereich befindlichen Kräfte des M.i.G. zur Verfügung.
(…)

4.) Die Kräfte werden so versammelt, daß mit je 1 Gruppe vorgegangen werden kann:

a) aus dem Südostteil des Generalgouvernements in allgemein ostwärtiger oder südostwärtiger Richtung (Angriffsgruppe Süd);

b) aus dem Raum ostw. u. nordostw. Warschau in nordostwärtiger Richtung (Angriffsgruppe Nord).

Gruppe Guderian wird entweder bei der südlichen oder bei der nördlichen Angriffsgruppe eingesetzt werden.

5.) Ziel und Ausführung der Operationen im einzelnen werden sich erst nach der Feindlage, den politischen Verhältnissen u. der Stärke der Armee im Ernstfall festlegen lassen.

Die Vorbereitungen müssen daher verschiedenen Fällen Rechnung tragen. Sie sind nicht in Form eines starren Aufmarsches festzulegen, sondern in Erkundungen aller Art sowie in taktischen u. befehlstechnischen Studien. Die notwendigen Verbesserungen an Wegen und Brücken sind mit eigenen Mitteln auszuführen, nötigenfalls beim A.O.K. zu beantragen.

Die Gen.Kdo. stellen Erwägungen auch für den Fall an, daß sie beim Aufmarsch über die doppelte Zahl ihrer jetzigen Truppen verfügen.

Sie treffen ihre Vorbereitungen auf Grund der Voraussetzung, daß die Inf. Divisionen den Angriff allein beginnen und die Gruppe Guderian erst später eintrifft.

(Archiv Dirks)

VII d. Generaloberst Fromm rügt AOK 18

Der Chef der Heeresausrüstung 23. 7. 1940
und
Befehlshaber des Ersatzheeres
I Nr. 1173/40 g.K.

Betr.: Unterstellungsverhältnis der stellv. Gen.Kdos.

An A.O.K. 18

Das stellv. Gen.Kdo. (W.Kdo.) I.A.K. hat mir gemeldet, daß einzelne dem A.O.K. 18 unterstellte Feldkommandobehörden von Stäben und Ersatztruppen des stellv. Gen.Kdos. zum Teil sehr umfangreiche Einsatzvorbereitungen an der Ostgrenze fordern, die diese Stäbe und Truppen in Konflikt mit den von mir befohlenen Umgliederungs- und Auflösungsmaßnahmen bringen. Diese Forderungen sollen angeblich auf Befehle des AOK 18 zurückzuführen sein. Solche Forderungen können nur auf eine irrtümliche Auslegung des Befehls OKH Gen St d H Op. (I) Nr. 1840/40 g.Kdos. vom 4. 7. 40 beruhen. In diesem Befehl heißt es in Ziffer 1): bis zum Abschluß der befohlenen

Umgruppierung des Heeres wird das stellv. Gen.Kdo.I mit den z.Zt. im W.K.I befindlichen Stäben und Einheiten dem AOK 18
»für den taktischen Einsatz in dringenden Fällen unterstellt«.

Diese Formulierung hatte – wie mir inzwischen durch Rückfrage beim Gen. St.d.H. bestätigt worden ist – den Sinn, dem AOK 18 im Falle einer akuten Gefahr ein Rückgriffsrecht auf die Stäbe und Truppen des WK.I einzuräumen. Keinesfalls sollten aber durch diese Anordnung umfangreiche Vorbereitungsarbeiten der Divisionen des Ersatzheeres des WK.I ausgelöst werden, die diese zu leisten gar nicht in der Lage sind. Solche Vorarbeiten kommen nur für die Generalkommandos und Divisionen in Betracht, die nach der Anweisung vom 29. 6. 40 dem AOK 18 zur Verfügung gestellt sind.

Ich wäre dankbar, wenn die Sachbearbeiter des AOK und die unterstellten Gen.Kdos. in diesem Sinne unterrichtet würden.

gez. Fromm
Generaloberst

(Archiv Dirks)

VII e. Guderians Aufmarschraum: Von Stettin bis Wien

Abschrift

GEHEIM!

Gruppe Guderian   Berlin, den 30. 7. 40
Abt.Ia Nr. 503/40 geh.

1.) <u>Bezeichnung der Dienststelle:</u>
Gruppe Guderian.
Falls nach Ansicht einer Abteilung der Gruppe nähere Erläuterungen auf Schriftstücken notwendig sind, kann außer der Bezeichnung der Gruppe noch (Gen.Kdo.XIX.A.K.) gebraucht werden.

2.) Der Gruppe sind taktisch unterstellt:
   Gen.Kdo. XVI.A.K. (Berlin)
   mit   3. Pz.Div. (Berlin)
         2. (mot) Div. (Stettin)
        13. (mot) Div. (Magdeburg)
   Gen.Kdo. XXXX.A.K. (Breslau)
   mit   2. Pz.Div. (Wien)
         5. Pz.Div. (Oppeln)
         9. Pz.Div. (Wien)
   Die Unterstellung für Ausbildung ist noch nicht entschieden. Alle übrigen Angelegenheiten werden vom Befehlshaber des Ersatzheeres geregelt.

                    Für das Kommando der Gruppe
                     Der Chef des Generalstabes:
                           gez. Nehring

(Archiv Dirks)

VII f. Transportchef Gercke schlägt Alarm

Oberkommando des Heeres   den 12. Juli 1940
Gen St d H   Trsp. Chef
Pl.Abt.Az.43 s – 30 (III a)   Eilt sehr!
   Nr. 2183/40 g.Kdos.

An den Herrn Reichsverkehrsminister – Abt. Eisenbahnen –
      z. Hd. d. Herrn Min.Dirigent Dr. Ing. Ebeling
              oder Vertreter im Amt
                                                    Berlin W 8
Betr.:   Ausbauprogramm Osten 1940
Bezug: 1) OKH Gen St d H/Tr. Chef Pl.Abt.Az.43s-30 (III)
            Nr. 212/40 g.Kdos. vom 13. 2. 1940
        2) Nr. 713/40 g.Kdos. vom 9. 6. 1940
        3) Nr. 6010/39 geh. vom 21. 10. 1939

Im Rahmen des gemäß Bezugsschreiben bereits im Gange befindlichen Ausbaues zur Erhöhung der Leistungen des Eisenbahnnetzes sind die bisher vorgesehenen Leistungen im Generalgouvernement weiter zu erhöhen.

Die Leistungen im Generalgouvernement sind nicht auf der Basis der heutigen Betriebsausstattung anzusetzen. Sie sind vielmehr so zu berechnen, als ob das Gouvernement voll mit Lokomotiven und rollendem Material sowie mit vollwertigem Betriebspersonal ausgestattet ist. Sie haben sich dementsprechend nicht nur auf eine wesentliche Erhöhung der Leistung der in das Generalgouvernement hereinführenden Transportstraßen zu beschränken, sondern müssen neben den erforderlichen Strecken für Querverschiebungen auch ausreichende Wasserstationen, Lokomotivschuppen, Bekohlungsanlagen usw. vorsehen.

(...)

(Archiv Dirks)

VII g. Bauprogramm für 100 Millionen Mark

Planungsabteilung   den 25. Juli 1940
des Chefs des Transportwesens
Az. 43 s - 30 (III a)
Nr. 2218/40 geh. Kdos.

Aktennotiz über die Besprechung im Reichsverkehrsministerium
am 19. 7. 1940

Min.Rat Haeseler
betont, daß bei dem Umfang des neuen Ausbauprogramms im Osten mit einer rechtzeitigen Durchführung bis Ende 1940 nicht zu rechnen ist, wenn nicht Sondermaßnahmen in der Zuteilung von Arbeitskräften, Stahl- und NE-Metall-Kontingenten Platz greifen. Eine Durchführung bis Herbst 41 erscheint bei Einstufung nach Dringlichkeitsstufe 1 möglich. Dasselbe gilt für die Lieferfirmen von Drehscheiben, Wasserkränen, Stellwerksteilen usw.

Er verliest die Forderungen im einzelnen, deren Gesamtbaukosten etwa 102 Millionen und 65 000 t Stahl erfordern. Er stellt die Frage, ob die verlangten Leistungen gleichzeitig auf den Transportstraßen und den Querverbindungen gefordert werden.

Oberstleutnant Bork
antwortet, daß im allgemeinen eine Gleichzeitigkeit nicht gefordert wird, jedoch müssen die Querverbindungen auch dem Zweck dienen, eine auf den Transportstraßen angebrachte Bewegung umzuleiten.

Oberstleutnant Kaiser
verweist auf die Zusage des Min.Todt, zur Durchführung des geplanten Programms jede Unterstützung, auch Teile seiner Organisation, zur Verfügung zu stellen. Ferner stehen Kräfte des Transportchefs zur Verfügung und er bittet, entsprechende Anforderungen mit Angabe der benötigten Bau- pp. Kompanien und des Einsatzortes an Transportchef zu leiten.

Es werden nunmehr die einzelnen Bbv'en zur Stellungnahme aufgefordert.

1. Bbv Königsberg.
Zur Durchführung des Programms sind im Königsberger Bezirk im wesentlichen folgende Baumaßnahmen erforderlich:

Kreuzungsgleise, Kurvenbau bei Goldap, Bahnhofsausbau in Ortelsburg, neue Einführung bei Willenberg, Fernmeldeanlagen im Werte von ca. 900 000 RM, Sicherungsanlagen im Werte von ca. 300 000 RM.

2. Bbv Danzig.
An Strecke Konitz–Dirschau Umbau des Bahnhofs Dirschau, Vergrößerung des Bahnbetriebswerks und der Wasserstationen, 6 Blockstellen; Leistung 72 nicht vor 1. 4. 1941; kann an dieser Strecke 2 Eisenbahn-Baukompanien gebrauchen. An Strecke Thorn–Dt. Eylau sind erforderlich: neue Blockstellen, Ausbau verschiedener Bahnhöfe, insbesondere Umbau der Bahnhöfe Thorn, Schönsee und Dt. Eylau einschließlich eines Bahnbetriebswerks Thorn. Fertigstel-

lung nicht vor 1. 9. 41. An Strecke Schneidemühl-Thorn sind erforderlich: neue Blockstellen, Erweiterung des Bahnhofs Bromberg, Verbesserung der Wasserversorgung. Auf der Abzweigung Schönsee-Soldau müssen eine Reihe von Bahnhöfen ausgebaut und die Kurve bei Soldau verbessert werden. An diesen Arbeiten können angesetzt werden, je eine Eisenbahn-Baukompanie in Schönsee, Bromberg, Nasielsk und Strasburg, je 2 Eisenbahn-Baukompanien in Dt. Eylau, Thorn und Marienburg; für Brückenbauten 2 Kompanien in Soldau und Modlin, ferner 14 Telegrafen-Bau-Kolonnen sowie ca. 6 Maschinen-Kolonnen. Gerade im Danziger Bezirk ist die Versorgung mit Arbeitskräften und Personal sehr schlecht. Auf der Strecke Marienburg-Dt. Eylau-Modlin sind Verbesserungen an den Brücken bis Soldau und Modlin erforderlich und Blockstellen sowie Fernsprechanlagen zu verbessern bzw. neu zu erstellen.

3. Bbv Posen.
An der Strecke Bentschen-Posen-Thorn sind die Lokbehandlungsanlagen zu verbessern, Leistung von 72 kann erreicht werden. Die Verbindung zwischen Posen-Wreschen-Barlogi-Kutno auf Re 24 wird von Oberstleutnant Bork neu gefordert als Zuführung zur dunkelgrünen Straße, die von Thorn nach Kutno 36 leistet und ab Kutno bis Warschau auf Re 60 zu bringen ist. Der Bahnhof Kutno bedarf eines Umbaues. Bei der Strecke Glogau-Kankel-Jarotschin/Krotoschin-Ostrowo-Litzmannstadt soll der Richtungsbetrieb zwischen Kankel und Ostowo zunächst beibehalten werden, um die geforderte Leistung rasch zu erzielen, auch hier sind Blockstellen und Bahnhofsausbauten sowie Lokbehandlungsanlagen erforderlich.

4. Bbv Oppeln.
Kann die geforderten Leistungen in seinem Bezirk sicherstellen, wenn die Bedienung der roten Straße Beuthen-Kielce nicht gleichzeitig mit 72 Zügen und der Querverbindung Kattowitz-Tschenstochau-Koluczki mit 48 Zügen gefordert wird. Obstlt. Bork bestätigt, daß diese Forderung nicht erhoben wird.

5. Bbv. Krakau.
Zur Entlastung des Bahnhofs Krakau wird die Zuführung zur blauen Straße über Oderberg–Oswiecim–Ryczow nach Krakau gewünscht. Auf der Strecke selbst sind ca. 30 km Oberbau zu erneuern und Blockstellen sowie ein Bahnbetriebswerk erforderlich. Die RBD Krakau wird die Frage prüfen, ob eine Änderung der jetzigen Forderung:
a) Beuthen–Kielce–Radom–Deblin Re 72
b) Oderberg–Oswiecim–Krakau–Przemysl Re 60
zweckmäßig erscheint, indem die Forderung bei der Strecke zu b) auf 72 erhöht und bei der Strecke a) auf 60 heruntergesetzt wird, wobei gegebenenfalls mit einer Kreuzung beider Linien in Kattowitzer Gegend zu rechnen ist. Der Wunsch zu diesem Tausch wird damit begründet, daß die Strecke zu a) in der Lysa Gora derart starke Steigungen zu überwinden hat, daß auf ein Tempo von Re 72 nur mit umfangreichen Ausbauten zu kommen ist.

Im übrigen können die geforderten Leistungen im General-Gouvernement erzielt werden, wobei besonders zahlreiche Wasserstationen neu gebaut werden müssen, große Bekohlungsanlagen und Bahnbetriebswerke müssen geschaffen werden. Dauer der Ausbaumaßnahmen konnte nicht angegeben werden. Bei Rejowiec und Zawada sollen Verbindungskurven gebaut werden. Der Abbau des Oberbaumaterials an z.Zt. nicht gebrauchten Strecken ist eingestellt, auch die Fernmelde- und Sicherungsanlagen bedürfen überall der Verbesserung.

Für die Verstärkung der Brücke bei Malkinia und den Neubau der Brücke bei Radzymin werden Eisenbahn-Bautruppen angefordert.

Geheimrat Schaper.
gab folgende Fertigstellungstermine für Brücken an:
1. Graudenz eingleisig 10. 8. 40, zweigleisig 31. 12. 40
2. Fordon 31. 3. 41
3. Deblin 15. 10. 40
4. Sandomierz 15. 10. 40
5. Rozwadow 30. 8. 40
6. Malkinia: Die Brücke in Richtung Warschau ist eingleisig fertig, zweigleisig ab 1. 10. 40; die Brücke in Richtung Siedlec muß durch Eisenbahn-Pioniere wieder hergestellt werden.

Ergänzend hierzu teilt Bbv Krakau folgende Termine mit:

7. Brücke bei Radzymin 25. 8. 40
8. Brücke bei Wyskow 15. 9. 40
9. Brücke bei Lubartow 1. 10. 40
Bezüglich der Auslageräume wurde festgestellt, daß mit Ausnahme des Raumes um Warschau die geforderten Leistungen nicht vorhanden sind. Die vorhandenen Leistungen sind sehr schlecht. Umfangreiche Ausbaumaßnahmen sind erforderlich und zwar für Rampen, Abstellgleise und sonstige Gleisanlagen.

Oberstleutnant Kaiser
nimmt nochmals zu den allgemeinen Fragen der Finanzierung, Beschaffung von Arbeitskräften, Stahl- usw. Kontingenten Stellung. Im 3. Quartal 1940 muß es bei 3 000 t Stahl pro Monat bleiben; für das 4. Quartal sollen monatlich 25 000 t Stahl, 1 000 t Blei und 500 t Kupfer gefordert werden. Insgesamt sollen 90 000 t Stahl bereitgestellt werden, bis zur Lieferung muß die Deutsche Reichsbahn aus ihren Beständen vorschußweise liefern. Für eine bevorzugte Herstellung von Drehscheiben, Wasserkränen usw. wird mit OKW Besprechung in Aussicht gestellt.

Min.Rat Haeseler
erteilt abschließend den Bauauftrag an die Bbv'en; Arbeitsbeginn sofort, und zwar derart, daß gleichmäßige Leistungssteigerungen auf ganzen Strecken erzielt werden. Er wird bis zum 23. 7. 40 an Transportchef mitteilen, wieviele Eisenbahn-Truppen und wo diese benötigt werden. Er wird für die beschleunigte Aufstellung der Anmeldelisten für GbBau Sorge tragen.

General Gercke
Die gestellten Forderungen werden aufrecht erhalten, aus den Baumaßnahmen können Schlüsse auf die politische Konstellation nicht gezogen werden. Der Ausbau erfolgt nur, da die Gelegenheit günstig ist. Arbeitsbeginn sofort, insbesondere ist Vorsorge zu treffen, daß die Durchführung nicht infolge fehlenden Materials notleidet, es ist vielmehr so zu disponieren, daß diejenigen Maßnahmen zuerst in Angriff genommen werden, für die das Material vorhanden ist.

(Paraphe)

(Archiv Dirks)

VII h. Das OKW schmückt sich mit fremden Federn

Oberkommando der Wehrmacht den 25. Juli 1940
Az. 43s-30 Chef Trspw./Pl.Abt. (III a/S)
Nr. 2220/40 g.Kdos.

An
Verteiler

Betr.: Ausbau des Eisenbahn- und Straßennetzes im Osten.
Stichwort: Otto

1.) Das OKW wird durch den Chef des Transportwesens auf ausdrücklichen Befehl des Generalfeldmarschalls Keitel unter Zustimmung des Führers mit besonderer Beschleunigung ein umfangreiches Programm zum Ausbau des Eisenbahn- und Straßennetzes im Osten des Reiches, einschl. Generalgouvernement, zur Durchführung bringen, das bis Ende des Jahres 1940 fertigzustellen ist. Der Reichsmarschall Göring hat Kenntnis.
2.) Dieses Programm läuft als bevorzugtes Wehrmachtprogramm unter dem Stichwort »Otto«, eine besondere Einstufung erübrigt sich damit.
3.) Der Etra Ost wird die Regelung von Einzelheiten bei Durchführung des Bauprogramms in Zusammenarbeit der Transport-Kommandanturen mit den militärischen und zivilen Dienststellen des Etra-Bereichs übertragen. Sie steuert und überwacht verantwortlich ferner die Baustofftransporte für das Straßenbauprogramm im Benehmen mit den Außenstellen des Generalinspektors und der Generalbetriebsleitung Ost, Zweigstelle Breslau. Mil. Bef. i. Gen. Gouv. u. die zuständigen Wehrkreiskommandos werden gebeten, die Transport-Kommandanturen und die Lbv'en bei der Durchführung des Ottoprogramms weitgehend zu unterstützen.
4.) Für die Durchführung der Baustofftransporte gilt folgendes:
Die Deutsche Reichsbahn sorgt im Rahmen ihres Ausbauprogramms für volle und rechtzeitige Gestellung der benötigten Eisenbahnwagen entsprechend dem Fortschreiten der Arbeiten.
(...)

(Archiv Dirks)

VII i. AOK 18 hat zu wenig Baracken

Inhalt eines Ferngesprächs am 1. 8. 40 zwischen General Marcks und Oberst Schmidt

1.) Sämtliche 5 Korps-Chefs haben einen Urlaub von 8–14 Tagen eingereicht, der in den nächsten Tagen anlaufen soll.
Oberst Schmidt hat entschieden, dass die Herren fahren können. Es besteht jedoch eine Verfügung, dass längerer Urlaub von Korps-Chefs beim General Halder persönlich beantragt werden muss.
Oberst Schmidt schlägt vor, dass General Marcks diesen Antrag für alle 5 Korps-Chefs unmittelbar stellt.
2.) Wehrkr.Kdo.I hat durch ein Schreiben vom 29. 7. 1940 an XXVI.A.K. nochmals darauf hingewiesen, dass der Einsatz der Div. 141 und 151 nur in akuten dringlichen Fällen infrage kommt. Irgendwelche Vorbereitungen konnten nicht durchgeführt werden.
3.) General Fellgiebel hat anlässlich seiner Anwesenheit in Bromberg mitgeteilt, dass Wechsel nach Warschau genehmigt ist (Persönliche Mitteilung des Gen. Feldmarschall Keitel).
Oberst Schmidt bittet um Befehl, ob die Vorbereitungen für den Wechsel anlaufen können.
4.) Die Unterkunft der 1.K.D. im Raum westl. Brest ist nach Meldung des III.A.K. möglich und erwünscht. Sie ist jedoch behelfsmässig wie bei allen Div., vor allem sind Stallbaracken zur Verbesserung der Unterkünfte nötig.
5.) Oberst Schmidt bittet um eine Rücksprache beim Generalquartiermeister über die ganze Barackenfrage, wobei insbesondere Holz- und Eisenscheine erforderlich sind.
6.) Anlässlich einer Besprechung des Oberst Knackfuß und Oberstltn. Specht (beide beim Eisenbahn-Transport-Chef) beim A.O.K. kam zum Ausdruck, dass der Schwerpunkt des Strassenausbaues auf dem Gebiet westl. der Weichsel liegt.
Oberst Schmidt schlägt vor, darauf zu drängen, dass vor allem das Strassennetz ostwärts der Weichsel ausgebaut wird.

(Archiv Dirks)

VII j. Ostwärts der Weichsel ...

<u>Anruf Chef des Generalstabes,</u>
<u>Gen.Maj. Marcks, am 2. August 1940, 19.15 Uhr.</u>

1.) Die Barackenfrage ist durch Gen.Maj. Marcks mit dem Gen.Qu. besprochen worden, der die Zuweisung und Zuführung von Baracken an sich genehmigt hat. Es ist Sache der Armee, jetzt im einzelnen die gewünschte Zahl der Baracken und den gewünschten Zuführungsort dem O.K.H. zu melden.
2.) Die Angelegenheit des Straßenausbaus ostwärts der Weichsel ist von Gen.Maj. Marcks mit General Gercke besprochen worden. General Gercke wird die Bearbeitung dieser Angelegenheiten persönlich in die Hand nehmen und überwachen.
Im einzelnen soll die Armee jetzt die gewünschten Bauarbeiten beim Chef der Transportabteilung umgehend beantragen.
General Gercke wird außerdem am 3. 8. in Berlin mit Gen.Maj. Todt den Ausbau des Straßennetzes ostwärts der Weichsel besprechen.
Die Etra Ost ist allein für die Heranführung der Baustoffe zuständig.
3.) Die Verlegung des A.H.Qu. nach Warschau ist noch nicht durch den Generalfeldmarschall entschieden.

gez. Graf von Nostitz

(Archiv Dirks)

VII k. Aufmarschstraßen bis zur Grenze

Geheime Kommandosache!

I a **Fernschreiben.**
An Transportchef   3. Aug. 1940

Ich bitte dringend A.O.K. 18 entscheidend an Planungen Otto zu beteiligen. Auf Bauten im Hinterland verzichten. In diesem Jahr nur Aufmarschstraßen von Ausladebahnhöfen bis Interessen-Grenze. Vorschläge folgen mit Kurier.

gez. von Küchler
Generaloberst
Nr. 1603/40 g.Kdos.

(Archiv Dirks)

VIII. Nur 3 Monate Sprit für »Barbarossa«

Der Generalbevollmächtigte   Berlin, den 16. Juni 1941
für das Kraftfahrwesen
Nr. 69/41 g.Kdos.

Geheime Kommandosache!

An
  Chef AHA
  GenStd.H/Org.Abt.

Die Betriebsstoff- bzw. Gummi-Lage ist z. Zt. folgende:

1.) Betriebsstoff.
Die bevorstehende Operation verschlingt monatlich etwa 240000 to Betriebsstoff, das ist für 3 Monate knapp zu leisten. Nach dem 3. Monat stehen für die Erdtruppen nurmehr etwa

50 000 to monatlich zur Verfügung, falls nicht neue Betriebsstoffquellen fliessen.
2.) <u>Gummi</u>.
Der Vorrat an Naturkautschuk reicht noch bis Ende September. Es sind zwar z. Zt. 3 Blockadebrecher mit zusammen 10 000 t Rohkautschuk unterwegs, deren Eintreffen aber nicht mit Sicherheit vorausgesetzt werden kann.

Da an Reifen ausserdem noch eine 1 $^1/_2$ Monats-Reserve vorhanden ist, so ist die Reifenbasis bis etwa November gesichert, dann ist Schluss.

gez. von Schell
Für die Richtigkeit:
gez. Kühne

(Archiv Dirks)

IX. »Nicht einen Schritt zurück!« – Stalins berühmter Befehl

<u>Anlage</u> zum OKM 3.Abt.Skl. B.Nr.15998/42 geh. vom 3. 9. 42

Übersetzung
Befehl des Volkskommissars für die Verteidigung der
U.d.S.S.R. Nr. 227 vom 28. 7. 1942

Geheim!   Moskau

Der Feind wirft immer neue Kräfte an die Front und dringt unter Mißachtung seiner großen Verluste weiter vor. Er fällt in das Innere der Sowjetunion ein. Er bemächtigt sich neuer Gebiete. Er verwüstet und zerstört unsere Städte und Dörfer. Er vergewaltigt, plündert und tötet die Zivilbevölkerung. Im Abschnitt Woronesh, am Don, im Süden und an den Pforten des Nordkaukasus wird gekämpft. Die deutschen Okkupanten dringen nach Stalingrad und an die Wolga vor; sie wollen sich um jeden Preis des Kuban-Gebietes und des Nordkaukasus mit ihren Reichtümern an Erdöl und Getreide bemächtigen.

Der Feind hat bereits Woroschilowgrad, Starobelsk, Rossosch, Kupjansk, Waluiki, Nowotscherkassk, Rostow am Don und die Hälfte der Stadt Woronesh erobert. Ein Teil der Truppen der Südfront hat, indem sie den Panikmachern folgen, Rostow und Nowotscherkassk ohne ernsten Widerstand und ohne Befehl aus Moskau verlassen und somit ihre Fahnen mit Schmach bedeckt.

Die Bevölkerung unseres Landes, die bisher mit Liebe und Verehrung von der Roten Armee sprach, ist enttäuscht, verliert den Glauben an sie, und viele verfluchen die Rote Armee dafür, daß sie das Volk dem Joch der deutschen Bedrücker ausliefert, indem sie sich selbst nach Osten zurückzieht. Einige unkluge Leute an der Front trösten sich mit dem Gedanken, daß wir uns auch weiterhin nach Osten zurückziehen können, da wir ein großes Land mit viel Menschen haben und immer einen Überfluß an Brot besitzen werden. Damit wollen sie ihr schändliches Verhalten an der Front beschönigen; doch sind solche Argumente völlig abwegig, verlogen und nur unseren Feinden von Nutzen. Jeder Kommandeur, Rotarmist und Politruk (= politischer Leiter, d. A.) muß verstehen, daß unsere Mittel nicht unbegrenzt sind. Das Gebiet der Sowjetunion ist keine Wüste, sondern ein Raum mit Menschen – Arbeitern, Bauern, Intelligenz – mit unseren Vätern, Frauen, Brüdern und Kindern.

Das Gebiet der U.d.S.S.R, das die Deutschen eroberten oder noch erobern wollen, bedeutet Brot und andere Lebensmittel für die Armee und die rückwärtigen Gebiete, bedeutet Metalle und Heizmaterial für die Industrie, welche unsere Armee mit Waffen und Munition versorgt, und bedeutet Erhaltung des Eisenbahnverkehrs.

Nach dem Verlust der Ukraine, Weißrußlands, der baltischen Länder und des Donez-Beckens sowie anderer Gebiete hat sich unser Landbesitz bedeutend verringert, d. h., daß wir jetzt viel weniger Menschen, weniger Brot, Metalle, weniger Werke und Fabriken haben. Wir haben über 70 Millionen Landesbewohner verloren, wir ernten aber 800 Millionen Pud Brotgetreide im Jahre weniger, und der Ausfall an Metallen übersteigt die Grenze von 10 Millionen Tonnen jährlich. Von nun an sind wir den Deutschen weder an Menschenreserven noch an Getreidevorräten überlegen. Ein weiterer Rückzug ist gleichbedeutend mit unserem Untergang und dem unserer Heimat. Jeder Fußbreit Erde, den wir weiterhin aufgeben, stärkt den Feind und schwächt unsere Verteidigung und unser Land. Aus diesem Grunde müssen wir die Gespräche, daß wir die Möglichkeit haben, uns unbegrenzt zurückzuziehen, daß wir ein großes, reiches Land besitzen, daß unsere Getreidevorräte unerschöpflich sind, im Keime ersticken. Diese Gespräche sind grundfalsch und schädlich, schwächen uns und stärken den Feind, denn falls unser Rückzug nicht sofort abgestoppt wird, bleiben wir ohne Brot und Heizmaterial, ohne Metalle und Rohstoffe, ohne Werke und ohne Eisenbahnen; daraus geht hervor, daß es die höchste Zeit ist, den Rückzug einzustellen. »Nicht einen Schritt zurück!« muß von nun an unsere wichtigste Parole sein. Man muß hartnäckig sein, bis zum letzten Blutstropfen jede Stellung, jeden Meter Sowjeterde verteidigen, man muß sich an jedes Stück Boden klammern und dieses bis zur letzten Möglichkeit verteidigen.

Unsere Heimat erlebt schwere Tage. Wir müssen um jeden Preis den Feind aufhalten, zurückschlagen und vernichten. Die Deutschen sind nicht so stark, wie es den Panikmachern erscheint. Sie strengen ihre letzten Kräfte an. Den Druck der Deutschen jetzt und in den nächsten Monaten aufhalten, bedeutet, unseren Sieg zu sichern.

Können wir diesen Schlag ertragen und danach den Feind nach Westen zurückwerfen? – Ja, wir können es; unsere Fabriken und Werke im Hinterlande arbeiten jetzt vorzüglich, und unsere Front erhält immer mehr Flugzeuge, Panzer und Granatwerfer.

Woran mangelte es denn bei uns? – Es fehlt uns an Ordnung und Disziplin in den Kompanien, Bataillonen, Regimentern und Divisionen, in den Panzereinheiten, in den Geschwadern der Luftwaffe. Darin besteht unser größter Fehler. – Wir müssen in unsere Armee strengste Ordnung und eiserne Disziplin einführen, wenn wir die Lage meistern und unsere Heimat erhalten wollen. Wir können nicht mehr Kommandeure, Kommissare und politische Leiter sowie Einheiten dulden, die ihre Stellungen eigenmächtig verlassen. Wir können es nicht weiter dulden, daß Kommandeure, Kommissare und politische Leiter es zulassen, daß einige Panikmacher die Lage des Kampfes dadurch bestimmen, daß sie andere zum Rückzug verleiten und damit die Front dem Feind öffnen. Die Miesmacher und Feiglinge müssen auf der Stelle vernichtet werden. Von nun ab muß das oberste Gesetz für jeden Kommandeur, Rotarmist, politischen Leiter die Parole sein: »Kein Schritt zurück!« ohne Befehl der obersten Kommandostelle.

Die Kompanieführer, Bataillonsführer, Regiments- und Divisions-Kommandeure, ebenso die entsprechenden Kommissare und politischen Leiter, welche ohne ausdrücklichen Befehl ihre Stellungen verlassen, sind als Verräter der Heimat anzusehen. Sie müssen dementsprechend behandelt werden. Das ist der Wille unserer Heimat. Diesen Befehl auszuführen, bedeutet unser Land zu erhalten, unsere Heimat zu retten und unseren widerlichen Gegner zu besiegen und zu vernichten.

Nach ihrem Rückzug im Winter, der durch die Rote Armee verursacht wurde, hatte sich die Disziplin in der deutschen Wehrmacht gelockert. Zur Wiederherstellung derselben haben die Deutschen eine Reihe strengster Maßnahmen getroffen, die von Erfolg gekrönt waren. Sie formierten über 100 Strafkompanien aus Soldaten, die sich einige Verletzungen der Disziplin und Feigheit vor dem Feinde zu Schulden kommen ließen. Diese Kompanien wurden an gefährlichen Abschnitten der Front eingesetzt und sollten ihre Fehler durch vorbildlichen Einsatz wiedergutmachen. Sie formierten außerdem weitere Strafeinheiten aus Kommandeuren, die aus Feigheit ihre Disziplin verletzt hatten. Diese Bataillone wurden in noch schwierigeren Abschnitten eingesetzt und sollten sich vor dem Feinde bewähren. Bis zur Bewährung wurden den Teilnehmern dieser Strafbataillone sämtliche Orden und Ehrenzeichen entzogen. Schließlich bildeten sie noch Einheiten, die verhindern sollten, daß Angehörige unzuverlässiger Divisionen Fluchtversuche unternehmen. Diese Einheiten wurden hinter den vordersten Linien eingesetzt mit dem Auftrag, jeden Zurückweichenden oder zum Feind Überlaufenden zu erschießen.

Wie bekannt, hat diese Maßnahme ihre Wirkung nicht verfehlt. Jetzt kämpfen die deutschen Truppen besser als im Winter. Die Deutschen haben eine gute Disziplin, trotzdem sie nicht die hohe Aufgabe haben, ihre Heimat zu verteidigen.

Sie kämpfen nur um das räuberische Ziel, ein fremdes Land zu unterwerfen. Unsere Truppen dagegen haben das hohe Ziel, ihre bedrängte Heimat zu verteidigen. Nur aus Mangel an Disziplin ertragen sie Niederlagen.

Sollten wir uns nicht unseren Feind als Beispiel nehmen, so wie unsere Vorfahren beim Feind lernten und ihn nachher besiegten! Ich denke, wir müssen es!

Daher befiehlt das Oberkommando der Roten Armee:

1.) an die Kriegsräte, vor allem an die Oberbefehlshaber der Fronten:
   a) dafür zu sorgen, daß die Rückzugsstimmung der Truppe bedingungslos unterbunden wird.

   Der Propaganda, daß wir uns auch ferner nach dem Osten zurückziehen können oder müssen und daß dieser Rückzug keinen Schaden bedeute, ist mit eisernen Mitteln entgegenzutreten.

   b) Armee-Kommandeure, welche ein eigenmächtiges Verlassen der Stellungen ohne diesbezüglichen Befehl dulden, sind bedingungslos ihrer Posten zu entheben und vor ein Kriegsgericht zu stellen.

   c) Sind im Bereich der Front 1 bis 2 (je nach Bedarf) Straf-Bataillone (je 800 Mann) zu formieren. In diese Strafbataillone sind Offiziere und politische Leiter sämtlicher Truppenteile einzureihen, die sich Disziplinlosigkeit und Feigheit vor dem Feinde zu Schulden kommen ließen. Diese Bataillone sollen in besonders schwierigen Abschnitten eingesetzt werden, um den Teilnehmern Gelegenheit zu geben, ihre Schuld vor dem Feinde zu sühnen.

2.) an die Kriegsräte der Armeen und vor allem an die Armeeführer: Korps- und Div.-Kommandeure und deren Kommissare, die den eigenmächtigen Rückzug ihrer Truppen aus den Stellungen dulden, ohne daß dafür ein ausdrücklicher Befehl vorliegt, sind sofort ihrer Posten zu entheben und vor ein entsprechendes Kriegsgericht zu stellen.

   a) Im Armeebereich sind 3 bis 5 gut bewaffnete Einheiten (bis 200 Mann) aufzustellen, die unmittelbar hinter unzuverlässigen Divisionen einzusetzen sind und die Aufgabe haben, im Falle eines ungeordneten Rückzugs der vor ihnen liegenden Divisionen jeden Flüchtenden und jeden Feigling zu erschießen und damit dem ehrlichen Kämpfer bei der Verteidigung seiner Heimat beizustehen.

   b) Im Armeebereich sind 5 bis 10 Strafkompanien (150–200 Mann) aufzustellen. Diese aus nicht bewährten Unterführern

und Rotarmisten bestehenden Kompanien sind in schwierigen Abschnitten der Armee einzusetzen, um den Teilnehmern Gelegenheit zu geben, ihre Schuld vor der Heimat zu sühnen.

3.) an die Kommandeure und Kommissare der Korps und Divisionen:

a) Bataillons- und Regiments-Kommandeure sowie entsprechende Kommissare, welche ein eigenmächtiges Verlassen der Stellungen ohne diesbezüglichen Befehl dulden, sind nach Abnahme ihrer Orden und Ehrenzeichen ihrer Posten zu entheben und vor das Kriegsgericht zu stellen.

b) Den hinter unzuverlässigen Divisionen eingesetzten Spezialeinheiten ist bei der Wiederherstellung von Ordnung und Disziplin jede Unterstützung zu gewähren.

Dieser Befehl ist in allen Kompanien, Schwadronen, Batterien und Stäben zu verlesen.

Der Verteidigungskommissar für
die U.d.S.S.R.
gez. J. Stalin

(BA/MA; RW 4/v. 331 – Zitat)

X. Größenwahn der Großdeutschen Flotte im Juli 1940

Geheime Kommandosache!

Betrachtungen über die Grundlagen des Flottenaufbaues

Teil I. Politische und strategische Grundlagen

I. Der Krieg als »Fortsetzung der Politik mit anderen Mitteln« erfordert die der politischen Ausgangslage entsprechenden Kampfmittel, um der politischen Zielsetzung folgen zu können.

Das Fehlen der geeigneten und der politischen Ausgangslage angepassten Kampfmittel oder ihre unzureichende Zahl kann die erstrebte schnelle Wirkung eines Krieges zur Erreichung der politischen Ziele abschwächen bzw. ausschliessen.

Diese Mängel können ihre Ursachen haben in:
a) technischem Unvermögen (scheidet für Deutschland aus),
b) Unfertigkeit des Rüstzustandes (im jetzigen Kriege vor allem bei der Kriegsmarine infolge des für das Jahr 1939 noch nicht zu erwartenden frühen Kriegsausbruches in entscheidender Weise stark in Erscheinung getreten),
c) falscher Beurteilung der politischen Zielsetzung und damit der strategischen Ausgangslage ...
(...)

(31.7.1940)

Chefsache!

<u>Teil II: Flottenstärken und Schiffstypen</u>

XII. Die vorstehend angestellten Überlegungen führen zur Frage: »Aus welchen Typen und in welcher Stärke muss die zukünftige deutsche Flotte zusammengesetzt sein, um die ihr zufallenden Aufgaben erfolgreich lösen zu können?«
(...)

XIII. Die zahlenmässige Stärke einer deutschen Kriegsmarine muss sich theoretisch nach der Stärke des mutmasslichen Gegners richten. In der Annahme, dass der Kern der angelsächsischen Seemacht nach diesem Krieg nicht nur noch vorhanden ist, sondern sich sogar noch verstärken wird, käme man bei einem Wettrüsten für die deutsche Flotte auf Zahlen, die materiell und personell wahrscheinlich nie verwirklicht werden können.

Als einigermassen ebenbürtige Flotte müsste z. B. gefordert werden:

60–80 Grosskampfschiffe	
15–20 Flugzeugträger	
(Flugdeckkreuzer)	Kernflotte
100 Kreuzer	
10 Ozeankreuzer	
500 U-Boote	

100 Kreuzer	
bzw. 150 Korvetten	Handelsschutzstreitkräfte
25 Kreuzer	

15 Kreuzer	
250 Zerstörer	
100 T-Boote	für rückwärtige Dienste,
400 M- und R-Boote	bzw. Nordsee, Ostsee,
300 S-Boote	Mittel- u. Schwarzes
20 Minenschiffe	Meer.
20 Flakkreuzer	
150 U-Jäger	

Ausbildungs-, Versorgungs- und Spezialschiffe
(u. a. 20 Kolonialkanonenboote)

Diese Zahlen erscheinen zunächst übertrieben, – im Verhältnis zum Gegner und zu den Räumen, auf welche sie sich verteilen würden, verlieren sie sehr bald den Schein des Phantastischen. – <u>Praktisch</u> wird aber zunächst noch keine Möglichkeit vorhanden sein, die genannten Zahlen dieses »Fernziels« in absehbarer Zeit zu erreichen. Als vorläufiges <u>Endziel</u> wird daher folgende Forderung vorgeschlagen:

50 Grosskampfschiffe	
12 Flugzeugträger	
100 Kreuzer	Kernflotte
5 Ozeankreuzer	
500 U-Boote	

80 Korvetten	Handelsschutz-
15 Kreuzer	flotte

150 Zerstörer	
80 T-Boote	
300 M- und R-Boote	
200 S-Boote	für rückwärtige Dienste.
20 Minenschiffe	
20 Flakkreuzer	
100 U-Jäger	

Ausbildungs-, Versorgungs- und Spezialschiffe
(darunter 20 Kolonialkanonenboote)

Da auch diese Zahlen für den praktischen materiellen und personellen Aufbau zunächst noch zu hoch erscheinen (auch im Hinblick auf Liegemöglichkeiten) wird folgende Erstforderung gestellt:

25 Grosskampfschiffe
8 Flugzeugträger bzw. Flugdeckkreuzer
50 Kreuzer
400 U-Boote
} Kernflotte

60 Korvetten
15 Kreuzer
} Handelsschutzverband

150 Zerstörer
50 T-Boote
250 M- und R-Boote
100 S-Boote
20 Minenschiffe
20 Flakkreuzer
100 U-Jäger
} für rückwärtige Dienste

Ausbildungs-, Versorgungs- und Spezialschiffe
(darunter 10 Kolonialkanonenboote).

Der Ausbau dieser Flotte müsste in 12–15 Jahren beendet sein. Wieviele Streitkräfte dauernd in Dienst gehalten werden sollen, muss noch festgelegt werden.

Ist diese Flotte erst einmal vorhanden, werden auch eintretende Änderungen der politischen Voraussetzungen sich nicht mehr allzu ungünstig auf den weiteren Flottenaufbau auswirken.

Um ferner im Kriegsfall den nötigen zahlenmässigen Bedarf an geeigneten Hilfsfahrzeugen decken zu können, ist die Mitwirkung bzw. Einschaltung der Kriegsmarine beim Entwurf und Bau von Handelsschiffen erforderlich. (H.S.K., Sperrbrecher u. ä.)

XIV. Die Voraussetzung für den Aufbau einer grossdeutschen Flotte ist das Vorhandensein der entsprechenden Rüstungskapazität (mit allem, was dazu gehört); sie muss entsprechend geschaffen bzw. erweitert werden, sollen unliebsame Bauverzögerungen vermieden werden.

Dabei ist zu bedenken: Wenn man den Schutz des eurasiatischen und eines Teils des afrikanischen Raumes übernehmen will oder muss, dann ist auch die Ausnutzung dieses gesamten Raumes zur Lieferung der dazu nötigen Waffen usw. notwendig. Mit den Hilfsmitteln des rein deutschen oder germanischen Raumes allein ist eine entsprechende Rüstung nicht zu schaffen.

Da aus den oben genannten Gründen eine »Parität« mit der angelsächsischen Seemacht zunächst nicht zu erreichen ist, muss angestrebt werden, eine Überlegenheit an Kampfkraft Typ gegen Typ, bzw. Schiff gegen Schiff gegenüber der gegnerischen Flotte zu erreichen. Dazu ist es erforderlich, im Schiff-, Maschinen- und Waffenbau den Vorsprung der deutschen Technik zu erhalten bzw. zu erringen. »Neue Wege« in Entwurf und Ausführung der einzelnen Anlagen müssen gesucht und gegangen werden, wenn ihre Brauchbarkeit feststeht.

Als Richtlinie beim Aufbau muss gelten:
Nur wirklich Notwendiges bauen,
Stetigkeit,
rechtzeitiger Ersatz.

XV. Als Forderung an die einzelnen Schiffstypen wird zusammengefasst folgendes festzulegen sein:

Grosskampfschiffe: Stärkste aktive und passive Kampfkraft. Unbedingte Standfestigkeit, Seefähigkeit, Seeausdauer. Geschwindigkeit im Rahmen des Möglichen.

Kreuzer: Aktionsradius und Seefähigkeit wie Grosskampfschiffe. Spitzengeschwindigkeit mindestens 4 kn mehr als die Grosskampfschiffe des Gegners. Bewaffnung und Schutz im Rahmen des dann noch Möglichen (17 cm Kaliber?).

Geleitkreuzer: (Korvette o.ä.) Verhältnismässig klein und billig. Haupterfordernis: Seefähigkeit und Seeausdauer. Geschwindigkeit kann gering sein (25 kn). Im Rahmen des Möglichen passive und aktive Kampfkraft. (U-Bootsortung und U-Bootsabwehr).

Flugzeugträger: (Flugdeckkreuzer) Seefähigkeit und Seeausdauer wie Grosskampfschiffe. Hohe Geschwindigkeit (wie Kreuzer). Möglichst hoher Schutz, aktive Kampfwerte im Rahmen des dann noch Möglichen.

Zerstörer: Nur für Verwendung im mehr oder weniger erweiterten Küstenvorfeld. Haupterfordernis hohe Geschwindigkeit. Hauptwaffe: Torpedowaffe. Im übrigen klein, unkompliziert; leichte Artillerie (höchstens 12,7 cm kombiniert). Leichte Flak.

XVI. Unter diesen Umständen scheint die Schlachtschiffentwicklung (H, K) bei uns richtig zu laufen. Es ist daher, abgesehen von laufenden kleinen Verbesserungen, die beschleunigte Herstellung der notwendigen Anzahl erforderlich auch zu dem Zweck, einmal zu einigermassen homogenen Geschwadern zu kommen.

Das Schlachtschiff »O« ist abzulehnen, da es den Grosskampfschiffen unterlegen ist.

Das »verbesserte« Panzerschiff (Ozeankreuzer) tritt in seiner Bedeutung hinter dem Schlachtschiff zurück. Der Bau kann daher zunächst zurückgestellt werden. (Typforderung ist gestellt; s.1/Skl. 15351/41 gKdos.)

Die Kreuzer-Frage bedarf der Überprüfung, doch scheint die Entwicklung des Flottenkreuzers in der Linie des Kreuzers »M« zu liegen.

Der Geleitkreuzer muss neu entstehen.

Die Debatten über den »atlantikfähigen« Zerstörer können abgeschlossen werden. Als Mittelding zwischen Normalzerstörer und Kreuzer ist er ebenso überflüssig, wie das Schlachtschiff »O« als Mittelding zwischen Kreuzer und Schlachtschiff. Die z. Zt. im Bau befindlichen Spähkreuzer werden noch einige Erfahrungen liefern, von denen der Weiterbau dieses Typs abhängig gemacht werden kann. Zunächst wird er nicht mehr gefordert.

Weiteren Entwürfen für die übrigen Zerstörer und Torpedoboote ist eine klar umgrenzte Zweckbestimmung zugrunde zu legen.

U-Boote: Die Weiterentwicklung wird sich eine Steigerung der Verwendungsdauer angelegen sein lassen müssen (grösserer Aktionsradius, mehr Torpedos).

Die Typen der kleineren und Spezialfahrzeuge können hier ausser Betracht bleiben.

Für alle Typen der Kernflotte und der Handelsschutzflotte und für einige der 3. Gruppe muss Tropenverwendungsmöglichkeit gefordert werden. Ob einzelne als Stationäre vorgesehene Einheiten in dieser Hinsicht Sonderkonstruktionen erfordern, bleibt abzuwarten.

(Paraphe), 28.8. [1940]

(Archiv Dirks)

ANMERKUNGEN

1. Der Große Plan

1 Zur Ruhrkrise: Hans Meier-Welcker, *Seeckt*, Frankfurt 1967, S. 348 ff.; Michael Geyer, *Aufrüstung oder Sicherheit. Die Reichswehr in der Krise der Machtpolitik 1924-1936*, Wiesbaden 1980, S. 160 f. Zur Munition: Joachim von Stülpnagel, »Gedanken über den Krieg der Zukunft«, Februar 1924, Bundesarchiv/Militärarchiv (BA-MA), Nachlaß Stülpnagel, N 5/10.
2 BA-MA, RH 8/v. 894a, private Einladung Busches vom Mai 1924, vgl. Geyer, a.a.O., S. 83; er verkennt den wahren Zweck; handschriftliche Mitteilung Hauptmann Behschnitts, s. Anm. 4; zu den Tarnnamen: z.B. BA-MA, RH 8/894a, Rundschreiben vom 13. 3. 1925; zur IMKK: Rainer Wohlfeil/Hans Dollinger, *Die deutsche Reichswehr, Bilder - Dokumente - Texte*, Frankfurt/M. 1972, S. 138 ff.
3 BA-MA, RW 1, 27, Studie zu Deutschlands Lage für einen Verteidigungskrieg vom 24. 4. 1925.
4 BA-MA, RH 2/1275, Fiche 1.
5 Ebd.
6 »Der Große Plan«, *Die Zeit*, Nr. 11 vom 7. 3. 1997, S. 15 ff.
7 Siehe Dokument Nr. II, S. 209 ff.
8 Militärgeschichtliches Forschungsamt (MGFA), Hg., *Das Deutsche Reich und der Zweite Weltkrieg* (fortan: MGFA-Serie zum 2. WK), Bd. 1, Stuttgart 1979, S. 442, 447.
9 Helmut Donat/Lothar Wieland, *Das Andere Deutschland. Eine Auswahl (1925-1933)*, Autoren Edition, Königstein/Ts. 1980, S. 3.
10 Peter Krüger, *Versailles. Deutsche Außenpolitik zwischen Revisionismus und Friedenssicherung*, München 1986, S. 9 ff.
11 Leo Haupts, *Deutsche Friedenspolitik 1918-19. Eine Alternative zur Machtpolitik des Ersten Weltkrieges?* Düsseldorf 1976, S. 331 ff.
12 *Der Vertrag von Versailles*, Neudruck der deutschen Version von 1922, München 1978, S. 209 ff.; Wohlfeil, *Reichswehr*, S. 53 ff.
13 BA-MA, RW 1/v. 15.
14 Zur Problematik der militärischen Verletzungen des Friedensvertrages vgl. Wohlfeil, *Reichswehr*, S. 152 ff.
15 BA-MA, RW 1/v. 16.
16 Meier-Welcker, *Seeckt*, S. 147.
17 Friedrich von Rabenau, *Seeckt. Aus seinem Leben 1918-1936*, Leipzig 1940, S. 474 f.
18 Meier-Welcker, *Seeckt*, S. 532 f.
19 Ebd., S. 327 f.
20 Ebd., S. 343.
21 Ebd., S. 341.

22 BA-MA, RW 1/v. 16.
23 Meier-Welcker, *Seeckt*, S. 346 f.
24 David Lloyd George, *The truth about reparations and war debts*, London 1932, S. 57.
25 Zitiert nach Rudolf Buchner, *Deutsche Geschichte im europäischen Rahmen*, Göttingen 1975, S. 416; zu den Motiven Frankreichs: Karl Dietrich Erdmann, *Die Zeit der Weltkriege*, in Gebhardt, *Handbuch der deutschen Geschichte*, 9. Aufl. Bd. 4, S. 239 f.
26 Wohlfeil, *Reichswehr*, S. 208 f.
27 Joachim von Stülpnagel, »Gedanken über den Krieg der Zukunft«, BA-MA, RH 8/v. 911; s. Dokument Nr. I, S. 193 ff.
28 Meier-Welcker, *Seeckt*, S. 357.
29 Ernst-Willi Hansen, *Reichswehr und Industrie. Rüstungswirtschaftliche Zusammenarbeit und wirtschaftliche Mobilmachungsvorbereitungen 1923–30*, Boppard 1978, S. 50.
30 Bucher, *Deutsche Geschichte im europäischen Rahmen*, S. 416 f.
31 Aufruf des Reichspräsidenten und der Reichsregierung an das deutsche Volk vom 26. 9. 1923, abgedruckt in Wohlfeil, *Reichswehr*, S. 209.
32 Ebd., S. 210 ff.
33 Zu Seeckts vollziehender Gewalt: Meier-Welcker, *Seeckt*, S. 401 ff.
34 Rundschreiben der Organisationsabteilung zwecks Bedarfsmeldungen vom 27. 11. 23 (Z. Nr. 820/23 V.) und letzte Nachträge zu den Übersichten vom 20. 1. 25 in BA-MA, RH 2/1275, Fiches 1–9.
35 MGFA-Serie zum 2. WK, Bd. 1, S. 377; Geyer, *Aufrüstung oder Sicherheit*, S. 75 ff.; Meier-Welcker, *Seeckt*, S. 518 f., hält die Bezeichnung »Fronde« für »eine starke Übertreibung«, spricht aber vom inneren Widerspruch wichtiger Mitarbeiter in den letzten Amtsjahren Seeckts.
36 Zur Genehmigungspflicht im Truppenamt: Memorandum Joachim von Stülpnagels über den »Krieg unter anderen Voraussetzungen« vom 18. März 1924, Nachlaß Stülpnagel, N 5/20; zu den Pflichten des Generalstabschefs: Brauchitsch an Beck u. a. Dienststellen, Nr. 402/38 geh. – Ob. d. H. (Archiv Dirks).
37 Meier-Welcker, *Seeckt*, S. 367; zum Verhältnis Seeckt – Geßler: ebd., S. 514 ff., 546 ff.
38 Siehe BA-MA, RH 2/1275.
39 BA-MA, RH 8/v. 894 b.
40 BA-MA, RW 1/v. 31.
41 BA-MA, RH 8/v. 983: Protokoll der Sitzung am 24. 11. 1924 über die Aufgabe und Arbeit des beim Wa A organisierten Stabes zur wirtschaftlichen Mobilmachung; s. a. Hansen, *Reichswehr und Industrie*, S. 64 ff.
42 John W. Wheeler-Bennet, *Die Nemesis der Macht. Die deutsche Armee in der Politik 1918–1945*, Königstein/Ts. 1981, S. 167 f.
43 BA-MA, RH 8 I/v. 1926.
44 Hansen, *Reichswehr und Industrie*, S. 51 ff.; dazu Denkschrift Generallt. Groener an Ebert, 17. 9. 1919, Anl. 3, BA-MA, RW 1/v. 16.
45 Einladung vom 31. 3. 1925, Nr. 148/25 B z. (Archiv Dirks). Der Vortrag wurde als Denkschrift mit Anlagen am 27. 4. 1925 den Mitgliedern der Arbeitsgemeinschaften zur Prüfung zugestellt: BA-MA RH 8 I/v. 894a; s. Dokument Nr. III, S. 223 ff.
46 BA-MA, RH 2/1275, Fiche 1.
47 Rabenau, *Seeckt*, S. 474.
48 Gordon A. Craig, *Die preußisch-deutsche Armee 1640–1945*, Düsseldorf 1960, S. 449; Meier-Welcker, *Seeckt*, S. 473, Fn. 116 fand sich in dieser Form nicht in der

angegebenen Quelle (Stresemann-Nachlaß), wohl aber eine ähnliche Äußerung Stresemanns.
49 Siehe Kapitel 3.
50 Georg Tessin, *Deutsche Verbände und Truppen 1918–1939*, Osnabrück 1974.
51 Otto John, *Zweimal kam ich heim*, Köln 1969, S. 35.
52 Denkschrift vom 27. 4. 1925, BA-MA, RH 8 I/v. 894a.
53 Vorschlag zu Alexander 872 Ui pers. vom 18. 5. 1925 (BA-MA, RH 2/417).
54 Als Oberst schied Stülpnagel zum 1. Februar 1926 aus dem Truppenamt aus und wurde nach Braunschweig versetzt, wo er das 17. Infanterieregiment übernahm. Nach dem Sturz Seeckts im Oktober 1926 machte er eine Blitzkarriere: Anfang 1927 Chef des Heerespersonalamts, im Oktober 1929 Befehlshaber im Wehrkreis III (Berlin). Ein Jahr später sollte er Chef der Heeresleitung werden; Schleicher verhinderte es. Stülpnagel ließ sich pensionieren.
55 MGFA-Serie zum 2. WK, Bd. 5, 1. Halbbd., 1988, S. 740 f.
56 Als Oberst wechselte er 1926 mit seiner militärpolitischen Gruppe T 1 III vom Truppenamt ins Wehrministerium, wo sie mit der Nachrichtenstelle zum Wehrmachtsamt aufstieg. Von 1929 an leitete Schleicher dann das daraus entstandene Ministeramt quasi als Staatssekretär.
57 MGFA-Serie zum 2. WK, Bd. 1, S. 406.
58 Siehe Anm. 52.
59 Wohlfeil, *Reichswehr*, S. 175.
60 Groener an Ebert, 17. 9. 1919, BA-MA, RW 1/v. 16.
61 siehe Anm. 27.
62 Der »Volkskrieg«, den Seeckt 1921 dem Truppenamt als eine der künftigen Aufgaben vorgezeichnet hatte, wurde im Oktober 1924 mit den neuen Bezeichnungen »Grenzschutz« und »Kleinkrieg« versehen: Detlef Bald, Hg., *Miliz als Vorbild?*, Baden-Baden 1987, S. 26 ff.
63 BA-MA, RH 8/v. 894a: geheime persönliche Mitteilung an Truppenamtsmitglieder vom 6. 5. 1924.
64 Geyer, *Aufrüstung oder Sicherheit*, S. 100 ff. Der neue Chef der Organisationsabteilung (T1), Oberst von Blomberg, ließ Stülpnagels Pläne in den Kriegsspielen 1927/28 und 1928/29 testen, Geyer, a. a. O., S. 95.
65 Ebd., S. 99.
66 Joachim von Stülpnagel, »Gedanken über den Krieg der Zukunft«, a. a. O.; Behschnitt, »Die organisatorische Lage«, s. Anm. 4.

2. Hinter dem Rücken des Parlaments

1 Zur Politik des Ausgleichs- und Machtpolitikers Stresemann: MGFA-Serie zum 2. WK, Bd. 1, S. 70 ff.
2 Notiz Seeckts vom 4. 4. 1926, zit. in Wohlfeil, *Reichswehr*, S. 227.
3 Zum Kontrollbericht der IMKK vom 15. 2. 1925 und zur alliierten Entwaffnungsnote an die Reichsregierung vom 30. 5. 1925: ebd., S. 142 f.
4 BA-MA, N 52, Aufzeichnungen Blombergs.
5 Meier-Welcker, *Seeckt*, S. 501 ff.
6 Ebd., S. 460 ff.
7 Wie Anm. 5.
8 Zur Rede des SPD-Abgeordneten Scheidemann im Reichstag am 16. 12. 1926: Wohlfeil, *Reichswehr*, S. 229 ff.
9 Zum Lohmann-Skandal s. die neueste Untersuchung von Bernd Remmele, »Die

maritime Geheimrüstung unter Kapitän z. S. Lohmann« in *Militärgeschichtliche Mitteilungen (MGM)* 56 (1997), Heft 2, S. 313 ff.
10 Zur Zusammenarbeit General Heyes mit der Reichsregierung: Wohlfeil, *Reichswehr*, S. 177; vgl. MGFA-Serie zum 2. WK, Bd. 1, S. 378 f.
11 Zum geheimen Etat der Reichswehr: Geyer, *Aufrüstung oder Sicherheit*, S. 109 f.; Hansen, *Reichswehr und Industrie*, S. 199 f.
12 Zum ersten Rüstungsprogramm: MGFA-Serie zum 2. WK, Bd. 1, S. 179 f.; Hansen, *Reichswehr und Industrie*, S. 119 f.
13 Vgl. Anm. 4, S. 501.
14 Eine Darstellung auf dem neuesten Stand gibt Manfred Zeidler, *Reichswehr und Rote Armee*, München 1994.
15 Siehe MGFA-Serie zum 2. WK, Bd. 1, S. 382 ff.
16 Detaillierte und dokumentierte Darstellung: Michael Geyer, »Das Zweite Rüstungsprogramm 1930–1934 (Eine Dokumentation), in *MGM*, 1/75, S. 125–172.
17 Hansen, *Reichswehr und Industrie*, S. 119 ff.; s. auch Wohlfeil, *Reichswehr*, S. 178 ff.
18 Francis L. Carsten, *Reichswehr und Politik 1918–1933*, 3. Aufl., Köln 1966.
19 Zu den mannigfachen Aufgaben der Grenzschutz-Miliz: Bald, *Miliz*, S. 15 ff.
20 Dokument aus dem Truppenamt: 109 g. Kdos »z« T2 III B 2. Anl. vom 2. 5. 1931 (Archiv Dirks) s. Dokument Nr. III, S. 223 ff.
21 Karl Helfferich, *Der Weltkrieg*, Berlin 1919, Bd. 1, S. 212.
22 Kriegsgliederung am 1. 9. 1939 im Osten: in MGFA-Serie zum 2. WK, Bd. 2, S. 103.
23 Denkschrift des Staatssekretärs Bernhard von Bülow für Reichsaußenminister Constantin von Neurath, 13. März 1933, Klaus-Jürgen Müller, *Armee und Drittes Reich 1933–1939*, Paderborn 1987, S. 264 ff.
24 Erste operative Aufgabe des Truppenamtschefs vom 10. 1. 1933, Nr. 899/32 g. Kdos. (Archiv Dirks).
25 MGFA-Serie zum 2. WK, Bd. 1, S. 400 ff.
26 Heinrich Brüning, *Memoiren 1918–1934*, Stuttgart 1970, S. 554 f.
27 Wohlfeil, *Reichswehr*, S. 234 ff.
28 Denkschrift Groeners vom 17. 9. 1919, Anl. 1, BA-MA, RW 1/v. 16.
29 Rabenau, *Seeckt*, S. 463, 503, 618.
30 Geyer, *Aufrüstung oder Sicherheit*, S. 106, Anm. 35.
31 Zur Militärpolitik des Ministers: MGFA-Serie zum 2. WK, Bd. 1, S. 124 f., 394 ff.
32 Karlheinz Dederke, *Reich und Republik*. Deutschland 1917–1933, Stuttgart 1969, S. 264; vgl. Karl Dietrich Erdmann, *Die Zeit der Weltkriege*, in Gebhardt, Handbuch der deutschen Geschichte Bd. 4, S. 357 f.

3. Hitler schenkt Rüstungsfreiheit

1 Hitlers Rede vor den Befehlshabern ist in zwei Versionen überliefert: die kürzere, von General der Infanterie a.D. Curt Liebmann, ist abgedruckt in *Vierteljahreshefte für Zeitgeschichte* 2 (1954), S. 434 f., die längere, von General der Artillerie a.D. Horst von Mellenthin (Institut für Zeitgeschichte, Zs 105), ist hier in Dokument Nr. IV, S. 232 ff. zum erstenmal vollständig wiedergegeben. Der Adjutant Hammersteins machte sich während der Rede Notizen, die er am anderen Morgen seiner Sekretärin diktierte.
2 Nach Liebmann, a.a.O.; Mellenthin erwähnt den »Lebensraum im Osten« nicht, wohl aber »Kolonien«, wobei im Kontext nicht die ehemaligen Kolonien in Afrika gemeint sein können. Am 11. 8. 1942 äußert sich Hitler über den eroberten »Lebensraum« im Osten: »Wir haben die rentabelste Kolonie der Welt.« (in *Adolf*

Hitler, Monologe im Führerhauptquartier 1941–1944. Die Aufzeichnungen Heinrich Heims, hg. von Werner Jochmann, Hamburg 1980, S. 337.
3 Mündliche Mitteilung an Autor K.-H. J.
4 Stenographisches Protokoll des Generalfeldmarschalls von Weichs, BA-MA, N 19/5.
5 Nach Liebmann, a.a.O.
6 Denkschrift des Staatssekretärs Bernhard von Bülow, in K.-J. Müller, *Armee und Drittes Reich*, S. 264 ff.
7 Zitiert nach Müller, ebd., S. 158 f.
8 Aufzeichnung des Reichswehrministers vom 23. 1. 1933 (Bereitstellung von Geldmitteln für 1933) (Archiv Dirks).
9 Geyer, *Aufrüstung oder Sicherheit*, S. 134.
10 Flottenintendant Thiele in einem Vortrag über die Entwicklung des Marinehaushalts 1930–1939 am 12. 7. 1944. Der Prozeß gegen die Hauptkriegsverbrecher vor dem Internationalen Militärgerichtshof in Nürnberg vom 14. 11. 1945 – 1. 10. 1946, 42 Bde., blau, Bd. 11, blau (fortan = IMT), S. 569–599, Dok. D–855.
11 Per Mittelfristzulage erhielten alle Wehrmachtteile fortan, was sie brauchten.
12 Akten der deutschen auswärtigen Politik, ADAP, C I, Teil I , S. 373, Dok. Nr. 207.
13 Vorbefehl Blombergs an den Chef der Heeresleitung von Hammerstein, 27. 1. 1934, Verteiler: Chef Marineleitung, Luftfahrtminister, Ministeramt, Wehramt, Nr. 41/34 g. Kdos., H. Adj. Min. (Archiv Dirks).
14 MGFA-Serie zum 2. WK, Bd. 1, S. 397 ff.
15 Ebd., S. 576.
16 Ebd., S. 579.
17 Ebd., S. 394.
18 Mündliche Mitteilung an Autor K.-H. J.
19 JMT Bd. 5, blau, Dok. 1850 PS.
20 Beste Darstellung der Röhm-Krise: Immo von Fallois, *Kalkül und Illusion. Der Machtkampf zwischen Reichswehr und SA während der Röhm-Krise 1934*, Berlin 1994.
21 BA-MA, N 52, Aufzeichnungen Blombergs, Bd. 1, S. 136.
22 K.-J. Müller, *Armee und Drittes Reich*, S. 170.
23 Zitiert nach *Aufstand des Gewissens. Militärischer Widerstand gegen Hitler und das NS-Regime 1933–1945*, Katalog zur Wanderausstellung des MGFA, Bonn 1984, S. 327.
24 Karl-Heinz Janßen/Fritz Tobias, *Der Sturz der Generäle. Hitler und die Blomberg-Fritsch-Krise 1938*, München 1994.
25 Eidliche Erklärung vom 7. 11. 45; IMT XXXII, S. 464, Dok. 3704-PS.

4. Vom Risikoheer zum Angriffsheer

1 IMT, blau, Bd. 12, EC 404, S. 396.
2 Zum Beispiel verlangte er am 30. Dezember 1935 je nach Möglichkeit 48 bis 66 Panzerabteilungen (1 Abtlg. = 100 Panzer), K.-J. Müller, *Armee und Drittes Reich*, Dok. Nr. 136.
3 Aufstellung für das Allgemeine Heeresamt (Archiv Dirks).
4 BA-MA, N 28/1, Nachlaß Ludwig Beck.
5 Beck äußerte am 20. 5. 1934 seinen Mißmut darüber, daß man die Karte der Aufrüstung nicht gleich mit auf den Tisch gelegt habe. K.-J. Müller, *Armee und*

Drittes Reich, Dok. Nr. 124; am 1. Dezember plädierte er im Gespräch mit dem AA-Staatssekretär von Bülow für die Remilitarisierung des Rheinlandes ohne Rücksicht auf den Vertrag von Locarno, K.-J. Müller, a.a.O., Dok. Nr. 128.
6 Besprechung im Reichswehrministerium am 20./21. 12. 1933 zum Risikoheer, K.-J. Müller, a.a.O., Dok. Nr. 123.
7 MGFA-Serie zum 2. WK, Bd. 1, S. 415 ff.
8 Friedrich Hoßbach, *Zwischen Wehrmacht und Hitler 1934–1938*, Göttingen 1965, S. 81 ff.
9 Janßen/Tobias, *Sturz der Generäle*, S. 217.
10 MGFA-Serie zum 2. WK, Bd. 1, S. 417.
11 Rolf Güth, *Die Marine des Deutschen Reiches 1919–1939*, Frankfurt 1972.
12 MGFA-Serie zum 2. WK, Bd. 1, S. 419.
13 BA-MA, Allgemeines Heeresamt, 6. 5. 1935: Sollstärken aktives und Ergänzungsheer.
14 MGFA-Serie zum 2. WK, Bd. 1, S. 424 ff., 603 ff.
15 Enrico Syring, *Das nationalsozialistische Deutschland, Führertum und Gefolgschaft*, Bonn 1997, S. 104 f.
16 MGFA-Serie zum 2. WK, Bd. 1, S. 428 ff., 436 ff.
17 Aufbau des Friedensheeres, Aufbau des Kriegsheeres 1939–1942, Anlagen 1 und 2 zu Nr. 567/37 AHA g. Kdos. (Archiv Dirks).
18 MGFA-Serie zum 2. WK, Bd. 1, S. 434 f.
19 Geyer, *Aufrüstung oder Sicherheit*, S. 497 f.
20 Vortragsnotiz aus dem AHA g. Kdos. (Archiv Dirks).
21 Blomberg an Göring zu den Auswirkungen der Eisen- und Stahlbewirtschaftung, 3. 9. 1937, g. Kdos. AHA, s. Dokument Nr. VI a, S. 238 ff.
22 MGFA-Serie zum 2. WK, Bd. 1, S. 435 ff.
23 Ebd., S. 580 ff.
24 G. Förster/Olaf Groehler, *Der Zweite Weltkrieg – Dokumente*, Berlin 1972, S. 27 f.
25 IMT, S. 465, Dok. 388 PS.
26 BA-MA, N 28/2, Nachlaß Ludwig Beck.
27 Siehe Klaus-Jürgen Müller, *General Ludwig Beck. Studien und Dokumente zur politisch-militärischen Vorstellungswelt und Tätigkeit des Generalstabschefs des deutschen Heeres 1933–1938*, Boppard 1980.
28 Vgl. Anm. 17.
29 BA-MA, N 28, Nachlaß Ludwig Beck, Personaldaten.
30 Meldung Brauchitschs an den »Führer«, Dokument Nr. VI d, S. 243 f.
31 BA-MA, Msg/1136, Tagebuch des damaligen Oberstleutnant i. G. Nikolaus von Vormann, Verbindungsoffizier des Heeres im Führerhauptquartier.
32 Meier-Welcker, *Seeckt*, S. 691.

5. Wer die meisten Panzer hat, gewinnt diesen Krieg (Stalin)

1 Der Inspekteur der Verkehrstruppen, Bericht über meine Reise nach Rußland vom 16. 9. bis 13. 10. 1930, Berlin, 12. 11. 30, Nr. 853/30 in 6 (k) g. Kdos. (Archiv Dirks). Inspekteur war damals Otto von Stülpnagel laut Walther K. Nehring, *Die Geschichte der deutschen Panzerwaffe 1916–1945*, Berlin 1969, S. 59.
2 Keitel an den Chef der Heeresabteilung und an das Truppenamt, 1. 10. 1929 (Archiv Dirks).
3 Pz. Abt. Maj. Volkheim, Leiter der Vorschriftenstelle der Panzerwaffe.
4 Zum Ringen um den »Sichelschnitt«-Plan siehe die differenzierte, gründliche

Darstellung in Karl-Heinz Frieser, *Blitzkrieg-Legende. Der Westfeldzug 1940*, München 1995, S. 71 ff.
5 Heinz Guderian, *Erinnerungen eines Soldaten*, Stuttgart 1986. Guderian berichtet auf S. 26 von einem Kampf um zwei oder drei Panzerdivisionen und charakterisiert Beck als Zauderer. Er verschweigt, daß Beck 52 von 67 Panzerabteilungen in 13 Panzerbrigaden à vier Panzerabteilungen zusammenfassen wollte!
6 Siehe Burkhart Müller-Hillebrand, *Das Heer 1933-1945. Entwicklung des organisatorischen Aufbaus*, Bd. 2, *Die Blitzfeldzüge 1939-1941*, Frankfurt 1958.
7 Ebd., S. 107; 3796 Panzer.
8 Näheres in Ferdinand M. Senger und Etterlin, *Die deutschen Panzer von 1916-1966*, München 1966, S. 74 ff.
9 Lieferungen an das stv. VI + 66. Korps, insgesamt ca. 60-70.
10 Speer zu Gauleitern am 3. 8. 1944 (Archiv Dirks).
11 Hans-Adolf Jacobsen, *Der Zweite Weltkrieg*, Frankfurt 1965, S. 72 f., Dok. gez. Thomas.
12 Gen.-Stab d. Heeres, Anlage zum KTB.
13 Der Autor Carl Dirks gehörte am 10. 8. 1941 zu den Überrollten.
14 Akten dazu im AHA von 1936/37 (Archiv Dirks).
15 Gen.-Stab des Heeres, Anlagen zum KTB.
16 Janusz Magnuski, *Von Tankograd nach Berlin*, Berlin 1983.

6. Der Bruch des Flottenabkommens

1 Die Hassell-Tagebücher 1938-1944, Ulrich von Hassell, *Aufzeichnungen vom Anderen Deutschland*, hg. von Friedrich Freiherr Hiller von Gaertringen, Berlin 1988, S. 88 f.; Antrag der Kriegsmarine auf Bauauftragsmittel für das Etatjahr 1930/40 und folgende (Archiv Dirks).
2 Zitiert nach Kurt Fischer, »Großadmiral Dr. phil. h. c. Erich Raeder« in Gerd Ueberschär, Hg., *Hitlers militärische Elite*, Darmstadt 1998, S. 185 ff.
3 Zur Rede Hitlers: Nicolaus von Below, *Als Hitlers Adjutant 1937-45*, Mainz 1980, S. 157 f.; mündliche Mitteilungen von Augenzeugen an den Autor K.-H. J.
4 *Die Weizsäcker-Papiere 1933-1950*, hg. von Leonidas E. Hill, Berlin 1974, S. 324.
5 IMT, Bd. 16, blau, S. 604 ff.
6 Dazu: Wolfgang Plat, »Panzerkreuzer A«, *Die Zeit*, Nr. 21, 20. Mai 1994.
7 MGFA-Serie zum 2. WK, Bd. 1, S. 451 f.
8 Mündliche Mitteilung des Admirals a. D. Erich Förste an den Autor K.-H. J.
9 IMT, Bd. 13, rot, S. 680 ff; Bd. 14, S. 274 (Befragung Raeders).
10 Dazu: Otto Wagner, *Hitler aus nächster Nähe*, hg. von H. Turner, Berlin 1978, S. 446 ff.; Erich Raeder, *Mein Leben*, Tübingen 1956, Bd. 1, S. 107.
11 Michael Salewski, *Marineleitung und politische Führung, 1931-1935*, MGM, 2/71, S. 113 ff.
12 Thiele, »Marinehaushalt«, S. 591 ff., s. Kap. 3, Anm. 10.
13 Wie Kap. 3, Anm. 13.
14 Siehe Rolf Güth, »Die Ära Raeder«, Dokumentar-Serie in *Schiff und Zeit* 1987, ab Nr. 26, hier Kapitel 7 in Nr. 27.
15 Mob-Schiffs-Neubauplan 1936, schon 1934/35 erarbeitet (Geheime Kommandosache, Chefsache, nur für den Ob. d. M.), s. Güth, a. a. O. , Nr. 27, S. 42.
16 Bau- und Geldplan 1934-1937, auch Weißbuch genannt: Thiele, »Marinehaushalt«, s. Kap. 3, Anm. 10.

17 Flottenplanung für 1935 gem. Blaubuch, Bau- und Geldplan über insgesamt 5,8 Mrd. RM, Thiele, »Marinehaushalt«, S. 592, s. Kap. 3, Anm. 10.
18 Vgl. Anm. 16 Endzielplanung 1935.
19 Laut David Irving, *Führer und Reichskanzler Adolf Hitler 1933-1945*, München 1989, S. 62, ist eigentlich der 25. Mai 1935 gemeint, als Raeder Hitler die bevorstehende Unterzeichnung des Abkommens anzeigte. Zuvor hatte der Arzt Hitlers dem Diktator die Sorgen wegen eines vermeintlichen Kehlkopfleidens genommen.
20 Rundschreiben des Reichsinnenministers, weitergegeben vom Oberbefehlshaber des Heeres an das Offizierskorps (Archiv Dirks); zu der Welle antisemitischer Vorfälle im Reich vgl. Saul Friedländer, *Das Dritte Reich und die Juden*, München 1998, Bd. 1, S. 154 ff.
21 Raeder wünschte sich vergebens eine möglichst kurze Konventionsdauer: MGFA-Serie zum 2. WK, Bd. 1, S. 457.
22 Beispiele in Rolf Bensel, *Die deutsche Flottenpolitik von 1933-1939*, Berlin 1958.
23 Baugeldzuweisung im Marinehaushalt (Archiv Dirks).
24 Einzelheiten zur Haushaltsplanung bei Bensel, *Die deutsche Flottenpolitik*.
25 Der Ausbauplan sah 5,8 Mrd. RM vor und wurde Hitler am 9. 11. 1936 vorgelegt, vgl. Bensel, *Die deutsche Flottenpolitik*, S. 594.
26 Bei Thiele, s. Kap. 3, Anm. 10, S. 592, ist die vierte Hafeneinfahrt im Haushalt 1935 mit einer ersten Rate erwähnt, bei Gesamtkosten von 93 Mio., die sich bis 1938 auf 170 Mio. RM erhöhen.
27 Laut Thiele, vgl. Kap. 3, Anm. 10, S. 592, wurde Hitler der Bau- und Geldplan 1938-1945 in Höhe von 14,5 Mrd. RM am 31. 3. 1938 vorgelegt, also am Ende des Etatjahres 1937.
28 Thiele, »Marinehaushalt«, s. Kap. 3, Anm. 10.
29 Siehe Tabelle S. 105
30 IMT, Bd. 1, blau, S. 403 ff, Dok. 386-PS.
31 Michael Salewski, *Die deutsche Seekriegsleitung 1935-1945*, Bd. 1, Frankfurt 1970, S. 49.
32 Dokument Nr. VI a, S. 238 ff.
33 Dokument Nr. VI c, S. 243.
34 Dazu: Rudolf Ströbinger, *A-54 - Spion mit drei Gesichtern, München 1965*, und mündliche Mitteilung an den Autor K.-H. J.
35 MGFA-Serie zum 2. WK, Bd. 1, S. 465 ff.
36 Siehe Güth, »Ära Raeder«, *Schiff und Zeit* 1990, Nr. 26, S. 37.
37 MGFA-Serie zum 2. WK, Bd., 1, S. 471.
38 Thiele, »Marinehaushalt«, S. 597, s. Kap. 3, Anm. 10.
39 MGFA-Serie zum 2. WK, Bd. 1, S. 656 f.
40 Jost Dülffer, *Weimar, Hitler und die Marine*, Düsseldorf 1973, S. 501 ff.
41 Selbst nach dem Sieg über Frankreich im Sommer 1940 gab er sich dieser Selbsttäuschung hin. Irving, *Führer und Reichskanzler Adolf Hitler*, S. 315 f.
42 Raeder hatte für das Schlachtschiffprogramm eigens einen Sonderbeauftragten, Konteradmiral Fuchs, ernannt.
43 Nach Salewski, *Seekriegsleitung*, S. 42, schienen Raeder die neuen Aufträge nicht über das Flottenabkommen hinauszugehen.
44 Siehe Dokument Nr. VI e, S. 248 ff.
45 IMT, Bd. 13, blau, S. 546 ff., Dok. L-79.
46 MGFA-Serie zum 2. WK, Bd. 1, S. 472.
47 Dossier der Skl. für Raeder vom 6. 7. 40. Lagevortrag Raeders bei Hitler, in Gerhard Wagner, Hg., *Lagevorträge der Kriegsmarine vor Hitler 1939-1945*, München 1972, S. 113 ff.

48 Siehe Dokument Nr. X, S. 275 ff.
49 IMT, Dok. GB-96 und C-41 vom 3. 6. 1940.
50 Diese Mitteilung verdanken die Autoren Bodo Herzog.

7. Dönitz' Traum vom Maulwurf und der Krähe

1 Dazu jetzt: Volker Ullrich, *Die nervöse Großmacht 1871–1918, Aufstieg und Untergang des Deutschen Kaiserreichs*, Frankfurt 1997, S. 507 ff.
2 Ebd.; Karl-Heinz Janßen, *Der Kanzler und der General. Die Führungskrise um Bethmann-Hollweg und Falkenhayn (1914–1916)*, Göttingen 1967, S. 190 ff., 198 ff.
3 Helfferich, *Weltkrieg*, Bd. 2, S. 401 ff.
4 Karl-Heinz Janßen, *Die Geheime Exzellenz*, Berlin 1971, S. 114; zum Kronrat s. Gerhard Ritter, *Staatskunst und Kriegshandwerk*, München 1964, Bd. 3, S. 349 ff.
5 Zur Vielfältigkeit der geheimen Marinerüstung s. Remmele, »Lohmann«, wie Kap. 2, Anm. 10.
6 Zur Umbauphase: Thiele, »Marinehaushalt«, S. 571 ff., s. Kap. 3, Anm. 10.
7 MGFA-Serie zum 2. WK, Bd. 2, S. 182 f.
8 Ebd., S. 459 ff.
9 Siehe Referenztabelle »Deutsche U-Bootflotte 1934–1945« (Tabelle 2 am Ende des Kap.).
10 Bodo Herzog, »Piraten vor Malaga«, *Die Zeit*, 29. November 1991.
11 Karl Dönitz, *Zehn Jahre und zwanzig Tage, Erinnerungen 1935–1945*, Koblenz 1985.
12 Wie Anm. 9.
13 Güth, »Ära Raeder«, *Schiff und Zeit*, 1990, Nr. 35, S. 37.
14 Wie Anm. 9.
15 Karl Klee, *Das Unternehmen »Seelöwe«*, Göttingen 1958, S. 191.
16 Bodo Herzog, *60 Jahre deutsche U-Boote*, München 1968, S. 261.
17 Dönitz hätte mit dem »Enigma«-Verlust rechnen müssen, war doch im Ersten Weltkrieg den Russen der Funkschlüssel des gestrandeten Kreuzers *Magdeburg* in die Hände gefallen.

8. Der Krieg der Finanzen

1 Max Domarus, *Hitlers Reden und Proklamationen*, Bd. 2: *Untergang 1939–1945*, Würzburg 1963, S. 1315.
2 Heinrich Brüning, *Memoiren*, S. 572.
3 Der spätere Chef des Wehrpolitischen Amtes in München, Haselmayr, hat vor 1933 als Stabsoffizier der 7. Division Hitler eine Denkschrift zur Aufrüstung zukommen lassen. Dazu: Aussage von Werner Freiherr von Rheinbaben vor der Ranke-Gesellschaft, in Helmut Rößler, Hg., *Locarno und die Weltpolitik*, Göttingen 1969, S. 96.
4 Aussage Keitels, IMT, Bd. 3, blau, S. 162, 168; Aussage Schacht, Bd. 17, blau, S. 249, Schacht Dok. 7.
5 Willi Boelcke, *Die Kosten von Hitlers Krieg*, Paderborn 1984, S. 28.
6 Brief Blombergs an Göring, 31. 8. 1936, Az. 2001/36 g. Kdos. WH in IMT, Bd. 3, blau, S. 152 ff.
7 Hitler, *Monologe*, S. 343, nennt am 16. 8. 1942 in einem Tischgespräch präzise 92 Mrd. RM.

8 Michael Balfour, *Der Kaiser. Wilhelm II. und seine Zeit*, Berlin 1967, S. 393.
9 Ebd., S. 406 f.
10 Helfferich, *Der Weltkrieg*, Bd. 1, S. 212.
11 Hans Adolf Jacobsen, Hg. *Spiegelbild einer Verschwörung. Geheime Dokumente aus dem ehemaligen Reichssicherheitshauptamt*, Stuttgart 1984, Bd. 2, S. 841.
12 Mündliche Mitteilung an den Autor K.-J. J.
13 Schreiben des Reichsfinanzministers Graf Schwerin von Krosigk an Hitler am 1. September 1938 (Bericht über Finanzgebaren), IMT, Bd. 12, blau, Dok. Nr. 419-EC.
14 IMT, Bd. 8, blau, S. 415.
15 IMT, Bd. 5, rot, S. 188.
16 IMT, Bd. 8, blau, S. 305 ff.

9. Plan »Otto«

1 Victor Klemperer, *Ich will Zeugnis ablegen bis zum letzten, Tagebücher 1933–1941*, hg. von Walter Nowojski, Berlin 1995, S. 540. Daß es sich nicht um ein Gerücht handelte, belegt eine Tagesmeldung von AOK 18, Ia an die Operationsabteilung des OKH vom 13. Juli 1940 (Archiv Dirks): »Die Antransporte der 75. und 252. I. D. dauern an.« Als Ausladungsplätze werden die Räume um Gr. Wartenberg, Warschau und Mlawa erwähnt.
2 Leonidas E. Hill, Hg., *Die Weizsäcker-Papiere 1933–1950*, Berlin 1974, S. 204 f.
3 Hermann Böhme, *Der deutsch-französische Waffenstillstand im Zweiten Weltkrieg*, Stuttgart 1966, S. 79 (Oberst Böhme war Mitglied der Waffenstillstandskommission).
4 Halder in einer Besprechung zu Versailles, AOK 18 Ia, 157/40 g. Kdo. Chefsache vom 29. 6., BA-MA, RH 19 III/141.
5 Walter Warlimont, *Im Hauptquartier der deutschen Wehrmacht 1939–1945, Grundlagen, Formen, Gestalten*, Frankfurt/M., Bonn 1962, S. 119.
6 Burkhart Müller-Hillebrand, *Das Heer 1933–1945, Entwicklung des organisatorischen Aufbaus*, Frankfurt 1958, Bd. 2, S. 62.
7 Siehe Anm. 4.
8 Franz Halder, *Generaloberst Halder, Kriegstagebuch. Tägliche Aufzeichnungen des Chefs des Generalstabs des Heeres 1939–1942* (KTB), Bd. 1, Stuttgart 1963, S. 369 (23. Juni 1940).
9 Ebd.
10 OKH, Generalstab, Operat. Abtl. Nr. 379/40; zum folgenden Zitat siehe Anm. 4.
11 MGFA-Serie zum 2. WK, Bd. 4, S. 206.
12 Maßgebend für den Aufmarsch ist eine zwölfseitige Vortragsnotiz des Obersten Buhle (Chef der Organisationsabteilung) Nr. 940/40 g. Kdos. vom 22. Juni 1941. (Archiv Dirks). Buhle wurde am 1. 8. 1941 zum Generalleutnant befördert.
13 Tätigkeitsberichte vom Juni 1940, Abtl. 1 und 3 (Archiv Dirks).
14 MGFA-Serie zum 2. WK, Bd. 4, S. 203.
15 Anweisung des Generalobersten von Brauchitsch für das AOK 18 vom 29. Juni 1940, g. Kdos., Chefsache. Nur durch Offizier! Siehe Dokument Nr. VII a, S. 252 ff.
16 Ebd.
17 Alle werden namentlich in Halders Kriegstagebuch erwähnt. Aus Norwegen ließ er sich eigens den Oberst i. G. Alfred Baentsch kommen, der dann 1941 während des Feldzugs Chef der Abteilung Heeresversorgung war.
18 Leserbrief von Dr. Fritz Koester (er mußte im Juni 1940 mit einem Vorauskom-

mando in Bromberg den Umzug des AOK 18 vorbereiten), *Die Welt*, 4. Juli 1991; Zitat aus der Niederschrift über Besprechung am 1. Juli 1940 bei Abtl. Ia des Oberbefehlshabers Ost. (Archiv Dirks).
19 Einzelheiten aus der Besprechung vom 1. 7. 1940, ebd. Der Militärhistoriker Ernst Klink erklärt sich diese Schwierigkeiten aus der verdeckten Führungsstruktur. Halder konnte sich bis mindestens 21. Juli 1940 nicht auf eine Weisung Hitlers berufen!
20 Zu den verzwickten Befehlsverhältnissen im Generalgouvernement und im Wehrkreis I (Ostpreußen): Gliederungsbefehl des AOK 18 vom 12. 7. 1940, Abtl. Ia, Nr. 1516/40 g. Kdos. – Geheime Kommandosache des Stellvertr. Generalkommandos IAK, Königsberg, vom 27. 7. 1040 Abtl. Ia, Nr. 82/40 (Archiv Dirks).
21 Kriegsgliederung 18. Armee, Anlage 1 zu AOK Abtl. Ia, Nr. 170/40, g. Kdos. Chefsache vom 22. 7. 1940 (Archiv Dirks).
22 Halder, KTB , Bd. 2, S.6 (3. Juli 1940).
23 Absichten der 18. Armee vom 9. Juli 1940, Küchler an die Operationsabteilung des Generalstabs, Abtl. Ia, Nr. 160/40 g. Kdos. Chefsache, s. Dokument VII b, S. 255.
24 Besprechung zwischen den Generalstabschefs der 18. Armee und dem Militärbefehlshaber im Generalgouvernement am 13. Juli 1940 in Spala (Notiz für Kriegstagebuch AOK 18) (Archiv Dirks).
25 Franz Halder, *Hitler als Feldherr*, München 1949, S. 36 f.
26 MGFA-Serie zum 2. WK, Bd. 4, S. 206.
27 Aufmarschanweisung der 18. Armee vom 22. Juli 1940, BA-MA, 18. Armee, 17 562/2, s. Dokument VII c, S. 257 f.
28 Ebd., Anlage 1. Einige Korps waren noch nicht auf volle Stärke gebracht worden.
29 Die Gruppe Guderian konnte auf besonderen Befehl über die Panzerkorps XXXX und XVI verfügen.
30 Tagesbefehl Guderians vom 30. 6. 1940 aus Besançon (Archiv Dirks).
31 Bereits am 31. 7. 1940 legte Guderian einen Weisungsentwurf für Aufmarsch, Versammlung und erste Angriffsziele vor (Archiv Dirks).
32 Heinz Guderian, *Erinnerungen eines Soldaten*, 4. Aufl., Heidelberg 1951, S. 128.
33 Antwort auf eine Anfrage von AOK 18 vom 9. 8. 1940 (Archiv Dirks).
34 BA-MA, Nachlaß Halder N 220/64. Einige Zitate zum Rußlandfeldzug aus der Spruchkammersitzung am 18. 9. 1948 in Heidemarie Gräfin Schall-Riaucour, *Aufstand und Gehorsam. Leben und Wirken von Generaloberst Halder*, Paderborn 1991, S. 156 f.
35 Klaus-Jürgen Müller, *Das Heer und Hitler. Armee und nationalsozialistisches Regime 1933–1940*, Stuttgart, 1969, S. 445 ff.
36 Gerhard L. Weinberg, »Der deutsche Entschluß zum Angriff auf die Sowjetunion«, in *Vierteljahreshefte für Zeitgeschichte*, 1/1953, Heft 4, S. 505.
37 Halder, KTB, Bd. 2, S. 21.
38 Ebd., S. 30 ff. (22. Juli 1940).
39 Lange Zeit war umstritten, ob Brauchitsch oder Hitler, vielleicht über Jodl, diesen Aufmarschplan vorgetragen hat, zumal Halder in einer Fußnote zunächst General Jodl vom Wehrmachtführungsstab als Vortragenden benannt hatte. Inzwischen gibt es da keinen Zweifel mehr: Bernd Wegner, Hg. (im Auftrag des MGFA), *Zwei Wege nach Moskau*, München 1991, Beitrag von Jürgen Förster, »Hitlers Wendung nach Osten«, S. 113 ff., Fn. 17.
40 Dokumentation von Christian Hartmann und Sergej Slutsch, in *Vierteljahreshefte für Zeitgeschichte*, 45/1997, S. 467 ff. Klaus Meyer hat zwei Jahre später nachzuweisen versucht, daß der Halder-Vortrag eine Fälschung sei, vermutlich von dem

ehemaligen »Times«-Herausgeber Henry Wickham Steed, vgl. Militärgeschichtliche Mitteilungen, 58 (1999), Heft 2, S. 471 ff.
41 Siehe Anm. 38.
42 Vgl. Peter Bor, *Gespräche mit Halder*, Wiesbaden 1950, S. 201.
43 Siehe Anm. 38.
44 Siehe Anm. 34 (Aussagen vor der Spruchkammer X, München).
45 Halder, KTB, Bd. 2, S. 34 ff.
46 Marcks war bereits am 23. 7. 1940 vorgewarnt worden, sich für eine Woche bereitzuhalten. MGFA-Serie zum 2. WK, Bd. 4, S. 212.
47 Halder, KTB, 22.6.40.
48 Siehe Dokument Nr. VII f, S. 260 f.
49 Siehe Dokument Nr. VII g, S. 261 ff.
50 Siehe Dokument Nr. VII h, S. 266.
51 David Irving, *Hitlers Krieg. Die Siege 1939-1942*, München 1983, S. 190 f., 194 f., 200 f., 202 f., schildert die Situation ganz aus dem Blickfeld des OKW. In einer Fußnote (S. 515) beruft er sich auf die Angaben der Mitarbeiter Jodls, an anderer Stelle auch auf Hitlers Adjutanten. Deutlich wird die Absicht, Oberstleutnant von Loßberg als den eigentlichen Planer des Rußlandfeldzuges herauszustellen, der angeblich schon in den ersten Julitagen mit der Arbeit anfing. Verläßlicher ist die Mitteilung, Jodl habe zwischen dem 27. und 30. Juli 1940 auf dem großen Marmortisch des Berghofs vor Hitler eine Eisenbahnkarte ausgebreitet (S. 515).
52 Halder, KTB, Bd. 2, S. 48 ff.
53 Ebd., S. 46.
54 Albert Speer, *Erinnerungen*, Berlin 1969, S. 83.
55 Am 17. August wurde das Rüstungsprogramm neu bearbeitet: statt der Umrüstung von 160 auf 120 Divisionen wurde nun das Heer auf 180 Divisionen vergrößert. Aktennotiz des Generals Thomas vom 20. 8. 1940, OKW, KTB, Bd. 2, S. 968 f. Zur vorzeitigen Einberufung des Jahrgangs 1920 siehe OKW, KTB 17. 8. 1940 zur OKW-AHA Verfügung 2763/40 g.
56 Beabsichtigte Kriegsgliederung (Heeresgruppe B mit drei Armeeoberkommandos: 18., 4., 12.), Anlage 1 zu AOK 18 Ia, Nr. 1757/40 g. Kdos. vom 5. 9. 1940 (Archiv Dirks).
57 BA-MA, Nachlaß Halder, N 220/79, Persönliche Briefe an Privatpersonen, Bd. 1, Brief an Professor Gerhard Ritter, 17. 5. 1955.
58 Müller-Hillebrand, *Das Heer 1933-1945*, Bd. 2, S. 65.
59 Halder, *Hitler als Feldherr*, S. 36.
60 Ebd., S. 35: »An der deutsch-russischen Demarkationslinie standen über eine Million russischer Soldaten in Kriegsformation mit Panzern und Luftgeschwadern wenigen in breiten Abschnitten überdehnten deutschen Sicherungsverbänden gegenüber.«
61 Die Zahlen sind in einer Skizze zu Anlage 2 - AOK 18, Abt. Ia, g. Kdos., Chefs. vom 22. 7. 1940 aufgeführt (Archiv Dirks).
62 So vor der Spruchkammer X, München, BA-MA, Nachlaß Halder, N 220/64.
63 Hans-Erich Volkmann, »Die Legende vom Präventivkrieg«, *Die Zeit*, Nr. 25, 1997.
64 Halder, KTB, Bd. 2, S. 90. Generalleutnant Paulus wurde am 3. September 1940 zum Oberquartiermeister I ernannt.
65 Oberstleutnant d. G. von Loßberg war Gruppenleiter Heer im Wehrmachtführungsamt (seit August 1940 Wehrmachtführungsstab). Seine Operationsstudie Ost vom 15. 9. 1940 ist neuerdings abgedruckt in Gerd Ueberschär/Lev Bezymenskij, *Der deutsche Angriff auf die Sowjetunion*, Darmstadt 1998, S. 240 ff.
66 Halder, KTB, Bd. 2, S. 208 ff.

67 Besprechung zwischen Chef des Stabes der Seekriegsleitung (Vizeadmiral Otto Schniewind) und Chef des Generalstabes über »Seelöwe« am 7. 8. 1940, in Aufz. der SKL vom 9. 8. 40, BA-MA, RM 7 OKM.

10. »Wintersport« ohne Winterbekleidung

1 Diese Schilderung der selbstverschuldeten Winterkatastrophe an der Ostfront 1941/42 stützt sich vor allem auf ein Kriegstagebuch aus der Abteilung Oberquartiermeister 2/II im Generalstab, auf die Memoiren des ehemaligen Generalreferenten im Reichswirtschaftsministerium und seit 1942 Planungschef von Rüstungsminister Speer, Hans Kehrl, *Krisenmanager im Dritten Reich, 6 Jahre Frieden, 6 Jahre Krieg, Erinnerungen*, Düsseldorf 1973, auf persönliche Erlebnisse des Autors Carl Dirks, der vom Herbst 1940 bis zum Spätsommer 1942 am Nordflügel der 6. Armee eingesetzt war, und auf die einschlägigen Bände 4 und 5/1 der MGFA-Serie zum 2. WK.
2 Zitiert nach Christian Hartmann, *Halder. Hitlers Generalstabschef 1938–1942*, Paderborn 1991, S. 272.
3 Siehe Dokument Nr. VIII, S. 269 f.
4 Vgl. OKW/WiRüAmt, KTB, S. 311 (23.11.41).
5 Nachlaß Halder, BA-MA, N 220/64, Verhandlung vor der Spruchkammer X, München.
6 David Irving, *Goebbels, Macht und Magie*, Kiel 1997, S. 386.
7 KTB der 23. Infanteriedivision, Eintrag vom 3. 9. 1941 (Archiv Dirks).
8 Hellmuth Stieff, *Briefe*, hg. von Horst Mühleisen, Berlin 1991, S. 135.
9 Ebd., S. 141.
10 Irving, *Goebbels*, S. 389 f.

11. Von »Blau« bis »Blücher«

1 Peter Hoffmann, *Widerstand, Staatsstreich, Attentat. Der Kampf der Opposition gegen Hitler*, München 1979, S. 375, S. 767, Anm. 168.
2 MGFA-Serie zum 2. WK, Bd. 6, S. 778 ff.
3 Gemeinsamer Beschluß OKW und OKH, 15. 12. 1941 (Archiv Dirks).
4 BdE-Erlaß, Spätsommer 1942 (Archiv Dirks).
5 Personelle Entwicklung des Ostheeres, Generalstab des Heeres, Org.Abt. (I), Nr. 2824/42, g. Kdos. (Archiv Dirks).
6 Winfried Baumgart, *Deutsche Ostpolitik 1918*, München 1966.
7 Siehe Anm. 2, S. 770 ff.
8 Ebd., S. 774.
9 Ebd., S. 783.
10 Ebd., S. 768.
11 Ebd., S. 868 ff.
12 Die Berichte des Marine-Verbindungsoffiziers zum OKW/OKH, Kapitän z. S. Konrad Weygold, Eintrag vom 26. 7. 1942 (Archiv Dirks).
13 General Thomas, WiRüAmt/Abt.-Wi zur wehrwirtschaftlichen Lage in Stalingrad (Archiv Dirks).
14 Führer-Weisung vom 19. 7. 1942 (Archiv Dirks).
15 Siehe Anm. 2, S. 931.
16 Stalins Befehl Nr. 227, s. Dokument Nr. IX, S. 270 ff.

17 Fernschreiben Weygold an OKM/1. Abt. SKL, 22. 8. 42 (Archiv Dirks).
18 Unternehmen »Blücher«, s. Anm. 2, S. 881 f.
19 Zitat Manstein, ebd., S. 900; zur Vorgeschichte des »Unternehmens Nordlicht«: ebd., S. 831 f.; Waldemar Erfurth, *Der finnische Krieg 1941–1944*, Heine Tb., München 1978, S. 110 f.
20 Ebd., S. 932 ff.
21 Zum Rücktritt Halders s. Hartmann, *Halder*, S. 329 ff.
22 Letzter Tagesbefehl Halders (Archiv Dirks).
23 Hitlers Ansprache am 7. 11. 1942, in Domarus, *Hitlers Reden und Proklamationen*, Bd. 2, S. 1937 f.
24 Zitat Weygold, Gedanken über unsere Land- und Seekriegführung, vom 23. 2. 1943 (Archiv Dirks).

12. Warum »Walküre III« scheitern mußte

1 Eröffnungsreferat in einem Symposium des Fritz-Bauer-Instituts in Frankfurt/M. über »Wehrmacht – Holocaust – Widerstand« am 15. Mai 1998.
2 Einzelheiten in Peter Hoffmanns Standardwerk *Widerstand, Staatsstreich, Attentat. Der Kampf der Opposition gegen Hitler*, 3. Aufl. München 1979.
3 Kritische Würdigung von Hans-Heinrich Wilhelm, »›Panzerpapst‹ und Generalstabschef« in Ronald Smelser/Enrico Syring, Hg., *Die Militärelite des Dritten Reiches*, Berlin 1995, S. 187 ff.
4 Hoffmann, *Widerstand, Staatsstreich, Attentat*, S. 521 f.
5 Ebd., S. 534 ff.
6 Albert Speer, *Erinnerungen*, Frankfurt/M 1969; vgl. a. Irving, *Goebbels*.
7 Hoffmann, *Widerstand, Staatsstreich, Attentat*, S. 538 ff., 595.
8 Joachim Fest, *Staatsstreich. Der lange Weg zum 20. Juli*, Berlin 1994, S. 259.
9 Dietrich Schmidt-Hackenberg, *20. Juli 1944 – Das gescheiterte Attentat*, Berlin 1996.
10 Peter Hoffmann, *Stauffenberg*, München 1998, S. 90 f.
11 Hans Karl Fritzsche, *Ein Leben im Schatten des Verrats*, Freiburg 1984, S. 76 f.
12 Tatbericht Hagens vom 25. 7. 1944, in Hans-Adolf Jacobsen, Hg., *Spiegelbild einer Verschwörung. Geheime Dokumente aus dem ehemaligen Reichssicherheitshauptamt*, Bd. 1, Stuttgart 1984, S. 12 ff.
13 Mündliche Mitteilung an den Autor K.-H. J.
14 Mündliche Mitteilung des Grafen Schwerin an den Autor K.-H. J.
15 Erst seit Bekanntwerden des Prozeßberichts steht fest, daß es kein Standgericht gegeben hat. Nachgedruckt in Friedrich Georgi, *Soldat im Widerstand, General der Infanterie Friedrich Olbricht*, Berlin 1988.

Epilog

1 Vorschlag zu Alexander 872 Ui pers. vom 18. 5. 1925 (BA-MA, RH 2/417).
2 *Weltbühne*, 17. Januar 1928, S. 87 f.
3 IMT Bd. XXXII, S. 464, Dok. 3704-PS (US-536).
4 Siehe Anm. 1.
5 Georg Thomas, *Geschichte der deutschen Wehr- und Rüstungswirtschaft (1918–1943/45)*, hg. von Wolfgang Birkenfeld, Boppard 1966, S. 62 ff.
6 Albert Speer, *Erinnerungen*, Frankfurt/M 1969, S. 550.

7 Zitiert nach Kehrl, *Krisenmanagement*, S. 55.
8 aus AHA Nr. 2374/37 g. K. AHA Ib, 2. Ang. vom 3. November 1937 (Archiv Dirks).
9 Henry Picker, *Hitlers Tischgespräche im Führerhauptquartier 1941/42*, Bonn 1951, S. 136 (Vermerk des Reichsleiters Bormann vom 25. März 1942).
10 Böhme, *Waffenstillstand*, S. 278.
11 Siehe Kapitel 8.
12 Siehe Anm. 2.
13 Peter Hoffmann, *Stauffenberg*, München 1998, S. 43.
14 Aufzeichnung Blomberg, November 1945, BA-MA, N 52/7.
15 Dazu demnächst Gerd R. Ueberschär/Winfried Vogel, *Dienen und Verdienen, Hitlers Geschenke an seine Eliten*, Frankfurt 1999.
16 Janßen/Tobias, *Sturz der Generäle*, S. 257.
17 General Feige an das OKW, 22. Februar 1940, BA-MA, RH 14/45.
18 dazu Vorträge von Christian Streit (zu Stülpnagel), Christian Gerlach (zu Tresckow), Hans Mommsen (zu Hoepner) beim Symposion des Frankfurter Fritz-Bauer-Instituts (»Wehrmacht – Holocaust – Widerstand«) am 15. Mai 1998.
19 Aus den Urteilen im OKW-Prozeß und im Wilhelmstraßen-Prozeß – Nürnberger Folgeprozesse (Trials of War Criminals before the Nuremberg Military Tribunals under Control Council Law Nr. 10, 15 Bde., Washington 1946–1949).
20 Die Hassell-Tagebücher, S. 345, 395.
21 Aufruf Generalfeldmarschalls von Kesselring an sämtliche Soldaten der Westfront, geheim, 3. April 1945 (Archiv Dirks).
22 Paul Schmidt, *Statist auf diplomatischer Bühne*, Wiesbaden 1983, S. 375.

Verzeichnis der Abkürzungen

A.H.A.	Allgemeines Heeresamt
A.H. Qu.	Armeehauptquartier
A.K.	Armeekorps
armée de couverture	Deckungsarmee, Ersatzheer
armée nationale	gesamtes Heer
Artl.	Artillerie
BA-MA	Bundesarchiv/Militärarchiv
Bbv.	Bahnbevollmächtigter
Bi-Erm.	Bindungsermächtigung
BdE	Befehlshaber des Ersatzheeres
Brig.	Brigade
BW/Bwg	Befehlswagen
B Wi.	Marineamt B, Abteilung Wirtschaft
Div.	Division
Erg.	Ergänzung
Ers. Abt.	Ersatzabteilung
Ers. Esk.	Ersatzeskadron
Etra	Eisenbahntransporte
fabr.	fabrikatorisch
fdl.	feindlich
F. H.	Feldhaubitze
F. K.	Feldkanone
F. O. K.	Feldoberkommando (=Armee)
F. T.	Feldtelefon
Fz.-Gebiet	Fahrzeuggebiet
GbBau	Generalbevollmächtigter Bau
geh.	geheim
g. Kdos.	geheime Kommandosache
Gen. St. d. H.	Generalstab des Heeres
H. Kdo.	Heereskommando
H. L.	Heeresleitung

H. Qu.	Heeresquartiermeister
H.S.K.	Handelsschiffskorvette
I.A.K.	I. Armeekorps
Ia	Erster Generalstabsoffizier
I.	Infanterie
I. D.	Infanteriedivision
i. G.	im Generalstab
I. f. Z.	Institut für Zeitgeschichte
IMKK	Interalliierte Militärkontrollkommission
IMT	International Military Tribunal
I. v.	Irrtum vorbehalten
K. bzw. Kav.	Kavallerie
Kdos.	Kommandosache
Kn	Knoten
Komp.	Kompanie
Krad	Kraftrad
Krftfz.	Kraftfahrzeug
Kr. Kw.	Kraftfahrzeugkampfwagen
KTB	Kriegstagebuch
Kwg.	Kampfwagen
l.	leicht
L	Kaliberlänge
Lapo	Landespolizei
Lbv.	Luft- oder Landesbevollmächtigter
lg.	lang
M-Boot	Minenboot
M. G.	Maschinengewehr
MGFA	Militägeschichtliches Forschungsamt
MGM	Militärgeschichtliche Mitteilungen
M.i.G.	Militärbefehlshaber im Generalgouvernement
mil.pol.	militärpolitisch
Mob.	Mobilmachung
mot.	motorisiert
Moto	Monatstonnen (Tonnen/Monat)
Mrs.	Mörser
M. W.	Minenwerfer
Mun.	Munition
Ob. d. H.	Oberbefehlshaber des Heeres
Ob. d. M.	Oberbefehlshaber der Marine

Obstlt.	Oberstleutnant
O.K.H.	Oberkommando des Heeres
O.K.M.	Oberkommando der Marine
O.K.W.	Oberkommando der Wehrmacht
op.	operativ
Op. Abt.	Operationsabteilung
Pak	Panzerabwehrkanone
PD	Panzerdivision
Pz.	Panzer
RBD	Reichsbahndirektion
R-Boot	Räumboot
Re	Zahl der Regelzeitzüge auf einer Transportbahnlinie in 24 Stunden
R. Jahr	Rechnungsjahr
R. Wi. Min.	Reichswirtschaftsministerium
rückw.	rückwärtig
s.	schwer
S-Boot	Schnellboot
Sfl./SFL	Selbstfahrlafette
skl./SKL	Seekriegsleitung
SPW	Schützenpanzerwagen
Stg./Stgsch.	Sturmgeschütz
s. Zt.	seinerzeit
T 1	Heeresabteilung (Tarnname für Operationsabteilung)
T 2	Organisationsabteilung
T 3	Heeres-Statistische-Abteilung
T. A.	Truppenamt
Tak.	Tankabwehrkanone
T-Boot	Torpedoboot
U-Jäger	U-Bootjäger
Wa A	Waffenamt
Wehrkr.Kdo.	Wehrkreiskommando
W.K./Wkrs.	Wehrkreis
W. Kdo.	Wehr- oder Wehrkreiskommando
W.K.I.	Wehrkreis I
WStb.	Wirtschaftsstab
z.b.V.	zur besonderen Verfügung

Personenregister

Adam, Wilhelm 42, 45
Adenauer, Konrad 8
Antonescu, Ion 169

Backe, Herbert 184
Ballin, Albert 20
Beck, Józef 84
Beck, Ludwig 7, 23, 58f., 66, 69ff., 77, 80, 128, 172, 174, 176, 179, 182, 184f., 187
Behncke, Paul 90
Behschnitt, Walter 13, 26–29, 31, 33, 180f., 209
Bismarck, Otto von 96, 195
Blomberg, Werner von 8, 30, 35, 38f., 45, 49, 51ff., 55ff., 69, 90, 97, 118, 125, 141, 181, 185–188, 240
Blücher, Gebhard Leberecht von 167
Bock, Fedor von 154f.
Boelcke, Willi 115
Bolbrinker, Ernest 172
Bork (Oberstleutnant) 262
Brauchitsch, Walther von 23, 70ff., 123, 125, 128, 130, 132, 134–137, 139f., 142, 146, 148, 152, 154, 177, 185, 187, 244, 254

Bredow, Ferdinand Ernst von 57
Brüning, Heinrich 41, 46, 51, 114, 186
Buchrucker, Bruno Ernst 21
Buhle, Walter 131
Bülow, Bernhard Wilhelm von 128
Bussche-Ippenburg, Erich Freiherr von dem 12, 17, 21, 26, 32

Chamberlain, Neville 84, 96, 99
Churchill, Winston 190
Clausewitz, Carl von 93
Clemenceau, Georges Benjamin 18
Cuno, Wilhelm 18, 20, 45

Deist, Wilhelm 87
Dietrich (Oberregierungsrat) 58
Dietl, Eduard 168
Dietrich, Sepp 179
Dirks, Carl 7, 141
Dohnanyi, Hans von 122
Dollfuß, Engelbert 92
Dönitz, Karl 110, 112, 178
Dönitz, Ursula 109

Ebeling (Ministerialdirigent) 260
Ebert, Friedrich 16, 20 f., 26, 29, 35, 40
Eisenhower, Dwight D. 8
Erfurth, Waldemar 168

Falkenhayn, Erich von 106
Feige, Hans 188
Fellgiebel, Erich 267
Fischel, Hermann von 250
Förste, Erich 177
Freisler, Roland 190
Frick, Wilhelm 92
Fricke, Kurt 103
Friedrich Wilhelm III. (König von Preußen) 197
Fritsch, Werner Freiherr von 7 f., 57 f., 61, 66, 69, 77, 80, 117, 125, 128, 184 f., 187, 189, 237
Fromm, Friedrich 29, 66, 117, 129, 158, 160 ff., 170 ff., 174 ff., 178 f., 180 f., 184, 186, 189, 258 f.

Gehlen, Reinhard 130, 165 f.
George, Stefan 173
Gercke, Rudolf 131, 138 ff., 159 f., 260, 265, 268
Geßler, Otto 13, 23, 27, 35 f.
Geyer, Michael 33
Glaesemer, Wolfgang 172
Gneisenau, August Graf Neithardt von 173, 209
Goebbels, Joseph 66, 154 f., 159, 172 f., 177 f., 191

Goerdeler, Carl 121, 122, 174
Göring, Hermann 53, 62, 69, 80, 97, 101 f., 118, 122, 125, 135, 140, 184 f., 189, 191, 238, 248-252, 266
Greiffenberg, Hans von 132
Groener, Wilhelm 16 ff., 26, 31, 40 f., 46 f., 61, 85 ff., 114, 120, 180
Guderian, Heinz 77, 79, 130, 133 f., 171 ff., 190, 254 f., 257 ff.

Haeften, Werner von 175 f., 179
Haeseler, Gottfried Graf von 139, 261, 265
Hagen, Hans 177
Halder, Franz 9, 28, 77 f., 79 f., 111, 127-148, 150, 152, 154, 159 ff., 164-169, 188, 252, 267
Hammerstein-Equord, Kurt Freiherr von 42, 49, 53 f., 87, 95, 114, 120, 231
Hanneken, Hermann von 101, 238, 248
Hase, Paul von 171, 176 f.
Haselmayr, Friedrich 115
Hasse, Otto 12, 17
Hassell, Ilse von 83
Hassell, Ulrich von 83, 190
Helfferich, Karl 44, 69, 107
Helldorf, Wolf Heinrich Graf von 188
Hemmerich, Gerlach 131
Herber, Franz 148 ff., 152, 155

Herfurth, Otto 171
Heusinger, Adolf 147, 150, 153, 159f., 175
Heye, Helmuth 97
Heye, Wilhelm 37, 38, 42, 65
Himmler, Heinrich 7, 134, 160, 178, 191
Hindenburg, Paul von Beneckendorff und von 29, 35, 46f., 51, 53, 57, 85f., 88, 90, 106f.
Hitler, Adolf 8f., 14, 17, 21, 25, 29f., 40, 45, 47–51, 54–57, 60ff., 65f., 70f., 77f., 83ff., 87ff., 90–93, 95–102, 112, 114f., 119, 123f., 127ff., 130f., 133–148, 154, 160, 162ff., 166–169, 171, 173, 175, 177–188, 191, 232, 243
Hoepner, Erich 174, 176, 178f., 188
Hoffmann, Peter 174
Holstein, Friedrich von 128
Hoßbach, Friedrich 60, 61
Hugenberg, Alfred 50, 181

Jacob, Berthold 13
Jäger, Fritz 173
Jodl, Alfred 136, 139f., 146, 154, 158, 160, 166, 168
Jodl, Luise (geb. Benda) 142, 146

Kaiser (Oberstleutnant) 262, 265
Kehrl, Hans 158
Keitel, Wilhelm 74, 115, 117f., 136, 139f., 164, 175f., 177, 266f.
Kesselring, Albert 191
Kinzel, Eberhard 155
Kleist, Ewald von 151
Klemperer, Victor 127
Klink, Ernst 132f.
Kluge, Günther von 178
Knackfuß, Oberst 267
Koppenberg, Heinrich 248
Körner, Paul 248
Kortzfleisch, Joachim von 170f.
Krauch, Carl 248
Kreidl, Ernst 127
Küchler, Georg von 129, 132, 135, 256, 269
Kühne (Stabsoffizier) 270

Landfried, Friedrich 124
Leber, Julius 174
Levetzow, Magnus von 89
Lloyd George, David 18
Lohmann, Walter 36f.
Lossow, Otto Hermann von 163
Loßberg, Bernhard von 144
Ludendorff, Erich 21, 29, 50, 107, 163, 181
Ludwig III. (König von Bayern) 119
Lutz, Oswald 77, 133

Manstein, Erich von 77, 151f., 165, 167f., 173
Marcks, Erich 131f., 138, 267f.
Marx, Karl 194

Marx, Wilhelm 37
Melchior, Carl 14
Mellenthin, Horst von 232
Mertz von Quirnheim, Albrecht Ritter 171f., 174, 179
Milch, Erhard 101, 248
Mommsen, Hans 170
Müller, Hermann 39
Müller-Hillebrand, Burkhart 78, 142, 177f.
Mussolini, Benito 175

Napoleon I. Bonaparte 32, 157, 173
Nebe, Arthur 188
Neckermann (Abteilungsleiter) 158
Nehring, Walther 260
Neumann, Erich 124
Neurath, Konstantin Freiherr von 55f.
Noske, Gustav 16
Nostitz, Eberhard Graf 268

Oertzen, Hans Ulrich von 172
Olbricht, Friedrich 141, 160, 171f., 175, 179
Ossietzky, Carl von 49

Papen, Franz von 41, 45, 47, 51, 186
Paulus, Friedrich 144, 150f., 153, 159f., 165ff.
Piłsudski, Józef 41, 45, 69
Ploch, Oberst 248
Poincaré, Raymond 18

Rabenau, Friedrich von 17, 27
Raeder, Erich 8, 49, 53, 83-91, 93-98, 100ff., 108-112, 125, 135, 183, 185, 187
Reichel, Joachim 164
Reichenau, Walther von 56f., 76, 188
Reinhardt, Fritz 124
Remer, Otto-Ernst 171, 176f.
Ritter, Gerhard 142
Röchling, Hermann 54
Roenne, Alexis Freiherr von 156
Röhm, Ernst 57, 59
Rommel, Erwin 169, 174
Roosevelt, Franklin Delano 190
Rundstedt, Gerd von 76, 152, 190

Saemisch, Friedrich Ernst 37f.
Schacht, Hjalmar 47f., 50, 52, 53, 60, 115, 121ff.
Schaper (Geheimrat) 264
Scheer, Reinhard 89
Scheidemann, Philipp 14, 36
Schell, Adolf von 146, 270
Schleicher, Kurt von 29, 35f., 41f., 46f., 50, 52, 56f., 86f., 108, 114, 120, 186
Schlieffen, Alfred von 31, 128, 201
Schmidt, Artur 132, 267
Schücking, Walther 194
Schwerin, Gerhard Graf von 179

Schwerin von Krosigk, Lutz Graf 51, 53, 122f.
Seeckt, Hans von 7, 12f., 17–24, 26f., 29ff., 34ff., 40, 43, 45ff., 50f., 54, 58f., 72f., 96, 163, 181
Silverberg, Paul 48
Specht, Karl-Wilhelm 267
Speer, Albert 79, 158, 172, 183f.
Spengler, Oswald 194
Stalin, Josef 71, 73, 78, 133, 143, 164, 167, 270, 275
Stauffenberg, Claus Schenk Graf von 170f., 173–176, 179, 186, 190
Stennes, Walter 56
Stieff, Hellmuth 156, 175, 188
Strasser, Gregor 47f.
Stresemann, Gustav 20f., 27, 34f., 37, 40f., 56, 180
Stülpnagel, Joachim von 17, 29, 31ff., 35, 39, 180f., 188, 191, 193
Stülpnagel, Karl-Friedrich von 178
Stülpnagel, Otto von 73f.
Syrup, Friedrich 251

Tessin, Georg 28
Thiele, Fritz 95
Thomas, Georg 66, 69, 79, 101f., 123, 163–166, 183, 248f.
Thümmel, Paul 98
Timoschenko, Semjon 165
Tirpitz, Alfred von 83, 85, 87f., 97
Todt, Fritz 139, 268
Tresckow, Henning von 156, 170, 188

Udet, Ernst 101, 248

Viebahn, Max von 28

Wagner, Eduard 148, 152, 154, 159f., 174, 179, 188
Waldersee, Alfred Graf 31
Warburg, Max 14
Warlimont, Walter 128
Weinberg, Gerhard L. 177
Weizsäcker, Ernst von 128
Weygold, Konrad 169
Wietersheim, Gustav von 167
Wilhelm I. (deutscher Kaiser) 187
Wilhelm II. (deutscher Kaiser) 96, 107, 120, 147
Wilhelm (Prinz von Preußen) 35
Wilson, Woodrow 19
Wirth, Joseph 18, 45
Witzleben, Erwin von 177, 179
Woermann, Ernst 123
Woroschilow, Kliment 129
Wurmsiedler, Major 25
Wurtzbacher, Ludwig 24

Zeitzler, Kurt 169, 175
Zenker, Hans 37, 90